中小学教师专业发展丛书

ZHONGXIAOXUE JIAOSHI ZHUANYE FAZHAN CONGSHU

中小学教师远程培训问题研究

ZHONGXIAOXUE JIAOSHI YUANCHENG PEIXUN WENTI YANJIU

陈茂建　编著

厦门大学出版社　国家一级出版社
XIAMEN UNIVERSITY PRESS　全国百佳图书出版单位

图书在版编目(CIP)数据

中小学教师远程培训问题研究/陈茂建编著.—厦门:厦门大学出版社,2015.8
ISBN 978-7-5615-5239-1

Ⅰ.①中… Ⅱ.①陈… Ⅲ.①中小学-师资培训-远程教学-研究 Ⅳ.①G635.12

中国版本图书馆 CIP 数据核字(2014)第 223032 号

官方合作网络销售商:

厦门大学出版社出版发行

(地址:厦门市软件园二期望海路 39 号 邮编:361008)
总 编 办 电 话:0592-2182177 传真:0592-2181406
营销中心电话:0592-2184458 传真:0592-2181365
网址:http://www.xmupress.com
邮箱:xmup @ xmupress.com
厦门集大印刷厂印刷
2015 年 8 月第 1 版 2015 年 8 月第 1 次印刷
开本:787×1092 1/16 印张:17.5 插页:2
字数:405 千字 印数:1~2 000 册
定价:48.00 元
本书如有印装质量问题请直接寄承印厂调换

编委会名单

编　　著　　陈茂建

参编人员　　綦　越　　崔慧旭　　刘玮晔　　郑　晔

　　　　　　司志超　　高　亮　　王一卓

内容简介

　　教师远程培训是指通过音频、视频、课件等方式,运用实时和非实时互联网信息技术将培训课程传输给受训教师的教育形式。教师远程培训是一种全新的教师培训模式,这种培训模式在时空分离的情况下,向在职教师提供专业化的学习机会,为参训者提供理想的学习环境和高质量的学习资源,通过优秀的教师资源,为培训者与参训者及参训者之间广泛沟通交流搭建现代化网络平台。本书将系统、深入地探讨中小学教师远程培训的理论与实践问题,在对中小学教师远程培训的内涵、特点、原则、意义等进行理论分析的基础上,结合中小学教师远程培训的实践,分析当前我国中小学教师远程培训中存在的现实问题,进而提出中小学教师远程培训的发展趋势。同时,对中小学教师远程培训中的课程建设、教学模式、激励机制、网络系统、平台开发、项目运作、组织与管理等具体课题进行探讨,以确保我国中小学教师远程培训的科学性和有效性。

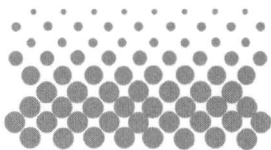

序

2008年,福建省人民政府颁发了《关于进一步加强中小学教师队伍建设的意见》,明确提出大力加强福建教育学院建设,进一步强化学院的培训、教研功能以及在全省中小学教师继续教育工作中的引领带动作用,将福建教育学院建设成为全省中小学教师省级培训的主要基地和中小学教师继续教育的政策研究咨询和业务指导中心。根据省政府的指示精神,福建教育学院确立了"为基础教育改革发展服务,为提升中小学教师队伍素质服务,为海峡西岸经济区建设服务"的办学宗旨,明确了进一步发挥"五个作用"(省级基础教育培训"主基地"作用、基础教育科研"主阵地"作用、基础教育资源"主渠道"作用、基础教育服务"主力军"作用、中小学教师继续教育咨询指导的"主功能"作用),着力培育和打造"六个支柱品牌"(培训品牌、基础教育智库品牌、网上福建教育学院品牌、基础教育专项服务品牌、校园文化品牌、函授教育品牌),建设让政府放心、学员满意、教职员工幸福的一流省级教育学院的奋斗目标。

几年来,福建教育学院紧紧围绕发展目标,着力加强内涵建设,以提升培训质量为着力点,以凝练培训特色为突破口,以培训模式改革创新为动力,深入贯彻落实《教育部关于深化中小学教师培训模式改革,全面提升培训质量的指导意见》精神,大力推进培训工作规范化科学化和培训内容主题化系统化,大力推进培训质量工程建设,培训质量稳步提升,服务基础教育改革发展和中小学教师专业成长的能力进一步增强。

一是加强培训制度建设,推进培训的规范化。围绕"办学员满意的培训"这一目标,学院不断加强培训制度建设,先后建立健全了培训需求调研分析制度、培训方案论证审核制度、培训质量评价分析制度、培训项目监控评估制度、培训工作年度报告制度和培训教师下校实践制度等,有效提高了培训的针对性、实效性,推进培训工作规范化、培训管理精细化,以制度规范确保高质量培训的有序开展。

二是优化培训课程设置,提高培训的实效性。培训课程是确保培训质量的重要基础。学院坚持"满足需求、解决问题、引领发展、与时俱进"的课程设置基本要求,按照"注重实践取向、针对问题解决、突出能力提升、服务专业发展"原则,通过政策学习、专家咨询、基层访谈、问卷调查等多种形式深度开展培训课程设置的调研分析,正确处理学员需求和发展需求的关系、共性需求和个性需求的关系,做好培训主题的凝练,推进培训课程主题化、培训内容系统化,确保培训课程设置的系统性和科学性,使培训内容更加突出项目特色和学科特色,更加符合学员发展的要求。

三是推进培训模式改革创新，激发教师参训动力。本着"全新的教学方式从教师培训开始"的理念，以学院承担的 3 个教育部教师队伍建设示范项目、2 个福建省培训改革示范项目和本院确定的 15 个中小学教师培训模式改革示范项目为抓手，大力推进培训模式改革创新。在培训实践中积极探索基于"教学现场"的课例模式、问题导入研讨析疑模式、小组合作学习模式、工作坊式教师培训模式、基于自主网络平台的培训模式和训后混合式跟踪模式等培训模式，以现场诊断和案例教学的方式解决实际问题，以跟岗培训和情境体验的方式改进教学行为，以行动研究和反思实践的方式提升教育经验，强化培训过程学员的互动参与，增强培训吸引力、感染力和实效性，有效提升了培训质量。

四是推进研训一体，以高水平研究支撑高质量培训。以服务基础教育改革发展为目标，以基础教育领域的应用研究为重点，根据新时期基础教育改革发展的重点任务和教师培训工作的新情况、新问题，注重引导老师深入开展基础教育改革政策研究、中小学学科教学方法和教学模式研究、培训模式改革研究、基础教育专题研究、培训课程体系建设研究等，将问题课题化、课题成果化、成果课程化。鼓励广大教师把基础教育科研论文写进中小学课堂，把科研成果体现在促进福建省基础教育改革发展上，体现在培训课堂上。积极推进研训一体、以研促训，真正做到了研究工作与培训工作的融合，培训工作与服务中小学教师专业发展的融合，培训课堂与中小学课堂的融合，既提升了培训专业化水平，也使培训更接地气，更符合中小学教师的发展需求，促进了培训质量的提升。

五是加强培训管理，促进培训质量的提升。学院大力推进培训质量工程建设，从需求分析、项目遴选、主题确定、课程优化、团队组建、过程监控、评估反馈等各个环节制定了全面提升培训质量的实施意见，进一步加强对培训工作的组织管理。制定了《中小学教师集中培训质量标准》和《中小学教师远程培训质量标准》，对集中培训和远程培训设定了比较系统科学的质量检测指标体系，为培训组织者提供了质量目标，为培训管理者提供了评估的依据。建立了培训项目负责人、学科研修部、培训管理处三道质量管理防线，加大对培训过程的巡查和视导力度，形成层层把关的质量监控格局。研制开发了"福建省中小学教师继续教育管理系统"，应用于培训项目目的管理和监测，用信息化手段推进培训管理的科学化，实现了中小学教师继续教育的数据化管理。加强对培训项目的监测与评估，以查摆问题为导向，以案例分析为主要形式，定期召开培训质量分析会，及时进行培训质量总结分析，研究改进培训工作，不断提高培训科学化水平，提升培训质量。根据教育部的监测评估结果，我院承担的"国培计划"所有培训项目的质量和"国培计划"项目的管理绩效连续几年都稳定地位居全国前列。

六是创新培训手段，以先进的平台支持培训。适应信息技术条件下教师专业发展和培训手段创新的要求，学院积极打造先进的技术平台支持培训工作的创新发展，按照"操作简便、功能完善、资源丰富、运行安全"的要求，建成了福建基础教育网、福建省中小学教师远程研修平台、福建省名师网上授课（教研）活动平台；按照"平台的先进性、资源的优质性、机制的创新性和影响的广泛性"和"平台统一、标准统一、资源规划统一"的要求，建设了福建省中小学教师优质资源中心，实现了优质资源的共建共享；建成了福建省中小学教师网络研修社区，为广大老师学习和开展教研活动提供了个人空间和丰富的学习资源。这些平台的建成和使用,突破了培训的时空限制,实现了集中培训与网络研修的"两翼齐飞",也为信息化背景下的培训模式创新提供了无限可能,注入了新鲜的活力,推动了培训工作的科学发展。

几年来,学院始终把教师队伍建设作为提升办学内涵、办学员满意培训的关键来抓,推动教师队伍素质整体提升,为学院培训主业的健康发展提供了人才保障。广大老师按照"努力做智慧型的培训师、做筑梦人的铺路石、做学员满意的好培训"的要求,克服转型过程中的种种困难,潜心研究培训工作、研究中小学教师专业发展、研究基础教育改革发展、研究中小学教育教学,积极探索和实践着从专门到专业、从专业到专家的成长道路,形成了一批高质量的研究成果。这些研究成果立足于服务基础教育、服务中小学教师、服务培训工作,重点关注了基础教育改革发展的热点问题、中小学教育教学的难点问题和培训工作的关键问题。这些研究成果,体现了理念的先进性、内容的科学性和方法的创新性,既是老师们对培训教学成就的总结提升,是老师们系统思考、深入研究的智慧结晶,也是福建教育学院在教师培训事业发展过程中取得的重要成果。

推广、宣传老师们的研究成果,目的在于更好地服务基础教育的改革发展、服务中小学教师的专业成长、服务培训主业的科学发展,同时也是强化福建教育学院"在全省中小学教师继续教育工作中的引领带动作用"功能的一个重要方面。为此,我们决定组织出版"中小学教师专业发展丛书",将学院老师关于基础教育改革发展、中小学教师专业成长、中小学教育教学以及培训教学与管理等方面的研究成果整理汇集,力争使丛书成为中小学教师专业发展和教师培训专业领域的学术思想库和研究资源库,以供省内外同行和广大教育工作者研讨交流。

福建教育学院副院长、教授　**郭春芳**
2015 年 8 月

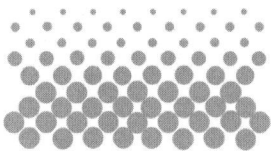

前　言

　　21世纪是充满机遇和挑战的世纪,是一个技术更加发达、竞争更加激烈、社会对人的素质要求更高的世纪。《国家中长期教育改革和发展规划纲要(2010—2020年)》指出:"当今世界正处在大发展、大变革、大调整时期。世界多极化、经济全球化深入发展,科技进步日新月异,人才竞争日趋激烈。我国正处在改革发展的关键阶段,经济建设、政治建设、文化建设、社会建设以及生态文明建设全面推进,工业化、信息化、城镇化、市场化、国际化深入发展,人口、资源、环境压力日益加大,经济发展方式加快转变,都凸显了提高国民素质、培养创新人才的重要性和紧迫性。中国未来的发展、中华民族的伟大复兴。关键靠人才,基础在教育。"

　　新时期教育改革与发展对教师整体素质提出了新的要求,加强教师培训工作,实施"国培计划"(中小学教师国家级培训计划),是提高中小学教师特别是农村教师队伍整体素质的重要举措,对推进义务教育均衡发展、促进基础教育改革、提高教育质量具有重要意义。

　　中小学教师培训属地方事权,应以地方为主实施。中央实施"国培计划"旨在发挥示范引领、雪中送炭和促进改革的作用。通过实施"国培计划",培训一批"种子"教师,使他们在推进素质教育和教师培训方面发挥骨干示范作用;开发教师培训优质资源,创新教师培训模式和方法,推动全国大规模中小学教师培训的开展;重点支持中西部农村教师培训,引导和鼓励地方完善教师培训体系,加大农村教师培训力度,显著提高农村教师队伍素质;促进教师教育改革,推动高等师范院校面向基础教育,服务基础教育。

　　各省级教育、财政部门要高度重视,认真做好"国培计划"的组织实施工作。要将"国培计划"纳入教师队伍建设和教师培训总体规划,加强领导,统筹规划,精心实施,并以实施"国培计划"为契机,以农村教师为重点,分类、分层、分岗、分科大规模组织教师培训,全面提高中小学教师队伍整体素质,为促进教育改革发展提供师资保障。

　　随着社会的发展和知识经济时代的到来,人们对知识的需求也愈来愈迫切。在终身教育理念的影响下,远程培训作为人们获得知识、提高能力的有效途径,受到了人们的普遍欢迎。尤其是作为知识传播和生产的教师队伍,更是需要远程培训。在基础教育课程改革不断深入的背景下,新的教学理念和教学方法对中小学教师的素质提出了更高的要求。进行远程培训是中小学教师获得知识和切实提升自身队伍素质的有效手段,同时也是当今师资队伍建设中的重中之重。因此,建设一支高素质的师资队伍,是全面推进素质教育和新课标的基本保证。当前,国内对中小学教师远程培训的开展进行了不少研究,但具体、系统地研究某省、市的中小学教师远程培训的开展情况并不多见,而且已有研究多数是比较零散的经验总结,缺乏从理论高度进行整体思考。因此,以"国培计划"为背景,以学校为具体研究对象,系统地研究中小学教师远程培训问题,不但具有重要的理论参考价值,而且具有重要的现实意义。

本书主要分十三章:第一章是中小学教师远程培训概述;第二章是中小学教师远程培训的特点;第三章是中小学教师远程培训的原则;第四章是中小学教师远程培训的意义;第五章是中小学教师远程培训的问题;第六章是中小学教师远程培训的发展趋势;第七章是中小学教师远程培训的课程建设;第八章是中小学教师远程培训的教学模式;第九章是中小学教师远程培训的激励机制;第十章是中小学教师远程培训的网络系统;第十一章是中小学教师远程培训的平台开发;第十二章是中小学教师远程培训的项目运作;第十三章是中小学教师远程培训的组织与管理。

本书综合运用教育学、管理学、心理学等学科理论探讨了中小学教师远程培训问题,丰富了教师远程教育理论,为教育行政部门、学校领导及从事教师培训工作机构的组织和教育教学工作者提供了重要的参考。

本书在编写过程中,参阅了大量的文献资料,在此向各位专家学者表示诚挚的谢意。因为时间有限,书中难免有遗漏与缺失之处,敬请广大读者批评指正。

编　者

2014 年 9 月

目 录

第一章　中小学教师远程培训概述 ……………………………………… 1

　第一节　教师远程培训的内涵 ………………………………………… 1

　第二节　教师远程培训的理论 ………………………………………… 6

　第三节　教师远程培训的目的 ……………………………………… 11

　第四节　教师远程培训的需求 ……………………………………… 15

第二章　中小学教师远程培训的特点 ………………………………… 20

　第一节　时空拓展性 ………………………………………………… 20

　第二节　学习差异性 ………………………………………………… 24

　第三节　师生互动性 ………………………………………………… 28

　第四节　资源共享性 ………………………………………………… 37

第三章　中小学教师远程培训的原则 ………………………………… 42

　第一节　培训者中心原则 …………………………………………… 42

　第二节　有效性原则 ………………………………………………… 47

　第三节　开放性原则 ………………………………………………… 53

　第四节　教育性原则 ………………………………………………… 58

第四章　中小学教师远程培训的意义 ………………………………… 62

　第一节　促进教师终身教育 ………………………………………… 62

　第二节　创新教师培训模式 ………………………………………… 67

　第三节　提高教师培训效率 ………………………………………… 72

　第四节　保障教育均衡发展 ………………………………………… 76

第五章　中小学教师远程培训的问题 ·········· 82

　　第一节　课程内容问题 ·········· 82

　　第二节　培训模式问题 ·········· 87

　　第三节　教学策略问题 ·········· 93

　　第四节　培训效果问题 ·········· 98

第六章　中小学教师远程培训的发展趋势 ·········· 103

　　第一节　课程资源立体化 ·········· 103

　　第二节　师资队伍专业化 ·········· 109

　　第三节　教学方式问题化 ·········· 114

　　第四节　学习评价过程化 ·········· 118

第七章　中小学教师远程培训的课程建设 ·········· 123

　　第一节　网络课程建设概述 ·········· 123

　　第二节　网络课程建设的要素与原则 ·········· 129

　　第三节　网络课程设计 ·········· 134

　　第四节　网络课程评价 ·········· 138

第八章　中小学教师远程培训的教学模式 ·········· 143

　　第一节　自学式培训模式 ·········· 143

　　第二节　讲授式培训模式 ·········· 149

　　第三节　讨论式培训模式 ·········· 153

　　第四节　互动式培训模式 ·········· 158

第九章　中小学教师远程培训的激励机制 ·········· 164

　　第一节　学习目标激励 ·········· 164

　　第二节　学习政策激励 ·········· 168

　　第三节　学习策略激励 ·········· 171

　　第四节　学习环境激励 ·········· 176

第十章　中小学教师远程培训的网络系统 ·········· 182

　　第一节　校园信息管理系统 ·········· 182

　　第二节　网络课程平台 ·········· 187

　　第三节　虚拟学习社区 ·········· 192

　　第四节　微格训练系统 ·········· 199

　　第五节　远程教学系统 ·········· 203

第十一章　中小学教师远程培训的平台开发…………………………………… 208

第一节　远程培训平台概述……………………………………………………… 208

第二节　平台开发的相关理论…………………………………………………… 213

第三节　远程培训平台的功能设计……………………………………………… 216

第四节　平台使用的安全性问题………………………………………………… 222

第十二章　中小学教师远程培训的项目运作…………………………………… 227

第一节　培训需求分析…………………………………………………………… 227

第二节　培训计划制订…………………………………………………………… 231

第三节　培训内容实施…………………………………………………………… 236

第四节　效果培训评估…………………………………………………………… 240

第十三章　中小学教师远程培训的组织与管理………………………………… 248

第一节　组织形式………………………………………………………………… 248

第二节　教务管理………………………………………………………………… 251

第二节　教学管理………………………………………………………………… 255

第四节　课程资源管理…………………………………………………………… 262

参考文献……………………………………………………………………………… 267

第一章

中小学教师远程培训概述

第一节　教师远程培训的内涵

当今社会在高速发展的同时，也对肩负着国家教育大计的教师提出了更多新的要求。教师是教育运行的实施主体，其专业发展直接影响着学生身心的健康发展。而教师培训是提高教师素质、促进教师专业发展的重要途径，也是提高教育质量的关键所在。从长远角度来看，教师的可持续发展决定着教育的可持续发展。

随着科学技术的不断发展与运用，教师培训的手段也日益丰富和更新，尤其是现代网络技术的发展，使得大面积开展中小学教师的网络远程培训成为现实。利用网络进行教师培训，可以充分借助现代远程教育手段，打破时空阻隔，充分利用优质教育资源，大规模地开展高水平的教师培训，这也是推进教育信息化的迫切需要，同时更满足了终身学习的发展要求。

总之，远程培训作为"中小学教师国家级培训计划"的重要组成部分，有利于提高中小学教师队伍整体素质，对推进义务教育均衡发展、促进基础教育改革、提高教育质量具有重要意义。然而，对于"什么是远程培训""教师远程培训是如何兴起的"等问题，还需要我们进行深入探讨。

一、国外教师远程培训的发展

远程培训并不是近年来才出现的专业发展形式，从世界主要发达国家中小学教师队伍建设的历程来看，在20世纪50年代中期以前，为着眼于解决教师的数量补充问题，各国均采取"封闭型"的师范教育体制。随着教师数量问题的缓解，特别是社会、经济、文化发展对教育要求的提高，教育质量和教师素质问题受到各国的高度关注。自60年代初开始，各国纷纷采取开放型的教师教育体制，重视教师职前培养和在职培训一体化。70年代后期，终身教育作为一种适应现代社会发展要求的国际教育思潮，被发达国家普遍接受，也使得这些国家的教师培训步入了一个更具实质性的发展阶段。从80年代中期开始，发达国家中小学教师培训得到空前的发展，其发展的速度、规模、形式和内容，以及体系的完备程度均取得很大进步。到了90年代，信息化将地球连成一个巨大的网络，现代教育框架主要以计算机和互联网教育模式为主，展现出一种独特的、灵活的、多用途的电子学习环境，显示出不可估量的巨大优势，教育被赋予了全新的观念和内涵，同时也给中小学教师培训带来了全新的视角体验。

经济和科技的高速发展，为教师培训提供了充足的投资环境和现代化的技术设备与手段。在开展远程教育较早的一些西方发达国家，远程教育已成为继续教育、岗位培训的主要模式。而利用网络进行师资培训已成为美国、英国、瑞士等发达国家培训教师的重要途径。美国前总统克林顿在提出美国教育十点行动计划中谈道："21世纪，我们必须扩大终身教育领域；我们必须把信息时代的力量引进学校。"对2001年9月开始实施的教师网络培训计划，美国教育部长罗德·佩奇称此举是"为成千上万的在职教师打开了进入教师学习的大门"，该项目对于培训教师和辅助专职人员、加速教师的合格化是一项非常有益的尝试。在英国，开放大学、莱斯特大学和诺丁汉大学都用远程教育形式从事研究生层次的在职教师培训。在瑞士，政府主张利用集中培训、远程教育和网络虚拟教室等多种形式，在3年内对6万名中小学教师进行培训，以达到使教师通过掌握信息技术来更好地搞好教学的目的。

二、我国教师远程培训的发展

我国自1990年正式启动中小学教师的继续教育工作，教师远程培训得到了政府和教育部领导的高度重视及广大中小学教师的普遍欢迎。教师远程培训已经成为当前教师继续教育发展的必然趋势与国际潮流。1999年，国务院批转教育部《面向21世纪教育振兴行动计划》，部署实施"园丁工程"，进一步加大对中小学教师队伍建设的支持力度；同年，教育部全面启动了"中小学教师继续教育工程"。据教育部统计，2000年，全国小学、初中、高中教师学历合格率分别达到96.9%、87.1%、68.4%，绝大多数教师已经达到国家规定学历。在这种情况下，教师继续教育的重点必须及时转移，要把更新教师观念、提高教师思想政治素质和业务素质、增强教师信息技术能力和外语水平，作为教师继续教育的目的和使命，即重视教师的非学历继续教育。

我国在《教育部关于推进教师教育信息化建设的意见》《教育部关于"十五"期间教师教育改革与发展的意见》中明确指出，采用计算机网络等现代远程教育手段，保证培训质量，提高培训效益，这意味着我国的教师远程培训开始起步。利用远程的网络信息技术手段，可以使传统教师培训面临的工学矛盾问题迎刃而解，适应终身学习的需求，而教师信息素养的提高也会促进学生信息素养的提高。2000年1月，教育部第一个现代远程教育扶贫项目"明天女教师培训计划"开始实施。同年，全国中小学教师继续教育网络课程答辩会在京召开。2001年，中国中小学教师继续教育网络课程开发项目开始启动，网络培训的试点工作同时展开。2003年9月，教育部启动并实施了"全国教师教育网络联盟计划"，此举又为构建教师终身学习体系，建设学习型社会，提高教师队伍尤其是农村教师队伍整体素质，以及以教育信息化带动教育现代化，推进教师教育改革创新创造了一个载体。2004年，教育部下发了《关于加快推进全国教师教育网络联盟计划，组织实施新一轮中小学教师全员培训的意见》及《2003—2007年中小学教师全员培训计划》，要求加快推进教师网联计划，实施新一轮中小学教师全员培训，使全国中小学教师继续教育纳入网络培训的轨道，将信息技术的方法与手段广泛地应用于教师教育领域，统筹建立覆盖全国城乡、开放高效的现代教师教育网络体系，进一步提高了教师培训的质量与水平。2005年7月，在教育部远程中小学教师非学历培训项目工作会议上,更明确提出了"开展教师远程网络培训是适应教育信息化时代发展,构建终身学习体系的需要"。2006 年 2 月,教育部又下发了《教育部关于大力推进城镇教师支援农村教育工作的意见》,这是贯彻落实"城市支持农村、工业反哺农业"重要方针的具体行动,是统筹城乡教育协调发展、优化教师资源配置、解决农村师资力量薄弱等问题的重大举措,也是适应农村城镇化进程、农村学龄人口和教师供求关系变化的必然要求,对于提高农村教育质量、促进义务教育均衡发展、加快社会主义新农村建设具有十分重要的战略意义和现实意义,而开展教师远程网络培训是有效促进城乡学校实现优质教育资源共享,加快城乡教育均衡发展和师资均衡配置的重要途径。

三、教师远程培训的含义

教师远程培训是指通过音频、视频、课件等方式,运用实时和非实时互联网信息技术将培训课程传输给受训教师的教育形式。教师远程培训是一种全新的教师培训模式,这种培训模式在时空分离的情况下,向在职教师提供专业化学习机会,通过培训资源的终身教育形式,为参训者提供理想的学习环境、高质量的学习资源和优秀的导师,为培训者与参训者及参训者之间的广泛沟通交流搭建现代化网络平台。

在众多教师培训方式中,面授培训是教师培训中最常用的形式之一。这种培训方式经历了从最初的专家讲座、集体面授发展到现在的参与式、体验式等培训,灵活、互动、合作、参与的特点表现尤为明显,从而使得面授培训逐渐深入人心,从认知、情感和行为方面潜移默化地影响着教师的思维方式与教学方式,成为教师培训的一种有效方式。但是这种面授培训也会受到许多条件限制。例如,从我国当前现状来看,中小学在职教师有 1000 多万名需要培训,数量庞大,加之高水平的培训者短缺,优质教师教育资源明显不足,增加了面授培训的艰巨性与复杂性。从学校和教师方面来看,面授培训的场地和组织也需要专门的机构来负责管理。是否会影响正常的教学工作,组织部门对于参与教师所提供的后勤保障支持是否完备,培训的成本和投入是否在可承受范围之内,这些都影响着面授培训的可行性和可操作性。同时,尽管广大教师具有学习的积极性,但是他们的学习受时间、精力、投入等多方面因素的影响,很难保证他们的出勤率。因而,传统的面授方式无法复制高质量的培训资源与效果。

与面授培训相比,借助网络的远程培训可以不受时间和空间的影响,通过现代网络通信技术,为教师提供异地分离的教学环境和开放的教学内容,避免教师脱离本职工作。培训组织部门的一些辅助支持工作也可以免除,不仅节约了成本,而且扩大了教师培训的数量和规模,具有面授培训所不具备的独特优势。对于许多教师而言,远程培训方式只需要有可以上网的电脑,就可以轻松获得优质培训资源,快捷便利,而且每个人都可以在任何时间进行自主学习,获得自己所需的任何教育内容。教师培训不再是一次性的学校教育,参训者之间在学习空间、时间及学习内容的进度等方面彼此独立。远程培训能够为广大农村教师提供均等的培训机会,有助于实现教师培训的均衡发展,提高教师继续教育的效率,具有较高的社会效益与经济效益。但是远程培训对于教师在远程学习过程中支持服务体系的要求更高,更加强调培训人员对远程培训过程中的支持和促动作用。因而,教师远程培训是一个系统工程,需要各方面的通力合作,进行系统的规划、设计、开发、评价、组织和实施,从而创建能够有效支持和促进远程学习的环境。

为了保证教师远程培训的有效进行和成功开展,设计有效的远程学习过程是最为关键的要素。远程学习方式与传统的学习方式有所不同,这种新的学习方式需要探索一种新的在线教学法来支持远程学习的推进与发展。此外,与一般的培训相比,教师培训不仅仅是实现教师知识和技能的提高,更重要的是为教师创设一种新的学习环境,让教师在新的学习环境中进行体验和学习,从而将培训环境中所蕴含的知识、技能、情感和文化迁移到教师的日常教学工作中。可以说,教师远程培训更为重要的潜在意义是为教师营造一个能够促进其思维和行为转变的环境。所以,基于网络的教师远程培训,既要提升教师的知识和技能,也要转变教师的思维方式和行为方式,同时由于其培训形式的特殊性,也将伴随着教师学习使用技术的过程及学习方式的丰富和延伸。

四、教师专业发展与远程培训

教师的专业化经历了 40 多年的发展,具体来说,可以追溯到 20 世纪 60 年代中期。联合国教科文组织和国际劳工组织于 1966 年提出的《关于教师地位的建议》中指出,"应把教育工作视为专门的职业,这种职业要求教师经过严格地、持续地学习,获得并保持专门的知识和特别的技术"。这也是"教师专业化"首次以官方文件的形式做出的明确说明。70 年代中期,美国为推动教师成为真正的专业人员,提出了教师专业化的口号。我国也在 1994 年实施的《教师法》中规定,"教师是履行教育教学职责的专业人员"。由此可见,教师的专业化发展已经成为一种共识。要想实现教师的专业发展,职后培训是十分重要的途径之一。在培训的过程中,教师通过积极的参与和思考,像自己的学生一样积极地作为学习者参与学习和活动,以一名学习者的身份来体验未来他们所要实施的学习过程,进而不断提升自身的专业知识、专业能力和道德素养。其中,远程培训手段对于提升教师的专业素质有显著的优势。

首先,教师远程培训,特别是在线学习形式,具有改变教师专业发展模式和学习共同体协作学习模式的潜力。此举能够辅助教师发展教学内容专业知识,将不同地域的教师联结起来共同学习,帮助不同学科的教师建立起共同的交流语言,分享教学经验并面对挑战,协同建构知识网。无论教师在什么时间、什么地点发出请求,远程在线学习技术都可以为他们提供专业化的帮助和支持,能够跨越地理、文化和社会障碍,帮助参与其中的教师获得高质量的学习效果。

其次,教师远程培训能够创建并支撑专业化的学习共同体,在传统教师培训中某些难以达成的目标也能够在网络环境中实现。传统的教师培训通常是一站式的,即在几个小时或几天之内,由某领域的专家给参训教师传授知识,当培训结束后教师很难继续交流和学习。但是教师远程培训可以支撑专业学习共同体的长时间运作,系统和长期提升教师的专业知识水平和能力。

再次,教师远程培训的交流能够以同步或异步方式进行,可以提供交互体验并整合文本、音频和视频资源。这样的环境可以帮助教师逐渐熟悉、体验并掌握如何使用新技术,而且还可以将学到的技术传授给学生。教师远程培训的学习环境不仅仅是一个灵活便利的课程内容传送的虚拟中介物,更多的是一个支持专业对话、专业探索、自主学习和合作学习的媒介。当实施顺利时,这种方式的培训能够改变教师的学习行为和培训后的教学实践,并有可能因此而提高其所在班级学生的成绩及综合素质。

总之,教师专业发展是教师远程培训的基础和背景,教师远程培训是支持教师专业发展的一种具体且广泛使用的形式。

拓展阅读
创新型教师应构建什么样的知识结构

知识是创新的原料,创新是知识的重新组合。有知识不一定就有创造力,更何况知识面狭窄和结构不合理及缺乏知识更新的能力,则更难有创造力的发展。美国科学家泰勒曾说:"具有丰富知识和经验的人,比只有一种知识和经验的人更容易产生新的联想与独到的见解。"因此,创新型教师应有专深与广博相结合的合理的知识结构。

首先,在创新型教师的知识结构中,处于基础层面的,是有关科技、人文等广博的文化科学知识。这是创新型教师满足学生的求知欲,多途径开发学生创造力所必需的。其次,教育技术手段的现代化,要求教师掌握现代教育技术和手段。这也是激发学生兴趣、培养学生想象力所必需的。再次,科学方法论的素养。这是创新型教师开展独创性的教育活动和教育研究活动所必需的。

第二个层面是具备一两门学科的专业知识和技能。这是创新型教师胜任创新型教学的基础性知识。只有准确理解、熟练掌握、融会贯通这方面的知识,教师才有可能花更多的精力去设计教学内容,在学科教学中对学生进行创新思维训练和创造性想象力的培养。此外,教师需要了解该学科发展的历史和趋势,了解推动该学科发展的因素,了解该学科对于生产和社会发展的价值及在人类生活实践中的多种表现形态。这是创新型教师激发学生发现、探索的欲望,培养他们的科学精神和创新思维习惯所必需的。

第三个层面,首先是现代化教育理论和心理科学方面的知识。它是教师认识学生身心发展规律和教育规律,开展创造性教学活动和教育研究活动所必需的。其次是学习和掌握有关创新教育的原理与方法,并有意识地引进和移植到教学活动中,这种知识准备与应用能力是创新型教师在知识结构方面与一般教师的区别。上述两大方面的知识,在教师知识结构中是最薄弱的部分,将会影响到创新教育的实施。

创新型教师的知识结构具有多层复合性,三个层面的知识相互支撑,相互渗透,有机整合,是教师教育行为的科学性、艺术性和个人独特性的基础。

面对知识更新周期日益缩短的时代,任何一位教师都不能满足已有的知识,而应孜孜不倦地追求新知,不断更新、丰富自己的知识结构,否则就会被社会淘汰。创新型教师的知识不是一桶水,而是一条生生不息的河流。

(夏昌祥,鲁克成,中国发明网,2008-10-07,有改动)

第二节 教师远程培训的理论

随着科学技术的飞速发展,教师自身专业发展显得尤为重要,如何适应形势发展的要求,为教师的专业发展提供最有效的帮助,是从事教师培训工作者都在关注和研究的问题。信息技术的飞速发展既对教师的信息技术素养提出了更高的要求,也为教师培训质量的提高提供了有力的技术支持,用"技术的手段培训技术"会使技术的学习变得更直接、更简单。基于以上的认识,我们在中小学教师如何在教学中有效使用信息技术提高课堂教学质量的培训中开发了基于认知理论和环境理论的教师培训平台,使教师培训过程信息化,提高了教师培训过程的交互性、协作性和知识交流、共享的效率,从而大幅提高了培训的质量。培训实践证明,构建基于认知理论和环境理论的教师培训平台,是促进教师专业发展的有效策略和途径。将认知理论和环境理论应用到教师培训过程中,用于指导教师培训平台的开发,将培训平台作为一个大的人工制品来开发,使培训平台的作用最大化,这是我们努力的目标。

一、认知理论

(一)认知失调理论

1957 年,美国社会心理学家利昂·费斯廷格在其《认知失调理论》一书中提出了认知失调理论。认知失调理论属于社会心理学范畴,它的基本原理是人们具有一种保持一致或平衡的倾向,也就是当人面对新的情境时,人的原有认知会同新的认知产生冲突,这时人们会在心理上产生不舒适、不一致的感觉,进而会倾向于采取措施来降低或者减少这种不舒适、不一致感觉。

远程培训为教师呈现了一种新的认知情境,这种认知情境与以往的惯常情境有所不同,教师在这种新的培训环境中,可能会出现认知、情感和行为等方面的失调。面对新的认知情境,教师必须要调整自己来减少自身心理上的失调。由于环境本身很难改变,因此教师只能通过改变自己的认知或者行为来适应环境。教师改变了认知,而相应地在行为和情感上也表现为与环境相协调适应。或者教师由于改变了行为而与他们原有的行为不一致,因此他们同时会改变自己的认知和情感来同行为的改变相适应。利用认知失调理论可以很好地解释这种现象,这样也为开展教师培训工作提供了方法指导,从而使教师可以顺利参与到培训中,帮助其减少和克服将会产生的认知失调。

(二)适应性思维

所谓适应性思维,就是能够解决现实问题的思维,就是在各种限制条件下仍然有效的思维,就是具有生态合理性的思维。适应性思维理论的核心问题是如何在现实世界中进行适应性思维。

人们的思维方式会受到新技术工具的影响,会创造、产生新的思想。在新技术工具中蕴含着新的思想,以网络信息技术为支撑的远程培训方式本身也蕴含着新的教育思想和理念。教师在利用网络培训平台进行学习、参与培训的过程中,将会逐渐适应或者熟悉这种技术形式。这种培训形式本身所蕴含的教育思想和理念将会被学习者感受与体会到,也会激发学习者的教育想象力。随着学习者对新技术工具的熟悉程度的提高和使用频率的增加,远程培训本身所蕴含的思维和方法会影响到学习者的思维方式与行为方式,而学习者在不断使用网络平台的过程中,也会发挥主观能动性,创造性地应用远程教育培训平台,并为平台的建设提出创造性的建议。

二、环境理论

(一)生态学理论

生态学是研究生物与其环境之间相互关系的科学。它最基本的任务是研究和认识生物与其环境所形成的结构及这种结构所表现出的功能关系的规律。可以说,生态学不是孤立地研究生物有机体,也不是孤立地研究环境,而是研究生物有机体与环境以及互为环境的生物与生物之间的辩证统一关系的科学。

如果将远程培训看作为一种不同于以往的、新的学习生态系统,远程培训系统中的环境组成和信息交流沟通机制都发生了变化,使培训系统的生态环境发生了转变,从而形成了一个不同于以往的新的生态环境系统,但是这个环境系统仍然会遵循着生态系统所具有的基本特征和功能。远程培训系统也将会表现出生态平衡和生态适应的特点。在远程培训过程中,由于学习者与环境之间的交互作用,会出现培训系统的生态不平衡,要维持培训系统的生态平衡,就要能够在恰当的时候对培训系统进行人工的干预,帮助远程培训系统走向平衡和协调。教师学习者们在远程培训的过程中将会逐渐适应这种远程学习环境和学习方式,他们将会在认知、行为和情感上表现出对远程学习环境系统的适应。另外,远程学习将会成为未来一种重要的学习方式,将会有一部分人依靠网络环境来学习和生活,所以未来的人要能够熟悉和适应这种环境生态系统。作为面向未来的教师,有必要让自己提前体验未来的学习方式,让自己为将来做好准备,让自己提前适应这种新的学习方式。

同时,远程学习方式为教师提供了一种新的学习环境,教师在逐渐适应这个远程学习环境的过程中也将会形成一种新的学习文化和一种新的生态文化。要想让教师们真正参与到这种新的环境中进行学习,就需要他们从认知上、情感上和行为上做出改变来适应这种远程学习环境,并能够与这种虚拟的环境和谐共生。这种改变一旦形成并具有一定的稳定性,便形成了文化。当教师能够把这种改变和谐地迁移到其教学实践中,这才是真正实现了教师的成长与发展。可以说,利用远程学习方式进行学习的过程,也是一种创造新文化的过程。或者可以说,这种远程学习文化使原有学习文化资源得以丰富和扩展,网络学习方式让传统学习方式得以延伸和发展。

(二)环境心理学

环境心理学是一门综合运用多学科理论来解决实际问题的学科,它有两个目标:一是了解"人—环境"的相互作用;二是利用这些知识来解决复杂多样的环境问题。环境心理学研究人和环境的相互作用。在相互作用中,人改变了环境;反过来,人的行为和经验也被环境改变。也就是说,人应该如何更好地适应其所处的环境,如何创造性地利用环境,使得环境更好地满足自身的需要。在这其中,远程培训可以被看作一个环境空间,这个环境空间虽然是一种虚拟,但是与学习者发生着密切的联系。

三、建构主义学习理论和远程教育理论

(一)建构主义学习理论

建构主义是学习理论中行为主义发展到认知主义以后的进一步发展,它提倡在教师指导下的以学生为中心的学习,倡导学生通过一定的情景(即社会文化背景),利用必要的学习资料,通过意义建构的方式获得知识经验。由于建构主义可以较好地说明人类学习过程的认知规律,即能较好地说明学习如何发生、意义如何建构、概念如何形成及理想的学习环境应包含哪些主要因素等,因此成为推进教师网络培训形成的重要理论基础之一。

建构主义同样是新时期我们开展师资培训的重要理论支柱之一。现代教师教育研究表明,教师专业发展是教师主体自主建构的过程,是"实践—反思"循环往复的过程,因此从教师专业发展的规律出发,我们说教师培训主要不能通过授受的方式进行,而应依据建构主义学习理论,采用个性化学习、多元化发展、参与式合作学习的策略,以基于问题的行动学习、基于案例的探究学习和基于实践的反思学习为形式来开展。通过向教师提供专业发展的情境、资源,提供自主学习的协作环境与策略支持,以引导教师的专业发展,为教师的专业成长提供最大的个人成长空间。

(二)远程教育理论

基于网络培训的最高形式是依托网络的远程培训,因此远程教育理论对开展基于网络师资培训是有重要作用的。丁兴富在 2000 年时对远程教育理论体系进行了梳理和理论划分,将其分为宏观理论、微观理论和哲学理论三个部分。远程教育理论对远程教学的特点、远程学习的特殊性、远程教育的合理性及其本质等问题都有深入细致的研究,研究流派众多,研究成果丰厚,这些对我们开展基于网络的远程培训有重要的借鉴意义,对基于网络师培内容的建设、师培方式的选择及师培管理等都有很多启发,是我们开展师培的重要理论基础之一。

四、个别化教学理论和学习风格理论

(一)个别化教学理论

个别化学习,又称个体化学习、个性化学习,是指学习者根据自己的学习风格,在个性化的学习环境中进行的自主性学习活动。个别化教学由来已久。在我国几千年的封建教育历程中,个别化教学是教育的主要形式。孔子曾提倡"因其材而施之以教",主张根据学生的个体差异进行"因材施教",可见孔子是个别化教育的先驱。西方国家亦然,古希腊教育家苏格拉底的"精神助产术",主张教无定时、教无定法的组织形式,也体现了个别化教学自由、开放的原则。20 世纪 60 年代,布卢姆提出掌握学习理论,认为只要给予足够的时间和适宜的条件,绝大多数学生都能达到良好的学习状态,完成学校规定的学习任务;同时,他还提出了个别教学的方法。60 年代的凯勒计划提供了系统化的个别教学模式等。

该理论认为,学习者是学习、认知、发展的主体,一切教育都应该围绕发展学习者的个性,以主体性方式构建知识,充分尊重发展受教育者的主体性,培养具有主体性的人。在教育过程中,它反对把受教育者视为客体,主张把受教育者当作主体;认为教育的过程是受教育者自主地与周围环境或教育资源发生相互作用的过程,而不是行为主义心理学所谓对人

的刺激或行为的强化;强调教育的主体性,教育要尊重受教育者,关注人的自我实现。

近年来,随着教育理念的不断更新,更多的人意识到教学过程中不应以"教"为主,应该以"学"为主,提倡"以学习为中心"和"自主学习",个别化学习日益得到人们的重视和强调。特别是教师远程培训形式的出现,更加为这一理念提供了广阔的生存和发展空间。个别化学习方式逐渐成为远程教育发展的趋势。基更教授曾在《个别化学习——远程教育的一张王牌》一文中充分论述了个别化学习对于远程教育的极端重要性。远程教育作为一种特殊的教育方式,其教育活动在空间上相隔离,在时间上相错开,在学习上打散了教学的班级组织,这些特点必然要求在远程教育过程中,学习者必须通过个别化学习来适应知识的获得。另外,信息化社会的到来,终身教育目标的提出,必然要求个别化学习以其灵活多变的特点,促进学生个体独立性和自主性的养成,实现个体的不断完善和发展。

(二)学习风格理论

学习风格是指学习者持续一贯的带有个性特征的学习方式。从这个概念中不难看出,个体的学习是存在客观的差异的。在学习过程中,个体往往表现出在学习时间、学习时适宜的光线及适当的室内温度等学习环境的不同喜好,并且每个学习者都具有不同的信息加工、思维和记忆的风格。布卢姆曾经说过,在面对这些差异的时候,关键的问题不在于是否承认差异的存在,而在于怎样看待这些差异。通过已有的研究结果,我们也不难发现,学习者具有不同的学习风格的证据。这些证据表明,如果学习过程发生在学习者所偏爱的学习环境中,且学习者运用自己偏爱的信息加工方式,学习过程往往是十分愉悦的,学习效果也是好的。因此,针对学习者学习风格的差异,教学就不应该是整体划一地进行,而需要真正做到适合学生学习风格的"因材施教"。每一个学习者的学习风格,既有其优势——有利于学习的一面,也有其劣势——不利于学习的一面。教育的根本目的在于充分发扬其优势和长处,同时弥补学生在学习方式与学习倾向上存在的劣势和不足。因此,在学习风格理论影响下应运而生的教师远程教育,一定会具备学习差异性的特点,也满足了广大教师在继续教育中的需要。

拓展阅读
终身学习——教师职业的基本要求

学习是一种沉淀,是一种积累,是优化自我的过程。人只有不断地从环境中汲取对自己有益的知识来发展自身、完善自身,通过不断的学习、学习、再学习,才能适应这个日新月异的世界。教师是个特殊的职业,学习,是一名教师职业的需求。给学生一瓢水,教师先要有一桶水。教师必须成为一个终身学习者,通过不断的学习与成长,实现自身的发展,才能适应教育形势的发展。把学习当作生活中必不可少的一部分,做学习型教师,以教促学,以学促教,双向互动。

一、教师要成为学习型的教师

第一,必须树立终身学习的意识,把不断学习作为自身职业发展的源泉与动力,作为职业对自己的基本要求。

第二,必须把学习贯彻在自己的教学实践中,将学习与实际教学结合起来,做到理论联系实际。学习教育理论及当前最先进的教学理念,同时要不断反思自身的教学,在不断地学习与反思的过程中实现可持续发展。

第三,在丰富自身专业知识的同时尽可能广泛涉猎各种社会科学与自然科学,从而更好地针对学生发展的需要,维持他们对周围环境与事物的探索兴趣,并引导他们对周围环境与事物产生正确的认识。

第四,要充分利用现代信息及通信网络技术,不断扩充自身的学习资源与学习空间,及时了解专业领域及其他领域的最新发展信息,还需要突破时间与空间的局限,与其他教师、专家共同探讨在教育过程中遇到的问题。

第五,通过自己的言传身教,为学生树立学习的榜样,并在教学中帮助他们获得基本的学习方法,形成对学习的正确认识及有关学习的积极情感体验,从而在他们的心灵中埋下学习的种子,为他们日后成为学习者打下良好的基础。

第六,学习教育学、心理学,这是无须证明的普通常识。学好教育学、心理学,有助于我们对教育有理性的认识,也有助于我们进一步与学生沟通,协调合作。同时,还要学习一些其他必备的学科知识。

二、教师要向谁学习

1. 向书籍学习。这是非常重要的一个方面。

2. 向同事学习。学习他们的特长,取长补短,优化我们自己的教学方法,以利于充分发挥自己的优势,弥补自己的不足。

3. 向自己学习。

4. 向学生学习。学生是最好的老师。教师与学生彼此教导,"同时身为学生与教师"。班上几十位学生的智慧总和,是没有哪位教师能够胜过的。要放下教师的架子,向学生学习。每位学生都有自己的闪光点,就看作为教师的你怎样去把它们充分挖掘出来。有时候,学生考虑的问题,学生的思路、解题方法要比教师的简单、科学得多。

总之,作为教师的你要记住,在向学生学习的同时,既提高了自己的业务水平,又提高了学生分析问题、解决问题的能力,有利于教师和学生的成长,我们又何乐而不为呢?

三、教师要处理好学与教的关系

学习是为了提高我们的业务水平,是为了进一步完善自己的综合能力。在学习的同时,要巧妙把自己所学的知识运用到我们的教学中,在教学过程中不断地深化所学的知识,进一步提高自身的综合能力。

做学习型的教师,我高兴,我快乐,我幸福。在学习过程中,我努力,我进步,我成长。

(董长茂,三峡新闻网,2011-09-14,有改动)

第三节　教师远程培训的目的

教师的素质不仅是教师自身的问题,还会表现在教师的言谈举止上,从而影响学生的身心健康及学习效能。这是因为教师是学生生活中不可替代的"重要他人",在学生的成长发展中,与其接触最多的就是教师。教师的言谈举止和情绪人格会潜移默化地对学生产生影响。因而,建设高素质的教师队伍是教师远程培训的首要目的。同时对于教师自身来说,师德的养成和专业知识、专业能力的提升,也是教师远程培训的重要目的。

一、建设高素质教师队伍

教师是教育事业发展的基础,是提高教育质量、办好人民满意教育的关键。在全国教育工作会议及《国家中长期教育改革和发展规划纲要》(以下简称《纲要》)中都将教师摆在教育改革发展中十分重要的战略地位。《纲要》在第 17 章分 5 部分阐述了加强教师队伍建设工作的重要性,提出"有好的教师,才有好的教育",要"严格教师资质,提升教师素质,努力造就一支师德高尚、业务精湛、结构合理、充满活力的高素质专业化教师队伍",要"完善培养培训体系,做好培养培训规划,优化队伍结构,提高教师专业水平和教学能力",要"以农村教师为重点,提高中小学教师队伍整体素质"。

远程培训也正体现出上述要求,是教师培训的新模式,提高了培训的针对性和有效性。扩大教师参加培训的覆盖面,特别是针对农村教师的培训,能够大幅度提升教师队伍的整体素质,为实现国家中长期教育发展战略目标提供强有力的保障。其中,以"中西部农村中小学教师远程培训"任重而道远。它的主要目标是通过培训帮助农村解决学科教学中的问题,促进中西部农村中小学教师整体素质的全面提升。在"中西部农村中小学教师远程培训"参加培训的教师学习时间不集中,一般会分散在 2 个月左右的时间,教师需要在繁忙的工作之中安排时间进行学习,专家也需要合理安排时间,给学习者必要的支持服务,引领学习深入进行。因此,这对远程学习的组织管理与支持服务都提出了空前的挑战。为了保证培训质量,我国政府针对中西部远程培训的特点,采取了多样化的措施。

第一,在项目管理方面,建立并完善了组织管理体系和质量服务标准,形成了完整的远程培训教学辅导流程。尤其是建立了"中央—省市—县—培训点"的项目管理体系,保证了项目自上而下地顺利实施。各地也建立了巡回检查机制,指导远程培训工作,使培训落到实处。第二,在培训模式方面,采用了手机短信、语音电话、培训平台给予远程教学支持的方式,组建了由授课教师、学科编辑、言论管理者、网络管理员、信息员组成的教学支持服务团队,实现了"天网""地网""人网"三网结合统一。第三,在网上教学质量监测与评价方面,建立了远程学习评价指标体系,激励学员提高学习热情,也促使辅导教师、项目管理员积极工作。

二、促进教师自身的专业发展

教师专业发展是教师作为主体的主动发展过程。教师要成为一个成熟的、符合教师标准的专业人员,需要经过不断地学习和实践,在拓展专业内涵的基础上提升自身的师德修养,深化专业知识和专业能力,逐渐达到专业的成熟。远程培训是教师提升专业水平的有效方式。远程培训主要通过以下几个方面来实现教师自身专业发展的目的:

首先,远程培训帮助教师掌握专业性的知识和技能,形成教师自身的专业伦理概念。远程培训满足教师教学活动和教学实践中不断学习的需要,重视教师工作质量和教师继续教育的监控情况。其中,教师的教育和教学水平是教师教育教学能力的集中体现,也是教师专业发展的标志。为达到教师的专业成长,教师需要不断地补充、更新自身的知识结构及专业技能,这是教师专业发展的意义所在。

其次,远程培训帮助教师探索教育理论和教学实践。教师的发展贯穿教师职业生涯的始终,远程培训把教师的职前培养与职后培训联系起来,使教师能够不断地学习,同时使自己的知识、能力水平得到不断提高;从教师的整个职业生涯来看,教师的职业发展又有几个不同的重要时期,具有非常明显的阶段性,不同阶段教师都会面对不同的问题和任务,而教师的专业发展也正是一个终身学习、不断解决问题的过程。

再次,远程培训为教师提供自主学习、主动寻求自身发展的环境。作为成人学习者,教师的专业发展依靠教师自己制定目标,自主安排学习,还要做到在学习过程中的自我监控。教师必须有强烈的学习动机和自我监控意志,主动地寻找学习资料,以寻求自身的专业发展。

最后,远程培训促进教师角色由不成熟发展到成熟。随着职能角色的转变,教师自身的成长经历了一个由低到高、不断提高的发展过程,在这个过程里,教师各方面的知识能力和教育技术水平都得到不断提升,教师的职业角色逐步从不成熟向成熟迈进。

三、促进教师的自主学习

自主学习是指学习者根据学习任务和学习需要,自主选择学习材料和学习方式,自定学习步调,独立自地进行学习的活动。自主学习的学习针对性更强,能够充分体现学习者的主体作用,发挥学习的主动性,是当前教育学家提倡的学习方式。远程培训利用网络技术把个体学习者从群体中分离出来,并放在一个更个人化的情境中,从而使学习者在学习过程中具有更多的自主性,增加了学习的灵活性和自由度。教师并不是孤立地进行自主学习,而是在"学习者—学习材料"和"学习者—学习者(指导者)"之间的交互。在远程培训中,教师可以通过 BBS 或 E-mail 等方式进行自主学习,对学习中遇到的问题可以在线查找资料库,从而能够顺利地进行自主学习,也可以通过 BBS 或 E-mail 等与专家指导者或者其他教师进行交流,从而在与他人的交流中提高促进自主学习的效果。与此同时,远程培训对学习者也有一定的要求,需要具有较强的学习责任感和自我控制能力,了解通过怎样的学习方法来达到学习目标,以及如何测量和评价自己的学习结果。

首先,教师在远程培训中要具有较强的学习动机。教师在培训中的学习动机既有外部的来自社会方面的动机,也有内部的来自自身方面的动机。随着社会对教师的要求提高,教师所面临的压力也随之增大,因此教师要适应社会的要求,就要进行培训。同时,当今是科学和技术飞速发展的时代,知识更新周期缩短、速度加快,教师所承担的教育任务重大,要求其更要补充新知识,完善知识结构,提高自身的整体专业素质和教学科研能力。教师接受培训的动机还有很大部分来自自身的发展需求,希望能充实和提高自己,以得到社会和他人的认同。因而,教师在接受远程培训的过程中要具备一定强度的学习动机,变外在动机为内在动机。

其次,教师在远程培训中要有丰富多样且个性化的经验。教师作为社会人,承担着多种社会角色和职责,也积累了一定的社会阅历和生活经验。教师在选择学习内容时,很大程度上都是以自己的生活经验、学习需求、学习兴趣和学习动机为依据的。同时,由于个性差异,受社会因素影响程度的不同等原因,教师的经验表现出个性化、多样化的特点。所以,如果教师在培训中个性化经验丰富,就能从不同的角度看待问题,能够有针对性地解决自己所遇到的问题,学习目的明确,主动性提高,才能真正提高自身素质。

最后,教师在远程培训中要具备良好的自我学习能力。教师在心理上要有较高的自我意识,较强的自我激励、自我评价和自我控制能力。在进行自我学习时能够给自己确定比较现实的目标,制订周密的计划,并能不断总结、矫正自己的学习行为,提升自我学习能力。

四、促进教师的协作学习

协作学习是建构主义学习理论指导下的一种学习策略,它集中体现出建构主义所提倡的认知工具、社会建构和认知分享的观点。在协作学习的过程中,学习者通过小组或团队的形式来组织学习,提高学习效率。多媒体技术和网络技术的飞速发展为协作学习提供了发展的环境,使协作学习成为网络远程培训中的另一种重要的学习方式。这种协作学习是指利用计算机网络及多媒体等相关技术,在所建立的学习环境中,多个学习者针对同一学习内容彼此讨论、交流与合作,以达到对所学内容比较深刻的理解与掌握的过程。

远程培训的协作学习方式包括以下几种形式:指导者通过网络课程系统平台与学习者共同学习、讨论;学习者可以通过服务器上提供的公共讨论区 BBS,把疑难问题公开进行讨论;指导者和学习者通过在线聊天室进行网络的实时在线讨论;通过主页链接到指导者或其他学习者的主页上,在主页上留言或通过 E-mail 发表自己的意见等。在教师的远程培训中,以上几种形式的协作学习都可以利用,教师可以根据自己的需要,有目的地选择参加相应的协作小组或团队进行合作学习,就某一问题展开广泛的探讨和相互间的协作。这种培训形式克服了以往传统培训学习中地域空间的限制,教师可以随时随地自由地与其他地区、城市甚至其他国家学校的学习者相互联系、分享信息、体会交流。

协作学习体现出鲜明的网络特性,能够充分发挥计算机网络的优势,提高了沟通效率,便于学习者之间更好地交流,有助于学习者进行更有效的信息组织,实现范围更广、质量更高的协作学习;可以共享信息资源,具有群体激励机制,能激发个人的学习动机;提高了学习者学习的参与性和主动性,有利于个体与群体之间的情感交流;通过与他人的相互协作,培养自己的协作工作能力与解决问题能力。在具体的学习过程中,可以围绕问题展开协作学习,由专家或指导者提出问题;也可由参加学习的教师提出问题,把问题公开放到公共讨论区上。教师可选择某一问题,自行借助一定的工具查阅相关资料,或进行试验,然后共同讨论,确定问题的解决办法;也可以根据问题分组完成相应的任务,最后进行汇总、交流。不同协作者会对问题的理解及其视点不完全一样,各种观点之间可以互相补充,对问题的深化理解和对知识与技能的掌握大有裨益。作为协作学习者的教师可能是合作伙伴关系,也可能是相互辩论的对立关系，还可能充当其他学习者的指导者，解答他们的问题。

总的来说，协作学习在教师远程培训中的价值可以体现在以下几个方面：

第一，改变传统培训中教师的角色。协作学习所具有的参与性，使指导者和参加培训教师都能积极致力于同一目标。教师不再是被动地接受和消化信息，而是活动的主动参与者，是培训内容和形式的主动创造者，同时也是专家或指导者的协作者和合作伙伴。这就使教师感受到自己在培训学习中的地位和作用，提高其在培训中自我学习的欲望，从而真正地融入到培训当中，积极地参与学习。

第二，合作使教师更易于相互学习。协作学习突出了合作的重要性，教师之间的合作是协作学习成功必不可少的条件，这种合作为教师提供了良好的相互学习的机会。每一个教师都各具特长，都有值得其他教师学习的优势，在与同事及专家合作的过程中，对同一个问题会产生不同的新理解。通过合作，教师之间的思想发生碰撞、交流、融会，对每个人的教育价值观与信念都会引起冲击和影响，随着问题的解决，教师吸取了他人的长处，自身有了提高，从而提高自己的教学水平。

第三，协作学习与自主学习互相补充。在自主学习阶段，教师主要是按照自己的安排进行各项学习活动，大多数交流是与学习材料之间发生的。这种自主学习适用于学习理论性较强的知识，并且教师作为学习者的角色比较单一。对于由实际教学或其他方面产生的问题，教师通过协作与他人交流后才能形成自己的知识结构。不仅如此，在协作学习中，学习者可能承担一定的任务，并且可能是作为其他人的指导者，需要对自己的学习行为负责，因此，80％的学习者能进行自我批评和反馈，而非协作学习中只有20％的学习者会有自我反馈行为。这种自我反馈行为对提高教师远程培训的效果是很重要的。

拓展阅读

个人专业成长规划

作为一名青年教师，我在教育经验、组织管理等各方面，还需要进一步地完善自己。为了更好地完成教学任务，使自己不断提高教育教学能力，我运用专业发展的理论，结合自身的实际情况，制定了个人专业发展规划。

一、自我分析

我始终如一地热爱本职工作，坚持政治学习，提高觉悟和意识。注重个人道德修养，为人师表，严于律己，关心学生的学习、生活，与同事相处融洽，能够积极完成学校领导布置的各项任务；虚心向其他老教师学习，积极提高自身的思想和业务素质，争做一个学习型与研究型并重的教师。

由于从事教育一职时间尚短，理论与实践都有待提高，不能很好地将两者结合。对于教研问题，看问题较浅，很难形成理论层面，从而不能更好地进行教研探究。

二、发展方向

学习上，不断加强理论学习，丰富知识结构；工作中，积极投身教育科研的改革与实践，不断探求、反思。时刻提醒自己用脑子工作,使自己逐步成为研究型、开拓型、全能型的教师。

三、发展目标

1. 培养自身高尚的道德情操及职业道德修养,用自己的人格魅力、深厚的人文素养、广博的知识积淀、真挚的博爱及对学生高瞻远瞩的责任感影响教育学生,使之形成高尚的品德,树立正确的人生观和价值观。

2. 积极学习业务,认真钻研学科专业知识及系统的教育理论知识,广泛阅读教育教学的报刊及专著,提升对新课改理念的认识;掌握先进的教学方法,不断提高自身业务素质。

3. 向身边优秀的同行学习管理经验,多听、多思、多借鉴、多积累,结合自己实际教育教学情况,形成自己独有的工作风格。

4. 对自己的教学活动进行反思,及时积累教育教学工作中的成功与失败,总结经验教训,将自己的反思结果加以整理提炼。

四、具体措施

1. 认真备课。按学校要求,提前两周备好课,做到备教材、备学生、备知识、备教法,做到心中有数,熟练掌握教材,努力选择适合学生特点的最佳教学方法。

2. 认真上好每一堂课,讲课时充分体现"教师为主导,学生为主体"的教学思想,突出重点,突破难点,抓住关键,精讲多练,及时对学生进行听、说、读、写四项技能训练。结合新学期英语教学计划,提高学生英语语言的综合运用能力,同时融进思想教育,使学生在学好专业知识的同时养成良好的职业道德观念。

3. 积极参加各种听、评课活动,进行高质量的教研活动,争取机会让自己在校内或校外都开展一些有质量的公开课,向更有经验的教师学习,提高自己的教学能力。

4. 及时进行教学反思,撰写教育随笔和教学反思,加强课题研究和论文写作;平时抓紧时间加强自身学习,阅读教育专著和教育教学文章,做好读书笔记。

以上是我对个人专业成长的规划,总之我会在今后的工作中更加勤恳,努力使自己逐步成为研究型、开拓型、全能型的教师。

(摘自百度文库,有改动)

第四节　教师远程培训的需求

借助时空的便捷性、优质资源的整合、低成本及个性化的学习方式的特点,基于网络的远程培训已经成为中小学教师继续教育和专业化发展的重要模式。远程培训将充分发挥其远程教学的支持作用,增强参训教师的自主学习和协作学习的积极性,提高远程培训效益。借助远程培训这一载体的优势,融入传统面授培训好的做法,充分发挥其组织者、参与者、合作者、引导者的作用,促进我国各地区学科教师专业化水平快速提高。本节我们将共同探讨教师远程培训中的各种需求。

一、教师远程培训的目的与方法需求

(一)教师远程培训的目的需求

教师远程培训体现出终身教育的新思潮,教师可以通过远程培训达成提升自身的专业素养的目的。终身教育突破了传统教育中一次教育定终身的思想。远程培训使现代信息社会的终身教育突破传统教育模式、领域和体系的束缚,形式上不再拘泥于传统的一次性教育的封闭式面授形式,体现出远程培训开放、自主、灵活的学习方式,突出参训教师的主体性和主动性。远程培训以远程教育网络为依托,形成覆盖城乡的开放教育系统,扩大了教师终身教育的规模,为全体教师提供多层次、多样化的继续教育。远程培训适合教师继续教育的在职性与成人学习的特点,不仅学习时间更加灵活,更重要的是实现了学习内容的个性化,即参训教师可以根据自己的实际情况,制订个人学习计划,进行灵活的自主学习。这种个性化的学习更加符合参训教师的自我需求,使培训更具针对性,取得更好的培训效果。

同时,提高教师信息化素养是教师专业化发展的迫切需要。在汹涌的教育信息化浪潮中,缺乏信息化素养的教师必将无法适应教育发展的趋势与满足教师职业的要求。远程培训可以提高教师的信息化素养,因为通过远程培训,教师不仅能够学到专业化的学科教学知识与技能,同时还可以掌握现代化远程教育的方法与技能。一些教师能够将这些方法与技能应用于自己的课堂教学之中,这对促进中小学教学的现代化、信息化发展起着难以估量的积极作用。

(二)教师远程培训的方法需求

教师远程培训带来了教学方式的变革,将以"教"为主的传统教学方式改变为以"学"为主,把培训者从"师傅"变为"向导",突出了学习者的主体地位。培训者和参训者通过教育媒体与信息技术的使用相互联系,不仅传递着课程内容,还搭建了教与学的交流互动平台。

教师远程培训能够满足参训者学习的个性化需求,可以针对每一位参训者按最有效的个性化原则来组织学习,更注重培养自学能力;能及时反馈和调整学习内容,体现因材施教、因人而异的教学规律,并且可以进一步发展为按照最有效的个性化原则来组织教学;采用小组研究、协同、讨论的研习方式,提供更丰富的实践活动。

发展和创新教师远程培训方式,就要为教师专业发展、教师素质提高和教师终身学习建立一个优势互补、资源共建共享的平台。教师远程培训可以实现教师继续教育优质资源的共建共享。送教上门,使教师做到足不出户就可以参加专业化培训,为教师终身教育提供了支持和保证。充分借助现代远程教育手段,打破时空阻隔,大规模开展高水平教师培训,使不同地区的教师共享优质教育资源,是大幅度提高教师,尤其是农村教师队伍素质的有效途径。教师远程培训实现了教师培训方式的创新,必将推动教师继续教育的跨越式发展。因而在进行教师远程培训时,应根据不同的培训内容采用不同的培训方式,同时兼顾信息技术课的学科特点。例如,理论课学习可采用专家讲座视频的形式,而一些技能的讲解可采用观摩示范等方法,有关教学方法的介绍就可用案例分析,等等。

二、教师远程培训的内容与支持需求

(一)教师远程培训的内容需求

首先,教师对专业知识的需求。现在大部分人认识到,"教师知道什么和他们能做什么,对学生学习什么有至关重要的作用"。作为一位专业教师,也必须掌握一定数量和质量的专业知识,并形成科学合理的认知结构和知识结构。教师的专业知识结构是从事教师这一专业化职业所必须具备的知识经验。因而教师在远程培训中也希望能够得到更多专业方面的知识,不仅注重专业知识量的积累,还注重专业知识质的提升,并且不断优化和更新自己的专业知识结构,从而不断提高自身的专业化水平。

其次,教师对专业技能的需求。教师的专业技能与教育教学活动紧密联系,并通过教育教学活动表现出来,是教师顺利完成教育教学活动所必须具备的心理特征。教师的专业技能既包括专业技巧,也包含专业能力。专业技巧主要是指教师在整个教学活动中所具备的沟通技巧、引导技巧以及组织教学、管理班级和进行教学评价等的技巧。专业能力则是教师专业化发展的重要组成部分,主要包括教育教学设计的能力、组织与管理的能力、表达的能力、交往的能力、反思的能力、创新和研究的能力及评价的能力等。其中,教育教学研究的能力、课程开发的能力、实施综合实践活动的能力和教育教学反思的能力等是当前基础教育新课程改革十分重视的能力,这些都是教师在远程培训中所需的专业技能。

再次,教师对专业精神的需求。专业精神和专业信念是区分专业与非专业的重要标志之一。教师职业作为一种专业,一定要有一套约束教师行为的道德规范,当教师将这些道德规范内化为自身的道德修养时,就表现为一种专业精神。教师职业也正是因为有专业精神的存在才更加具有生命力,广大教师在专业精神的感召下也更具向上力量,从而为教育事业奉献自己的青春。

教师的专业精神主要由教师的专业理想、专业信念、专业情操和专业自我等构成。教师在日常的教育教学工作中,在与学生、家长和学校的沟通交流中,会形成自己对教师这份工作的感受和理解,并将这些感受和理解形成价值观念,内化到自身的专业发展中去。教师的专业理想就是教师对教育本质、目的、价值和生活等的理想,它是教师专业行为的动力系统和理性支点。教师的专业信念是教师自己选择、认可并确信的教育观念或教育理念,它不仅是教师对教育教学工作中所经历的情感体验,又是支撑教师教育教学工作的动力系统。教师的专业情操是教师对教育教学工作带有理智性的价值评价和情感体验。教师的专业自我则指教师对自己从事的教育教学工作的感受、接纳和肯定的心理倾向等。

(二)教师远程培训的支持需求

由于经济、社会、历史等多方面的原因,我国教育存在着明显的城乡差异,从而导致教育资源分配不均。教育改革与发展要求尽快提高广大农村地区的教育质量,其中农村教师队伍素质的提高是最关键的因素。为改进教师继续教育发展水平的不均衡,尤其是农村地区教师继续教育明显落后于城市的状况,必须要采取有力措施提高教师继续教育的质量,缩小教师教育发展水平的城乡差距,促进城乡教育协调发展,促进教育公平。远程培训是提高农村地区师资水平的有效方式,可以突破参训者分散与地处偏远的瓶颈,实现教师继续教育优秀师资和优质资源的共享,使身居偏远地区的教师也可以直接了解到教育改革与发展最前沿的动态,得到专家的直接指导。专家的精彩讲座视频,鲜活的教学实例,画龙点睛的点评与讲解,紧密结合教学实际的培训资源,这些可以使所有参加培训的教师获益。因此,远程培训对于提高教育发展相对落后地区的师资水平、促进教育均衡化发展具有至关重要的现实意义。因而,教育资源是教师远程培训主要的支持需求。

拓展阅读
"新时期的革命"——我们应如何进行教学设计

21世纪是信息飞速发展的时代,如何使现在的学生长大后能适应这个社会,如何使他们成为一专多能的有用人才,是当代教师教学中亟待钻研的课题,也是我们面临的一个艰巨任务。计算机多媒体技术集文字、图形、图像、声音、动画等功能于一体,不受时空限制,直观、形象、生动,有较强的感染力,对提高学生兴趣、培养学生能力等方面具有其他媒体无法比拟的优越性。近几年来,我校多媒体课件制作组根据当代教育技术发展的需要及本校的实际情况,有的放矢、力所能及地制作多媒体课件进行辅助教学,起到了非常好的教学效果。下面就结合本人在课堂教学中采用多媒体进行辅助教学的具体做法,浅谈一下计算机多媒体在教学中的作用。

一、创设教学情境,激发学生学习兴趣

课堂教学成功与否,其主要标志是教学效率的高低,而这又常取决于学生参与教学活动的态度是否积极、主动。学生有了饱满的学习兴趣,便会对学习产生强烈的需求,积极地投入学习,坚持不懈地与学习中的困难做斗争,不再感到学习是一种负担。运用多媒体技术进行教学,能够创设良好的教学情境,加深学生的感观刺激,牢牢地抓住学生的注意力,激发学生的学习兴趣,在教育教学活动中起到事半功倍的效果。

二、合理运用动画,强化感知,促进知识由具体到抽象的转化

概念舍弃了具体形象的支撑而升华为抽象的文字,学生不易接受,利用传统的教学方法,无法清晰地展示或无法观察到展示过程。多媒体技术集声、光、色、动等于一体,在教学时,我们可以充分利用多媒体的闪烁、移动、变形等功能,使学生在具体、形象的感知中轻松而高效地理解概念的内涵。

三、突破教学重难点,提高课堂教学效率

在课堂教学时灵活、合理地使用多媒体辅助课件进行辅助教学,一些教学重点、难点就迎刃而解了。以"化圆为方"为例,采用逐步逼近的方法,加上教师适时的引导,让学生通过媒体动画拼成过程的演示发现分的份数越多,每份则越细,拼成的图形就越来越接近长方形。在操作中实施转化,既向学生渗透极限思想,又发展了学生的空间观念。这一动态直观的转化过程有效地降低了学生学习的难度。

四、增加课堂容量,及时反馈学生学习信息

要减轻学生的课业负担,就要加大教学密度,提高课堂 45 分钟的教学效率。多层次、开放性、实践性的练习是学生形成良好数学技能不可或缺的环节。在课堂练习时,通过多媒体直观演示,使学生更深刻清晰地理解题意,并顺利灵活地解题,从而提高学生的解题能力。除此之外,学生可以根据自己的判断,选择学习的方向;根据自己的接受能力,选择学习的内容和进度,独立地解决计算机给出的各种问题。由于学生有选择地主动获取知识,对自己感兴趣的问题进行深入探讨,既开发了学生的智力,又发展了学生的个性。

由于问题的答案是开放的,因此我把可能出现的答案均设计成了交互形式,根据学生的回答灵活地做出响应,从而有效地培养了他们的发散思维和创造思维,促进他们积极主动地发展。

总之,在科学技术飞速发展的今天,计算机的作用将越来越大。在课堂教学时运用计算机进行辅助教学,能使教学变得直观、生动而又提高学习效率。只要我们教师勤于耕耘,不断探索,在充分发挥传统教育媒体优势的同时,力所能及地利用多媒体这一现代化的教学手段,力图营造一种积极愉快而又富有智慧的教学情境,更好地将学生的情感与认知、感受与理解、动手与动脑、学习的主体与教师的主导有机地结合起来,就能促进学生数学智能整体而和谐地发展。

(任慧,月亮船教育资源网,2006-07-04,有改动)

第二章

中小学教师远程培训的特点

第一节　时空拓展性

美国麻省理工学院媒体实验室主任尼古拉斯·尼葛洛庞帝教授在《数字化生存》一书中曾说道,"互联网给人们提供了探索知识和意义的新媒介","互联网也将成为一个人类交流知识和互助的网络"。事实上,这场以网络为主导的现代远程技术也赋予教师培训很多新的魅力,时空拓展性就是其中之一。

随着互联网作用的加强,它拓宽了信息传播的渠道,加快了传播的速度,同时也增加了中小学教师培训的载体。因此,我们要充分利用网络资源和网络渠道为师资培训服务,发挥网络传播媒介的便利优势,充分利用网络资源开展中小学教师远程培训,这不仅能够使中小学教师培训在空间和时间分离的情况下,有组织地传递教育内容,为学生提供持续的、系统的学习支持服务,更弥补了传统集中式教师培训的不足。

一、远程培训缓解了中小学教师工学矛盾

传统单一的集中式培训由于空间和条件的限制,教师参与的范围有限。例如,骨干教师的培训只能提供给骨干教师,而其他愿意旁听的教师却没有条件参与。利用网络资源进行中小学教师远程培训在学习形式上打破了时空障碍,以互联网和多媒体技术为主要媒介的远程培训突破了空间距离的阻隔,提供了师生异地分离教学的环境,而开放的教学内容不受学习时间的局限,每个人都可以在任何时间自主学习,获得自己所需的任何教育内容,教师培训不再是一次性的学校教育,参训者之间在学习时间、空间及学习内容的进度等方面彼此独立。这样的培训模式可以使教师足不出户便可以接受专家的培训,通过网络视频与全国教育专家进行零距离接触,聆听他们的辅导讲座,在获取名师宝贵经验的同时,也可以了解到课堂外、校园外等更为广阔的信息,可以通古今、晓天地。这有效地节约了培训资源,实现了培训资源的重复使用,最大限度地拓宽了培训的范围。

中小学教师普遍存在教学任务繁重的事实,特别是农村中小学教师大多身兼数职,传统的集中面授的培训方式导致工学矛盾异常突出。传统的集中面授培训要求教师在统一时间到统一地点,这就需要教师放下自己的日常工作外出进行培训,培训过后他们面对的是更加繁重的工作任务,这一问题严重影响了教师参与培训的热情,因此如何有效化解这一矛盾成

为教师继续教育面临的一项严峻挑战。远程培训模式的出现能很好地解决了这一问题,它能够充分发挥现代化信息技术的优势,有效缓解教师继续教育中的工学矛盾,使教师足不出户就能参加培训学习,不影响日常的学校教学工作,确保学校教学秩序稳定,参训者学习时间实现了教学与培训两不误。近年来,我国各地充分利用"农村中小学现代远程教育工程"的设备与资源,探索总结出了"天网""地网""人网"相结合的教师远程培训模式,积累了丰富的远程教育组织管理、技术支持与教学支持服务的经验,为开展高效益的远程培训奠定了重要的技术基础。在不断的实践中,广大教育同仁越来越认同远程教育手段在实现优质教育资源共享及提高教师培训质量与效益的重要作用。

教师远程培训已经成为"国培计划"的重要形式,这与我国教师教育的需求、远程培训的特点是分不开的。尽管广大教师具有学习的积极性,但他们的学习受时间、精力、投入等多方面因素的影响,脱产学习"工学矛盾"突出、经费紧张,最需要学习的广大农村学校教师在这方面的矛盾尤为突出。远程培训的时空拓展性的特点,能够在很大程度上缓解传统教师培训中的工学矛盾、经费问题和师资问题,这对于大规模开展教师培训,尤其是教师的全员培训,具有独特的重要作用。

二、远程培训有利于教育均衡化发展

近年来,由于社会的不断发展进步,人们越来越关注教育公平问题。但是由于我国在社会、经济、历史等多方面的原因,我国教育存在着明显的城乡差异。城市作为我国地方政治、经济与科学文化的中心,教育环境明显优于农村教育环境,尤其是在我国的一些贫困、偏远地区,许多学校的办学条件相当困难。教育改革与发展要求尽快提高广大农村地区的教育质量,其中最关键的因素就是提高乡村教师队伍的素质。教师是学校的第一教育资源,促进学生的全面发展要靠全体教师去实现,教师队伍的现代化是学校教育均衡化的根本。教师队伍的现代化,尤其是农村及偏远山区教师的现代化,主要靠教师的继续教育来实现,然而由于各种时空因素的限制,这些教师无法享受和城市教师同等的继续教育的机会。为改进教师继续教育发展水平不均衡,尤其是农村地区教师继续教育明显落后于城市的状况,必须要采取有力措施提高教师继续教育质量,缩小教师教育发展水平的城乡差距,促进城乡教育协调发展,促进教育公平。

远程培训是提高农村地区师资水平的有效方式。教师远程培训历时较长,而且要求他们根据自己的实践,完成培训教师布置的作业和参加各个主题的论坛。因此,受训教师的学习研修主要是在自己的实际工作环境中,同时也保证了培训教师与受训教师的充分参与和及时沟通。这种学习培训是一种真正的行动性研修,即"理论—实践—反思—理论—实践",真正消除了传统教师培训理论与实践脱节的"两张皮"现象,实现了教学相长的目标。我们也可以看出远程培训的这种时空不限性,可以突破参训者分散与地处偏远的瓶颈,可以满足培训历时长、地点散的要求,实现教师继续教育优秀师资和优质资源的共享,使身居偏远地区的教师也可以直接了解到教育改革与发展最前沿的动态,得到专家的直接指导。专家的精彩讲座视频、鲜活的教学实例、画龙点睛的点评与讲解,紧密结合教学实际的培训资源,可以使所有参加培训的教师获益。

三、培训方式和环境的拓展

(一)培训方式的拓展

相对传统教育和现代教育而言,远程教育具有信息量大、传输速度快和交互性、渗透性强等特点,具有满足所有人教育需求的潜能,可以让任何人随时随地得到个性化的教育。传统教学一直是在特定的环境(教室)、特定的对象(学生)、特定的时间(每年上、下两个学期)、特定的知识传授者(教师)的状况下实施的,远程教育却使人类实现了世界范围内的学习自由,它拆除了城乡教育的栅栏,打破了校园的边界,构建了无围墙、无时空的"虚拟教室"和"虚拟学校"。远程教育将使学员从封闭的圈子走向一个无班级、无年级甚至无国界的广阔学习空间,学员可在任何时间与多个时区的教师交流。学校与社会的分离模式、教室上课才是学习的概念将逐渐失去存在的理由。远程教育伴随所有个人,以一种全新的方式将师资和课程资源向社会开放。

在传统的教师培训中,受训教师获得的是培训教师的显性知识,如讲座、文稿等,而无论是专家名师,还是普通教师都有自己独特的、无形的经验智慧,即隐性知识,如个人的观察力、思维习惯、技能经验、判断、构思等,这些知识只依附在人脑中,只有与拥有者合作交流才能获得。

远程培训可以促成培训教师和受训教师间的交流协作,促进无形经验智慧在培训教师和参训教师之间流动,形成教师与学员间共同学习、共同提高的现代培训特点。更为可贵的是,网络交互媒体可以将这些无形的经验智慧以有形的数字化信息,如文字、音频、视频等形式记录下来,成为显性知识,为资源的全面共享评价反思提供支持。

(二)培训环境的拓展

教师是成年人,理想的成年人的学习环境既要富有挑战性,又要使人感到安全;既要满足参与者依赖性学习的需要,也要满足其独立性学习的需要。学习环境的建设除了充分利用成年人丰富的学习与实践经验,还要考虑其极大的差异性,不仅要与参与者的目的相关,而且达到目的的手段也要符合成人的特点。即不仅要使学习者感到满意,还要激励他们进一步地参与。在教师继续教育中最需要解决的是工学矛盾,因此教师远程培训为中小学教师开展继续教育,提升专业素养提供了最理想的环境选择。另外,中小学教师远程培训,学习时间一般在2~3个月,工作学习两不误。参与培训的网络,也为参训教师提供了交流的平台,这个互动交流的平台让远程培训在分散的同时,也做到了集中化培训。

四、培训对象和资源的拓展

(一)培训对象的拓展

"十二五"规划以来,对农村中小学教师实施远程培训已经成为教师培训的一个新趋势,农村中小学教师培训由原来单一的集中参与式培训转向了以网络平台为主要支撑的远程培训和集中培训相结合的混合学习模式。这种培训方式改变了传统的集中参与式培训参训人数少、农村中小学教师参与培训的机会少及工学矛盾,扩大了参训教师的范围,符合教育大众化及终身学习的理念。这种培训模式也体现了教师继续教育的公平性,为农村中小学教师参与继续教育提供了极大的方便,节约了大量的人力资源和财力资源。

教师远程培训能为更多教师提供参加培训的机会,可以实现优质培训资源的共享,提高教育效率和效益。我国目前有 1000 多万名中小学在职教师需要培训,由于量大面广,加之高水平的培训者短缺,优质教师教育资源明显不足,增加了教师培训的艰巨性与复杂性。传统的面授方式无法保证在多级的培训传递中将高质量的培训资源与效果进行复制,对于许多教师而言,远程培训方式只需要有可以上网的电脑,就可以轻松获得优质培训资源,快捷便利,便于开展量大面广的培训,特别是能够为广大农村教师提供均等的培训机会,有助于实现教师培训的均衡发展,提高教师继续教育的效率,具有较高的社会效益与经济效益。

（二）培训资源的拓展

我国传统教师培训的教学内容陈旧,教学方法死板,不能紧密联系受训教师教育教学实际,缺乏针对性和实效性,培训很难取得好的效果。远程培训是由各知名院校组成的教师教育联盟,在各院校提供的学习资源中,只有优质资源才能通过严格的质量审查进入培训网络平台。因此,全国各地的中小学教师能共享高质量的学习资源。同时,能成为我国教师教育联盟的学校均拥有强大的教师队伍,许多知名专家、教授在中小学远程培训中担任导师,帮助受训教师学习新的教育教学理论、现代教育技术及教学和科研的方法。

远程培训主要实行的是分散学习、网上学习与网下交流相结合、理论学习与实践操作相结合的学习方式。在培训过程中,培训的管理者和组织者注重学员学习的反思性和实践性探索相结合;在模块学习中,重点抓学员的作业质量和话题质量,强调在岗实践与教学反思,要求学校对参训教师实行统一管理并定期检查,要求学员以自主学习为主,将学习理论转化为自己的教育教学思想,把从平台上学到的教育理论运用到学科教研上,指导自己的教育教学实践,真正做到学思相统一。

五、学术交流的拓展

伴随着计算机、通信和网络技术的快速发展,学术交流正以一种全新的交流方式吸引着广大中小学教师的参与热情。这种具有跨时空、跨地区、多媒体及互动性的交流形式越来越受到广大中小学教师的重视和认可。网络学术交流方式的兴起,无疑给中小学教师远程培训拓展学术服务空间带来了新的机遇。广大中小学校应积极主动适应网络技术发展的趋势,进行学术交流网络化的创新。网络学术交流平台具有时效性强、局限性小、参与面大、互动性强、成本低以及不受时间、地点、版面和出版周期限制的特点。

教师远程培训打破了传统教师培训模式中那种相对封闭的、小范围的学术交流模式,任何参加培训的教师除了可以与导师进行学术探讨外,还可以在这个开放的教师培训系统中进行跨时空、跨学科的学术探讨交流。

拓展阅读

这是一次难得的机会

——"专家在我身边"辅导活动在常山举行

12月5日,浙江省中小学教师专业发展培训——远程培训项目"专家在我身边"辅导活动在衢州市常山县举行,来自全县各小学的200多名语文教师参加了活动。

本次活动由全国中小学教师继续教育网主办,县教育局承办。活动邀请来自北京的教育专家袁志勇与常山县参加远程培训的教师面对面——了解教师们的实际需求,为教师们答疑解惑,倾听教师们的参训感言,总结改革成果。

在活动中,袁志勇给四年级的小学生们上了一节写作课,用声情并茂、妙趣横生的语言来激发学生们在写作时的创造性思维和能力,学生们听得津津有味,并主动向老师请教了不少的问题。讲课结束后,袁志勇还对授课内容进行了点评,对现场参训老师提出的问题做出了解答,并做了"语文有效教学"的专题讲座。同时还通过网络直播的形式,向其他省份的学员进行同步培训。

"这是一次难得的机会。"来自龙绕小学的语文教师说道,"平时只能在网上见到专家,如今就在我们眼前为我们展示课堂,辅导我们如何进行有效教学"。

"专家在我身边"辅导活动是继教网借鉴以往专家在线指导的有益经验,在2011年"浙江省中小学教师专业发展远程培训"项目实施过程中新推出的一项服务。通过专家到现场进行培训的方式,让更多的学员能够得到专家面对面的指导,及时化解培训过程中的疑惑,有效提高了学员的学习积极性,从而全面提升了培训效果,得到了学员的广泛好评。

相关链接:

2011年下半年,浙江省依托全国中小学教师继续教育网的远程培训平台,在9月19日至12月18日期间开展"浙江省中小学教师专业发展远程培训项目",围绕实施素质教育和推进基础教育课程改革要求,从教师课堂教学的实际出发,着力解决课堂教学的实际问题,使教师既能把握学科教学的本质问题,又能有效驾驭学科教学。本次培训通过"线上"的远程课程学习、特定区域内集中研讨、专家视频答疑等方式,解决教师在教学中的疑惑。

据统计,本次培训开展以来,全省11个地市共计1万余名教师参训,覆盖小学到高中每一个年段,涉及小学语文、小学数学、初中英语、初中历史与社会、高中体育、高中美术等37个学科。

(培训动态,教育部全国中小学教师继续教育网,2011-12-13,有改动)

第二节 学习差异性

教师远程培训带来了一场关于教师继续教育教学模式的变革,它不仅仅是把传统的以"教"为主的教学方式,改变为以"学"为主,还在某种程度上将培训者从"师傅"变为"向导",

突出了学习者的主体地位。教师的远程教育模式可以满足不同教师对学习的个性化需求,因此可以给受训教师更多的自主权,改变传统培训中单向、灌输式的培训方式,教师可以根据自身的不足和需求进行有选择性的学习,变被动培训为主动学习,给受训者很大的自主性和灵活性。同时,教育媒体与信息技术的使用联系着培训者和参训者,不仅传递着课程内容,还搭建了教与学的交流互动平台。

教师远程培训能够满足参训者学习的个性化需求,每一位参训者可以针对自身的具体情况,按最有效的方式设定个性化的学习计划。可以说教师远程培训更注重的是培养每一位参训者的自学能力,它能及时反馈和调整学习内容,体现出了因材施教、因人而异的教学规律,并且可以进一步发展为按照最有效的个性化原则来组织教学,采用小组研究、协同、讨式的研习方式,提供更丰富的实践活动。

一、由时间限制引起的供求差异

培训中的供求差异主要由两个方面的因素引起:由时间限制引起的供求差异和由学员需求引起的供求差异。其中,由时间限制引起的供求差异最为明显。传统单一的集中式培训往往集中在较短的几天内完成,这不仅不利于中小学教师的消化和吸收,而且还可能出现供需时间差异。例如,在培训期间,教师未能充分领会到培训内容的重要性,而当他充分领悟到培训内容的重要性时,却无法获取这一资源;或者在培训的时候印象深刻,而在使用的时候却变得十分模糊。而且在传统培训中,广大受训教师都得服从上级的统一安排,在固定的时间、固定的地点完成上级指定的学习内容。这种学习常常成为广大教师的沉重负担,不学不行,而参加学习势必影响工作、耽误休息。作为职称考核的必要条件,培训已经变成一项让教师头痛而非享受的活动。很多教师抱怨道:"如果自己外出参加培训,所带班级的成绩就会受到影响。不去培训,个人前途又受到限制。什么时候才能保证工作、学习两不误呢?"

事实上,能解决教师遇到的时间供求差异,这正是现代远程教师培训的最大优势。现代远程教师培训中,教师可以按照自己的实际情况安排学习时间、学习地点和学习进度。另外,教师和学生也能够按照自己的需要进行实时或非实时的交流。不论学员身处何地,只要有一台电脑,甚至一部手机,就可以在线学习任何想要学习的内容,不论是清晨还是深夜,学员都可以自主安排自己的生活和学习。作为成年学习者,没有了统一的步调,教师可以更有针对性地学习和提高。现代远程教师培训带来的"自由",使学员更容易实现个性化学习和自主学习。

二、由学员需求引起的供求差异

成人学员的理论水平知识高度存在很大的差异,传统的集中培训往往不能根据学员的实际因材施教,造成一部分教师的需求与培训所提供的需求存在较大的差异,影响了培训的效率。学习倦怠是当前教师培训中的一个客观现实,它已成为教师学习的一种普通状态,严重地制约了教师的专业发展。究其原因,一是教师培训往往是一种"自上而下"的培训,这种培训能提升教师素质,却忽视了教师教育教学的实际需要,培训往往成为形式,学习效率低下;二是这种培训是培训者主导的,受训者没有平等性、互动性,参与积极性不强,学习自主性没有得到发挥。

有观点认为,教师的心智已经成熟,有较强的自主意识,能够自我控制、自我管理,愿意自己做决定。这就决定了教师的学习就其实质来说是自我导向的学习。教师从事学习时具有强烈的自我指导的心理需求,自己感受学习需要,制订学习计划,并评价学习结果。并且该观点也指出:教师学习的需求来自于实践中的问题,他们有自己的实际经验、工作经验为他们解决问题提供资源,最终促进教师改进教学,促进教师专业发展。从这个观点我们也可以看出,教师具有自主学习的能力和需求,而且每个教师在实践中遇到的问题不同,这种个性化的趋势决定了教师在学习时的差异性。这一点是传统教师培训所没办法解决的。

利用网络资源的中小学教师远程培训是在网上提供"自助餐式"的培训,可以突破供求的差异。在远程培训中,学员可以相对自主地选择培训的时间和地点,可以积极参与课堂讨论、撰写微博,享受成功的喜悦,也可以使教师根据自己的需求获取,学习已从外在驱动成为一种内在自觉,成为一种自觉的需要,能动性和自主性得到提升,培训效果得到保证,从而实现了培训内容的优化配置。

但是这一培训形式在带来自主化优势的同时,也带来了一定的困扰。与传统的教师培训相比,由于远程培训中培训者不是教师能实际接触到的,因而这种培训方式对教师的学习主动性要求较高,教师要自觉参加培训、参加每一项活动。一般国家级与省级的培训都有一定的考核标准和项目,教师必须修完一定的内容、完成规定的任务才算通过考核,但是在现实中不排除部分教师没有踏踏实实进行研修,存在拷贝他人成果或者敷衍了事的现象,这样的培训效果会大大降低。因而,很多远程培训无法做硬性规定或测量,全凭教师学习的主动性。这一问题将在下一节着重论述。

拓展阅读
完善免费政策　创新教师教育

当前,我国教育事业进入全面提高教育质量的新阶段。提高教育质量,关键是提高教师质量。缩小教育的校际差距、区域差距及国际差距,根本上是缩小教师差距。在我国高等教育成本分担、缴费上学的背景下,实施师范生免费教育是国家推动教育事业特别是基础教育事业发展的重要举措,是教师队伍特别是中小学教师队伍建设的重要内容,是教师教育特别是师范院校改革发展的重要方面。国家在部属师范大学率先实行师范生免费教育这个重大教育改革试点项目,是向全社会发出一个强烈的信号:要进一步形成尊师重教的浓厚氛围,让教育成为全社会最受尊重的事业;要培养大批优秀教师;要提倡教育家办学,鼓励更多的优秀青年终身做教育工作者。这三个方面,也是检验师范生免费教育试点工作得失成败的主要标准。

首批免费师范生在校学习已经三年,明年将走上工作岗位。为了确保师范生免费教育试点圆满成功,最近,教育部会同财政部、人社部、中央编办出台了免费师范毕业生就业等相关政策的实施细则。六所部属师范大学调研结果表明,总体来看,免费师范生对就业等相关政策给予了充分肯定,反映是好的。

一、要坚定不移,以实行师范生免费教育为契机,进一步重视和加强教师教育

实行师范生免费教育,是利国利民的好事。对学校来说,以此为契机,推动了教师教育改革创新;对学生来说,接受了免费教育,是一种光荣;对地方来说,输送了六所部属师范大学的优秀学生。我们要坚定不移、坚持不懈,把师范生免费教育这样的好事做好、做实。

有人提出,可否采取大学毕业生到中小学任教后返还学费的方式来吸引优秀人才当教师。这当然也是一个充实教师队伍的办法,但这与师范生免费教育是不同的。这里涉及一个核心问题,即教师是否是一个专业,怎样培养造就一批扎根基层的教育家。在当前中国,解决教师问题特别是农村基础教育教师问题,主要的是质而不是量。需要吸引更多的人来当教师,更需要吸引更多的真心热爱教育、真正懂得教育,把教师不只是当作一个职业而是一项事业,愿意毕生奉献于教育事业的人来当教师。掌握教育规律、教学规律、人才成长规律,成为一名好教师,不仅取决于知识问题,不仅是一个学历证书就能解决的问题,它更要靠长期钻研、长期实践、长期养成。在高度重视教育质量的今天,不是具备一定知识就可以当教师的,也不是人人都可以当中小学教师的。好教师一定是专家,但专家不一定是好教师。中小学教师就更加需要注重专业化,注重全面发展,注重研究学生、研究教育、研究教学、研究教材。要想全面了解掌握学生身心发展规律,绝非易事。实行师范生免费教育,让学生接受四年专业的教师养成教育,对于培养优秀教师乃至教育家而言,至关重要。我们国家不缺教育学家,缺的是教育家,从某种意义上说,教育家可能比科学家更重要,一个好教师,可以影响一批人、一代人的进步,影响一个地方、一个地区教育事业的发展。

二、要善始善终,紧紧围绕培养优秀教师的目标,深入实施师范生免费教育

三年来,在国务院领导直接关心和指导下,教育部等部门会同六所部属师范大学和各地教育行政部门,认真贯彻中央决策部署,精心组织,试点工作不断取得新的进展。六所部属师范大学紧紧围绕培养优秀教师的目标,采取一系列有力措施,扎实做好师范生免费教育工作,并取得积极成效。在我看来,师范生免费教育主要有四个关键环节:一是招生环节,要选拔录取优秀高中毕业生;二是培养环节,要围绕优秀教师目标精心培养;三是就业环节,要确保免费师范毕业生到中小学任教;四是跟踪环节,要建立部属师范大学和中小学密切配合的有效机制,为免费师范毕业生的继续深造、终身学习和专业发展创造条件。前两个环节已经抓得很好,第四个环节现在还没到,但要超前思考谋划。现在关键是要把就业环节的工作做好。有的同志担心少数免费师范毕业生可能会不履行协议。我们始终坚信,绝大多数学生会信守诺言的。许许多多事例说明,当代的大学生是党和国家值得放心、值得信赖的一代,他们积极健康向上,在见义勇为、扶贫济困、志愿服务、听从祖国召唤等方面的表现赢得了全社会的赞誉。社会上确有缺乏诚信乃至见利忘义的人和事,但对免费师范生来说,对新一代教师来说,这不应当成为我们不守信用的理由,而应激发我们从自己做起、从现在做起,一诺千金,诚信做事,诚实做人,为全社会的文明进步做出贡献。事实上,我们许多学生是喜欢当教师的,即便不免费也愿意选择教师这项职业,是由于当教师特别崇高、特别神圣,才选择报考免费师范生的。

当前,我国就业形势总体还比较严峻。国家采取措施保障免费师范毕业生就业,充分体

现了对大家的关心和爱护。实践证明,免费师范生要成为优秀教师,成长为教育家,还需要在实践中成长,要到基层中去,到讲台上去,带出好学生,带出好学风。人才是相对的,一个本科毕业生要在北京等大城市中小学找到工作,可能很困难。即使能在一所好学校找到工作,那里人才济济,发挥作用的平台、空间较小。相反,到中西部去,到艰苦地区去,六所部属师范大学毕业生本身就是一个耀眼的光环,就会受到重用,就会有一个发挥作用的舞台,就可能成为业务骨干。人才都是在工作中锻炼成长起来的。希望大家都能把个人的选择和国家的需要结合起来,和远大的理想结合起来,到能干事、能干成事的地方去,发挥才干,成长为优秀教师。

三、要完善政策,进一步改革和创新教师教育,切实推动中小学教师队伍建设

师范生免费教育试点工作能否取得成功,关系到教师教育改革发展和教师队伍建设的全局。我们要认真总结师范生免费教育试点经验,进一步完善相关政策。对于大家反映的问题,如建立免费师范生良性的进退机制、建立专项奖学金制度、进一步加强教师职业理想教育、扩大试点范围等,需要认真研究和提出切实可行的措施,真正让更多热爱教育事业的高中毕业生选择师范生免费教育,让更多专心教师教育的师范院校从事师范生免费教育,为更多重视师范生免费教育工作的地方培养和输送更多、更好的优秀免费师范毕业生。

我们要以实行师范生免费教育为契机,深入推进教师教育的改革和创新,在调整教师教育院校布局结构、创新教师培养模式、逐步建立教师教育标准体系、充分发挥中小学教师国家级培训计划的示范引领作用、研究制定和完善教师资格标准等方面做出积极探索,提高教师队伍的整体素质。

各级教育行政部门、部属师范大学和中小学校要高度重视,密切配合,精心组织,确保师范生免费教育示范性举措落到实处,吸引更多优秀学生报考师范院校,激励更多优秀青年长期从教、终身从教,培养和造就大批优秀教师和教育家。部属师范大学要加强思想品德和职业道德教育,让学生更加热爱教育事业,树立高尚的职业理想,培养坚定的职业操守,为基础教育事业发展奉献自己的力量。

(袁贵仁,《光明日报》,2010-06-21,有改动)

第三节 师生互动性

"师生互动"一词源自在课堂教学中教师和学生之间的交互。交互的形式大多是提问和回答,互动的内容主要是正在讲授的知识。通过师生互动,教师可以了解学生掌握知识的程度,把握教学进度,还可以活跃课堂氛围,交流思想和感情。随着知识经济社会的来临和以网络技术和计算机多媒体为代表的高新技术的发展,远程教育越来越受到人们的重视。远程教育不同于常规教育的最大特点是,师生之间的教与学处于准分离环境中。在这种环境中,教师能够通过现代信息处理技术和网络传播技术把教学内容传递到学生手中,通过学生的个别化学习完成学业。不过单向的信息传输只能是远程教育的一部分,远程教育需要教

学互动,需要师生的互动,需要双向的信息反馈,只有这样才能提高远程教育的教学质量,培养出社会需要的合格人才。教师想要通过远程教育达到较好的教学效果,学习者要通过远程教育取得较好的学习效果,除了把课程资源封装起来,通过网络等技术手段传输给学生以外,还要保证教学互动的良好开展。因此,以信息技术为基础的互联网时代的到来,为现代远程教育实现跨越时空的师生互动提供了技术保障。

一、教师远程教育中的师生互动特征

(一)间接性

远程教育中的教师互动不同于传统的以班级为单位的教学互动,教师与学生进行的是直接的面对面的互动,中间可以不依靠任何媒介;而远程教育中,教师与学生不直接见面交流,他们进行的互动依靠网络技术、媒体和各种教学资源。

(二)迟滞性

在传统的教学活动中,师生在同一空间和时间内进行双边活动,师生之间进行直接的互动交流;而远程教育打破了教育时间和空间的限制,有的学生是在白天接受教育,有的则是在晚上,并且都不确定时间和空间,且教师也不可能 24 小时都处于施教状态,所以师生之间的交流互动并不能很顺畅地进行,具有延迟性。

(三)多样性

目前远程教育中师生互动的方式有:利用局域网在教师和学生之间进行实时交互的协同化学习方式,如可视电话系统、电视会议系统、计算机网络系统等;也可以进行非实时的教师互动,如利用计算机互联网中的电子邮件(E-mail)、电子广告牌、BBS 论坛等技术进行师生互动。通过这些多种多样的互动,教师与学生可以尽情地进行学习和情感交流,如利用论坛可以进行答辩解难,针对每个学习者所遇到的具体问题进行一对一的网上讨论,或者就同样的学习场景、资料问题进行对话,达到远程教育的最佳教学质量。

(四)灵活性

远程培训中的互动是跨越时空距离的,互动双方主要通过文本、视频和音频等方式开展活动。课程学习资料在远程培训平台上开放,教师可以根据自己的时间安排,随时登录进行学习;授课专家、管理人员和参训教师通过各种网络通信工具,进行同步或者异步互动。参训教师自己灵活掌握时间和地点开展学习,进行互动交流。

(五)开放性

教师远程培训中的互动不仅有一对一的个别化交流模式,还有大规模教师参与的交流模式。传统面授培训中,参与互动的规模是有限的,往往集中在几个人组成的学习小组;但远程培训中的互动研讨可以允许更多教师参与,任何对研讨话题感兴趣的教师都可以参加,甚至可以跨班、跨区、跨省。

(六)技术性

远程培训的互动需要有相应的技术支撑。一般来说,远程培训平台具备互动交流的功能,如站内短信、BBS 论坛、视频会议、班级沙龙、留言等,这些功能还在不断完善。除了远程平台提供的这些互动工具,教师远程培训通常还会用到 QQ、微信、邮箱等通信工具来开展互动。

（七）持续性

教师学习是一个长期的过程，不应随着培训的结束而结束，良性的远程互动模式会给参加培训的教师带来长远效益。参训教师在习惯远程互动模式之后，可以继续利用平台、QQ群、BBS论坛等开展持续性的互动交流活动。同时，教师远程培训也可以穿插进行一些面对面的集中交流活动，既能增加感情，又可以集中解决一些实际工作中遇到的问题，使远程培训与集中培训有机结合，优势互补。

（八）符号化

远程教育过程中，师生互动使用符号的形式是多种多样的，不同于常规的教学模式——只能依靠面对面的语言或文字的交流。它不仅可以利用文字、语言等常规教育中使用的符号，还能使用图像、动画等多媒体技术。也就是说，远程教育中师生之间的互动内容可以通过视频、音频、数据、图像、图形等各种符号形式进行。

（九）个性化

在师生互动过程中，学习者可以利用各种学习资源进行自主学习：可以自己制订学习目标，可以自己制订学习进度，可以自己选择媒体资源，既可以通过文字教材学习课程内容，亦可以通过音像材料、VBI、各种课件等资源学习课程内容。因此，在远程教育中的师生互动，个性化也是它的一个重要特征。

二、教师远程教育中的师生互动形式

在传统课堂面授方式中不存在现实"师生互动"的难度问题。师生互动是常见的授课形式，通常表现为提问、讨论、评论等几种形式。提问，即教师针对书本内容，提出有启发性或能引起学生对关键性疑问点进行思考的问题。学生和教师对这些问题面对面对答。讨论，即教师出题，学生在课堂上互相辩论。评论，即在专题讨论中，学生依次发表自己的见解，教师逐一进行评论。现代的远程教育依然可以使用传统面授的师生互动形式，如提问、讨论（小组讨论）、自由讨论、评论、练习等。

在现代远程教育中，现代科学技术和手段的多样化为教学过程中的师生互动提供了新的形式。在教学中可以开展各种同步信息服务（BBS/ICQ等）实现教师与学生之间的即时互动。许多学校的学生每周都有固定的时间安排讲师网上答疑。另外，还可以开展异步信息服务（电子邮件、BBS专题版区、Web论坛、评估和调查等），实现教师与学生之间的互动。例如，BBS论坛，学生和教师在线时间不一致，学生有什么疑难问题，随时可以在论坛留言，教师答疑。还可以通过网页的交互性实现学生与资源的互动，学生可以使用网络查找学习资料，包括查看CAI课件、课程辅导区挂的电子课件、超文本链接的名校精品课堂、相关专家的评论及前沿的学术动态等。除此之外，还可以通过交互媒体（音频和视频、交互动画等），实现教师、学生与资源的互动。学生可以使用IP课件、音像资源、直播课堂、多媒体课件等形式学习知识、开阔视野。现代远程中师生互动的形式多样，能够有效地提高教学效果。

三、教师远程教育中的师生互动关系

1. 师生互动关系是一个动态、连续、流动的过程，因此是变动的、非静止的。师生互动贯穿学生学习的整个过程。从学生入学，接受开放教育指南的指导，到学业中介的毕业论文答辩，都离不开师生互动。

2. 在远程教育中，教师与学生的互动，必须借助有效的媒介，如网络、卫星、通信设施等。师生互动关系不仅表现在现实的空间中，如课堂教育，更多地表现在网络的虚拟空间中，如网上专题讨论、网上答疑等。

3. 教师与学生互动的内容，其涵盖范围比单纯的课本教材较广，除了认知层面外，还包括情感层面与行为层面的内容。教师除了传授学生书本知识外，还要指导其使用学习资源、学习方法。由于课堂面授的短暂且有限，教师在课堂外和学生的联系比之传统教学更多。教师通过各种远程形式和学生进行交流，融入尊师爱生的情感、责任和义务等内容。

4. 教师与学生互动的结果，通常可以达到某种预期效果。例如，教师定期发布的自助学习指导，可以为学生的自主学习提供重要参考，使学生明白教学重点难点；发布内容还包括下次上课时间、具体教室、一定时间内应该预习哪些章节内容；布置些思考题、讨论题、问答题。尤其是网上答题，学生能看到教师及时甚至同步回答，可以鼓舞学习热情。

5. 有助于师生间建立良好的回馈循环系统。教师与学生之间的回馈循环系统建立后，两面性的师生互动便完成了。

四、教师远程教育中的师生互动要求

(一)对教师的要求

首先，远程教育中的教师必须对网络技术和计算机硬件软件很了解，这就要求远程教师在上岗之前要进行培训、学习，以达到远程教育对教师的要求。其次，教师的观念要转变，教学不仅仅只是知识的传授，更重要的是要变学生被动接受知识为主动选择和探索知识，尊重学生的独立思考和判断能力。教师很清楚地懂得，教学过程是教师与学生之间互动的活动过程，知识的获得不是被动接受的，而是生成、转化、扩展的，是由教学过程中师生的互动建构的。

(二)对学生的要求

远程教育中，学生首先必须学会网络技术的使用，学会对网络教学资源的利用。对远程教育中常用的师生交流互动的方式，要达到熟悉使用的程度，如网络信息的搜索查询、论坛的使用等。远程学生还必须学会自主学习，自订学习计划及学习步调，有效地组织利用学习资源，这样才能更好地与教师进行互动交流。

(三)对学习资源的要求

远程教育中的学习资源师教师和学生进行教育活动的载体，为了加深师生之间的互动，学习资源必须技术含量高。例如，要考虑教学材料排版方面的问题，确保插入的图表与文字材料紧密结合，力求达到教学的最佳效果；教育软件要做到内容新颖，多用视频、音频、动画等，提高软件的交互性；教育网站的学习资源要及时更新。

拓展阅读
例谈小学语文远程教学师生互动四环节

互联网是现代科技的结晶和信息社会的集中体现,它的强大功能对社会生活产生着广泛影响。随着信息技术的飞跃发展,网络已成为现代化教学的重要手段。远程教育提倡资源共享来提高全民族素质。教学网络中的成果为山村小学教学提供了丰富的资源。有效应用网络,能够优化课堂教学,收到最佳教学效果。笔者以《泊船瓜洲》为例,试谈小学语文运用网络教学师生互动四环节。

一、文本对话,提出问题

这一环节是让学生预习课文,提出疑问。要想提出有价值的问题,学生必须边用心读边思考。提出问题,可以是师对生提问,可以是生对生提问,也可以是生对师提问。例如,教学《泊船瓜洲》一诗时,让学生进行文本对话,提出了许多问题。其中提出了这样三个有价值的问题:

1. 京口、瓜洲、钟山三者之间的地理位置关系是怎样的?

2.“春风又绿江南岸”怎样理解?特别是“绿”字用得好,但我不知道好在什么地方?

3. 诗人刚离家就想回家,这是为什么?

在教学中,凡是提出与这一文本有关的问题,我都给予了肯定,对有价值的问题给予了表扬,让学生在愉悦中主动参与学习。

二、带着问题查阅资料,Q 群讨论,发帖跟帖

这一环节,教师必须面对全体学生,注意生与生的交流,及时回应学生,特别不能忽视后进生。

1. 教学《泊船瓜洲》一诗时,有的学生查阅资料后把多音字注上拼音,还把它们其他读音都标注出来并组了词;有的学生把自己画的朗读节奏和配音朗读给需要帮助的同学。我及时表扬并把精彩的朗读播放给同学们听,他们听得如痴如醉。我同时对后进生进行个别辅导,让他们迎头赶上。

2. 在 Q 群讨论中,学生对于“绿”字的讨论非常激烈,许多同学把“绿”字换成了“到”“入”“满”“过”“拂”“碧”等,我马上回应:同学们真聪明,你们知道吗?诗人经过了 10 多次修改,都不大满意,最后才用到了“绿”字。诗人为什么用“绿”字?请同学们查找“王安石改字的千古佳话”吧!

3. 公告板上又出现了简笔画,把京口、瓜洲、钟山三者之间的地理位置关系画成了两种情况:

（一种）

◎钟山

　　△△△△

　　　　◎京口

　　　　——————————

　　　　——————————

◎瓜洲

（另一种）

　　　　　　◎瓜洲

　　——————————

　　——————————

　　　△△△△◎京口

◎钟山

　　我马上用一个大大的问号，问：到底谁对？找地图帮帮忙吧！

　　4. 有的学生从诗人简介中惊喜地发现"钟山"其实不是王安石的第一故乡，还提出疑问：王安石去当大官多好啊！为什么还要一步三回头地不愿离开他的第二故乡呢？

三、将关键问题制成课件，借助（多）媒体进行讲解

　　这一主要环节以教学《泊船瓜洲》为例具体阐述。

　　（一）体会"绿"字的妙用

　　多媒体展示"春风又绿江南岸"的情景。学生一下子就明白了。

　　生："绿"字不仅仅写出了颜色，还写出了绿的过程。好像春风一吹来，江南岸就慢慢地绿起来了，万物复苏，生机勃勃，很形象，很生动。

　　师："绿"字用得好的原因：

　　1. 反映了江南水乡早春嫩绿的色调。

　　2. 表现了春风使大地复苏的神奇。

　　3. 表现了绿的层次美、动态美。

　　用语言描绘眼中和耳中的春天。

　　师：听配音朗诵"春风又绿江南岸"，你的脑海里又会浮现出什么画面呢？

　　生1：我的脑海里浮现出了一幅绿草丛中蝴蝶飞舞，鸟语花香的画面，让我陶醉不已。

　　师：你的想象不仅陶醉了自己，也感染了同学和老师。

　　生2：我仿佛看到了一阵春风拂过，小草就冒出新芽，"噌噌"地往上长，让我感受到一种动态的美。

　　师：你真会体会！你能体会到诗人用那个"绿"字的精妙了。

　　生3：我想象到了，春姑娘悄然来到我们身边，把冬爷爷送走了。她所到之处小草发芽了，花儿盛开了，鸟儿唱起了欢乐的歌，好一派生机勃勃的景象。这一切更增添了诗人对家乡的思念。

（二）练习说句

师：同学们想象的画面真美，我也想像诗人那样用一句诗来表达我眼前的美景——"桃花又红江南岸"。你们能像诗人那样写诗句吗，小诗人们？（出示课件，仿写诗句：_____又_____江南岸。）

学生口头回答：

生1：燕子又回江南岸。

生2：蝴蝶又舞江南岸。

生3：小鸟又鸣江南岸。

生4：鲜花又开江南岸。

1. 多媒体展现春景图：春意盎然、鸟语花香、草长莺飞、百花齐放的美景。

师：多美的江南啊！然而诗人你却离开了家乡，泊船在瓜洲（出示课件：钟山图景），望着故乡钟山，望着，望着，你情不自禁地说——小诗人们，你们想说什么？

生1：故乡啊，我真的舍不得离你而去！

生2：故乡啊，有朝一日，我一定会回来的。

生3：再见了，我如诗如画的故乡！再见了，我朝夕相处的亲人！

2. 此时，你再读"春风又绿江南岸"，你觉得哪个字不能忽视？再看插图，你有什么更深的理解？

生1：我觉得是"又"字。让诗人不由得想到：春天去了，有再来的时候，可我这一走，不知道什么时候才能回呀？

师：诗人他怎能不想！

生2：（读）"明月何时照我还"。

生3：我看到插图的近处有两只白鹭在振翅飞翔，它们迎着和煦的春风飞回自己的巢穴，诗人看到这一幕感叹道：鸟儿都回家了，我什么时候才能回到家乡呢？

师：是啊，故土难离！（出示课件：一轮明月当空）此时此刻，小诗人们望着当空的明月，你怎能不想！

生：（读）"明月何时照我还"。

师：遥望着美丽的故乡，遥想着家乡的亲人，诗人他怎能不问！

生：（读）"明月何时照我还"。

师：诗人就这么想着，望着，一幕幕温馨的画面又出现在眼前，一丝丝甜蜜的回忆又掠过心头，一处处揪心的场景又弥漫在胸中。同学们，诗人在家乡会度过哪些难忘的时光，你们能想到吗？请用"我仿佛看到了，那是一个……的日子，诗人在干什么，感受是什么"来写诗人在家乡生活的一处场景。

（学生写话，教师巡视。）

师：谁先来汇报一下？

生1：我仿佛看到了那是一个阳光明媚的一天，诗人和家人一起去郊游，他们是多么幸福！

师：你是一个用心感受生活的孩子！

生2：我仿佛看到了那月光皎洁的晚上，诗人和家人坐在庭院里，一边赏月，一边聊天，生活是多么美好!

师:团团圆圆一家亲,多么温馨的画面!

生3:我仿佛看到了那雨后初晴的一天,诗人和他的朋友们一起泛舟湖上,饮酒品诗,是多么惬意!

师:是呀! 和朋友在一起的日子是特别让人难忘的! 同学们,诗人现在泊船在瓜洲,和家人团团圆圆,尽享天伦之乐还能吗?

生:不能。

师:眼前只见——(出示幻灯片)

生(男):"京口瓜洲一水间,钟山只隔数重山"。

师:还能和朋友一起饮酒品诗吗?

生:不能。

师:眼前只见——(出示幻灯片)

生(女):"京口瓜洲一水间,钟山只隔数重山"。

师:一切都已远去,相伴诗人的只有这轮明月,只有这轮明月呀!"明月何时照我还",是诗人肺腑的仰天长问。诗人刚刚离开家就来问明月,同学们,你们有什么要问诗人的吗?

生1:我想问:诗人你那么舍不得离开家,为什么还要离开呢?

生2:诗人他为什么要离开家?

师:相信同学们都有这样的疑问,老师准备了一段资料,同学们读过之后就会明白了。

(出示课件)

资料:王安石是北宋时期著名的政治改革家、文学家、思想家,唐宋八大家之一。1070年,王安石被任命为宰相,领导变法。变法对富国强兵起到积极的作用,但触犯了大地主的利益,遭到守旧派的反对。1074年,王安石无奈辞去宰相职务,任江宁知府。1075年2月,宋神宗再次任用王安石为宰相。官场的复杂,前途的迷茫,使王安石对从政产生了强烈的厌倦感,他两次请求辞去宰相之职,宋神宗都不批准。这年春天,迫于无奈,王安石只好勉强上任。北上京城途经瓜洲时,他写下了这首著名的《泊船瓜洲》。

师:同学们,你们明白了吗?

生:明白了。

师:明白什么了?

生1:知道在什么地方写下这首诗的,泊船瓜洲时写的,是在江边。

师:这时诗人在做什么事情?

生2:去赴任的路上,所以说是在赴任路上写的。

师:还知道什么呢?

生3:我还知道王安石是唐宋八大家之一。

师:他文章写得好啊。还知道什么?

生4:王安石原来是不想赴任的。

师:嗯,两次推辞皇帝都没批准,所以……

生4:所以他在江边写下这首诗时,就不知道什么时候才能回到家乡。

师:非常好啊! 怪不得他刚出来就这么忧愁、忧伤。他前面的路是一条艰辛的路啊! 这一去呀,也不知什么时候才能回到自己的家乡了。同学们请注意,最后一句——

师:他不是在问,而是在心里……

师:对,想自己的蹉跎,想……(请一学生)

生5:不知道什么时候才能回到自己的家乡。

师:是啊,真的不知道什么时候才能回来,这首诗充满了了忧愁。现在,我们再来读,感受就不一样了。(做手势)我们再读。

再谈体会:

生1:诗人他被逼无奈才离开了家,所以他特别不愿离开家。

生2:诗人他极不情愿离开了家,他其实不想去当宰相。

生3:诗人是身不由己的,皇帝的话他不敢不听。

师:你们有着很强的感悟力!是呀,通过这段资料,我们知道皇命难违啊!想不去但又不敢不去。这就叫身不由己,这就叫无可奈何!我们读出了一个被逼无奈的王安石,一个身不由己的王安石,一个无可奈何的王安石。诗人他无可奈何离家而去,只好问明月——(出示幻灯片)

生1:"明月何时照我还"。

师:诗人他身不由己离家而去,只有问明月——

生2:"明月何时照我还"。

师:诗人他被逼无奈离家而去,只能问明月——

生3:"明月何时照我还"。

师:诗人他恋恋不舍离家而去,发自肺腑地问明月——

生全体:"明月何时照我还"。

师:这首诗你体会到了什么?

生1:诗人对家乡无限的留恋之情!

生2:诗人思念亲人、思念家乡的感情!

生3:诗人是多么想家,舍不得亲人!

师:同学们,你们已经走进了诗人的内心,用自己的心去体悟诗人的心吧!大家一起来朗诵这首诗!(生声情并茂地朗诵)

四、拓展问题,课外延伸

这一环节是对当天所学的知识进行回顾复习,不仅能够有效地巩固新知识,还能在补充中得到知识的升华,内化为自己的知识。学生可以通过对课文内容的讨论,对练习情况的反馈,与教师、同学进行交流,从而得到帮助。并且在网络的延伸学习中还能够学到更为广泛的知识,充实课外补充的力量,达到"专才"程度上的"通才",成为一个全面发展的人才。

在教学《泊船瓜洲》结尾时:

师:古往今来,人们常用"月圆""月缺"来形容悲欢离合。皓月当空,思绪万千,古代诗人借明月或喜或愁抒发感情,写下了多少脍炙人口的诗句。俗话说:熟读唐诗三百首,不会作诗也会吟。我们一起来充满感情地吟诵下面的诗句:

明月出天山,苍茫云海间。——李白举头望明月,低头思故乡。——李白

举杯邀明月,对影成三人。——李白几时杯重把? 昨夜月同行。——杜甫

海上生明月,天涯共此时。——张九龄野旷天低树,江清月近人。——孟浩然

师:王安石这首诗体现了他浓浓的思乡之情,其实在许许多多的古诗中也体现了思乡之情。搜集表达思乡情感的诗词或歌曲,读一读或者唱一唱,比一比,看它们有什么异同点。或者以"春风又绿江南岸"为题,按一定顺序具体介绍春天来临江南的景色。下节课我们一起来交流。

(陈晓荣,胡长荣,《新一代:科教版》,2011 年第 1 期,有改动)

第四节　资源共享性

随着时代的发展,更多的人强调"资源共享"的重要性,同样,中小学教师远程培训包括资源共享性的特点。这也就引导我们更加关注有关"资源共享"的结构机制和服务体系的构成。远程教育作为国民教育体系的重要组成部分,在现代教育中发挥着越来越大的作用,其在终身教育系统中的主力军地位也已经得到了国际教育领域的普遍认可。近年来,我国教育部也在积极推荐高等教育的网络化发展,出台了《关于支持若干所高等学校建设网络教育学院,开展现代远程教育试点工作的几点意见》《关于实施全国教师教育网络联盟计划的指导意见》等文件来明确远程教育资源的共建共享,并且于 2000 年成立了现代远程教育技术标准化委员会,力求制定出符合我国实际情况的一系列远程教育标准。远程教育的迅猛发展,使得远程教育资源共享建设显得越发重要。因此,在中小学远程教育培训中更应考虑积极共建共享资源,打造资源共享平台。

一、远程教育资源共享的国内外现状

现代远程教育是构成我国终身教育体系与学习型社会的基础和前提,远程教育资源建设是现代远程教育工程建设的核心,因此建设开放性、共享性的远程教育资源是实现终身教育学习的关键。目前世界各国在发展现代远程教育时已经深刻认识到,学习资源的共享性和系统性的可操作性对网络教育的实用性与经济性有决定性的意义。国外一些发达国家,如美国、澳大利亚、日本等在远程教育资源共享方面做了很多工作。

美国是世界上网络教育资源最为丰富的国家之一。在美国,每一个州图书馆网络连通至当地州、国家网,美国教育部门出台了相关政策来支持网络信息资源共享,从而进一步推动国家科学、教育及文化等方面的发展。在 2005 年颁布的《美国国家教育科技计划:迈向美国教育的黄金时代》中,美国教育部就从支持信息化学习、整合数据资源、加强信息技术等方面对远程教育资源建设提出了行动建议。在美国共建共享网络教育资源非常普遍,众所周知的麻省理工学院的网络课件开放工程,就是一个大型的网络电子教学系统。该系统成立于 2001 年,它计划用 10 年的时间把该学院的几乎所有专业的 2000 门课程制成网络课件分批放到国际互联网上,从而可以供所有地方的学习者免费享用。

澳大利亚也非常重视网络教育资源的共享建设。从 1995 年开始,澳大利亚就开展了澳

大利亚教育网络的基础设施建设工作,其目的在于帮助各级教育部门的教师了解和分享澳大利亚与全世界的教育信息。澳大利亚也有类似于美国采用各大院校之间联合资源共享的项目。澳大利亚开放学校成立于1993年,由多家院校机构组成,是澳大利亚专门从事远程教育的非官方代理机构。

日本在开展远程教育资源共享方面也比较突出。日本的远程教育大学放送大学就与其他学校签订了《学分互认协议》,在这种情况下学生在别的相关学校获得的学分也就能被该校认可,这一协议展现了远程教育大学开放办学的理念,体现了高校之间的资源共享。

近年来,我国各级组织和机构为实现资源共建共享也做了积极的准备工作。党中央、国务院自从1993年开始中国教育与科研网的建设工作以来,一系列重大工程如"面向21世纪教育振兴行动计划""中小学远程教育工程"等项目得到了广泛开展,远程教育资源得到了不断开发和利用。现代远程教育工程更是国家推进教育资源共享的重大战略举措。教育部明确指出要实现跨越时空的教育资源共享,并且要建立起资源共享的模式及运行机制。

二、教师远程培训资源共享性的内容

网络远程培训可以超越时空的限制,随时随地提供实时和非实时的授课,不仅拥有传统培训的氛围和环境,还能提供传统培训所不具备的实地场景、现场操作等难度较高的培训方式,切合我国幅员辽阔、教育资源相对短缺的实际情况,对我国适应知识经济时代的发展需求,构建终身学习体系有着重要的作用;尤其是利用远程网络培训,可以综合各地区、各学校、各部门的优质教育资源,有效实施教育教学资源共享,使中小学教师也能享受到一流教师的培训,接受最先进的教育理论和教学方法,克服学校教育资源在物理空间分布上的不均衡所造成的教育不公平的现象,将有效促进城乡学校实现优质教育资源共享,加快城乡教育均衡发展。教师远程培训资源共享性的内容主要涵盖在几个方面,培训资源的共享即参加培训的教师都可以享受到高水平的教师培训资源,因为这种培训模式是由国内著名高校、科研院所开发并提供高质量的远程教师培训资源。这些丰富多样的资源至少在以下三个方面具有共享性:

(一)教学方法共享

基于现代远程教育的教师培训模式,可直接向国内著名高校、科研院所的有关权威专家请教,得到各学科一流教师的指导,而某一学科的先进教学方法可以被各教师学习使用,从而实现共享。尤其是利用远程网络培训,可以综合各地区、学校、部门的优质教育资源,把个体学习者从群体中分离并放在一个更为个人化的情境中,学习者在学习过程中具有更多的自主性,而网络技术为这种个别化的远程学习提供了优良的媒体资源环境,加大了学习的灵活性和自由度。因此,学习者要具有较强的学习责任感和自我控制的学习能力,收集和采纳好的教学方法,将它们应用到教学实践中。

(二)培训课程共享

基于现代远程教育的教师培训模式,在互联网上为教师提供了各种各样的学习课程,并以多媒体课件的形式播出,教师可在互联网上浏览、学习有关课程内容。教师可根据自己的学习需要、学习环境、学习时间及其他方面的实际情况,选择对自己最有效的形式参加培训。而且个人所选择的培训形式可以根据自己的变化,重新选择适合自己需求的培训形式,甚至可以选择多种形式交替进行培训。例如,某位教师的某段时间教学任务较重,他可以选择晚上在家里的个别化学习方式参加培训;但当他某段时间不太忙时,他可以选择白天在教研室参加群体化形式培训,晚上则可以继续在家里坚持个别化形式学习。这样两种形式交替进行,增强培训效果。

(三)信息资料共享

教师可以查阅国内外一些著名的图书资料,也可以从有关信息库中获取最新的学科发展信息和资料,达到更新知识库的目的,一定程度上也可缓解知识稀缺资源共享的压力。利用现代网络技术完全实现网上注册和管理,记录登录的时间和次数、学习课程的时间和次数、查阅学习资料的时间和次数。在网上批改作业和论文,回复"问题帖子",对热点问题展开讨论,开展"网上教师论坛",与论坛主持人对话,与培训教师实现网上互动,与其他教师进行网上交流,为中小学教师的主动学习、自主学习、及时学习、长期学习带来了学习方式的革命性变化,带来了认知方式及认知结构的变化,同时也大大节省了学习时间,方便了学生,提高了学习效果和学习效率,增强了学习的有效性和针对性。现代网络技术为实施中小学教师的网络远程培训提供了技术支持,为转变中小学教师的培训方式提供了新的平台,为变革中小学教师的学习方式提供了便利条件,开辟了广阔前景。

三、教师远程培训的资源建设和管理

教师培训的资源共享采取基础资源与动态资源相结合的方式,把每个阶段新的学习内容及时补充到课程资源中,动态发展以"活"的资源应对"动"的需求,跟踪教育改革和发展,突出课程内容的前沿性,从而保证网络培训资源的不断更新,改进现有资源类型和内容。例如,提供不同类型的培训内容,以适应不同层次、不同学科教师的不同需要;增加教师培训专门资料,如现代远程培训教育理论及教育教学方法等方面的内容;降低教学难度要求,使其更符合贫困地区教学实际;改革内容与课件的形式,增强可编辑性;等等。

对教育教学资源的共享很重要的一点是要对网络课程进行严谨的筛选与剖析,只有建立在对网络课程严谨的筛选与剖析基础上,才能建立起有效的、有价值的、可利用的网络培训资源。对网络课程筛选与剖析应把握的原则是:立足教师岗位需求,结合教育发展新形势对教师的新要求,做到少而精、新而实,组织相关专家事先对众多的网络课程进行学习,初选出适合教师全员学习的有关资源,在此基础上进行再学习及深度剖析,力求寻找到理论性与实践性结合、系统性与针对性结合、科学性与新颖性结合的最优资源,最终编制成年度培训计划和课程计划。在计划的确定中,兼顾核心课程与辅导课程、学科课程与公共课程、规定课程与自选课程的结合。网络课程应紧扣时代脉搏,把握基础教育改革态势,要具有时代性、前瞻性和针对性。培训资源来自于专家和优秀教师的合作共建并经过充分的论证,是突破培训质量"瓶颈"的有益尝试。现阶段远程培训系统只有单向传输性,应增加反馈功能,及时了解中小学教师培训需求,有针对性地开发、提供远程教育资源,同时还应开发相关应用软件对网络培训资源进行检测。

只有努力开发网络培训课程,不断整合优化教育教学资源,发挥网络培训优势,做到优质资源共享,增强教师继续教育的针对性和实效性,才能更好地提高教师的业务水平和综合素质。

四、中小学教师培训资源优化整合

教师网络远程培训可以超越时空的限制,综合各地区、各学校、各部门的优质教育资源,克服学校教育资源在物理空间分布上的不均衡现象,有效实现教育教学资源共享,随时随地提供实时和非实时的授课,使中小学教师也能享受到一流教师的培训。

完善的网络培训系统平台只是基础,丰富的教育教学共享资源才是灵魂,网络培训必须有丰富的资源库做支持,否则会使教师培训成为"无水之源"。网络培训资源建设是实现高质量、高水平的远程继续教育的又一关键环节,提高网络培训资源的质量也是新一轮中小学教师全员培训效果的重要保证。虽然目前省教师继续教育远程培训中心的教育资源比较丰富,但对农村中小学教师培训针对性、实用性强的资源还比较少。因此,还要致力于教师培训资源建设与组织专门力量开发网上资源,对现有教师网络培训教育教学资源进行整合优化,开发网上资源要以为教师提供具有长期性的知识拓展支持、教学技能训练支持、研究与创新能力提高支持、完善人格塑造支持及满足教师多元兴趣需要,以培训资源的终身教育形式为参训者提供理想的学习环境、高质量的学习资源和优秀的导师,为培训者与参训者搭建网络资源共享平台。

整合优化远程培训资源,增强网络课程的实效性。建立远程培训资源整合、本土教材开发机制,远程培训资源建设就会有重叠性。因此,一方面,各级资源中心应当将各类远程培训资源结合自身的实际进行整合,建设一批本土化的资源,其中包括整合农村远程教育工程提供的教育教学资源,同时开发适合本市、县(区)、校教师培训需要的教材;另一方面,采取有效形式,加强各级资源中心之间的交流,形成有效交流网络,做到资源共享。

拓展阅读

安徽省中小学教师教育网"送培送教"活动在肥西县开展

11月13日,安徽省中小学教师教育网"送培送教"活动在肥西县上派中学展开。合肥市教育局教师事务管理中心主任陈良生,安徽省中小学教师远程教育中心主任马友文,肥西县教育局副局长刘大春,学科专家唐永文、唐大兴及来自肥西县的近70名初中英语教师参加了活动。启动仪式由肥西县教育局人事科科长李德勤主持。

马友文在活动仪式上致辞。他向给予本次活动大力支持和指导的合肥市教育局教师事务管理中心、肥西县教育局、承办活动的上派中学及学科专家表示感谢。他指出,开展"送培送教"活动是实现远程学习与面对面互动交流相结合的一个重要途径,可以有效提高远程培训的针对性与实效性,希望参加活动的各位老师珍惜机会,认真听课,联系自己,把握重点,积极发言,互动交流,使本次活动取得实效。

刘大春副局长做了热情洋溢的发言。他介绍了肥西县的教育情况,感谢"送培送教"活动为老师们提供了一个互相交流、取长补短的平台,带来了新的教学理念和优质的教学课例,他希望各位老师能通过这次活动取得进步。

启动仪式结束后,上派中学的许明霞老师及学科专家、芜湖市二十九中的唐大兴老师先后上了一堂初一英语研究课。课后,参加活动的老师们对同课异构做出了精彩的点评。大家普遍认为,两位老师教学设计科学、课堂活动精彩纷呈、教学效果明显,从她们的课堂教学中学到了很多新的教学方法和经验。学科专家、庐阳区教体局唐永文老师系统地评价了两节研究课,充分肯定了两位老师研究课所取得的良好效果。

"送培送教"活动是安徽省中小学教师教育网探索远程培训线上和线下相结合的混合式培训模式的有效途径,是对远程培训的延伸和完善,将促进优质资源共享,学科专家与参训教师面对面,实现双赢。今后,我们将进一步寻求活动形式的多样性、探索活动相关机制的规范性与创新性,开辟远程培训跟进指导和跟踪服务的新途径。

(培训动态,安徽省中小学教师教育网,有改动)

第三章

中小学教师远程培训的原则

第一节 培训者中心原则

近年来,我国远程教育进行着"跨越式"的发展,远程教育的国家与地方法规、政策的制定,以及远程教育的管理体制和运行机制的形成与运转,都会在这一过程中发挥重要的作用,而这些也正是现阶段我国现代远程教育试点工程中的突出问题,我们需要开展对远程教育政策、法规和体制的研究。针对这一情况,我们对美国远程教育的有关政策、原则和管理体制等进行了分析,希望从中寻找一些对我们制定远程教育政策和法规有借鉴意义的启示。

一、美国的远程教育模式——为学习者服务

让学习者了解办学的方法和参与远程教育的方法等,从而选择和决定自己是否参与远程教育、怎样参与远程教育、参与什么类型的远程教育和学习后能获得什么成果。能否满足学习者的需求,是衡量远程教育教学信息资源设计是否符合远程学习者在职学习的要求及其质量高低的重要标准。远程开放学习形式是建立在多媒体和互联网技术手段的基础之上的,其教、学、练的活动过程完全不同于课堂面授教学。远程学习的条件和环境决定了其学习者必须是以自主学习为主、面授学习为辅的学习方式。有效的远程教学信息资源比传统教材更能给学生提供自由探索、尝试和创造的条件,从而让学习者获得学习自由,体验学习过程,成为个性充分发展的人。以学习者为中心应成为远程教育教学信息资源建设的一个基本价值取向。坚持以学习者为中心,就必须保证开放性和灵活性,不同的学习者由于学习基础和认知方式及学习环境的差异,学习开端、进程、方式和时间不尽相同,因此应充分利用网络的开放性,为各专业、各学科提供特定的基本实用知识和正式教学内容以外的更多丰富的信息资源,满足不同学生求知的欲望,促进学生更好地发展。要贯彻这一原则,就必须做到以下几点:

(一)搭建信息沟通平台

要切实了解和掌握学习者的需求,就必须建立教学双方有效的信息沟通渠道。例如,目前电大统设的课程教学中,中央电大与省级电大分工负责,各司其职,前者负责课程设计和资源建设,而后者则负责组织落实。由于缺乏沟通渠道或沟通不及时,教与学信息并不完全对称,常出现分工明确但协作困难、设计不错但效果不好、制度多但控制不到位的情况。因

此,要保证中央电大的资源和指导思想、教学理念及学习支持服务在各级电大的落实,就必须搭建一个包括学习者、各级教学管理者及课程基础信息等的一站式信息系统平台,实现信息的及时有效沟通,加强对学习者需求的了解与掌握。

(二)倾听大多数有经验学习者的心声,赋予教学内容一定的弹性

学习者的需求当然只有学习者自己才有发言权,并且是有学习经验的学习者而不是新生。但学习者的需求千差万别,有代表性的当然属于大多数学习者的共同性需求,要满足这种共同性需求就必须对教学资源进行总体设计,保证教学内容能涵盖基本要求,使学习者的学习结果能够达到最低合格标准。又由于远程学习者在学习能力、学习时间、学习环境条件方面差异大,要保证学有所教,教学内容就必须有一定的张力和拓展空间,这样才能满足学习者的个性化需求。

(三)建立教学信息资源评价与反馈的长效机制

为了持续地促进教学资源建设更好地满足学习者的需要,应积极探索和采用便捷的(如网络问卷调查)、有效而低成本的(如把资源调查作为形成性考核内容)评价方法和手段,督促学习者及时反馈评价信息,并为教学资源更新提供客观信息和改进依据。

二、美国远程教育对我国远程教育模式的启示

(一)应当强调政府宏观调整、科学制定政策的重要性

美国的远程教育国家政策经过多方讨论和不断更新,系统地对远程教育发展的诸多方面进行了详细说明和严格规范,给具体办学政策的制定提供了一个坚实的基础,使得远程教育政策能在宏观上对远程教育的开展进行调控。这对我们的启发是,我们首先要科学地制定我国国家远程教育政策,对我国远程教育的实施、管理和发展进行科学、全面和详细的规划与说明,确保国家能在宏观上对远程教育进行调整。

(二)制定远程教育资格认证和质量监控的系列办法,并使之法制化

除了要对办学单位在办学之初进行资格认证外,还应在办学过程中不断地对其办学质量加以监控,确保办学机构在办学过程中保持应有水平。质量的监控主要从以下几方面进行:课程质量(传统课程及网络课程)、教师教学活动、教学管理水平、学生学术水平、学习资源建设的数量和质量等。质量的监控标准应由国家统一制定,并应与普通课程评价采用的标准和要求相当。

(三)合理建立在国家政策指导下的各级远程教育政策,保证政策的一体化和灵活性

第一,我国幅员辽阔,地区差异较大,因此,在国家统一政策的指导下,各级政府及办学机构都要制定自己的远程教育政策和原则,这既可以保证国家远程教育发展的统一性,同时也能满足不同地区的实际需要。第二,我国的教育资源分布很不平均,东部地区多一些,西部地区少一些,经济发达程度也同样不平衡,各地根据自己的特点和经济实力制定相应的远程教育政策,将能更合理地利用各种技术和资源来发展远程教育。例如,西部地区根据自身经济情况要通过卫星来提供教育资源,就可出台一些政策促进这一方法的实施;东部经济发达地区各省市要发挥网络和计算机等信息技术在远程教育中的优势,在教育研究、师资队伍、管理干部和技术人员队伍建设研究等方面下功夫,从中找出新思路、新方法,为电大教育决策当好参谋,为指导教育实践服务。第三,教育科研必须解放思想,要坚持理论创新、体制

创新、人才创新,要在教育理论和实践的双重探索中不断提高教育科研的创新能力。第四,电大科研工作必须加强领导、科学规划、规范管理、注重实效,提高科研工作的针对性和时效性。第五,加强科研队伍建设,努力建立一支素质高、结构合理、专兼结合的科研队伍,培养和形成一批科研骨干,保证科研工作正常开展。第六,营造良好、活跃的学术环境,采取举办理论研讨会、培训班等多种形式,充分发扬学术民主,鼓励人才冒尖,形成浓厚的学术氛围;倡导严肃的学术风气,扎扎实实做学问,与时俱进求创新。第七,积极开展国际、国内教育科研交流活动,加强联系、沟通与合作,开阔视野,掌握最新研究成果。第八,努力办好学术刊物,提供科研成果发表园地,及时传递信息,展示成果,推广应用,交流探讨,提高研究水平。

三、以学生学习为中心的远程教育培训原则

以学生学习为中心是远程教育的本质特征和核心思想,它是指整个学习支持服务系统的构建要充分考虑学生个体差异和全面发展的需要,整个系统要围绕学生的特点、需求与学习来进行设计、组织和运行。这一原则是构建学习支持服务系统最重要、最基本的原则,其内容主要体现在以下三个方面:

(一)以学生为中心来规划和设计学习支持服务系统

国际远程教育界研究学习支持服务的著名专家艾伦·泰特曾指出(1995),规划开放教育和远程教育的学习支持服务系统,需要考虑一系列相互作用的因素,其中最主要的问题是首先考察"你的学生是谁",再考虑"他们有什么需要",然后考虑"你会怎样满足他们的需要""你如何管理有关的服务""这些服务的成本如何""你如何做出评价"等相关问题。泰特所强调的是,规划设计远程教育学习支持服务系统,必须从特定的学生对象入手,去分析他们有什么需要,分析怎样满足他们的需要,再据此去考虑系统的其他相关因素及其相互间的作用,从而决定你所规划的学习支持服务系统需要具备什么特质。

学习支持服务系统是一个具有整体功能的复杂系统,在用系统方法设计和构建这一系统的时候,以学生为中心是一个总体原则,它贯穿并指导着全部的设计和构建工作。体现以学生为中心的原则,就是要在确定学习支持服务系统的目标,确定为实现目标所需执行的功能,确定执行这些功能的最优方法,组织一个有机的、协调运行的系统,以及检验、修正系统——所有这些步骤的进行过程中,始终要把学生放在首位考虑。很显然,这样的设计原则和设计思路,与远程教育学习支持服务系统的最终目标——为远程学习者提供全方位服务、促进其有效学习和充分发展,是相一致的。

(二)以学生为中心,确定学习支持服务系统的功能和结构

学习支持服务系统的功能可分为两大方面:一是帮助学生完成学习任务,促进其有效学习的功能。这一功能以远程学习的基本层面为视角,具体内容包括与远程学习相关的各种服务功能,如资源服务功能、学习过程服务功能、技术设施服务功能和管理行政服务功能等。二是促进学生个体的全面发展的功能。远程教育的目标是全面发展学生的素质和能力,学习支持服务系统是实现这一目标的重要因素和手段。在学习支持服务系统的设计中融入影响学生个性品格、素质能力发展的相关积极因素,如在知识学习中的新方法、新模式对学习者的思维品质超群、分析解决问题的能力产生积极影响,在交互活动中教师的积极评价、协作交流等对学习者情感态度和合作能力产生积极影响等。促进学生个体的全面发展,是学

习支持服务系统的更高层次的功能。这一功能的实现,应当融合和贯穿在实现有效学习功能之中,体现在对学生学习支持服务系统的全过程之中。

学习支持服务系统的整体结构,是根据系统的目标和功能设计、确定的。学生中心原则,决定了这一系统与传统教育环境下的学习支持结构的本质不同。传统教育环境中,在教师、学习者、学习资源、管理机构四个要素中,教师处于中心地位,组织、控制教学活动,把学习资源和知识教授给学习者,传达和执行管理机构对学习者的要求与指示。在远程教育学习支持服务系统中,变化最大的是处于中心地位要素的从教师转变成了学习者,同时还增加了媒体这一系统要素,学习者与教师、与学习资源、与管理机构之间产生了距离,在大多数情况下,他们需要通过媒体作为中介进行交互。

(三)以学生为中心,确定学习支持服务系统各子系统的设计

从学习者的实际需要出发,远程教育学习支持服务的子系统应该包括:

1. 资源服务子系统,为学习者提供各类所需的信息资源、学习资源和人力资源(教师、技术人员、管理人员),确保这些资源是充足的、有效的。

2. 学习过程服务子系统,为学习者提供学习过程中需要的各类服务,引导达到学习目标的途径,及时解决学习中遇到的各种困难和问题,树立学习的信心。

3. 技术设施服务子系统,为学习者提供远程学习所必需的各种学习设施及相关技术,使学生提高通过媒体进行交互和沟通的能力,掌握应用现代通信技术手段的学习方法。

4. 管理行政服务子系统,为学习者提供注册和学籍、考试的安排和成绩的查询、学分的认定和互免、学位和证书的颁发及财务等方面的服务,通过这些非学术支持服务,使他们顺利完成远程学习。

拓展阅读
"分层"管理分类指导,提高远培质量
——浅谈教师远程培训网络班级管理

远程培训能够便捷地将优质的教育资源送到最需要的地区,具有费用低、资源丰富、操作简单和学习时间(空间)灵活等多种优点,现已逐步成为教师继续教育活动的主要渠道之一。教育部《关于大力加强中小学教师培训工作的意见》指出:积极开展教师远程培训,适应现代信息技术迅猛发展的新形势,充分发挥现代远程教育手段在教师培训中的作用,将集中培训与远程培训相结合,采取混合学习模式,开展大规模的教师培训。这充分说明了开展教师远程培训工作的重要性和紧迫性。

在教师远程培训工作中,网络班级的辅导教师和管理员(以下简称为"班级管理者")是远程培训工作中最基层的组织者与管理者,承担着组织学员按时参培、辅导学员操作、解答学员疑难、组织学员互动交流、评定学员作业、完成相关培训任务等工作。其工作思路或方法直接影响到班内学员能否按时完成培训任务和整个网络班级培训质量的优劣。在实际的工作当中,班级管理者必须排除各种不利因素的影响,不断调动学员的学习积极性;及时督促学员学习,按时完成各项培训任务;通过各种形式引导学员充分学习、消化和吸收平台资

源，最大限度地提高培训质量。近年来，笔者一直从事教师远程培训的县级组织工作和班级管理工作。在不断总结班级管理经验的基础上，逐步探索出了班级学员"分层"管理法。正是利用这种方法，在每一次的远程培训当中，全县远程培训和所管理的班级学员的参训率、学习率、合格率均达到100％，本人也多次被评为"优秀项目管理员""优秀指导教师"。

"分层"是一个科技名词，指按照一定规律对地图数据进行分组的过程。由此延伸了许多的理论"分层教学""分层管理"……根据这些理论，笔者在远程培训管理实践中，根据学员对培训的重视程度、学习积极性、培训任务完成及其他相关情况，将学员分为四层，即勤奋层学员、任务层学员、督促层学员和被迫层学员。

一、勤奋层学员

勤奋层学员具有强烈的求知欲，主动上网深度学习培训资源，并根据学到的内容反思自己的教学行为，及时总结培训收获；积极参与各项讨论交流活动，主动发表自己意见和观点，撰写相应的经验文章；根据培训计划、安排高质量地完成培训作业及其他任务。在班级管理中，班级管理者应通过各种方式来维护他们的学习积极性，最大限度地提高他们的培训收获成果。

首先，将他们树立为本网络班级或更大范围内的学习典型，大力宣传他们的典型事例，进一步提高他们的学习积极性。同时，他们对其他的参训学员也能起到典型的带动作用。其次，同他们进行交流沟通，引导和鼓励他们提出学习中的各种问题，并通过各种途径帮助其解决，不能让这些问题挫伤他们的学习积极性。再次，根据他们的学习情况，提出一些与培训内容有关的问题，引导他们进入更深层次的学习，思考更深层次的问题，不断提高他们的培训收获成果。最后，鼓励他们将培训感想、收获进行收集整理后撰写成文章，展示于班级培训平台，并推荐到培训网主页进行展示，进一步提高他们的培训积极性。

二、任务层学员

任务层学员具有一定的求知欲，能上网学习，参与班上的各项活动，根据培训计划、安排完成相应的培训任务。他们最大的特点是以完成任务为目的，学习的主动性不强，不能进行深度学习。班级管理者对这类学员的管理应该从提高他们的学习积极性，引导他们进行深度学习入手。在工作中，可以采取以下办法：

一是向他们宣传培训的优点，让他们充分认识到远程培训能提高自身教育教学理论水平和综合素质，从而提高他们的学习积极性；二是利用勤奋层学员的培训收获、感想或其他典型事例来带动他们学习，让他们认识到培训的实用性；三是收集他们在平常教育教学工作中的困惑、问题，协助他们运用培训资源中的相关理念、措施进行解决，让他们真正感受到培训的作用，从而提高学习的主动性；四是根据培训学习内容，向他们提出本地教育教学工作中存在的一些普遍性问题，并要求他们运用培训中的相关理念和措施来进行解决，引导他们进行深度学习；五是及时了解他们的培训任务完成情况，督促他们按时完成培训任务。

三、督促层学员

督促层学员求知欲不强，学习积极性差，因为工作负担重、家务繁忙或其他原因，不能按照培训计划、安排自觉完成培训任务,极少参加班级活动。在班级管理者的督促或其他压力下,勉强学习。班级管理者应从提高其学习主动性和及时督促他们从学习入手,提醒他们及时认真完成培训任务。具体工作中应采取以下几点:

一是要耐心督促,及时了解他们在每一阶段的培训任务完成情况,提醒他们及时完成培训任务;二是加大勤奋层学员学习事迹的宣传力度,用身边的典型事例来带动他们学习;三是充分发挥项目部(办公室)的行政监督力量和班级学习简报的监督作用,督促他们按时完成培训任务,并不断提高学习质量。

四、被迫层学员

被迫层学员是因为评职晋级、制度考核或其他原因被迫参加远程培训。由于职业倦怠情绪或其他原因影响,在培训中消极情绪严重,对远程培训存在抵触情绪。班级管理者应从正面宣传、强化监督和热情服务的角度入手,督促他们认真学习平台资源,及时完成培训任务。

一是班级管理者要以宽容之心来对待他们,了解他们不能按时完成培训任务的原因,并协同解决培训中的问题;二是大力宣传各项培训制度、措施及培训考核办法,争取行政力量的支持,让他们充分意识到完成培训任务的重要性;三是加强与这些学员的联系,热情为他们的学习服务,用自身的人格魅力去感化他们,督促他们完成任务,提高培训质量。

总之,远程培训作为一个新兴的培训模式,它在培训手段、培训方法上都有所创新,解决了传统培训中的一些问题,提高了教师的教育教学理论水平和教学能力,促进了教师整体素质的提高。但在实际的管理过程中,我们还需不断探索各种管理方法,不断总结远程培训工作管理经验,逐步解决培训中的各种管理问题,不断提高远程培训质量。

(蒋继,教育部全国中小学教师继续教育网,有改动)

第二节 有效性原则

自从 2010 年开始,西部各省区农村中小学教师培训由原来单一的集中参与式培训转向了以网络平台为主要支撑的远程培训,这种培训方式改变了传统的集中参与式培训模式参训人数少、广大农村中小学教师参与培训的机会少,以及工学矛盾等问题,大大扩大了参训教师的范围,符合教育大众化及终身学习的理念。这种培训模式也扩大了教师继续教育的公平性,为农村中小学教师参与继续教育提供了极大的方便,节约了大量的人力资源和财力资源。以四川省为例,2010 年 4 月,四川省进行了国培计划"知行班主任"培训;7-8 月,全省使担任新一轮高一任课教师的高中教师参与了高中新课程改革培训;10 月,国培计划农村教师学科远程培训启动。这一系列培训都是在国家财力支持下,以中国教师研修网、全国教师继续教育网及新思考网作为平台,让大量教师通过网络视频、专家提出的研修要求,在各级教育部门层层管理下通过自主研修和目标驱动完成培训任务的。这些培训不论是从管理者的角度,还是从参训者的角度来看,都有一致的认同:农村中小学教师的远程培训方式是有效的。

一、国外远程教育政策的特点

（一）注重远程教育的质量——注重对远程教育机构进行持续性的资格鉴定

在美国，提供远程教育的机构可能是各级各类大学、教育机构和商业机构，他们开展远程教育的最终目的是不同的，有的是营利性的，有的是公益性的，无论从学习者的利益，还是从社会的利益来考虑，保证教学质量至关重要。因此，在美国的国家远程教育办学原则指导下，特别强调和注重持续性地对远程教育的资格做出鉴定和质量评估。除在开办远程教育时对开办机构进行资格评定以外，还定时对这些机构的办学质量进行评估，以防止远程教育进行过程中那些经过了资格鉴定的教育机构的教学质量发生变化。

通常情况下，无论是非营利性的远程教育还是营利性的远程教育，认证的工作都由对传统教育进行评估的学术团体来进行。这些学术团体有两类：地区性的评估团体和小规模的全国性、专业性评估团体。地区性的评估通常会授权一些协会进行，但同时这些机构也可能是待评估的对象。无论被评对象提供的远程教育是课程学习、学位课程还是资格认证，进行评估的标准都与普通课程质量评估的标准相同。评估所涉及的内容有：是否具有充足的图书和媒体资源、师资的情况、参与的方法、适当的测试标准、学生的学习成果等。大多数高等教育机构会请地区评估团来进行评估，因为这也是让学生获取州和国家财政资助的必经过程。

小规模的专业评估则是由专业团体对个别课程进行的，如由美国法律协会、美国物理医疗协会等进行的评估。

（二）强调广泛性——远程教育应用层次的广泛性

美国政府和各种教育协会不但支持远程教育应用在高等教育和成人教育中，而且鼓励幼儿园、基础教育和其他各级各类教育中都运用远程教育的技术及资源。现在的远程教育课程是多种多样的，它们适合于从幼儿园到退休人员等的不同层次的学习者。这些学习者在技术的支持下，丰富和扩充了他们参与远程教育的经验。同时，美国远程教育的政策又强调，在不同层次的教育中，远程教育的应用方法和目的要有所不同。以下是一段对 K12 阶段远程教育课程进行说明的文字，它清楚地表述了对这一时期远程教育课程设计的要求："为 K12 学习准备的学习课程必须与围绕着 Common Core of Learning 所设立的地区和国家课程体系相一致，这将能更好地为学习的核心精神服务，同时要包含对在职和职前教育者的职业培训。"

（三）提倡技术多样化——发挥各种技术和媒体的优势

由于科技的发展日新月异，再加上长期以来已经在远程教育中使用的各种技术方法和手段，当前可用于进行远程教育的技术方法和手段可谓多种多样，而且各有所长。因此，在美国国家及州的远程教育策略中，都强调合理运用各种不同的媒体和技术为远程教育服务，提高远程教育的质量，同时也鼓励学习者善于利用不同类型的技术和资源，如互联网、CD-ROM、教育电视节目等，从而最大限度地利用各种技术和媒体的优势。我们可以利用的技术不但有卫星广播技术，还有其他很多的通信技术，如互联网、CD-ROM 和闭路电视等，这些技术让教育者、学习者和其他职业人员在全国及全世界的范围内联系起来。通过政策的推动,许多教师和学生已经能自觉地在教学过程中运用各种技术手段。例如,在远程教育中解决师生交互问题的方法,除面谈和电话外,许多人已经用电子邮件和网上聊天室来进行了。对全美高等教育协会成员远程教育情况进行的一次调查显示,无论是用网络进行远程教学的教师还是用传统方法进行教学的教师,很多人都已接受了新技术,并应用于自己的教学活动中,有计划、有目的地相互配合来进行远程教育,从而避免不必要的重复和浪费。这样既避免了同一课程由不同教育机构反复设计、制作、进行教学的情况,又可以发挥每个教育机构教育资源的优势。随着对远程教育在教育市场中价值认识的深入,越来越多的商业机构投入到远程教育中,因此也有一些合作是在教育机构和商业机构之间进行的。为此,许多远程教育课程是根据商业计划和商业培训的需要来开设的。在这种合作中,教育机构常常以课程的设计者、开发者和教学活动进行者的角色参与,而商业机构常常是以技术提供商的身份出现。在这样的合作中,教育机构可以获得的好处是合作者给他们提供了用于支付远程教育技术支持的昂贵费用,同时他们的合作伙伴则获得了"无价的实验室",让自己的技术得以在教育中进行实际运用,并在课程进行中不断发展,最后完成研究的目标。

(四)促进整合——强调资金和资源的整合

在美国,由于许多教育团体、公司、高等院校都有资金、技术和人力开展远程教育,为了避免资金、技术和人力的无谓重复与浪费,在美国国家及地方的远程教育政策中都强调各级政府、各类办学机构、社会团体及商业机构要统一协调,将各自的经费和资源统一规划,有计划、有目的地相互配合来进行远程教育,从而避免不必要的重复与浪费。远程教育质量的提高要求将教师、学生家长、行政管理人员、商业机构和政府部的时间、精力、资源进行总体上的调配与投入。只有为了共同的目标,通过一致的努力,在将来的时间里我们的远程教育才会逐步提高到一个新的水平。远程教育政策提倡资金和资源的整合以多种形式进行,其中最普遍的是教育机构间的合作。例如,加利福尼亚的虚拟大学,其2000多门在线课程分别来自加利福尼亚虚拟社区的学院、加利福尼亚州立大学的各校区及加州内的其他独立大学和学院。学生通过网络注册成为虚拟大学的学员后,就可以选择这些课程进行学习。又如,AT&T(美国电话电报公司)设计了一个学习网络虚拟学院,他们通过上述的方法与多所大学和学院进行合作,其中包括宾夕法尼亚州立大学、华盛顿大学等。在这种合作中,由教育机构提供教学内容,由商业机构提供技术,可以说是一种强强联合的运作模式。

二、我国远程教育信息资源的建设

远程教育教学信息资源是实现远程教育教学目标和传输教学内容的重要载体,是学习过程与结果高效性的重要保障。现代远程开放教育教学信息资源主要包括文字资源、录音资源、录像资源、计算机辅助教学软件资源等。远程教育学生在很大程度上是通过与教学资源的交互进行学习的,远程学习者对教学资源具有很强的依赖性。由于教与学相对分离,传统教学中教师的直接支持在远程学习中转化为教学资源的间接支持,远程教育教学资源承担着多种功能。第一,远程教育教学资源是学生学习对象、知识获得和相关能力培养的载体。第二,远程动态网络教学资源成为远程学习者不可或缺的学习环境和手段。学生利用远程教学资源交互平台进行信息交流、数据处理和思想表达,并从中不断提高认知水平,理解和掌握各类知识。第三,远程开放教育教学资源成为学生了解、分析和解决实际问题的重要工具。特别是青年学习者,没有太多的实际工作经验,缺乏运用所学知识对实际问题进行分析的意向和能力,需要借助于远程教育教学信息资源的提示和指导。第四,远程教育教学信息资源还承担着调动和维持学习者学习积极性和学习目标导向、诊断和及时解除其学习困难、调控其学习进程等重任。广播电视大学作为现代远程教育的主要力量,能够与其他形式的高等教育相竞争的一个重要方面,就是拥有丰富的远程教学信息资源,利用远程教学信息资源进行个别化学习,充分体现了教育现代化的优势和个别化学习的特征,在一定程度上满足了学习者在时间、空间和内容上的不同需求。

三、远程培训的有效性

不管是参与远程培训的管理者,还是辅导教师及参与培训的农村中小学教师,他们参与远程培训的积极性都很高,通过网络平台交流的热情也很高,这样的培训触动了教师们教育的灵魂,促进了教育教学科研向更好、更深的方向发展。学科远程培训平台提供的课程资源内容丰富,与新课标紧密结合,切合课堂教学创新设计,促进了教师之间的相互学习,教师们通过平台提交的作业、教学设计与反思、研修日志等也成了生动的共享资源。

(一)远程培训更新了参训教师的理念

参加远程培训的教师在培训的论坛上、在培训的总结上、在教学设计与反思等成果的提交上普遍反映,远程视频专家讲授的理论鲜活、案例典型、针对性强,辅导教师指导实用,同伴交流问题实在。远程培训更新了教育观念和理念,拓宽了教学思路,对新课程的认识与实践都有了一个质的飞跃,对自身专业素质的提高有很大的推动作用。

(二)远程培训拓宽了视野

远程培训,不用出门就能通过网络视频与全国知名教育专家进行"零距离"接触,聆听他们的辅导讲座。鲜活的案例和丰富的知识内涵让教师们开阔了视野,通过听专家讲课、记读书笔记、与同行对话、在网上发帖、参加论坛讨论,不仅提高了计算机操作能力,而且解决了在教学中曾经易混淆的问题。辅导教师和班级管理员通过网络培训平台、QQ、电话等方式加强与校方、学员的联系,一方面通过学情通报、简报形式加强督促,另一方面注重以人为本,在培训工作中不断鼓励,统一大家的思想,减轻大家的心理压力和焦虑,做到了快乐研修。

(三)学思结合,知行统一

远程培训实行的主要是分散学习、网上学习与网下交流相结合,理论学习与实践操作相结合的学习方式。在培训过程中,培训的管理者与组织者注重学员学习的反思性和实践性探索相结合。在模块学习中,重点抓学员作业质量和话题质量,强调在岗实践、教学反思,要求学校对参训教师实行统一管理、定期检查,要求学员以自主学习为主,将学习理论转化为自己的教育教学思想,把从平台上学到的教育理论运用到学科教研上,以指导自己的教育教学实践,真正做到学思结合。

四、远程培训存在的问题和解决措施

远程培训毕竟是一种全新的培训模式和手段,难免会存在一些问题。我们通过调查研究发现,当前中小学教师远程培训主要存在以下问题:

一是课程资源的需求和供给存在矛盾。我国中小学教师的远程培训课程资源从总体上来说不够理想，还不能完全满足教师们的需求。教师们希望能够获得的主要是教案、课件、教学实录及教学技巧等一些实用性较强的知识，希望能够通过培训提高教学技能，帮助自己解决实际教学中的问题，而现在的很多课程资源往往是理论性较强，缺乏实际的可操作性。另外，网络上的课程资源虽然比较丰富，但是具体到我们的教材、课堂来说，可学习和借鉴的成果比较少。目前，各个省份使用的教材不一样，依据一种教材所开发出来的课程资源并不能满足使用其他教材教师的需要。

二是教师自身的准备不够。首先，缺乏参加远程培训所需的硬件和软件设施。硬件设施主要是指计算机和互联网，软件设施则指的是计算机应用技术能力。远程教育以网络为依托来开展教学，如果不具备计算机、互联网和基本的计算机操作知识等这些前提条件，那么就会直接影响培训的效果。其次，许多教师对远程培训的认识不足，对参加远程培训的意义认识不深刻，以敷衍的态度来对待远程培训。成长于传统教师教育模式下的中小学教师对待远程培训这一新生事物，有着畏难的心理和本能的抵触情绪。

三是远程培训的服务不到位。良好的远程培训效果的首要前提是有一个稳定性强、操作简单方便的培训平台。在实际的应用过程中，由于技术或者信息传送系统的局限性，使得学员在学习过程中不能完整、顺畅地观看课程资源，完成相关的学习任务，影响了学员的学习积极性。另外，相关管理人员的服务没有跟上，也是影响培训效果的重要原因之一。管理者在学习过程中没有充分发挥管理作用，不能有效地督促学员学习，学员遇到具体问题时也不能及时给予指导和帮助，以致出现管理不善甚至放任自流的现象。对于目前在中小学教师远程培训中存在的上述问题，教育主管部门、教师培训机构和教育专家都在不断地进行研究、探讨和改进，积极寻求解决的有效途径。

为了切实增强教师远程培训的效果，提高教师教育的质量和效益，加快教师专业发展的步伐，可以从以下几个方面做一些努力：

其一，加强课程资源的开发与建设，提供符合教师需求的课程资源。课程资源是保证教师远程培训质量的关键，我们要积极开发建设一批能够满足广大中小学教师需要的优质、精品课程。与传统教师教育相比，远程教育促进教师专业发展的一个重要优势是其提供了教师持续发展的资源支持，在教师感到需要时能及时地得到所需要的资源，能为教师提供系统的、专业的、终身发展的支持。为此，远程教师培训课程资源的建设应该体现教师专业终身发展的思想，根据教师专业发展的不同阶段提供不同的专业资源。相关机构在开发课程资源的时候，要以教师的实际需要为出发点，以合理地建构教师的实践性知识为目标来设计教学内容，提供教育资源。例如，多提供一些优秀教师的教学经验和教学技巧、优秀教师的课堂教学实录、优秀教师的实践经验总结与交流等内容，从而使教师获得经验和启发，帮助其成长和发展。在开发建设课程资源的时候，还应该充分考虑各省、地区的差异性，因地制宜，设计出符合各地教师需要的课程资源。

其二，深化教师对远程培训的认识，督促其积极做好参加培训的准备工作。广大中小学教师是远程培训的核心，只有他们对远程培训了解了、重视了、认真对待了，才有可能保证培训的效果。因此，必须使教师们充分认识到参加远程培训并非只是走过场，目标也不仅是拿到一张结业证书，而是可以通过网络这个平台来获取丰富的教学资源，是不断充实自己、发展自己的一种重要手段和途径。在解决好思想认识问题的前提下，还应该督促参加培训的教师做好有关准备工作。例如，应该消除畏难心理和抵触情绪，以一种积极的心态来参加培训，配备必需的硬件设施，掌握计算机应用方面的知识，以满足参加远程培训的需要。

其三，提高远程培训服务质量，增进交流与沟通。一方面，培训机构要不断完善远程培训教学平台的各项功能，保证平台的稳定性和实用性。在增强网络技术的传递功能，保持保障网络的畅通、快捷、高效的同时，还要创设功能齐全的交流和学习平台，满足学员多样化和个性化的学习、交流需求。例如，论坛、微博的开设就可以加强学员与教师、学员与学员之间的交流和合作，避免学员在学习过程中产生"孤独感"。另一方面，培训机构还应努力提高服务保障水平，加强四支队伍的建设，即教务管理队伍、课程专家队伍、辅导教师队伍及技术人员队伍的综合建设。教务管理人员应该熟悉远程培训的操作流程，对学员实施有效的管理与监督。课程专家和辅导教师应该对学员进行及时的指导，帮助其解决实际中遇到的各种问题，以消除学员"孤军奋战"之感。技术人员则要帮助学员解决在培训过程中所遇到的技术方面的困难与障碍。

其四，完善学习评估机制和激励机制，充分调动学员的学习积极性。在培训过程中，培训机构可以通过远程测试与其他一些相关的数据、信息来对学员的学习情况进行监督和规范。例如，可以通过课后作业、结业考试来监控学习效果，通过在线时间、课堂笔记、发帖数目来监控学习过程。在对学员的学习情况进行统计时，不仅应该掌握"量"的多少，还应该注意"质"的程度，使"质"和"量"达到统一。在充分掌握学员的学习进度、讨论频率、交流深度、作业情况等以后，因人而异地督促学员进行学习。同时，教育主管部门要制定落实激励措施，把参加培训的情况与职称评定、评优评奖等活动结合起来，物质奖励和精神奖励双管齐下，激励广大教师主动参加远程培训，从而达到调动教师学习积极性、增强教师培训效果的目的。

拓展阅读
提升内涵，专业发展

2011年，我们认真贯彻落实县教育局师训工作会议精神，结合我校实际，坚持"全员提高，突出骨干"的方针，积极构建骨干教师学习提高的制度。在教育教学中发挥骨干教师的骨干作用和帮带作用，全面提高教育教学质量，开展了"提升内涵，专业发展"为主题的骨干教师读书活动。现将一年来的读书活动总结如下：

一、明确工作目标及任务，激发骨干教师自主读书的积极性

根据师训会议的精神召开骨干教师会议，学习有关文件精神，使骨干教师明确了工作的目标，懂得了"读书是提升教师专业素质的必由之路"。作为骨干教师更应该读书，做到博览群书，才能在提升自己的同时起到帮带和辐射的作用。明确2011年读书的主题是"提升内涵，专业发展"。读书的内容以"有效教学基本功——课堂调控技能"为主，还以网联培训、国培、教师校本培训——"如何做好班主任工作"作为读书的内容。

二、采取有效措施,调动骨干教师自主读书的积极性

1. 因地制宜,给骨干教师创造自学的时间及外出学习交流的机会。借 2010 年我校骨干教师读书活动获全县一等奖之际,鼓励教师认真读书。每天要求他们利用中午休息的时间读书半小时。特别要充分利用好晚上 7—9 点这段黄金读书,而且要做好标注,把自己的读书心得写在书上,学校定期检查。2011 年,郭娜、田丽萍、周晓霞等先后去长春、通化学习培训,其他骨干教师大多参加了明德小学提升教育质量的培训。在培训中提高了骨干教师的认识,提升了他们的专业素质。

2.9 月召开了骨干教师读书交流活动。郭娜、杨金玲等教师做读书交流讲座。其他教师也交流了一些自己在读书中的收获和体会,提出了读书中遇到的困惑,特别是将自己的读书收获应用于教学实践中去,将理论应用于实践,体验到了读书带来的快乐。

3. 自学、指导、实践相结合,切实提高全体教师的素质与能力。为了提高教师的读书质量,学校定期检查教师的读书笔记;不定期地与教师谈心,交流读书体会,解决教师遇到的各类问题。每位骨干教师上一节提高"课堂调控技能"的读书汇报课。(王敏、祝永艳、孙红、任红、杨艳菊五位教师上课)课后大家一起应用读书收获从不同的角度进行研讨,提高了教师的课堂讲授能力,教学效果也越来越好。

4.11 月 28 日召开了骨干教师读书演讲比赛。参赛选手有周晓霞、杨金玲、田丽萍、郭娜、董利华,演讲比赛激发了教师的读书热情,提高了教师的读书能力,解决了教师教学中的困惑,具有十分重要的现实意义。

三、吸取教训,鼓励教师自我反思,寻找问题,积极面对

在读书活动中教师们有敷衍应付的现象,思想上认识不足,导致读书效果不佳。也有客观因素,如我们小学教师业务忙、事物多,影响了教师的读书热情。学校就这种现象采取听专家讲座、向身边的榜样学习等方法,激励教师提高读书认识,在反思中增长读书智慧,在实践中解决读书中遇到的问题。

总之,坚持三年的读书活动促进了教师的专业成长,更重要的是使教师们认识到读书给他们带来了快乐,解决了教师教育教学中的问题,养成了其自主读书的习惯,充分发挥了骨干教师的帮带和辐射作用。今后我们的读书活动将伴着教师终身,让每位教师都能感受到"腹有诗书气自华"的魅力。

（许文丽,教育部全国中小学教师继续教育网,有改动）

第三节　开放性原则

相对传统教育而言,现代远程教育更加开放、灵活,这就要求我们在设计网络课程时遵循开放性原则。这里的"开放"并不是指课程资源的使用权限不受任何限制,而是指学习机会的开放,学习方式的开放,课程形式和结构的开放,以及自主选择学习内容和进度的开放。

远程教育试图为那些不能接受校园课堂教育的人提供多种可供选择的学习方式的机会。例如,对于残疾学习者,可以用一种克服其障碍的恰当方式向他们提供学习资源。另外,提供相关的参考资料和相应的网址,对同一知识内容提供不同角度的解释和描述,让学生通过对多样性的解释和描述进行交叉思考,提高其分析问题和解决问题的能力。

一、我国远程教育中表现出的开放性

远程教育的大发展是与常规教育无法满足社会的人才需求密切关联的,这就要求远程教育必须坚持开放的姿态,能对社会发展做出适时反应,这样才能具有无限的生命力。开放性作为远程教育的本质特征,主要表现在以下几个方面:

(一)教育观念的开放

信息化社会是学习化的社会,是终身学习的社会。教育信息化是信息化社会的主要标志和重要内容,人们在满足温饱以后追求的已不仅是生存本身,更注重生存质量,其中最应保证的权利就是学习的权利,人们迫切需要一种平等、民主的教育环境,以确保教育的终身化。从澳大利亚的教育情况来看,学校主要由政府负责。以新南威尔士州为例,州教育及培训部主要负责州内学前教育至大学教育的整个过程,州政府明确了小学至中学阶段学校的教学目标就是培养学生的各种学习方法及终身学习能力,对中学后的高等教育和继续教育,州政府制定的目标和政策就是使所有成年人,无论其背景处境、年龄层面都享有学习的权利和接受高等教育的机会。终身教育是促进社区建设及整个社会文化和经济发展的关键,政府将尽力支持和满足地区与个人学习之需,建设一支有文化、有技术、有活力的劳动大军。可见,澳大利亚政府着力体现个人教育过程的持续性,为教育平等化、民主化、终身化、社会化创造了条件。

(二)教育手段的开放

信息技术发展给现代远程开放教育带来了机遇和挑战,及时提高新技术在远程教育中的应用成为现代远程教育发展的关键。目前世界上广泛应用的个人电脑、CD-ROM 及各种软件、Internet 网络及电信网为学习者提供了多样的学习手段和方法,基于新技术的远程教育模式在利用空间、时间、资源等方面有其自身的优势,一定程度上代表着未来发展方向。在空间方面,远程教育缩短了学校与学习者之间的距离,通过数据压缩,文本、图像、音频及视频信号被高速传到不同地点。在时间方面,教育机构在提供一些"实时"课程的同时,也提供一些"虚时"课程,即允许学生随时访问课程教学和教材,课堂外教师和学生及学生间可以同步交流(如在某指定场所或通过远程电话会议、Internet 聊天室等),也可以异步交流(如通过定期的信函、电子邮件、计算机公告版等)。在资源方面,近年来数字图书馆、联机书店和计算机化的数据库的发展使用户如亲临现场一般获得远程服务,课程主页组织了众多相关资料,引导学生快速定位和链接,学生可通过下载来获取学习资料。目前,在澳大利亚除远程学习机构外,传统的大学正在有效地应用远程学习和独立学习的方式来推行其成本革命,远程教育已成为高等教育的主导方式,其结果是传统高等教育和远程高等教育形态之间的差异逐步消失。例如,西澳的莫道克大学,就可看作是澳大利亚远程教育中的"综合模式",即由分散在全国的高校聘用同样的教学人员,同时提供校内外两种模式,具备同样的课程设置,授予同样的学历证书。学生可同时在校内学某些课程而在校外学另外一些课程。

随着环境的变化,学生还可以在两种模式之间随时变换,最近的发展是两种学习模式的学生都增加了计算机的网上学习。

（三）教育层次的开放

选择远程教育的学习者往往有多样性和多层次性的特点。按学习目标的内容分类,青少年是为进入社会做好更充分的准备;成年人中有的是为了求得更好的职位或胜任当前的工作,有的是为了更好地承担角色,有的是为了发挥自己的能力或是兴趣爱好,有的是为了休闲。按教育类型分,有的是为了获取一定层次的学历文凭;有的是为了不断充实自己,追求自身的发展。澳大利亚远程教育力求满足不同对象的需求。有的主要是传授正规课程、培养专业人才,学生毕业后可获毕业文凭和学位的大学及高等教育学院;有的是通过远程教学传授非学历课程的高等技术继续教育学院,它们以适合社会的需要和个人的愿望开设了广泛的课程。这些课程涉及面广,能帮助求学者更新知识库、掌握新技能。澳大利亚每天有100多万人参加继续教育课程学习,这些课程的培养目标、课程设置和学员类别呈多样化趋势。有面向移民的英语课程,有面向专业工作者的专业课程,有面向中青年的高等教育课程和职业教育课程,有面向大众的闲暇课程和兴趣课程,还有帮助人们交换工种和更新知识的短期培训课程。远程教育应用卫星、电视、录像、计算机等现代通信媒体实施教学,使学习课程可以跨越时空,伸向受教育者所处的任何地方。学生可根据自己的特点、条件和职业需要选择专业与课程,通过各种渠道接受多种媒体的教学,以获得知识和技能。就教育对象来说,他们是不受年龄、职业和学历的限制的。所以,远程教育是发展终身教育、实现社会化学习的良好途径,是向全社会、全民族的人民的终身发展全方位开放的教育体系。它的开放性是保证远程教育先进性的最为重要和核心的因素,能使任何人在任何地方以任何方式来进行学习。

二、现代远程开放教育及其特点

现代远程开放教育是以现代教育理论为指导,以 Internet、计算机技术为核心支持平台的网络远程教育模式的第四代远程教育。与传统教育相比,它是一种全新的教育模式,具有以下特点:开放性,即教育目标、教育资源、教育方式、教育场所和时间的开放,它突破了时间和空间限制,帮助人们随时随地学习,使全民共享优秀教育资源;灵活性,学习者可以自己选择时间、地点、内容、学校、教师去学习;普及性,能为不同基础、不同经历、不同背景、不同职业的受教育者提供公平的受教育机会;终身性,现代社会人的知识是需要随时更新优化的,学习是一个贯穿终身的持续性活动,而基于现代远程教育本身具有的优势,已成为大众终身学习首选的形式;低成本、高效益,它的投入约是传统教育的 $50\%\sim60\%$,而产出的社会效益是无法估量的,它将是实现全民教育的最佳或是唯一可能的途径;个性化,强调以学生为中心,学生需求的多层次,要求现代远程开放教育所提供的教学资源不仅要满足学历教育的需求,而且还要适应职业教育的需求。

拓展阅读

在改变的时代改变自己

我们面临一个变革的时代。我有一个比喻,本来你想娶一个女人好好过一辈子,结果娶回家被窝还没有热,这个女人可能就被别人抢走了。在这个时代,任何控制和权威都失去了意义。权威和控制权被消减其实是件特别好的事情,因为在权威和控制的社会里,创新和发展是扯淡。我喜欢微信,不是因为它好用,而是它消减了中国移动、联通和电信三大运营商,让它们失去垄断市场,让中国人民一年省下接近千亿费用。

在这样的一个时代,个人英雄主义重新来临,任何一个个人英雄都有可能出头露面。原来不管你多么英雄,都要权威点头才能露出水面;今天任何人只要有才能,都能找到露面的机会。这五年来,创新和创业人士的不断涌现,是社会更加宽容和灵活的一个显现。移动和互联网的发展,带来了整个社会对创新能力的宽容,对创新能力的支持,让大家有了发现自己的机会,这是特别让人欣慰的事情。

面对这样的时代,生生死死变成了常态。这个时代经济会不断发展,个人成功会不断涌现,但是个人失败也会加快步伐。有太多人可能冒出来,他们比你更厉害,有太多人比你更加知道如何应用移动互联网等新技术。面对这样的时代,只有两种人:一种人是想办法集中自己所有资源灵活变革,继续保持江湖地位;另一种人是束手无策,随时做好江湖地位被他人取代的准备。

宁可死在改革的路上,也不死在成功的基因里。失败,不是因为你做出了错误的商业决策。今天,不管你做出多么正确的商业政策,都有可能死掉。因为你计划变革的基因不在原来成功的基因里。原来新东方成功靠个人努力、个人讲课能力、个人辛辛苦苦勤奋的能力,但是今天这种能力没法跟互联网、移动技术相结合。未来想让新东方更加成功,就必须更换我本人的基因,同时更换整个新东方发展的基因。原来成功的基因面对新的时代已经不再是新的成功的保障,甚至变成障碍,更换基因这个坎过不去,基本上就要死。

诺基亚是先例。触屏技术是诺基亚第一个发现的,比苹果早很多,但为什么智能手机没从诺基亚出来?因为这与原来的团队基因相抵抗。当整个团队熟悉原有运作系统,并且可以靠原来那一套拿着很多钱过得很舒服时,你让他们改变非常难。

改变有两点:第一,让人重新动脑子。动脑子不是想吃什么饭,穿什么衣,而是变革自己和变革自己做的事情,用新的做法革自己的命。试问,有多少人在重新动脑子?人的惯性思维是非常严重的。第二,就算意识到重新动脑子后,行为上能不能改变?这也不太容易。举个例子,我有一个下属非常能干,但是说话总是伤人,我不断跟他谈,他也真动脑子想了,以后绝对不伤人,每次伤人自抽耳光,但是行为惯性经常控制不了,脸都快打青了还改不过来。就算个人行为能改过来,当你还有一个团队时,你能不能把团队思维改过来,这依然是件难事。整体的改革必须靠绝大多数人接受才能够成功。

我的亲身体会:一是改变自己惯性思维非常难;二是意识到不得不变后,行为没有跟上思想变,思想往右,行为往左;三是如果我们的思想和行为一致了,怎么动员团队跟我们一起走？这个过程中，你可能失去了很多机会，眼看着一批批新生代把你超过去。诺基亚就是这样被超过去的，苹果将来也会这样。苏宁电器也在面对这个挑战，所以张近东下决心一定要改，苏宁易购不赚钱，改可能是死路，但不改也一定是死路。所以我现在做好了准备，宁可在改革的路上死掉，也不愿死在原来成功的基因里。

前天，新东方在人民大会堂召开20周年庆典。所有人在庆祝感慨新东方20年不容易时，只有我一个人陷入焦虑和痛苦之中，因为我知道未来20年新东方不好走，过去的成功跟未来的成功没有任何关系。所以当天晚上，我就把新东方150个重要管理干部拉到北京郊区，封闭思考，讨论未来20年发展步骤，重建新的商业模式。

到昨天为止，百度、阿里、腾讯全部上了教育平台，三家公司创始人都是我的朋友，却毫不犹豫地冲进了我的领域，他们很不地道，也不和我商量一下，我从来不对朋友做这样的事情，但这就是商业。只要看到有机会就去抢，恰恰在抢的过程中新的模式出来了，在你死我活中间这个社会就进步了。所以我不反对这个东西。

下一步我也去抢。新东方培训教育到底是面授教育还是线上教育？地面体验还是线上便捷？未来发展趋势是什么？我和我的团队必须认真思考。方向稍微一错几个亿就下去了，回都回不来。而且我背后有3万人的团队，如果我愿意走，那3万人愿意跟我一起去吗？这可能意味着一半人会失业。社会在不断提出新的要求，不变不行，所以遇到再大的困难也需要不断改变自己。

这个世界不断在变，但有些东西你不能变。做一件事时，你必须要考虑是否热爱这件事。我从来没有发现一个人做一件事情就是为了赚钱，最后还能够做得特别成功的。你做的事情一定要从心底认可，有信念的人面对失败和挫折时不会太容易放弃。

我给自己赋予两个使命：第一，必须为中国教育做点事情。这是我一贯的使命，我从来没有说对中国房地产做点事情，中国不需要再多一个房地产商。我对自己定位非常简单，这一生下来，如果给我下个定论，我唯一的希望是教育工作者，我是一个老师。第二，我深刻意识到中国社会变革只有一种力量，这种力量不是老师不是知识分子，也不是政府官员，这个力量是中国商业的力量。商业背后是一切人类愿意接受的原则，不要一想到商业，就想到互相欺诈、互相骗钱，虽然会有这样的情况，但更多的是创造价值。只有中国创业家、企业家越来越多，中国社会才能真正转型。像我这样的人必须为中国商业发展做点贡献，让社会有契约精神，消除特权、平等透明、公平竞争。

我来创业家讲课，是因为这里面的创业者需要各种鼓励，我不懂商业模式，但是我可以鼓励大家热血沸腾一次，让你最后丢了钱也挺开心。在这里我建议大家有几个心态：

第一，不要怕生生死死，做任何事情只要命不丢就行了，你来到这个世界的时候就是赤裸裸的，你怕什么？

第二，缺什么东西就去要，就像看见喜欢的女孩就去追，追不上是你运气不够，但是不追一辈子后悔。当年，我最不起眼的学生跟我要资源，第一次时，我不回信。可到第五次时，我必须回信，要不然良心过不去。以前我跟政府部门打电话，对方不同意我就放弃了，后来我就从这个学生身上学会了，一次不行求两次，两次不行求三次，求到第十次，还不行就再请另一个人来求。这个世界上95%的事情，只要有勇气和胆量，加上死不要脸就能成功。

第三，紧跟时代，否则不管你做的事情多么牛、多么好，都有可能失败。例如，开书店很有理想,但书店都没有办法经营下去了,没有跟上这个时代。对于新商业模式和新需求的呼应,跟不上只能退出历史。我现在最担心我跟不上时代,但是我一直在努力,如果哪一天看到新东方死掉了,只要大家记住俞敏洪还活着就行,我还会努力地东山再起。

第四,变革自己,不要指望任何别人,也不能指望任何人。天下从来就没有什么救世主,能挽救我们的,只有我们自己。

(俞敏洪,新东方网,2013-11-20,有改动)

第四节　教育性原则

广义的"教学",就是在一定时间、地点、场合下传授经验的活动,即指教的人指导学的人进行学习的活动;狭义的"教学",是在学校中传授经验的活动,即指在学校教育活动中,以教师传授知识、技能和学生获得知识、技能为基础,教师的教和学生的学相互联系、相互作用的统一活动。笔者认为教学是教师和学生教学相长的过程,是一种人类特有的人才培养活动。教学活动虽然不一定发生在传统教室师生面对面的情况下,但总的来说,教学是有目的、有计划、有组织的。

广义的"课程"是指所有学科(教学科目)的总和,或指学生在教师的指导下各种活动的总和。狭义的"课程"指一门学科。有不少学者把课程作为目标或计划(预设性课程观),认为课程是教学过程要达到的目标、教学的预期结果或教学的预先计划。笔者认为,课程是为实现培养目标而选择的教育内容及其进程的总和,课程不只是教育内容,还包括教育目标及评价方法等,是师生共同完善的一种有目的、有计划的教育活动,在实践上包含教学。

课程与教学的关系问题一度成为研究者们争论的焦点。有些学者主张课程包含教学,有些则主张教学包含课程,有些认为课程与教学是两个完全独立的学科,还有些认为课程与教学有机整合成课程与教学论。高文教授认为课程研究涉及的往往是教学的内容,教学涉及的则是过程、方法。教学是能产生最基本的课程效果的一种社会环境,它以最深刻的方式影响着课程,表明了课程与教学之间密不可分的关系。

一、我国以应用型知识为主的远程教育

远程教学信息资源内容选择要体现其培养应用型人才的目标要求,体现远程学习者为应用而学,在实践应用中学的实际要求。教学资源内容宜精不宜多,因为成人在职学习存在许多的限制条件,在时间和精力有限的情况下,他们更需要既精简又涵盖全面、内容丰富而充实的教学资源,太多的内容可能会导致学习目标的偏离。因此应坚持"必须、够用、有效、经济"原则,以应用性、实用性内容为主,按照"理论够用,应用为重"的原则选择基础性和应用性知识,而不宜过多地追源溯流和预测展望。要想凭借学习内容吸引和促进学习者在有限的时间、精力条件下开展有效的学习,就必须提高学习材料的实用性。要保证实用性就要加强学习内容与学习者生活、工作的紧密联系,以能够解决远程学习者在工作、生活中的实际问题为目标和轴心,以问题或案例来导入而不是单纯呈现抽象的概念或理论。成人学习

者是带着问题来学习的,并且其学习的时间往往也是零散而非连续的,因此内容的组织应围绕一个个问题或任务的解决分模块来组织,以便学习者多样性地学习,从而保证学习资源的可选择性。学习者既可以按顺序从头开始系统学习,也可随意挑选其中的任何一个模块进行学习;既可以选择基础性的学习材料,也可以选择提高性的学习材料。为此,必须突破传统的以纯粹的学科知识系统传授为主的做法,而应根据学员不同的职业要求,各自的学习特殊性,突破不同学科、不同专业之间的界限,将相互关联的跨学科、跨专业的知识进行重新安排,便于学生融会贯通。在对学习者的动手能力培养方面,技术技能训练可融进或嵌入基础知识的教学之中,以案例式和生活化的轻松方式表现出来,实现学习内容的模块化。

二、关于我国远程教育的几点思考

(一)网络课程该选聘传统高校兼职教师,还是选聘专职远程教师

调查报告中提出,应该由那些受过传统院校评估检验的教师来教授远程课程,也就是网络学院应该吸收大批传统高校的优秀师资来讲授远程课程。这些传统高校的教师,专业水平较高,课堂教学经验比较丰富,容易赢得学生的信赖。从问卷调查结果来看,有的传统高校教师表示愿意再次教授远程课程。他们认为,网络支持提高了学生的参与程度和师生的交互程度。就我国实际情况来看,是采用普通高校的知名教授讲课,还是培养网络学院的专职教师? 这是一个需要慎重考虑的问题。从事远程教学的教师除了需要具备一定的专业学术水平外,还需要满足远程教育的特殊教学要求。问卷结果显示,教师普遍认为远程课程的备课时间超过传统课程。所花费的时间主要集中在:要准备的课程材料内容丰富,文字详细具体;要考虑硬件技术问题;与学生通过电子邮件、电话交流讨论的时间增多。有一个值得考虑的问题是,教师进行第一节远程课程教学时,所花费的时间远远超过传统课程,但随着课程次数的增多,两者的差异逐渐减小,这说明远程课程与传统课程之间的距离并非不可逾越。教师掌握了远程课程的技术知识,积累了远程课程的教学经验,一样可以达到教学的自动化状态。要帮助教师适应远程课程教学,需要做好以下几方面的工作:给予教师足够的培训和技术支持,无论是硬件、软件还是问题解决方面,教师非常强调技术支持的重要性。支持应该包括帮助教师进行教学设计,让教师与技术专家、教学设计专家一起讨论合作;对教师额外花费的时间给予足够的补偿。调查显示,只有一半的教师得到了补偿,这种补偿主要是休假和发放津贴两种形式。从国内情况来看,远程教育教师的酬金偏低,一些优秀教师做完课件后,把授课任务交给青年教师或是硕士、博士生,各教学点的酬金不管距离远近都是一样,出现找人代课现象。以上这些都影响了网络课程的教学质量和网院的声誉,应建立奖励机制,如说升迁、终身职位、专项基金等,根据做出的工作量和工作积极性而定。根据了解的情况,有些网院对于教师授课行为缺乏约束和激励机制。因此建议强化行为激励,每学期对教师的授课进行综合评分、评奖,注重心理激励,促进教师之间的交流活动。对所开展现代远程教育的试点高校的现状调查显示,试点学校中从事现代远程教育的各类教师人数为3160 人,其中专职教师约占 17%,兼职教约占 83%,兼职教师中的 76% 是从本校聘任的。有一种观点认为,在远程教育中,教师的主导作用体现在为学生建构新知识、新能力的全过程,可概括为八个方面:导学方案的设计、教学资源的建设、教育信息的有效传递、学习中的辅导答疑、协同式学习中的引导组织、学习效果的考核和反馈、对各教学子系统的运行效

的监控和评估及对远程教学全过程的研究和探索。邱崇光认为，兼职教师并不能很好地完成远程教师的以上八个任务。这不是个别现象，而是指导思想和体制上的根本原因造成的。因此，现有的面授教师不能很好地适应远程教师的角色，需要培养专职的远程教育教师。应该制定网络学院教师的专业从业标准，该标准既包括对教师专业学术水平的要求，也包括进行远程教学所必须具备的技术知识要求。凡是从事远程教学的教师，无论是传统高校的兼职教师，还是远程教育培训的专职教师，都必须满足此标准。目前，我国高等教育的优秀师资还集中在传统高校，网络学院要利用好这一资源，积极吸收有兴趣并有能力从事网络教育的教师，对其进行远程教育专业化培训。在此基础上，既可保留部分兼职的传统高校教师，同时也培养专职的远程教育教师，以储备网络学院自己的师资力量。

（二）网络课程的知识产权该归谁所有

网络课程具有教材性质，从目前我国现行著作权法的规定来看，教育教学领域合理使用的范畴通常只适用于现实空间的课堂教学中，而未推到远程教育。1999年，美国版权局的报告指出，要将对现实空间教室的免责条款推演到虚拟学校中。远程教育课程开发的创作模式根据原始资源状况的不同，大致可分为改造、新建和更新三种模式。改造模式是选择吸收现有课程资源中合用的特定课程材料，并对其进行加工和转化；新建模式是从头创作设计课程材料；更新模式是在利用院校自身原有的课程材料基础上进行的课程开发。这三种模式都涉及知识产权的问题。AFT提交的报告认为，学校提供的远程学习课程事先应经过教师的检查和同意，教师应该保持学术上的控制。目前主要是教师自己设计课程和课程材料，那么课程材料即使经过多次变化，教师依然能有效地控制其质量。学校可能会认为自己拥有课程及所有相关材料的知识产权，这样学校就可以年复一年地重复制作这些课程，让不同的教师来教授同样的材料，或者未经设计教师的同意进行修改。教师丧失了控制权，就不能保证学生所学的课程质量与先前的保持一致，也无法反映学科的新变化。该报告反映出来的观点是，教师在网络课程开发的改造和新建模式中应占据重要地位，以保证网络课程的学术质量。同时，为了反映学科专业知识的最新进展，淘汰陈旧教学内容，在对原有课程进行维持和再创造时，该教师依然要处于主导地位。唯有如此，才能保证课程质量和学科变化。我们认为，应该承认教师在网络课程的开发，尤其是后期革新中的重要地位。但是，学科和课程的发展应该是一脉相承、循序渐进的，应该有一组或一个团队来进行课程革新，而不仅仅限制于某一任课教师。因为铁打的营盘流水的兵，网络学院的教师队伍是流动的。就如同传统课堂，经典的教科书可以随着时代的变化加以修订，代代相传。如果说只有最初的设计开发人员才能控制课程的改造的话，那么也不可行。从国内情况来看，在远程培训教师聘用的过程中，学校一般都会与被聘的教师签订知识产权保护合同。合同明确："学校拥有网络课程的知识产权，网络教师有署名权。但网络课件只能在学校范围内使用，不得出售或转让，否则，学校有权追究责任或要求赔偿。远程教育教师对于网络软件同样不得出售或转让给第三方，否则赔偿全部损失。"从网络课程组织模式可以看出，网络课程主要涉及以下著作权主体：课程开发的组织者、课程开发人员、原始作品作者、课程使用者。网络课程要最终能为实现教育目的所使用，最后必须要由课程开发的组织者统一风格，整体制作。因此，我们认为，课程开发的组织者应当对课程开发人员所提交的网络课程享有改编权和使用权，同时对编辑后的网络课程享有著作权；但行使著作权时，不得侵犯原网络课程的著作权，特别是原课程开发人员的署名权。

（三）网络课程是否该与传统课程具备同一性标准

AFT 的报告中提出了远程教育课堂与传统院校课堂应在四方面达到同一标准：

1. 课程材料相同：课程材料的广度和深度，应该达到和传统课程一样的水平；

2. 研究机会相同：图书馆员要及时为远程教育的学生提供获取资源的途径，使其获取图书馆的文献并使用各种研究材料；

3. 学生评价标准相同：调查问卷中，2/3 的教师表示，虽然不同的教学方式，可能评价重点和评价形式不同，但对远程课程学生和传统课程学生的期望成绩是相同的；

4. 咨询机会相同：该报告提出同一标准的根据在于，调查问卷显示，教师们认为远程教育课程的学生成绩相对更好一些。一个优秀的远程课程学生，要具备更高的学习动机。

拓展阅读

教师"三境界"

一、第一种境界——成长

初入教门，原以为所学的间接经验在实践中会所向披靡，又谁知几多挫折，几多丧气，几乎灰心，几经磨砺，几番挣扎，终获得直接经验，也幸得前辈指点，教育教学总算能够应对。

二、第二种境界——成功

不满足已获得的直接经验，寻求理论指导，于是博览群书，寻找原则，探究原理，总结规律，跳出属于本能的"原我"，形成实现价值的"自我"。

三、第三种境界——成熟

不断进取但不争强好胜，成果累累但不张扬，教育教学游刃有余，忘却了虚荣浮华，把机会让给后生，在不断反思中感悟到教书育人的真谛，迈向至善至美的"超我"。

（摘自小精灵儿童网站，有改动）

第四章

中小学教师远程培训的意义

第一节 促进教师终身教育

教师继续教育是终身教育的有效途径。终身教育突破了"一次教育定终身"的传统思想，已成为当代教育新潮。现代信息社会的终身教育要突破传统教育模式、领域和体系的束缚，形式上不再拘泥于传统的一次性教育的封闭式面授形式，而应采取面授与远程培训并举，体现出远程培训开放、自主、灵活的学习方式，突出参训者的主体性和主动性。远程培训以远程教育网络为依托，形成覆盖城乡的开放教育系统，可以扩大教师终身教育的规模，为全体教师提供多层次、多样化的继续教育。远程培训适合教师继续教育的在职性与成人学习的特点，不仅学习时间更加灵活，更重要的是实现了学习内容的个性化，即参训者可以根据自己的实际情况，制订个人学习计划，进行灵活的自主学习。这种个性化的学习更加符合参训者的自我需求，使培训更具针对性，能够取得更好的培训效果。提高教师信息化素养是教师专业化发展的迫切需要。在汹涌的教育信息化浪潮中，缺乏信息化素养的教师必将无法适应教育发展的趋势与教师职业的要求。远程培训可以提高教师的信息化素养，因为通过远程培训，教师不仅能够学到专业化的学科教学知识与技能，同时还可以掌握现代化远程教育的方法与技能。一些教师能够将这些方法和技能应用于自己的课堂教学之中，这对促进中小学教学的现代化、信息化发展起着难以估量的积极作用。

一、日本教师研修制

二战后，日本用法律形式规定了教师职业的专业性，即教员必须在专业知识和教育理论两方面掌握高深的知识，并通过终身不断的研究，来学习、掌握最新的专业知识和教育理论。为确保教师的专业性，日本除强调培养教师的大学须不断提高教育质量和培养水平外，还以法律形式规定教师有必须终身不断研究、学习的义务，如《教育公务员特例法》规定："教育公务员为了执行职务工作，必须不断地努力研究和修习。"该法还规定："教育公务员的任命者应为教员研修提供必要的措施，并奖励教员研修。"从20世纪70年代开始，日本在提高大学培养教师质量、严格教师选考录用的同时，一步步逐渐完善了教师在职研修制度。

（一）新教师研修

新教师在一年研修期间的工作被称为"特别职务形态"，一年间他们必须进行校内研修和校外研修。校内研修要在研修指导员的指导下进行,新教师一边担任班主任,从事教学工作;一边修习教师伦理、学科教学指导理论和班级管理艺术,并要参加社会服务和为学生服务。校内研修时间规定为每周 2 天,全年 60 天。校外研修的主要内容有参观其他学校,参观社会教育设施和社会福利机构,进行社会义务奉献活动等。当地教委和地区教育中心还为新教师组织各种讲座和集中研讨学习班。校外研修规定为每周 1 天,全年 30 天。此外,新教师还必须利用寒假、暑假、春假的集中时间自选课题,进行自主研究。

（二）教师在职研修

教师的在职研修由地区教育中心组织实施,有 5 年教龄者须研修 8 天,研修内容为专业学科教学工作;有 10 年、15 年教龄的骨干教师也必须参加 8 天的研修,内容为指导学生的技巧和与学生家长进行教育交谈的艺术。新任校长、副校长则必须参加为期 3 天的研修。为满足在职教师通过研修提高学历的要求,日本二战后已采用"开放型"教师培养制,取消师范院校,改由大学培养各级各类学校教师,同时又重新组建了兵库、上越、鸣门三所专司教师再教育的教育大学,在职教师可以通过攻读教育大学设置的学位课程,进一步提高学历,并取得相应学位。在职教师研修制度的确立,使日本真正实现了教师队伍的终身学习和终身研究的目标。教师在从事教育工作的同时不断更新知识,提高素质,以确保教育的高质量。

（三）校外社会体验研修

为创办开放型学校,培养具有社会交往能力的教员,日本于 1989 年开始派遣教员到校外的企业、社会教育机构及社会福利部门进行为期 1 个月到 1 年的社会体验研修。实践证明,经过社会体验研修的教员扩大了视野,提高了人际交往的能力,并明显提高了其管理班级、指导学生工作的成效。

（四）面向 21 世纪教师培养制度的改革

为培养面向 21 世纪的教师,日本加强了教师培养工作的改革力度。近几年,日本教育职员培养审议会连续发表了三份有关教师问题的咨询报告,从中我们不难发现日本教师观念的一些变化。例如,过去强调教师的统一性,现在则开始强调教师要有个性,又希望由各种类型的人组成教师团体,发挥教师集体教育之合力,对学生进行有效的教育。又如,更加强调教师的终身研究和修习,并制订出更加详细具体的教师研修计划和措施,力图用教师在职研修的形式,提高教师的素质和能力,以克服学生逃学、欺辱、乱班等痼疾。另外,二战后日本强调以研究学问作为教师培养的基础,而今天的教师观则在研究学问的基础上开始注重培养教师的能力,即强调学问与能力并重。

二、我国教师终身教育体系

我国现代教育科学理论的研究起步较晚,再加上长期不被重视和多次受到政治运动的冲击,更使其发展滞后,以致时至今日还有不少人对教育科学是否是科学的问题还存在怀疑,而理论研究的不足势必制约教育事业的发展。解决这一问题的措施之一是打破教师培养的藩篱,使有可靠质量保证的大学加盟师资培养工作,借助高质量大学雄厚的科研力量,促进我国教育科学研究的发展。措施之二是通过教师继续教育的方式,提高在职教师的教育科学理论水平,促使全体教师参与教育科学研究工作。

我们应看到,教师职业还没有获得应有的学术声誉是困扰各国教育的一大难题,特别是广大中小学教师,历来被公认为只是知识的传递者,而不是一名有学问的专家。当然,在工业社会的继承式教育中,教师们复制并传承着书本知识;但当社会转型为信息社会后,人类的生存、经济的发展越来越依赖于人类自身素质,从而要求教育也相应地转变为创新教育。创新教育要求教师从书本知识的复制者转变为学生创新能力的培养者,他们在传授知识的同时,应全面注重培养学生的素质,尤其要注重培养学生的创新意识与能力。但是,目前教师的现状与时代对教师的要求还相差甚远,因此我们应尽快通过教师在职继续教育,提高广大教师的学科专业理论和教育科学理论水平。其中教育科学理论的学习尤应成为教师继续教育的重要内容,而教育科学研究方法的培训则应成为教师在职教育的重要学习方式。因为教育科学理论的掌握是教师职业区别于其他职业的标志,也是教师专业得以成为专家学者的立身之本。我们相信,通过科学的在职教育提高全体教师的教育理论修养,可以把广大教师(包括中小学教师)培养成具有创新能力的研究型、学者型的教育专业人员,使他们具有不可置疑的学术地位,并树立起我国教师的崇高职业形象。同时,工作在教育第一线的教师加盟教育科学研究组织,他们将会用鲜活的教育教学资源、真实的教育观察和可行的教育实验,有力地丰富、充实教育科学研究,并极大地推动我国教育事业的发展,使我们可以以一个崭新的教育姿态来迎接 21 世纪信息社会的挑战。

三、现代终身教育体系的内涵

终身教育作为一种理念和思潮,是社会发展到一定历史阶段的必然产物,是时代和实践呼唤的必然结果。在 1965 年联合国教科文组织成人教育促进委员会上,朗格朗提出的终身教育报告,奠定了终身教育思想在现代社会中的地位。终身教育的基本含义是:通过人的一生谋求所期望的成长和发展,作为公共教育要保障每个社会成员受教育的机会;不仅为终身提供教育机会,而且要重新设计在各个年龄阶段的最合适的时期和场所受的最合适的教育。许多国家都在尝试建立终身教育体制,但真正完善的还不多见。只有廉价的远程教育得到完全普及的时候,终身教育的理想才会成为可能。

终身教育既是一种理念与原则,又是一种制度与体系。终身教育体系的本质特征和根本要求是教育体系的一体化,集中表现在它的系统性与整体性上。构建终身教育体系的重点和难点是对现行教育制度、教育体系的突破与创新。

终身教育以最大限度地开发社会全体成员的潜能,以全面提高人的综合素质、发展完善人的个性和人格作为根本目的,帮助社会成员学会认知、学会做事、学会合作和共事、学会生存和发展,促进人与社会协调发展和持续发展。实施终身教育的最高目标是建立学习化社会,这是终身教育体系是否完善的最高标志,也是对未来知识经济时代需要的必然应答。

目前,不少国家已在努力把终身教育纳入规范化渠道,并以终身教育的原则来改组、建设自己的教育体制,试图建立一个从幼儿园到老年大学、从家庭教育到企业教育的全面实施终身教育的全程教育网络。建立终身教育体系,需要扩大教育对象,从儿童、青少年扩展到一切具有学习能力和学习愿望的人,形成学习化社会。要建立新的教育体系,教育将打破传统学校的模式,建立一种开放的、形式多样的新的教育体系,以满足人们多层次、多类型的教育需求。

总之,建立终身教育体系是社会发展进步的客观要求,是人的自我完善、自我发展的要求。

四、利用现代远程教育技术构建现代终身教育体系

(一)现代终身教育的远程教育实现模式

充分利用国家和地区已经建立起来的卫星电视教育网、CERNET、公众通信网和有线电视网等公众与专业信息传输网络,形成以卫星视频传输系统和计算机网络相结合的多元化现代远程教育专业传输网,形成覆盖全国城乡的网络,构建终身教育体系。

从现代远程教育的技术实现角度来看,可通过如下模式来实现现代终身教育:

1. 基于 Internet 的模式

这种方式采用 Internet 网的 WWW 技术和其他如浏览器及 E-mail、FTP、BBS 等应用,实现了在时间上、地点上完全独立的教学模式。我们可以通过研究设计出交互功能强大的网上课件,在 Internet 上实现模拟教室,组织网上讨论,甚至完全利用 Internet 网组建网络学校。这种方式对于改善学生的学习模式很有吸引力,它可以提供灵活的学习方式,并为开发人员进一步研究课件的编制提供良好的机会。

学生可以增强自制力和逐渐形成一个"自我安排进度的、专家和优秀教师指导的、时间和空间独立的学习环境"。学生们可以通过"虚拟对话"争论课程中提出的问题,Internet 的访问者也被邀请加入"课堂讨论"。这些大量的联机发表的观点对于课程来说是一个很好的补充,这也是课堂教学及其他模式远程教育模式所没有的,是基于 Internet 的远程教育模式的独一无二的优势。

2. 基于卫星传输的模式

基于卫星传输的方式是把学校的教室安排在远端,可以解决学校教室不足的问题。学生们在多个远端教室同时上一名优秀教师的课。但目前这种方式仍缺乏很好的交互性,因为如此众多的学生要在同一堂课的时间里与一名教师交流是很困难的。在技术上,利用了电信网的高数据量传输和数据传输的可靠性,一般系统由演播室(中心教室)、远程教室和通信网络三部分组成。

3. 基于视频会议系统的模式

该模式借助于有线电视网、广播电视网及电信网,利用视频会议系统以音频和视频的方式将分布在异地的教师与学生连接在一起,可以看成是教室的延伸。

(二)构建基于网络多媒体的终身教育资源库

通过搜集、筛选、整理、储存和管理国内外与学科有关的文字、图片、录音、录像、电影、软件等信息资源,为教学软件制作者和教师提供素材,降低个人获取素材的难度,提高课件的开发效率和质量,支持教师利用这些素材,开展多种模式的教学。

1. 以 Internet 为基础,开发适用于网上学习的专业资源库

为在职人员提供知识更新、知识面拓宽、调整知识结构等非学历教育和进一步深造的工程硕士学历学位教育及第二学士学位教育课程,构筑大学后终身教育和学习体系。

2. 教学资源库的教学内容先进,教学目的明确

教学资源库供学生自学使用,教师可以在网上做概要说明、难点分析,重点放在网上的讨论、答疑、作业和测验,系统可自动收集学生的提问和教师的答疑。

3. 开发、编制、改造、建设一批基于网络的课件和多媒体课件、网络课程和卫星电视教

育课程,构建网络课件库利用先进的计算机技术和Internet技术,向教师和学生提供先进、丰富的教学内容,生动、形象、直观的虚拟实验环境,方便、快捷的适时或非适时师生交互环境,实现教师在网上提供学习指导,学生在网上学习,教师和学生之间、学生和学生之间可以讨论和答疑,可以在网上完成作业和测验,从而达到某一门课程的教学目的。

（三）建立真正意义上的虚拟学校

以信息高速公路为标志的信息技术革命,正在对传统教育的办学思想和办学模式产生前所未有的、根本性的影响。虚拟学校是将虚拟技术等应用于教育的一次伟大创举。所谓虚拟技术,是指运用信息技术——包括智能计算机系统、光电子器件、光电子系统集成技术,以及信息的获取、传递与处理技术等,模拟某种现实环境,并以互联网络为载体,实现预定目标的一种操作方法和技能。虚拟学校则是运用虚拟技术创办在互联网络上的,不消耗或少消耗现实教育资源和能量的,并且具有现实学校特征和功能的一种办学实体。现代社会是终身学习的社会,越来越多的人工作之后又要返回学校重新学习。为了适应这种需要,把教育送到千家万户,不需要实实在在的学校,而是电脑制造出来的学校。虚拟学校所需要的人才培养场地均由计算机虚拟技术、多媒体技术及互联网络提供的,模拟出实际并不存在的,又和现实学校形式相近的校园、教室、实验室、图书馆、实习基地等网上教学环境。它就是以虚拟的、达到以假乱真程度的网上教学环境来实现人才培养功能的。因此,教学硬件组成体系的虚拟性,是其最根本的特点。高速网络的交互功能实现了教师与学生的相互交流。虚拟教学是在教师的指导下,在多媒体交互式虚拟化的教学环境中进行的。它突破了时空的限制,每个学习者可根据自身实际设计学习计划,制订课程表,灵活、自主地通过网络选择教学内容进行学习;或进入虚拟实习基地,完成实习;通过电脑试题库,定期进行自我考试。虚拟学校真正实现了在互联网上读书,使在家终身学习成为现实。

拓展阅读

好豆豆幼儿园终身教育学员

自20世纪60年代中期以来,在联合国教科文组织及其他有关国际机构的大力提倡、推广和普及下,终身教育已经作为一个极其重要的教育概念而在全世界广泛传播。许多国家在制定本国的教育方针、政策或是构建国民教育体系的框架时,均以终身教育的理念为依据,以终身教育提出的各项基本原则为基点,并以实现这些原则为主要目标。在当今社会,若要说到何种教育理论或是何种教育思潮最令世界震动,无疑当属终身教育。古语有言:"活到老,学到老。"这也正是体现了"终身教育"这一教育理念。

我校正是在这种国际大环境的推动下,在古今中外教育学者思想理论的指导下,开设了"终身教育"。我们认为,幼儿园是孩子离开家长的"第一课堂",早期教育的成功与否对孩子的成长起着至关重要的作用。作为幼儿教师则更应该具备自我发展、自我完善的能力,不断提高自我的素质,不断地接受新的知识和新的技术,以使自己的教育观念、知识体系和教学方法等跟上时代的变化。事实证明,我们的这一想法和做法是正确的,我校终身教育班毕业生已经受益。

在好豆豆幼儿园任教的老师是我校终身教育的学员,在我校开设了"奥尔夫音乐"(国际幼儿音乐教育)、蒙台梭利教育、亲子教育、感受统和等新式的教育课程后,她们回到学校继续学习,崭新的教育理念和先进的教学思想让她们受益匪浅,也让她们在任教过程中更加游刃有余,在其工作单位中成为佼佼者。

(摘自《终身教育培训案例》,2010-05-23,有改动)

第二节　创新教师培训模式

传统的教师培训模式存在针对性与实效性差、受训面较为狭窄、参训者普遍存在较突出的工学矛盾、培训经费紧张、培训资源不足等问题,教师培训模式亟待创新。充分利用现代信息技术手段,开展教师远程培训工作,是教师继续教育发展与创新的必然选择。教师远程培训带来了教学模式的变革,它把传统的以"教"为主的教学方式,改变为以"学"为主;把培训者从"师傅"变为"向导",突出了学习者的主体地位。教育媒体与信息技术的使用联系着培训者和参训者,不仅传递着课程内容,还搭建了教与学的交流互动平台。教师远程培训能够满足参训者学习的个性化需求,可以针对每一位参训者,按最有效的个性化原则来组织学习,更注重培养自学能力;及时反馈和调整学习内容,体现因材施教、因人而异的教学规律,并且可以进一步发展为按照最有效的个性化原则来组织教学;采用小组研究、协同、讨论的研习方式,提供更丰富的实践活动。发展教师远程培训,创新教师继续教育模式,就要为教师专业发展、教师自身素质提高和教师终身学习建立一个优势互补、资源共建共享的平台。教师远程培训可以实现教师继续教育优质资源的共建共享。送教上门,使教师做到足不出户就可以参加专业化培训,为教师终身教育提供了支持和保证。充分借助现代远程教育手段,打破时空阻隔,大规模开展高水平教师培训活动,使不同地区教师共享优质教育资源,这是大幅度提高教师,尤其是农村教师队伍素质的有效途径。教师远程培训实现了教师培训模式的创新,必将推动教师继续教育的跨越式发展。

一、国外优秀中小学教师培训模式

(一)教师职业发展学校

这是美国综合大学、教育学院与中小学或学区合作建立的一种培训学校,目的在于使在职教师有机会参加进修,提高素质,改善师范教育的质量。这种模式对在职教师是一种很好的帮助,与大学教师合作可以获得新思想、新知识、新技能,培训师范生使教师得以反思自己的教学,积极发展自身;参与合作的教师通过阅读,学习大学课程,进行教学实践,获得了使自己发展的机会。这一模式体现出职前与职后的教师培训没有严格的区别,它是将教师生涯视作一个连续的生命历程。

(二)远距离教育

远距离教育是将教学中有价值的部分在某一时刻、某一地点,通过某种方式传送给学习者的培训模式。在韩国,教育研究部门利用广播和电视,在每一学年的22周中,每周日播放

15 分钟的节目,主要目的在于改进教师的教学方法。计算机和互联网对教师的职业发展提供了新的方法,课程经由 Internet 和光盘发布,为教师的职业发展打开了新的路径。远距离教育的好处在多方面显现,能够促进合作及资源的更合理使用。

(三)学校网

在澳大利亚有两种学校网:一种是国家学校网,但它是非正式的。它为学校提供了教学改革所需要的工具。这一项目已为 400 所学校提供了帮助,并且在教师与学校之间建立了联系。它表明,教师的职业发展主要是通过学校内部的努力,而不仅是借助外部力量来完成的。另一种是联合计划,是对上述方式的补充,是学校与大学的正式合作。它尝试在做研究与实践之中为学校和大学教师提供一种联系。这种使教师们联合的方式发展了教师的技能,为教师胜任工作做出了贡献,并且也提高了教师在学习、参与、合作、配合、积极行动和研究等方面的能力。

(四)教师小组

教师小组以在一起从事教学工作的教师通过个人或小组的形式合作,并为他们的职业发展提供帮助。大多数教师小组都没有从学校或国家得到资金或者特别的帮助,国家也不干涉他们的活动。日本的教师一般都要参加不同形式的教师小组。教师小组主要目的是促进教学,教育民主。这些小组经常聚会,公开出版杂志,组织行动。例如,以"研究课"的方式,每周在一起研讨工作,每个月提供一门课的讲授,请本校教师评论,或者与其他学校教师一起讨论。同时,这些教师小组也受教师协会的协调与约束。差不多每一所学校都有一个研究小组,组织研究活动,如课程发展、班级民主、教学观察和讨论等。

外国中小学教师的在职培训教育模式,因各国的国情和重视程度不同而各有差异,但从总体上来看,他们对中小学教师在职培训的提高都起到了很好的作用,也适合各国的中小学教育实际情况。外国中小学教师的在职培训教育在以下三个方面很有特色,值得我们学习、借鉴:一是把中小学教师的在职培训和提高教育当成一种持续性教育活动,长期坚持。二是培训政策配套,培训经费到位。三是在职培训模式切合各地中小学教师的实际情况,具有实际效应。

二、国内优秀中小学教师培训模式

(一)"专家诊断"式培训模式

这是武汉市洪山区实行的一种教师培训模式,这种模式首先要选出专家组,对参训的学员做培训前调查研究,然后分析学员存在的问题,采用个人、集中或分组的方式进行培训。这种模式的特点是:专家"会诊",因材施训。"专家诊断"培训的程序:其一,聘请专家,成立小组;其二,自我评价,提出问题;其三,专家诊断,确定目标;其四,制订方案,实施培训;其五,效果评价,总结提高。这样的培训模式能够形成一批具有独特教学风格的骨干教师。

(二)互动参与式培训模式

互动参与式教师培训是在互动参与式的氛围中,使教师亲身体会主动、合作、探究学习的喜悦和困惑,以达到自身观念、态度和行为上的改变,并能将所学知识和方法运用于自己工作的培训活动中去。这种培训模式不仅能使教师在很大程度上学会引导学生主动学习,而且能有效促进教师的自我发展和提高。这种培训模式的特点是:能够激起教师的兴趣,教师中没有绝对的专家,只有平等的学习伙伴;促使人人参与,迫使每个教师不得不参与,为自己和伙伴的学习过程负责;便于教师内化,学习成果不是一蹴而就,而是慢慢生长的,在这个过程中,认知与内化同时进行。

（三）"导—学—议—访—研"式培训模式

这是一种以专家讲座、学员参与、交流评议、典型示范、研训结合为特点的互动式培训模式,自始至终贯彻"导、学、议、访、研"五字方针。聘请优秀专家进行专题讲座和对话答疑,弥补骨干教师知识结构的不足,提升教育理论水平;倡导学员主体参与,实施探究学习,使教师成为自觉的专业学习者和成长者;举办多种形式的交流评议活动,从而达到相互学习、取长补短、共同提高的目的,采用"备—教—说—评"的方法;组织骨干教师走出课堂,步入名校,拜访名师,观摩典型示范课,帮助其开阔视野、激发灵感;进行教育科研方法和能力的培训,促使其由经验型、知识型教师向学者型、专家型教师转化;配备导师,全程指导,从集中培训到结题答辩,对学员进行全程的答疑指导。

三、我国教师职业培训现状

在职教师参加各种不同形式的在职培训,不仅是社会形势和教育形势对广大教育工作者提出的客观要求,也是教师提高自身综合素质与教学水平,增强工作适应能力与生存能力的极好方法和有效途径。我国以往的教师培训普遍采用的培训模式主要有两种:一是办短期培训班,进行短期培训。例如,现代教育技术运用能力培训、普通话培训以及乐山师范学院新教师的岗前培训等,都是采用这种模式。二是业余自修和面授学习相结合的模式。一期培训班,时间跨度 36 个月不等,此期间利用双休日或节假日将参训教师集中在培训机构面授 10 天左右。此外,要求参培教师在业余必须自学培训课程,按计划授完、学完所有课程后便举行结业考试,如小学校长培训、师范学院组织的岗位培训等,都采用这种模式。

从参培教师角度来考虑,传统培训模式存在以下不足:第一,受训教师积极性不高,学习缺乏主动性,缺乏热情和动力。原因在于广大教师花费了许多时间、精力来参加培训学习,往往所获得的真正有价值的东西相当有限。第二,造成了工作、生活与学习的矛盾,增加了参培教师的压力。教育工作者在工作与生活之余接受再教育学习会耽误一些教学时间。他们因参加培训学习而耽误的教学工作,在以后还得努力弥补。在我国传统的教育本质没有变革的今天,学校面临升学压力,而教师的压力本来就很大,参加培训学习显然会使教学工作受到影响,这就意味着要承受更大的压力。第三,需承担一些培训费用,加重了经济负担。一个普遍而不能改变的事实是:教师们参加培训的费用主要还是自己负担,这使参培的教师增加了数目不小的开支。教师培训意义深远,只有另寻出路,才能真正发挥它的作用,而远程教育无疑是一种行之有效的模式。

远程教育在我国的发展经历了三个阶段:第一阶段是函授教育,这一方式为我国培养了许多人才,但是函授教育具有较大的局限性;第二阶段是20世纪80代兴起的广播电视教育,这一远程教育方式在现在还有广泛的应用;第三阶段是在90年代,随着信息和网络技术的发展,产生了以信息和网络技术为基础的现代远程教育。突破了时空的限制是远程学习最显著的特征,使用这种方式的学习者通常是业余进修者或有继续受教育的需求者。由于不需要到特定地点上课,因此可以随时随地学习。学生亦可以通过电视广播、互联网、面授(

函授)等多种不同渠道互助学习。远程学习的特色和优势主要表现在资源利用最大化、学习行为自主化、学习形式交互化、教学形式修改化、教学管理自动化等方面。随着互联网技术的进一步发展及计算机多媒体技术的进步,远程教育技术在教育及培训中的优势一步步呈现出来,并且成为未来教师培训的重要途径。

四、现代远程教育与教师的可持续发展

对于广大教师而言,可持续发展是一个全新的概念和陌生的领域,而教师的职业又要求他们必须具有这种思想及更高的素质水平,要求他们在已有的受教育的基础上继续接受更高或更多的教育,以不断适应时代发展对教师的要求。这既是教师接受培训的原因,也是教师继续教育的内容之一,还是教师作为一个发展的个体所必需的。因此,教师要想可持续发展,必须掌握一定的基础知识和基本技能,要有较强的思维能力、自学能力,有获取、处理信息的能力,有合理的知识结构与储备。现代远程教育系统可以帮助教师达到这些目标。

(一)现代远程教育为教师的培训及终身教育提供了有力的支持

教师的可持续发展中一个关键所在便是掌握一定的知识和技能,而且这种知识和技能要不断地适应社会的发展而更新变化,这就促使教师们必须不断地接受教育甚至反复地接受教育,这也是终身教育的要求所在。已受过一定程度教育、已有固定职业的教师们,要想在原有基础上获得继续发展或是追求更高的学历,就必须选择一种适合他们的时间自由、学习方式灵活的教育形式,现代远程教育正好符合上述特点。现代远程教育的开放模式,可以吸收众多已有学业基础但仍需继续提高的在职教师们,而且在时间的选择方式上,自由、灵活是在职教师喜爱的方式。在职教师可通过不断地接受继续教育来进行不断的知识更新和知识创新,这样才能保证自身的持续发展。此外,随着经济的不断发展、科学技术的提高、信息技术的运用、家庭电脑的逐步普及,更使许多教师圆了曾经不能圆的"大学梦"。他们不必千里迢迢去求学,教育被推送到了面前,教师们可以自愿、自觉、自由地选择想学的课程。作为现代远程教育其中一种新方式的网络教学,成为高等教育可以充分利用的发展空间,更成为教师们自主接受培训的重要方式及实现终身教育的主要支撑点之一。

(二)通过现代远程教育获得自主学习能力是教师实现可持续发展的重要保证

现代社会里,知识增长的速度不断加快,无论是在国际还是国内的人才竞争中,更新知识是保持竞争优势的关键,学习能力成了新的核心竞争力。要实现自身的价值及满足社会对教师的需求,教师们必然要不断地促使自己去获取更多、更新的知识,而且教师的可持续发展也要求教师们将获取知识作为发展的第一要素。所以教师在教学生学会学习的同时,自己也得具备自主学习的能力,只有这样,才能促进自我学习,为其不断地接受教育和进行自主学习提供极大的积极主动性。现代远程教育网络的开放性为教师的自主学习能力的发展提供了种种机会。在现代远程教育的教学过程中,师生之间的交流机会少,迫使受教育者学会自己去探求知识、获取知识,逐步发展了一种学会学习的能力。这种自己获得的用以教育自己的能力便是自主的学习能力。在实现教师的可持续发展的过程中,最重要的是这种能力的获得。通过现代远程教育网络获得知识,只是受教育者需要获取的知识的一部分,他们要利用这一部分去延伸、扩展,而且要一边习得、一边为更多地习得探寻一种良好的方法、路径。"未来的学校必须把教育的对象变成自己教育的主体,受教育的人必须成为教育他自

己的人,别人的教育必须成为这个人自己的教育。"(《学会生存》)在现代远程教育网络之下的学习者,实际上是网络学校中进行自我教育的主体,必须通过自己对自己的教育,才能获得知识和发展,并在这样一种教育系统的支持下,不断成为自主学习的人,成为自己的教育者。

拓展阅读

"宝鸡市农村义务教育阶段教师全员培训模式创新研究"课题研究方案

"农村义务教育阶段教师全员培训模式改革"试点工作是国家教育部重点改革项目,试点围绕"进一步优化大规模教师培训机制,创新义务教育阶段教师全员培训模式,探索大规模、低成本、高水平的农村中小学教师全员培训新途径,增强师训工作的针对性、实效性,提高培训质量和水平,形成促进农村义务教育阶段教师培训的长效机制"这一总体目标,采取"短期培训、送培下乡、远程跟进、校本研修"等多种形式相结合的综合型新模式。配合试点项目,省教育厅在"陕西省2011年中小学教师队伍建设重大招标立项课题"中特意专列"宝鸡市农村义务教育阶段教师全员培训模式创新研究"课题。为了贯彻落实省教育厅《关于下达陕西省2011年中小学教师队伍建设立项课题的通知》精神,切实履行研究承诺,按时完成研究任务,特制订本方案。

一、课题研究的目的和意义

"百年大计,教育为本""教育大计,教师为本",建设一支高素质、高水平的教师队伍,是提高教育教学质量,促进教育均衡发展的基础。"宝鸡市农村义务教育阶段教师全员培训模式创新研究"课题的设立,就是想通过对我市农村义务教育阶段教师全员培训模式创新的研究,增强中小学教师培训的针对性和实效性,提高教师队伍的整体素质和教育教学能力,目的是为教师继续教育改革决策提供科学依据。这既为中小学教师的专业成长寻找了突破口,也为全面提高农村义务教育阶段的教育教学质量探索了新路径。应该说,这个课题研究既有很高的理论价值,也有重大的现实意义。

二、课题研究的目标

1. 通过调查研究,了解中小学教师教学实际中存在的困难和问题及对培训的需求和期待。

2. 运用实验研究,探索包括集中培训、送培到乡、远程跟进、校本研修等多种形式相结合培训模式,探索大规模、低成本,高水平的农村中小学教师全员培训新途径,力争形成农村义务教育阶段教师全员培训的"宝鸡模式"。

3. 运用行动研究、案例研究,不断创新能满足中小学教师需求的培训内容和培训形式,提高培训的针对性和实效性,形成促进农村义务教育阶段教师培训的长效机制。

4. 制定和完善与培训模式改革相适应、支持培训模式创新的系列制度和政策,用制度和政策激励中小学教师参加培训的积极性。

三、课题研究的内容

本次农村义务教育阶段教师全员培训模式创新主要围绕师德修养、教育理论、专业知识、教学能力、教学研究等方面的内容,在培训专题选择和培训计划制订时,一定要寻求突破和创新,通过"集中培训—送培到乡—远程跟进—校本研修"等形式载体贯彻落实。

1. 集中培训。
2. 送培到乡。
3. 远程跟进。
4. 校本研修。

四、课题研究的方法

1. 行动研究法。
2. 案例研究法。
3. 个案研究法。
4. 调查研究法。
5. 实验研究法。

(摘自丹江源的博客,2011-11-15,有改动)

第三节 提高教师培训效率

教师远程培训可以有效降低教师继续教育的经费与时间成本。我国目前有 1000 多万中小学在职教师需要进行 5 年一个周期的轮训,由于量大且地域分布广,如果采取集中面授的培训方式,需要大笔的差旅、食宿及场地费用投入,教师奔波于往返路途之中也耗时费力。而远程培训由于不受时间、地点的限制,可以节省大量费用,有效降低教师培训的成本。据初步实施远程教育的国外高等学校估计,这种教育方式可使学生多学习 30% 的课程,学习效率提高 80%,节省 40%~50% 的费用。

一、国外教师培训有效性的研究

在西方文艺复兴时期,世俗学校崛起,教师开始职业化,随后产生了培养专职教师的师范教育机构。知识化时代,国与国之间的竞争是人才的竞争,而人才培养的基础是教育,关键是教师,所以教育事业蓬勃发展,教育体系也日臻完善。在理论研究和具体实践研究方面,国外的教师培训都比我国发展早很多年,在教师培训的管理、实施、师资配备、考核评价、制度保障等方面,国外采取的相关措施都已经十分完善。

首先,对教师培训空前重视。美国政府不惜巨资组织有关协会和教育专家研讨师范教育改革和在职教师素质;1986 年,卡耐基教育与经济论坛发表了《国家为 21 世纪的师资做准备》的报告,其中明确指出:"只有保留和造就最优秀的教师,这个国家才能摆脱困境。"美国在 2000 年教育发展战略目标之一就是重视教师继续教育及其专业性开发,要求所有教师接受培训以更好地教育学生。英国政府在 1983 年就向众议院提交了《提高教师质量》的白皮书;进入 90 年代,英国高校以"着力提高教师培训标准"为口号,重新调整师资培训课程。澳大利亚 1994 年成立师资培训署,全面负责全国教师的培训工作。法国、德国、日本等发达国家也都为了提高国家 21 世纪的竞争力,积极重视提高本国的教师素质,并制定了一系列教师培训的具体措施。

其次,教师培训法制化。当代许多发达国家都希望通过立法来改进和完善教师继续教育工作,并使之成为一项国家制度。法国是世界上较早为教师继续教育立法的国家。法国的《继续教育法》明确规定:每个中小学教师,每年都要有两周时间接受在职培训。英国政府发布的一份教育白皮书中还要求:新教师至少要用 1/5 的时间接受培训,连续工作满 7 年的教师,可以带薪接受培训 3 个月。日本的《教育公务员特例法》中专章规定教师进修制度,要求"教育公务员为了履行自己的职责,必须不断地努力进修"。发达国家在对待教师培训上所制定的这些重要的文件和法规,使教师培训有法可依、有章可循,有效地保障了教师培训工作的顺利进行。

再次,教师培训全面化和多样化。发达国家在教师培训的目标设定上已经不再局限于教师学科知识和教学能力,而是涉及教师发展的各个方面。美国教师培训将教师的个性品质、社会能力、理智行为、健康体魄、渊博知识、独立思考能力、对儿童的热爱、对学校和社会的责任感及对教育职业的忠诚等,都看成是教师培训的目标。他们在教师的培养目标和培训内容方面都强调了全面性、实用性和针对性的特征。

二、国内教师培训有效性的研究

目前对于培训有效性的专门研究相对较少,针对中小学教师培训有效性的研究更加匮乏,不同学者对培训有效性的认识和理解角度及侧重点也不尽相同。学者冯延平在其论文《中小学教师培训有效性的实践研究》中,从有效培训的表征和内涵入手,从培训目标有效、培训内容有效、培训方式有效、培训管理有效、培训评价有效五个方面进行阐述,进而提出了有效培训的时间策略和制度保障。学者夏春秋在其论文《关于提高中小学教师培训实效性的探析》中,深入探讨制约培训实效性的主要因素,从问题入手,研究出提高培训实效性的策略和方法。学者光佳在其论文《中小学教师培训的有效性研究》中,全面系统地分析了目前我国教师培训项目效率不高等具体问题,并划分了教师培训有效性研究的教师评价和项目评估两个角度进行说明。在对培训现状深入分析的基础上,作者指出了我国教师培训项目评估的特点及不足,并以美国 NCATE 的评价标准项目为例,归纳了其围绕标准制定建立起来的教师培训评估体系和英国以工业 CT 培训为代表的市场化的教师培训项目运作模式及特点。结合国内外情况的对比研究,得出我国教师培训缺乏专业的项目管理、教师评价标准不统一、缺少市场化的教师培训项目、需要自下而上地建立教师培训评价标准等一系列启示。郑志辉博士在其博士论文《课程实施中的教师培训研究》中,对国内学者关于教师培训的研究从两个方面进行了系统的归纳和分析,包括教师培训的问题研究、教师培训的理论基础研究、教师培训的理念与目标研究、教师培训的内容研究、教师培训的模式与方法研究及教师培训的管理与评价研究六个方面。作者从这六个方面概括了当前教师培训的研究范围,并通过对每个方面的归纳分析,总结出目前培训所暴露出的影响培训实效性的因素。

关于教师培训有效性的相关研究还有很多,研究方式和侧重点也均有不同,这些研究均可作为中小学教师培训有效性研究的参考和借鉴。纵观国内外关于教师培训的研究,可谓硕果累累,但由于缺乏理论的支撑和系统的研究,这些研究成果还存在一些不足。从目前学者们关于教师培训的研究来看,国内外学者的相关研究多是从某个视角探讨教师培训,如课程的视角、管理的视角或者是评价的视角,从系统、宏观、完整的角度探究教师培训的研究并不多见。另外,针对培训实效性的研究相对较少而且大多不成体系,缺乏系统性和完整性。很多研究只是机械的拼凑和堆积,有的甚至会由于不同理论之间的不可通融性而显得不伦不类,令培训管理者无所适从,甚至进入了一种贬低理论、抬高经验化的实践的误区。值得一提的是,在众多研究成果中,有关教师培训评价与管理的研究相对滞后,而培训过程中的有效管理及后期的培训评价都是保证培训有效性的重要方面。这一方面研究的匮乏会直接阻碍培训实效性研究的顺利进行。我国中小学教师占了教师的绝大多数,其对教育发展的作用可想而知,教师整体素质的提高更是提高教育质量的重要保证,所以加强中小学教师培训,提高农村教师培训实效性迫在眉睫。

三、中小学教师远程培训的有效性

成人早就不习惯规规矩矩地坐在教室里学习,如果培训过程再疏于管理,就更加助长了参训教师"厌学"的风气。远程培训的模式从根本上解决了这一问题,即为广大中小学教师提供了培训的机会,照顾到了他们的心理和生理发展特点,从而大大地提高了培训效率。有效的教师培训不仅仅是付诸实践的经验性活动,优质、高效、适宜的教师培训体系必须是有规律可循并且有理论支撑的实践活动,应该遵循一定的理论原则。总结以往的研究成果可以得出,中小学教师培训发展过程中应该遵循以下原则:

(一)有效培训的主体、目标性原则

主体、目标性原则对于农村中小学教师这个特殊群体来说尤为重要。教师是检验培训实际效果的主体,教师的满意度也是检验培训效果的参考标准。从培训前的需求调研到培训计划、方案设计、课程设置到培训过程的管理、培训过程和后期的评价等整个培训过程,参训教师主体都有发言权。要基于改进工作的目的,充分了解不同参训教师群体的个性化和专业化需求,有针对性地进行培训规划,并且发挥每个参训教师的主动性、创造性,让教师充分参与到培训的整个过程中,真正成为培训的主体。这样不仅可以提高培训的质量,同时也更易于教师完成适应新课程需要的新的教学策略和教学方法。教师培训的目标究竟是要提高教师的技能,还是要提升教师的能力、素质与专业发展水平,人们对此众说纷纭。早期的教师培训,其目标往往被定位在态度与技能上。随着基础教育课程改革的全面铺开与深入发展,学者们将教师培训的基本目的由提高教师技能转向培养教师能力、提升教师素质与专业发展水平。从理论上讲,培训可实现三种需求或三大目的:获取知识、获得能力和改善行为。培训的终极目的是改善行为,是把所学知识转化成实际能力,让潜能转化为显能,发挥培训对知识所起的"解调器"和"放大镜"作用。中小学教师的培训工作更要有一个明确的目标,提高农村教师的自我学习能力、教学科研能力、教育实践创新能力等均是教师培训目标应该重点涉及的。

（二）有效培训的迁移、发展性原则

教师的成长体现着明显的阶段性,不同的阶段,教师的关注点不同,教师的需求也会表现出比较大的差异性。还有研究表明,教师成长的每一个阶段都需要相应的培训,这种培训是贯穿教师成长一生的。对此,不少学者都指出了教师培训要关注教师发展的阶段性,有的学者甚至根据教师发展的阶段性提出了教师培训课程设计的构想及实施教师培训的模式、方法和策略方面的建议。因此,关注教师的发展阶段性、关注教师的需求差异就成为了教师培训专业化的一个必然要求。教师培训不仅是一个获取知识、技能的过程,还是一个知识、技能迁移的过程。有学者运用管理学中的培训迁移理论来研究教师培训有效性的改善,培训所得必须有效地应用到工作中去,最终达到教学效果的改进才能算是取得了实效。

（三）有效培训的模式、方法论原则

培训模式的构成要素主要包括培训主体、培训理念、培训对象、培训目标、培训内容、培训手段和培训管理等诸多方面。与培训模式相关的教学模式主要有讲授指导、实践反思、互动研讨、课题研究、现场诊断、案例教学、问题探究、自主学习等。培训模式或者培训模式中每一个要素的改变,都会对参训教师的实际培训产生促进或抑制的效果。教师培训强调将理论与实践紧密地结合,不解决实际的教育教学问题就谈不上教师的有效培训。学习、研讨、研究、实验、实践有机地结合起来,特别强调实践的突出地位,是教师有效培训的针对性、实效性、指导性的具体体现,更是培训工作的生命力的体现。只有选择适合参训教师特点的培训模式或方法才能取得应有的效果,否则会事倍功半。选择合适的培训模式或方法的时候一定要注意几点:首先,要以提高学员的课改实践能力为主要目标,以自主实践为培训的主要方式。其次,要重视成人的学习能力和学习方式的偏好。学习方式偏好的不同,导致不同的培训方式对不同经验与文化背景学员的培训成效有很大差异。再次,关注教师在已有经验背景下的主动建构。学习是学习者在其已有经验的基础上来理解和建构新的知识或信息,是以自己的方式建构对事物的理解的。

拓展阅读
平原五中青年教师高效课堂培训会
——建构有效教学新理念

一、建构新学生观——让学生做学习的主人

1. 学生是主体性的存在:应该以学生为教育主体进行授课。

2. 学生是多样性的存在:从多样性的角度为学生解疑释惑。

3. 学生是完整性的存在:注重学生立体完整性的综合教学。

二、建构新教师观——请您走下神圣的讲台

新课程教师的角色应该是学生终身学习的楷模,学习技巧的传授者,挖掘资源的导向标,寻求真知的组织者,独立学习、独立研究的指导者、促进者,客观公正的评价者,热心的社会工作者,课程设计的专家,令人信服的心理医生。

三、建构新学习观——让学生自主、合作、探究

学习是在一定的情境即社会文化背景下,借助其他人的帮助,即通过人际间的对话、协作活动而实现意义建构的过程。新课程学习观强调学生学习方式的转变,要求学生进行自主、合作、探究学习。转变学生的学习方式就是要转变传统学习方式的他主性、被动性的学习状态,把学习变成人的主体性、能动性、独立性不断生成、张扬、发展、提升的过程。新课程认为,教师不再以传授知识为目的,而是以激发学生的问题意识,探求师生共同解决问题的方法,特别是形成自己对解决问题的独立见解为目的。

四、建构新师生观 ——请与学生交真正的朋友

师生关系 ——从"喜欢学科教师"到"喜欢教师所教的学科"。

五、建构新课程观——请面向学生的内心世界和真实生活

新课程改革的目标就是从"情感态度与价值观""知识与技能""过程与方法"这三个维度提出的,不仅没有忽视必要的基础知识和能力,而且更看重创新精神和实践能力、终身学习的愿望和能力。新课程认为,课程不是孤立于生活世界的抽象存在,而是生活世界的有机构成;课程不是把学生与其生活割裂开来的屏障,而是使学生与其生活有机融合起来的基本途径。

六、建构新教学观——授学生以"渔"

从重知识的接受性转向重综合能力的探究性;从单一的认知性转向多维的体验性;从机械的决定性转向互动的交往性。

(摘自深思新品的博客,2012-11-15,有改动)

第四节　保障教育均衡发展

由于社会、经济、历史等多方面的原因,我国教育存在着明显的城乡差异。教育改革与发展要求尽快提高广大农村地区的教育质量,其中最关键的因素就是提高农村教师队伍的素质。为改进教师继续教育发展水平不平衡,尤其是农村地区教师继续教育明显落后于城市的状况,必须要采取有力措施提高教师继续教育质量,缩小教师教育发展水平的城乡差距,促进城乡教育协调发展,促进教育公平。北京市近年来通过开展"绿色耕耘"等教师培训项目,进行农村教师培训,取得了很好的效果。远程培训是提高农村地区师资水平的有效方式,可以突破参训者分散与地处偏远的瓶颈,实现教师继续教育优秀师资和优质资源的共享,使身居偏远地区的教师也可以直接了解到教育改革与发展最前沿的动态,得到专家的

直接指导。专家精彩的讲座视频、鲜活的教学实例、画龙点睛的点评与讲解,紧密结合教学实际的培训资源可以使所有参加培训的教师获益。因此,远程培训对于提高教育发展相对落后地区的师资水平、促进教育均衡化的发展具有至关重要的现实意义。

一、美国教育均衡发展现状及举措

教育发展不均衡是世界各国教育发展的主要特征之一,它是制约一个国家教育发展和实现教育现代化的瓶颈。不可否认,直至今天,即使是世界上基础教育最为发达的国家之一的美国,教育资源配置的不均衡现象仍普遍存在。许多研究发现,美国各州之间和各州内部都存在基础教育资源配置的不均衡问题,为此,美国从联邦政府到地方各州都为解决基础教育领域存在的诸多不均衡问题采取了一系列措施,积累了许多有益的经验,使基础教育走上了均衡发展的良性轨道。中美两国虽然在政治体制、经济发展水平及教育体制方面存在着很大的差异,但由于两国在基础教育领域都存在着这种发展不均衡的现象,因此努力实现本国义务教育的均衡发展就成为两国不约而同的追求。美国在这方面积累的成功经验,对于我国当前义务教育均衡发展战略的实施无疑具有积极的借鉴意义。

(一)关注从投入角度考虑的财政公平问题

从美国农村基础教育财政体制的演变过程来看,20世纪40年代以前,美国农村教育的主要管理责任在地方学区。二战后,美国农村以学区投资为主的基础教育财政体制发生了很大变化,其趋势是联邦政府和州政府加大了对地方学区财政拨款的力度。1979年以后,这一趋势进一步发展,州政府对学区基础教育的财政支持开始超过学区征收的财产税,成为农村基础教育的最大财源。美国当代农村基础教育财政体制是在经过最近30多年的进一步演变之后形成的。农村基础教育经费由联邦政府、州政府和学区共同分担,而且随着上级政府对学区教育越来越多的干预,州政府逐渐成为第一投资主体。由此可以看出,当代美国农村的基础教育财政体制属于相对集中的模式。

(二)关注财政充足与教育效果的关系

伴随着教育自身的改革,在20世纪80—90年代,美国公立中小学教育已经开始更多地关注教育质量,关注学生的教育成绩等教育效果。教育的问题是否就是一个资金的问题?教育的效果如何衡量?这些富有挑战性的问题是美国基础教育"新"财政体制关注的重点。对教育效果的关注使得人们将教育投入和产出联系起来。如果说,对财政公平的关注使人们将注意的焦点集中在教育投入上的话,那么对财政充足的关注则使教育投入和产出有机地联系起来。于是,单纯从投入角度考虑的教育财政公平的焦点问题逐步被连接着投入和产出的财政充足所取代。教育财政充足的法律概念是指一个州的公立中小学财政拨款体系需要为州内普通公立学校提供充足的教育资源,使得每一个普通学生能够达到州规定的成绩标准;同时,为特殊需要的学生提供额外需要的教育资源,使之能够达到州规定的特殊学生学业成绩标准。如果说追求财政公平有可能带来低水平的公平的话,那么,连接着教育效果和充分资源的财政充足为公立中小学的学生带来的将是高水平的公平。

(三)基础教育财政支出的中央化趋势

由于地方经济发展不平衡的客观现实,主要由地方财政负担基础教育经费的做法带来了不少有损公平的现象。经过不断的义务教育财政体制改革,政府逐渐认识和明晰了自己的地位与作用。在美国,现在呈现出一种基础教育财政投入的中央化趋势,即将义务教育的权限由地方上移到中央。将基础教育的投资权逐渐上移或保持高位,一方面加强中央对基础教育的调控,确保和提高教育的国家水准与维护教育目标的统一;另一方面出于教育公平的需要和基础教育均衡发展的需要,为了解决由于各地经济发展水平和文化传统的差距而造成的基础教育发展水平参差不齐的现象,通过加大中央政府对基础教育方面的投入力度,可以尽可能地实现教育机会的均等化,促进基础教育的均衡化程度。

二、我国的教育均衡发展观

教育均衡发展随着社会经济和文化的发展而变化。确立科学的教育均衡发展观,对保证教育健康发展至关重要。

第一,教育均衡发展不是限制发展,而是共同发展。均衡发展不是"削峰填谷",而是"造峰扬谷"式发展。发展是教育事业永恒的主题,真正意义上的均衡是在发展中实现的,没有发展,就谈不上均衡。落后地区、薄弱学校需要发展,发达地区、基础好的学校同样需要发展,均衡发展就是要在积极发展中相互促进,在互帮互促中不断实现高位平衡。均衡发展不是限制或削弱发达地区、优质学校和强势群体的发展,而是要在均衡发展思想指导下,以更有力的措施扶持基础薄弱地区、薄弱学校、弱势群体和农村学校加快发展,进而把基础教育办成高水平、高质量的教育。

第二,教育均衡发展不是平均发展,而是分类发展。均衡发展绝不是教育的平均主义,不是把高水平的拉下来,而是要根据不同区域的实际情况,分区规划、分步实施、分类发展。均衡发展是要尽可能缩小区域之间、城乡之间、学校之间的发展差距;尽快用各种方法把教育水平相对低的地区、学校扶上去;尽量减少甚至消除低水平的学校,让优质教育资源得到迅速发展,从而实现教育的高层次均衡发展。

第三,教育均衡发展不是划一发展,而是特色发展。均衡发展不能简单地理解为同一化发展,它不是低水平、低层次上的整齐划一发展,而是高水平、高层次上的多元化、多样化、特色化发展。要鼓励不同区域、不同学校、不同类型的教育根据各自的实际情况,创造性地探索有自己特色的发展道路,最终实现优势互补、特色发展、整体提升。教育个性化、办学特色化不仅是国际基础教育发展的大趋势,也是实现更高层次均衡发展,深化教育改革,全面推进素质教育的迫切需要。

第四,教育均衡发展不是短期发展,而是持续发展。教育发展不均衡有着长期、深刻的历史原因,解决这个问题需要有一个长期而复杂过程。教育的均衡发展就是一个由不均衡到均衡再到新的不均衡的不断发展的螺旋上升的过程。

第五,教育均衡发展不是单一发展,而是整体发展。当前最需要关注和最需要解决的关键问题就是城乡发展不均衡问题。只有把农村教育作为教育整体的一个组成部分,才能获得真正的城乡教育均衡和有效发展。针对公共教育资源配置的公平、公正性而言,政府在教育指导思想上要逐步缩小以至消除日益扩大的教育差异,促进教育整体发展。

第六,均衡发展不是孤立发展,而是协调发展,要统筹区域教育、城乡教育、学校教育的协调发展。一是要坚持农村教育重中之重的地位不动摇;二是要促进城乡教育发展和城镇化进程协调,把城市和农村教育的发展规划、学校建设、教师配置统筹起来;三是要切实保障进城农民工子女受教育权,同时要关心好农村"留守儿童"教育。

第七,均衡发展不是同步化发展,而是区域化发展。教育均衡不等于区域之间教育发展的同步化,每一级政府不可能立即解决所辖地区长期以来因历史造成的教育差距,我们要鼓励教育发展快的地区快速发展,并在经济社会和教育文化条件好的地区积极推进区域基础教育均衡发展。

三、现代远程教育推进教育均衡发展的优势

(一)可以实现不同层次的教育机会均等

教育公平可概括为起点均等和结果均等三个层次。起点均等强调教育权利均等,即入学机会均等;过程均等强调教育机会均等;结果均等强调学业成功机会均等。远程教育在一定程度上能够缓解起点均等、过程均等和结果均等之间的矛盾,只要达到基本的条件,就可能实现教育过程和结果的相对公平。现代远程教育能够公平地对待每一个学习者,可以给任何人提供受教育机会,学习者不受职业、性别、年龄的限制,在任何地方只要能够连接到网络,或接收到卫星电视教育节目,就好像坐在教室里上课一样。现代远程教育不受学习时间的局限,每个人都可以在任何时候同步或异步点播适当的教育信息,获得自己所需的任何教育内容。每个学习者都有机会享受同样的教育,至于如何利用这种机会,则属于学习者及其家庭的权利。现代远程教育提供了开放的教学内容,可以同时开展多种层次的教育,可为不能进入学校学习或曾经失去接受正规教育机会的人提供补偿教育,使之接受程度相当的教育。它能充分发挥学生的主体性,可以针对每一个学习者选择最适合个人学习风格的方式学习,可以照顾到受教育者的先天禀赋或缺陷及他们的需求,能及时反馈和调整学习内容,体现因人而异、因材施教的教学规律。有了均等的教育机会以后,教育过程的均等和学业成功机会的均等才有可能实现,受教育者能取得一定的成果并得到社会认可,进而能凭借这一成果参与及促进良性的社会发展。发展现代远程教育特别是西部贫困边远地区的远程教育,以便向每个学习者提供使其天赋得以充分发展的机会,并向处于社会文化不利地位的公民提供补偿教育,使所有公民获得公平的教育效果。现代远程教育可为全体社会成员提供均等的教育机会,促进教育公平的实现。

(二)实现优质教育资源共享

现代远程教育促进教育均衡发展的优势,主要体现在提供优质的教育资源,可以超越时空的限制,把最优秀的、最丰富的教育教学资源送到这些地区,实现教育资源共享,为全体公民提供平等的受教育或学习的机会。现代远程教育克服了社会中教育资源的有限性所造成的教育不公平现象,同时也克服了学校教育在物理空间分布上的不均衡所造成的教育不公平现象。优质教育资源共享的本质意义不在于完全免费获取,而在于在平等的条件下公平地获取,应该是公益性共享与商务性共享的统一,是由这两方面共享所构成的平等的教育资源共享体系。网络为该体系的建立和完善搭建了一个平台,将声音、文字、图像等转化为数字化的形式,大大地扩充了信息资源的存储容量,而且可以将不同媒体形式的信息资源分散地存储在与网络相连的各个节点的客户服务器上,凡是与网络相连接的用户计算机均可以分享网络上的信息资源,极大地拓展了学习者对于信息资源进行选择利用的程度和范围。

（三）协调教育优质发展与均衡发展的关系

教育优质发展和教育均衡发展都是我国特色社会主义教育发展方式的重要原则。优质教育不同于精英教育，它不是追求使少数人可以享有接受高质量教育的权利与机会，而是追求教育整体的优质化。不能把公平与优质对立起来，既不能单纯追求不公平的优质，也不能追求低水平的公平。教育的公平不是教育的"大锅饭"，不是"千校一面"。现代远程教育既拥有媒体技术的优势，又拥有丰富的教育资源，提供开放的教学内容，为教育的整体优质和均衡发展搭建了广阔的平台。教育机会均等决不意味着教育的"一刀切"和齐头并进。教育均衡发展的过程总是由不均衡到相对均衡再到不均衡的动态过程。因此，对目前现实中存在的教育不公平现象，应该通过教育的梯度发展，有计划地增进教育公平。国家投入专项资金资助西部和农村地区发展现代远程教育，不同地域、学校通过不同的远程教育模式，给学生提供丰富的信息和服务，从而提高教育质量和效益，促进教育均衡发展和跨越式发展。

（四）提高教师培训的质量

教师素质偏低、教育资源匮乏是西部贫困地区教育最薄弱的环节。2003年9月，教育部直接推动和组织实施的"全国教师教育网络联盟"计划启动，充分借助现代远程教育手段，打破时空阻隔，加强"人网""天网""地网"的沟通，实现教师教育领域内的行业联合，建立和依托优质、高效的公共服务体系，共建共享优质资源，有效开展现代远程教育，提高了教师培训的质量水平和效益。该计划制订了重点面向农村的实施步骤，配合中小学现代远程教育工程的实施，因地制宜地运用光盘教学、卫星电视教育、网络教育等模式，开展各种层次和规格的教师学历教育与非学历培训。

拓展阅读

均衡发展让农村学校变了样

平遥岳壁三中是平遥丘陵山区农村寄宿制初中，服务6个行政村，1.2万人口，当地经济主要以农业为主。近几年，我校得益于教育均衡发展的政策支持，绝处逢生，再现活力。

一、学校标准化建设，改善了农村学校的办学条件

2009年以前，岳壁三中教室70%是危房，除一栋楼板结构教学楼外，全部是古式扇形结构。校园围墙是土墙，已是年久失修，连一间传达室都没有。师生走在校园里晴天一身土，雨天一身泥。教室里墙壁片片掉落，图书、仪器更谈不上档次。

2009年，随着全省校安工程的实施，我校校舍建设发生了根本变化。政府投资260万元新建了1530平方米的高标准教学楼，投资60万元完成了学生宿舍的加固工程，同时投资20余万元完成了校园的硬化、绿化、美化，投资10万元完成了体育场的建设。目前容纳600人学习的教学区、300人住宿的生活区、200米跑道的活动区已投入使用。在改造薄弱学校的强力推动下，学校标准化配套得以改善，新增3万元的图书，实现了网络化办公和"班班通"，学生宿舍实现了公寓化管理，真正实现了学校基础设施设备和城区学校一样的标准化。

二、优质高中指标到校,稳定了农村学校的生源

晋中市教育局坚持实行优质高中指标到校政策,指标到校比例逐年加大,规定只有在户籍所在地学校连续就读三年的初中应届毕业生才能享受优质高中招生到校指标。2010 年还规定:2010 年 10 月底,在城区学校借读的学生"回流"到户籍学校就读可享受到校指标。在此政策的引导下,学生纷纷"回流",近年来无一学生外流。我校学生迅速增加,最多时达580 人。可是几年前的岳壁三中,由于种种原因导致 70%的学生外流,在校学生仅 170 多人。那时,教师面对的是冷冷清清的校园、上课无精打采的学生,根本无心教学,每天想怎么样才能离开这所学校。现在学生回来了,学校里有了生气,教室里有了书声,老师们笑了,昔日的斗志回来了。省级示范高中平遥一中录取人数从 2009 年以前的 0 人,3 年共输送 36人,同时还有 61 人被市级示范高中平遥二中录取。

三、教师城乡交流,均衡了农村学校的师资

作为农村山区学校,前几年教师严重缺编,且教师 2/3 为民办教师转正,60%为高中学历,平均年龄 44 岁。教师学历低、年龄大,很难适应教学要求。近年来,政府建立对农村薄弱校教师倾斜补充长效机制,为我校新补充教师 10 名。2008 年,晋中市教育局推行教师交流,我校先后 13 人次进行交流,一批优秀学校的骨干教师交流到我校。现在我校教师学历本科以上 50%,还有两名研究生,平均年龄 35 岁,师资结构发生了深刻变化,师资水平丝毫不逊色城内中学。教师的交流,不仅是数量上的变化,更带来了新的活力、新的思维、新的教学方法,让昔日的山区学校充满了生活与活力。

(张明星,新华网,2012-06-15,有改动)

第五章

中小学教师远程培训的问题

第一节 课程内容问题

远程培训是以 Internet 为载体的一种全新的教育形态,它有着与传统教师培训截然不同的特点。这种教育形式不再是一次性的学校教育,而是实现终身教育的最佳手段,可以满足参训教师的多样化动态化和专业化需求。借助于时空便捷性、优质资源的整合、低成本及个性化学习方式的特点,基于网络的远程培训已经成为中小学教师续教育和专业化发展的重要模式。随着中小学教师远程培训的实施与不断发展,不可避免地会出现一些问题。

一、课程案例的问题

以案例为主导是中小学教师远程培训中的优点和特色,但同时也反映出一系列的问题。学员的体会以及意见都反映出这样的现象:许多案例是很多年前的,甚至有些案例是新课程实施初期的,这些案例普遍存在着"旧"的问题,因此其操作方式已经不能够适应现代技术的发展。课程的案例分析也偏多,许多重复较多的案例没有分析、讨论的必要。有些案例的描述带有明显的撰写人的主观意志,也就是为了案例而设计的假案例。案例所涉及的学科不均衡,学段也不均衡,大多是小学案例,缺乏中学、幼儿园及中职学段的案例,缺乏针对性。

案例是教师远程培训中提高远程培训效果的关键,如果案例能够把知识和情境紧密地结合在一起,有利于促进知识的迁移。因此,我们要加强网络课程内容的教学设计,尤其是案例类教学资源的设计与开发。远程培训课程案例的设计与选择要有针对性,避免出现一些过时的案例和一些为了案例而设计的假案例,增加一些能够对一线教师具有借鉴和启发意义的、与一线学科教学紧密结合的经典案例,也可以就在一线教师教育教学经验中取材进行分析。

二、课程资源匮乏及教学内容缺乏实效性与针对性的问题

(一)课程资源匮乏

纵观当前农村中小学教师远程培训课程资源,不难发现,我们的课程资源正处于资源短缺和结构性匮乏的问题中。

首先,教材匹配度不够。目前,我国不同地区的中小学教材五花八门,但国家和地方在

远程培训课程资源开发的过程中则主要参照了人教版大北师和苏教版等。这导致远程培训资源库中的资源与部分地区在日常教学中使用的教材不匹配，培训时所学的内容自然也就无法在实际教学中加以应用。例如，我国西部一些位于藏区的学校平时授课均使用藏语，但现有的远程培训资源却基本以汉语教学为主，无形中降低了培训实效，降低了培训资源的直接利用率。

其次，基础性素材类资源匮乏。我们在实际培训中发现，参训教师需求量最大的是可以根据个人教学实际进行组合利用的基础性素材类资源，然后才是包含单个知识点的小课件，而最不受欢迎的是综合了多个知识点的大课件。由于基础性素材类资源的稀缺，教师不得不进行二次整合，才能实际应用培训所获得的先进理念和方式方法。部分地区的农村中小学教师，多数根本不具备上网条件，材料的准备既耗时又费力，往往会导致培训时有所学，培训后"无处用"。

再次，资源分布不均。远程培训课程资源分布不均，主要表现为不同课程的培训资源不均，以及同一门课程的不同章节的培训资源不均两个方面。例如，小学高年级音乐、体育、美术等学科的培训资源相对不足，而语文、英语等学科的培训资源则相对充裕。

（二）教学内容缺乏实效性与针对性

远程教学资源对教师需求的满足程度，决定了远程教师培训能否得到教师的认同。教师需要什么，他们希望通过远程培训获取哪些资源来促进自己的发展，这就要求结合教师实际需求来进行合理的安排。在访谈中，有教师提到：他们希望培训，这样能帮助自身素养的提高，但培训的内容理论性太强，往往听不懂或者听起来太吃力了。

有相关调查指出，教师最希望获得课堂管理策略，其百分比占调查结果的第一位，其次是新课程的教学策略，而对课程开发的需求所占百分比则较少。这也表明教师对培训中实践性资源的需求较强，教师希望在培训中获取的是如何能够上好一堂课的技能，把学到的知识真正地运用到实际教学活动中。教师期望获取的是能够提高教学质量、运用到教学实践中解决实际问题的知识，而反对那些非实用化的培训知识。某调查研究从参加远程教师培训的教师中访谈得知："教师在开始听到培训的时候是挺高兴的，但培训中的内容是老调重弹，希望能结合一线教师的实际，提供一些具有借鉴意义的教学案例，最好能多请一线的优秀教师、特级教师来进行授课。这些教师相比专家来说他们拥有更多的一线教学经验，深知一线教师的教学需求，相对专家讲授学理性的教育理念更容易了解和学以致用。"

从远程培训内容来看，大多是从理论到理论，与实际结合不紧密，侧重提高教师的理念修养，理论抽象知识较多，可操作性的较少。大多数教师参加远程培训目的是提高教师实施教育教学处理的能力和水平，他们都希望用最短的时间掌握较多的新技能，学到较多的实效性知识，学到的知识能用到实处，能马上体验到。但部分教师在培训后旳感受是，参加培训学的是一套，在教学中用的还是自己的一套，学的知识要么是用不到，要么就是离得太远了。在实际的教学过程中遇到具体的教学事件又不能很好地解决，没有成就感，这样自然使一线的中小学受训教师对远程培训敬而远之。

目前担任教师远程培训的师资大部分是高校教师，其余是中小学名师、区县进修校教师。由于目前高校与中小学的脱节，高校教师对基础教育的教学内容、学生心理，以及基础教育的发展方向等方面并不是十分熟悉，对教学一线中小学受训教师的对待、把握有所欠缺,他们注重教育教学理论的研究,因此,在培训的内容设计、教学方法和教学手段上,常常不免脱离中小学教学实际,出现了实际培训效果不明显的情况。教育本来就是一个复杂的、动态的活动。由于参加培训是由不同的教师组成的,而把教师当成一个固定的对象,统一讲解,教师在参加培训后当然会感觉没什么实效性。

三、分层次进行的内容设置

为了保证远程培训的质量,最重要的一个手段就是对参加远程培训的教师进行不同标准的划分,再按照不同的标准让教师选择自己所参加的远程培训的内容。远程培训不同阶段性任务的实施,所达到的效果也不相同。例如,教师的教龄不同,对学习的需求是不同的;同样的教学内容,有可能适合某一阶段的教师,却不适合另一阶段的教师。如果不加以区分进行统一的培训,在一定程度上会影响受训教师的积极性,也没有达到远程培训所要达到的培训效果,因此将受训教师的标准进行细化是非常必要的。标准的细化就是根据远程教师培训的目标,分别提出不同的要求:如参加语文培训的教师应具有大专以上学历,并有 5 年以上教龄;参加数学培训的教师应具有本科以上学历,并有 4 年以上教龄;等等。将标准细化后,可以根据每一标准下教师的具体需要,进行培训内容、资源的制订,这在一定程度上使教学内容更具有针对性,对不同需求的群体进行有不同偏重的培训,这也保证了远程培训资源的有效性。

与传统教师培训相比,远程教师培训为教师的专业发展提供了持续发展的平台,也为教师的终身发展提供了有力的支持。教师发展是一个相对漫长的、动态的、贯穿着整个职业生涯的历程,每一位教师都会对自己的职业生涯进行规划,积极地回应变化与需求。因此,远程培训作为教师学习和发展的依托,应该考虑到教师的不同发展阶段,并根据教师不同发展阶段设置课程内容。傅乐把教师分为四个阶段:教学前关注、早期的生存关注、关注教学情境、关注学生。也有研究从侧面反映了教师发展过程所呈现的规律,教师的关注点随着自身不断的发展有所迁移与变化。卡茨把教师发展阶段分为:生存期、巩固期、更新期、成熟期。费勒把教师发展阶段分为:职前阶段、入职阶段、能力建构阶段、热心和成长阶段、生涯挫折阶段、稳定和停滞阶段、生涯低落阶段、生涯退出阶段。从费勒的阶段划分我们可以看出,他为教师职业的发展提供了一个纵贯教师生涯的架构。虽然各学者对教师职业发展阶段有不同的划分,但是总的来说,教师发展都有一定的阶段性,这说明教师的发展在不同的阶段对培训内容的需求是不同的。因此,在设计教师远程培训的内容时,应符合教师专业发展的思想,根据不同教师专业发展的阶段提供不同的培训资源,为教师的不断发展提供支持。

四、进一步优化课程内容

对课程内容的优化,要从远程培训之前就开始。在培训开始之前,首先调查参加远程培训教师的情况,根据受训教师的具体需要和具体情况,结合实际的培训目的制订中小学教师远程培训的教学计划和教学大纲,进而设置培训内容、制订培训计划,而不是传统培训的简单复制和模仿。培训内容的制订应以远程培训的目标为导向,以此作为出发点,在制订的过程中,不能过分地强调知识的系统性、理论性,而忽视教师的实际需求。培训者在传授知识的同时,更要注重启发。例如,采用热点问题、重难点题来调动学习者的学习兴趣,更要采用灵活的授课方法、多媒体的运用及活动的开展都可以加强学习者的认知和记忆。同时也要重视内容的针对性、实用性，做到因需施教，要了解教师渴望学习和了解的知识，教授教师实际缺乏而又迫切需要的、系统性的教育教学的理论知识和解决教师实际问题的方法。

在优化课程内容的同时，要注重内容的理论性与实践性的结合，要有前瞻性、针对性、生成性、整合性和动态性。在知识的讲解时，要切合中小学一线教师的教学实际，切忌漫无边际；内容要务实，要从教师的教学实际出发，切忌高深莫测，应注重内容的实效性。这是远程教师培训的生命力所在。培训内容应针对教育改革的热点进行设计，跟踪教育改革和发展，突出课程内容的前沿性。不仅如此，由于参加培训的教师是由不同层次的教师组成的，因此在设计培训内容时，要考虑培训内容的层次性和动态性，使不同发展水平的教师都能在原有基础上得到提高。只有把握好远程培训内容的层次性和动态性，才能满足不同教师的需求。

增强培训内容的实效性。远程教师培训是通过网络实现资源共享，把大量优质的教育教学资源整合在一起，以参加远程培训的教师为重心，在这些教师的带动和感染下，带动提高其他教师的教学素质。这种模式在一定程度上缓解了师资水平不平衡等问题。远程培训内容的实效性对远程教师培训效果有着直接的作用。因此在制订远程培训内容时，需要提供必要的文本，要在基础知识的基础上扩展内容的展现形式，结合视频、动画等多种形式，也可以添加互动性的课件，让教师在学习课件的同时能参与到学习中来，使教师感觉到自己不仅是在学习，而且是快乐地在学习。

拓展阅读
小学语文教学反思

走进了新课程改革背景下的小学语文教学，在这一过程中，我真切地看到了自己成长的轨迹，真切地感受到了一位位充满活力的优秀教师，一节节撞击着智慧火花的语文课堂。主体意识、创新意识感人深思，"三维整合"耳濡目染。我曾兴奋地说，新课程真好。新课改在万州已有两岁了，如果现在谈到新课程改革还仅仅是"新课程真好"，那课改在万州就值得思考了。可喜的是，在万州区教科所的引领下，在各级教研室的组织实施中，我们许多教师已经开始理性地看待新课程改革，开始用批评与反思赋予万州教研以新的生机，构建教学以真的精彩。我谨以个人体会谈谈语文教学的一点反思，与各位同仁共勉！

给孩子一个什么样的语文课堂？

记得在课程改革开始的时候，很多教师、家长这样说："课程改革虽是一个实验的过程，但它关系着千千万万个孩子一生的命运！"教育家杜威先生说过："给孩子一个什么样的教育，就意味着给孩子一个什么样的生活！"我认为：教师在乎什么，学生就发展什么。

一、给学生一个"情感的课堂"

（一）一个语文教师应该让学生觉得极富"激情"

在语文课中，如何体现语文学科的"人文性"，其基点就在于"情感"。一个没有激情的教师，如何能调动学生的情感，能让学生充满热情地学习？展现给学生一个"充满激情"的我，陪伴孩子度过每一段"燃烧的岁月"!

(二)尊重"需要",注重"激趣"

通过多种方式在教学过程中激发学生的学习兴趣,或直观演示,或旁征博引,或巧设悬念等来激发他们的阅读欲望和动机,创造"我要学""我想学"的积极教学气氛。为了激发学生的学习兴趣,我在教学《只有一个地球》这篇课文时,找来银河、天体、宇宙的图片和资料与学生一同欣赏,当浩瀚的宇宙呈现在孩子们眼前的时候,我是那样真真切切地感受到了他们渴求的眼神!他们太想了解银河、了解宇宙了!我扣之心弦地提出:"你们想问银河些什么呢?你们还想说些什么?"孩子们个个兴趣盎然,跃跃欲试。"激趣"极大地调动了学生的主动性和积极性,教学过程也就"变苦为乐"。

(三)教学活动中要注重置师生于课文、作者、情景之中,也就是"融情"

"登山则情满于山,观海则意溢于海。"教学当中的"情"犹如教与学双边活动的"催化剂",有了它,学生才会在教师的点拨下进入课文佳境。

二、给学生一个"交流的课堂"

以前的语文课堂,学生只是可怜的倾听者,谈不上和谁去交流。我们要还给学生一个交流的课堂,实现文本对话、师生交流、生生交流。

三、给学生一个"开放的课堂"

(一)让孩子去"展示自己"

"教学不仅仅是一种告诉,更多的是学生的一种体验、探究和感悟。"

给孩子多大的舞台,他就能跳出多美的舞蹈。课堂是什么呢?课堂是激情燃烧的动感地带,是学生求知创造、展示自我、体验成功的平台,是学生健康成长的地方。学生的潜力是无限的,关键在于教师是否给了学生足够大的平台。孩子的创造力有时简直是我们难以想象的。

一位教师在教学《乌鸦喝水》时,接触到了两组形近字,"鸟"和"乌","喝"和"渴"。这一直以来都是教学的难点,教师让孩子们自己思考,竟得出了这样的答案:对于"乌"的理解:"乌"表示黑色;"乌"比"鸟"少一点,是因为乌鸦全身都是黑的,以至于我们看不到它的眼睛了。对于"喝、渴"的区别,学生这样说:"喝"水要用口喝,而且必须把嘴张大(形象说明"口"的字形),所以是口字旁;"渴"是因为口渴了特别想喝水,而想喝水并不一定要张大嘴巴,所以是三点水旁。

(二)注重实践,多方面实践感悟语言

叶圣陶先生曾说过:教材无非是例子。那么,利用好例子教给学生学习方法之后,接下来应该是大量的实践,只有在实践中,学生的能力才能不断巩固、提高。基于这个思想,我经常搜集课外阅读材料,推荐给学生阅读。在教学《墨梅》后,引领学生阅读背诵了《竹石》《马》《青松》等10余首古诗,使学生们了解到了更多有关于借物言志方面的古代诗歌,而且无形中又积累了许多古代诗歌。另外,将《安徒生童话》《唐诗三百首》《格林童话》等书籍推荐给他们阅读,使其领悟书中的精妙所在!

总之,教师要做一个牧羊人,把可爱的孩子们引领到最肥沃的草地上去尽情享受!教师让学生通过"说"和"读"把感情表达出来,课堂在这激烈的情感碰撞中进入高潮。

（三）在生活中学语文

"让语文走进生活,在生活中学习语文。"一直以来,有意识地引导学生在生活中学习语文,使孩子们深切地感受到,语文离他们很近很近。这样,孩子们便会更加自信、更加主动地去学习。"在生活中识字"的教学实验就很好地证明了这一点。大街上、电视上、车厢里等到处都成了孩子们识字的地方。抓住生活的点点滴滴,眼里有资源,心里有教育,课程资源就无处不在。

四、给学生一个"感悟的课堂"

（一）把别人的情感变成自己的情感

《桂林山水》描写的是"南国风光",如何让学生去体验作者热爱大自然、热爱祖国的山山水水的情感呢？通过图片、录像资料展示美丽榕树,而后,引导学生把自己美丽的家乡介绍给大家。孩子们充满着自豪感,饱含着对家乡无比的热爱之情、赞美之情……这样,孩子们自然就感悟到了作者的情感,同时也将自己深深地感动。

（二）把别人的语言变成自己的语言

在新课改中要注重学生语言表达能力的培养,复述故事、用自己的话概括课文的主要内容,或者搜集课文中的精彩句段,这些都是把课文中的语言变成自己的语言的方法,随着时间的推移,学生的语言就会越来越丰富。

（三）把别人的文章当参谋,把自己的人生当军事

每一篇文章都有值得我们和学生共同去感悟的地方,而每一个人的所得是不尽相同的。我们要引导学生在学习、感悟他人的美妙篇章时,不忘时时联系自己,感悟自己,感悟人生,"把别人的文章当参谋,把自己的人生当军事"！

我力求每一节语文课都能陪伴孩子们度过一段幸福快乐的时光！

（于天宝,大安市教师进修学校网,2009-07-08,有改动）

第二节　培训模式问题

培训模式是教育领域内根据特定的教育理念建构的实施培训活动的完整框架和结构,它反映特定培训主题涉及的各种要素和它们之间的逻辑关系,主要由培训目标、课程、方法及评价体系等方面组成,一般通过培训方案及其实施过程加以体现。特定的培训模式决定着特定的培训活动方式,同时也在相当程度上决定着培训的质量与效益。

在教育部 1999 年第 7 号令《中小学教师继续教育规定》（以下简称《规定》）的推动下,全国中小学教师开始了全员培训工作。随着教育改革形势的发展,尤其是新课程改革的全面、深入推进及信息技术在教育领域的广泛运用,传统培训模式的不适应性日益凸显。在此基础上,《规定》要求："充分发挥现代远程教育在提高农村地区师资教育教学水平中的作用。"其目的在于充分利用现代远程教育手段,建立统一的公共服务体系,共享优质资源。不过目

前有关开展中小学教师远程培训工作的模式中,仍然存在一些不尽如人意的问题。

一、远程培训的基本形态

最基本的远程培训模式,是基于互联网开展的"远程"师资培训活动。这类培训以各类师范院校、教师培训机构、远程网络教育机构为培训实体,以远程"散点式"培训和远程管理为主要培训形式,因此这类培训有如下的突出特点:基于互联网平台,培训者与培训学员在时空上相对分离,培训形态较传统集中式培训有相当大的区别;建立在各种远程教学技术和媒体资源开发应用基础之上,课程形态和内容有别于一般培训方式;以培训学员自主学习、自主构建为主,教师助学为辅,学员对培训学习有较大的学习自主权;培训实行远程管理,评价标准和管理方式较以往有了很多新的内容——基于网络的远程师资培训是伴随着现代教育技术,特别是计算机网络技术进入教育领域而产生的一种新型师资培训形式。这种培训以建构主义为理论指导,以现代网络信息技术做支撑,它的出现对扩大培训规模、降低培训成本、提高培训质量具有重要意义和深远影响,是我国现在及未来教师培训发展的基本形态之一。

另外还有一种远程培训模式,它依托教室网、校园网,借助网络特别是网络资源优势开展的以集中培训为主要形式的师资培训形态。这类培训以提高在职中小学教师现代教育水平,特别是信息技术与学科课程整合能力为目标,其主要特点有:以教室网、校园网(或互联网)为依托,以校内或一定范围内教师集中培训为主要形式;培训将提高教师的现代教育技术水平作为突破口,以教师信息素养的提升带动教师教育教学水平的提高,促进教师的专业发展;培训的重点是提高教师在先进教育教学理念下应用优质网络资源、现代教育媒体进行信息化教学设计的能力及信息化教学环境下实施学科教学活动的能力——如"英特尔"未来教师培训、农村中小学教师教育技术培训等,从培训形式上说都属此类培训。

二、远程培训组织管理问题

管理一直被看作远程培训成功与否的灵魂,在具体实施培训以及在支持教师远程学习的服务过程中,项目管理模式的应用对整个培训获得成功都有非常积极的作用。"国培计划"在甘肃省农村中小学教师远程培训管理实施过程中提出了五个融合,下面将以此为例,介绍项目管理对完善远程培训模式的积极作用。

第一,项目管理理念与传统教育观念的融合。网络远程培训的发展给我们带来了新的教育理念,但传统的教育观念、单一的管理方式及对网络远程培训的陌生感,都是项目管理模式实施的制约条件。这样就造成了各项目在市、县培训进度的不一致,同时导致各学习小组普遍注重形式,却忽略了交流、实践等一系列的问题。在甘肃省农村中小学教师远程培训中,通过建立项目团队、培训助学教师、量化管理内容等方式,改变观念,改进方法,取得了理想的效果。

第二,专业化管理与粗放管理的融合。2010 年,为寻找一种能适应跨市、县(区)结构变化的管理模式和相应的信息系统,"国培计划"组织管理者制订了省级—县级—助学辅导教师三线一体的立体管理框架,来保证各管理层级之间信息传递的及时性与准确性,从而使各级管理部门之间的合作都得到了加强,有效地解决了市、县(区)级没有专业管理人员或管理人员严重不足,致使中间管理层脱节的问题。

第三,培训针对性与教师需求的融合。对内容上管理的重视程度,直接决定了在培训中是否能够取得良好的培训效果。在2010年"国培计划"的培训内容上,就充分和全面地考虑了农村教师专业水平、执教环境等方面的因素,最终以培训内容设计突出问题为中心、应用为目的的原则,受到广大参训教师的欢迎。

第四,程序式服务与个性化助学的融合。网络管理具有协同工作、资源共享和不分时间地域等特点,远程培训就是利用了这样的特点,统一平台、统一进度、统一服务,强调培训的便捷性、协同性和规范性,但同时又鼓励助学教师根据学员特点,通过班级简报、学科通道、研修日志等多种形式,创新服务意识和手段,开展个性化助学服务。

第五,多元评价机制与定性考核机制的融合。"国培计划"远程培训评价在内容上主要包括自评、他评、互评等一系列评价控制方式,从关注结果转向关注过程,注重过程性的评价。进行评价的目的还在于及时纠正培训管理工作中的偏差,改进或调整管理计划,实现全程动态管理。这相较于以往过于重视终结考评、定性考核的方式,更容易控制质量并及时解决教学管理过程中出现的问题。

三、混合式培训模式

中小学教师继续教育混合式培训模式,是将传统的教师面授培训方式与现代信息技术支持的网络自主学习、网络交流互动,以及线下集中面授与研修有机融合的一种教师培训方式。教师继续教育混合式培训是一种数字化环境下的新型培训与学习方式。与传统的面授培训模式相比,无论是培训者还是学员,所处环境都发生了很大的变化。

这种培训模式依靠优质的国家培训资源和成熟的网络教育学习手段,充分发挥了现代教育信息技术优势,依托多种教育教学资源平台,如"新思考网""百年树人网"等这些平台都是组织各学科新课改专家组组长及核心成员共同开发的,通过实际培训完善和丰富了文本和视频培训资源。另外,各地区根据自己的具体培训情况,组建由课程开发专家和优秀骨干教师组成的专家辅导团队,负责对辅导教师进行培训、指导及在线研讨和答疑等;抽查学生作业;点评学生文章;总结典型问题并发布课程简报等工作。这种模式将远程培训课程学习、特定区域内集中研讨完成任务相结合,以学科为基础、以问题为中心、以案例为载体,帮助中小学教师解决教育教学中的问题,培养教师远程学习的意识和能力。

在混合式培训中,将各种培训要素、培训方式有机融合,充分发挥面授和网络远程培训的优势。在不同培训方式的混合方面,主要是通过采取分班教学的方式,具体来说,就是既有面授又有网络自主学习,还有培训者网络辅导与答疑。在培训中,培训者进行全程指导,从报到、组班开始就由班主任负责管理,主讲或辅导教师在教学实施阶段提供全程指导。在多种培训方式与学习环境的混合方面,主要是指既有传统的课堂面授与专题讲座,也有网络自主学习与网络互动平台交流,另外还包括学员的线下研修。学员在培训过程中既要听专家面授讲座,还要进行网络自主学习,如网页文本、课程视频等,另外还包括参与网络讨论、写微博、进行课堂教学设计及在线测试等。在培训考核评估的混合方面,实现了培训的过程性评价。也就是说,在考核评价中既有面授的考勤记录,又有关于在线学习参与的状况的评价,如网络学习时长、在线测试、学习论坛的参与程度等,还有一些关于培训任务完成情况的考核,如作业与案例提交、在线测试等。在学习资源与工具的混合方面,混合式培训的学习资源既有传统方式的书籍、学习手册等,也有在线学习资源,包括网页文本、教学视频等网络课程资源。与面授相比,增加了多媒体与网络工具,学员可以利用网络学习资源完成具有个性化的学习任务。在培训管理的混合方面,既有班主任、辅导教师的现场的督导,也有通过管理平台进行的在线检查和督导。

四、"引领式学习"模式

引领式学习是指在学习者的整个学习过程中都有指导教师的参与,也始终有指导教师的引导,能够保证学习者按照预期的教学目标完成整个学习过程。这种远程培训的模式要求指导教师既注重前期的教学设计,也要重视学习过程的参与。这个模式主要通过三个环节——课堂引领、在线引领和评价引领进行。

(一)课堂引领

课堂引领是指在整个课堂教学过程中都有指导教师的引领,在这一环节中,指导教师既是课堂教学的引导者和组织者,也是受训教师在学习中的合作者。另外,它是在线引领能否顺利开展的关键基础,这个环节要完成的目标是让学习者明确学习时间、学习目标和学习任务,通过此环节可以让学习者轻松地完成在线引领学习。

(二)在线引领

在线引领是指在学习者进行远程自主学习的环境下进行学习时,指导教师给予一定的引领。学习者利用中、小学教师远程培训平台,在指导教师的引导和带领下,按照学习计划安排特定时间,有目标有计划地进行指定的远程培训课程内容的学习。与传统的远程培训教学模式不同,这种"引领式学习"模式能够做到对学习者自由性的约束。指导教师的工作主要包括课程的创建和管理,在创建时有计划地设定每一部分的学习时间、学习任务及考核点,通过设置学习活动的开放和关闭时间来控制学员的整体学习进度,通过阶段性的学习成果来解学习者的接受程度。在线引领学习采用的是大同步、小异步的方式,即在整个远程培训课程学习期间,学习者的整体学习进度由指导教师控制,特定时间段内必须学习指定的课程内容,完成指定的学习任务;同时,学习者在指定的时间段内则可以自由选择时间进行学习。

(三)评价引领

评价引领是指在学习过程中和培训后,指导教师对学习者的评价以学习者之间的互评,在评价过程中要求评价者按照学习目标有方向性地进行引导式的评价。但是学习者在进行评价时往往会出现一系列的问题,包括忽略学习目标、评价标准不统一等,使评价的有效性大大降低。评价引领要由指导教师制定相应的评价标准和量规,这样才能提高学习者自评与互评的公平性和有效性。

通过以上三个环节,引领式学习模式既克服了面授学习对于时间、地点的局限,也克服了传统远程教学实效性差的问题。

拓展阅读

优化环节，提高效率，在研训中成长

我是一名普通的小学教师，在平凡的岗位上认真对待工作中的每一件事，但我认为我的人生是有价值的。我的生活是充实的，因为我用实际行动诠释了我的"师者，所以传道授业解惑"这一经典论述；我的生命是有意义的，因为我践行了"学高为师，德高为范"这一诺言。

一、倾心教育，为人师表

身为教师，为人师表，我深深认识到"教书育人""文以载道"的重要性和艰巨性。多年来，始终具有明确的政治目标，崇高的品德修养，坚持党的四项基本原则，坚持党的教育方针，认真贯彻教书育人的思想，积极实践"三个代表"重要思想。在工作中，具有高度的责任心、严谨的工作作风和良好的思想素养，热爱、关心全体学生，对学生的教育能够动之以情、晓之以理，帮助学生树立正确的人生观、科学的世界观。严格按照学校的要求做好各项工作，甚至还放弃节假日的休息，回校做好有关工作；甘于奉献，从不计较个人得失，绝对做到个人利益服从集体利益。在学生和教师心目中，具有较高的威信和较好的教师形象。古人云，"以身立教，其身亡而其教存"；反之，"其身虽存则其教已废"。教师必须具备美好的师德师风，为人师表，以身作则，时时处处注意自己的言行，以良好的形象做好学生的表率，在潜移默化中用自己的榜样力量对学生进行教育，促进学生良好习惯的养成和道德品质的提高。平时，凡是要求学生做到的，教师本人也应该做到，要充分展现教师在各个方面的素质，用实际行动从情感上取得学生的认可，让学生心服口服。

二、精心施教，形成特色

教学是学校的中心任务，学校以教学为主，这是办好学校最基本的规律。在教学方面，能准确把握教学大纲和教材，制订合理的教学目标，把各种教学方法有机地结合起来，充分发挥教师的主导作用，以学生为主体，力求教学由简到繁、由易到难、深入浅出、通俗易懂。本人十分注重提高教学技巧，讲究教学艺术，教学语言生动，学生学得轻松，老师教得自然。

首先，作为一名普通的教学工作者，能够严格要求自己，始终以一丝不苟的工作态度，切实抓好教学工作中的各个环节，特别是备、辅、考三个环节，花了不少工夫，进行了深入研究与探讨。备——备教材、备学生、备重点、备难点、备课堂教学中的各种突发因素；辅——辅优生、辅差生、重点辅"边缘"学生；考——不超纲、不离本、考题灵活、开发思维、迅速反馈、及时补漏。在教学过程中，能根据学生的具体情况，及时调整教学计划和状态，改进教学方法，自始至终以培养学生的思维能力，提高学生分析、解决问题的能力为宗旨；根据学生的个性差异，因材施教，使学生的个性、特长顺利发展，知识水平明显得到提高。

其次，教研与教学互相促进。从2002年至今，我一直担任小学语文教学工作，每学年的工作计划、措施、组织、效能等方面，均得到全校老师和领导的高度评价，以及办事处和区教研室的赞扬。教与学的结合不仅使教研活动更加具有活力，而且教与学的促进提升了教研活动的质量。

三、潜心钻研，完善自我

"积学以储宝，酌理以富才。"我勤于学习，精于业务，乐于奉献。时逢课程改革，走在课改的前列，作为学校一名教学经验丰富的教师，我深感不断学习的重要性，学习自然成为最为重要的事情。利用工作之余，多方搜集材料，阅读报刊，转变教育观念，了解课改的新动向。几年来，我持之以恒地主动学习课改理论，掌握新课标的基本精神，阅读了大量的素质教育和新课程改革的理论书籍，写了几万字的读书笔记和读书心得，使自己的教育理念始终走在时代的前列，更好地服务于教育教学工作，总结以下几点。

第一，要明确地知道教学目标。准确定位教学重点难点。这一点好像是老生常谈，但在听课过程却发现，请大家来说说这些的时候，说得都很准。可是在听课过程中，却发现经常性地出现偏离现象。说离题多远吧，也不是，可就是不近。

第二，之所以不近的原因就是，突出重点、突破难点的方法不恰当。所谓条条大道通罗马，可是确实就有一条是最近的。

例如，在教学中一个环节可以设计一百样活动，可是哪种活动是最有效的，哪些活动是可以一节课中丝丝相扣地进行的？我们在语文教学课堂上，太过于注重分析课文，提问缺少整合性。大家可能都有感觉，那就是自己不停地在说。之所以这样，是因为我们的突破方式不对！有人说那热闹的课堂不是真实的课堂，活而不实不好，但实而不活就好吗？有效吗？

第三，我们在上课的过程中要注重教学节奏。这包括环节设计和教师的语言。环节要给学生思考和活动的空间，有急有缓；在教师语言方面也要有所强调。我们上课是讲给学生听，那首先就得让学生喜欢听你讲。你喜欢听什么人讲故事？那就得是声情并茂、抑扬顿挫的。我们上课虽然不是讲故事，可也是有异曲同工之妙的。所以我们的声音首先就得让学生喜欢听，一味地舒缓和一味地急进都是不合适的，都让人不好忍受。我常想，大海之所以壮美，那不是因为它的惊涛骇浪啊，而是因为既有惊涛骇浪也有母亲般的温柔；小溪之所以让人宁静，不是因为它的波澜不惊，而是因为它的潺潺而流动的美。

"宝剑锋从磨砺出，梅花香自苦寒来。"几年来的孜孜以求，终于换来了一点小小的成绩，2005 年获得联校"优秀班主任"；2006 年获联校"模范教师"；2008 年获得区级"优秀教师"，"模范教师"及"自制教具"三等奖。

四、精心哺育，培养新人

我精心组织、辅导学生参加小学语文作文竞赛，成绩突出。2008 年，获"优秀辅导员"称号；同年，辅导程梓钰参加《希望月报》作文竞赛获一等奖；等等。

成绩属于过去，何况教育教学这门艺术永无止境，我将在今后的工作中虚心学习，勇于创新，再创佳绩！

（摘自小精灵儿童网站，2011-10-26，有改动）

第三节　教学策略问题

策略在一般意义上是指为达到某种目的而采取的方法或手段。教学策略是指为完成特定教学目标所采取的教学行动方案,包括内容的组织、具体教学方法的选择、教学媒体的选择、学习的管理等方面。在中小学远程培训过程中,教学策略的内涵已超出了传统教学环境下的教学策略的范畴。策略设计的目的是促进学习者在远程培训学习中有效交互的发生,提高学习者的学习效果,从而提高远程培训质量。如何提升中小学教师远程培训有效性的策略,是一个值得探讨和深思的问题。

一、做好远程培训项目服务支持

提供远程培训服务支持的网络平台首要的条件就是要保证培训过程中网络的畅通和平台的稳定性,同时为广大参训教师在培训过程中提供技术支持,在项目设置、课程设置和作业布置的安排上应合理,要考虑到市县级培训机构在组织实施上的一些难题,要兼顾广大中小学教师教学与实际生活的状况,做到课程设置和考核目标的前瞻性。

基于中小学教师远程培训分散性的特点,各级教育管理部门在培训过程中应加强对参训教师的管理,加强远程培训政策的宣传力度,建立培训平台、市级教师培训机构、县(区)级教师培训机构及学校的网络培训共同体,转变中小学教师培训的观念,为参训教师提供政策支持和激励机制,把参与培训的辅导教师的选拔与地区骨干教师的培训结合起来,使辅导老师在本地区的学科领域起到辐射作用,加强与远程培训提供服务的网络平台之间的联系,保证网络的畅通和平台的稳定性,及时解决培训过程中的技术问题,真正从管理着手,落实中小学教师远程培训的有效性。

中小学教师参加远程培训是教师培训发展的必然趋势,学校对教师参与培训的管理与支持是参训教师学习有效性得以实现的必要条件。已经完成和正在进行的中小学教师远程培训的项目证明,由校长责任落实到学校的老师,培训任务完成得最好,培训效果也最明显。因而,在培训过程中,应把这项工作落实到校长责任项目之中,加强校长对参训教师的管理力度,把远程培训与校本研修紧密结合起来,把远程培训与教师相关考核和评价机制结合起来,一方面提高了教师的综合素质,另一方面也提高了中小学教师远程培训的有效性。

二、加大对落后地区和偏远地区教育的投入

我国已经进入了网络信息化时代,信息高速公路的便捷也给教育的变革提供了方便。但在中小学,尤其是西部地区的广大中小学校,教育现代化还没有实现,大量中小学校办公设备差,电脑等硬件设施欠缺,在一定程度上影响了教师远程培训的进一步推广以及培训的有效性。《国家中长期教育发展规划纲要(2012—2020年)》提出,要加大对落后地区和偏远地区的教育投入,缩小城乡差距,进一步实现教育均衡和教育公平。在中小学教师远程培训将成为一种趋势的今天,加大对落后地区和偏远地区教育的投入,改善学校的硬件设施,为中小学教师远程培训提供条件已是一个非常迫切的需求。

三、三位一体管理体系的构建是远程培训顺利进行的关键

新型的松散型远程培训与基地型集中培训质量管理的区别很大。构建与之相适应的三位一体的质量管理体系十分必要，也是远程培训质量管理的有效策略之一。在远程中小学教师非学历培训项目工作会议上，专家指出：各地要积极推进各级教师进修学校与教科研、电教、电大工作站等相关机构的资源整合和合作，优化资源配置，形成合力，构建"多功能，大服务"机制，上挂高等教育机构，下联中小学校的区域教师学习与资源中心，形成"教师网联"的校外学习中心(点)和公共服务体系。传统培训中，电教系统、教研系统、师资培训系统三个部门分离，按各自系统的要求组织培训，既增加了基层学校和学科教师的负担，造成培训资源的浪费，又会因三个部门培训内容的差异而导致受训者不知所措。新型的远程培训整合了技术、理论与教研等方面的资源，在各级教育行政部门的统筹协调下，实现了电教、师资培训、教研三大机构的结合，在确保培训质量和学科实践的同时，还能提高三个系统的人员素质，更能节省培训资源，节约学科教师参培时间。

（一）电教系统强有力的技术支持是远程培训顺利进行的前提

基于互联网和地面卫星传输的远程培训，需要各级电教系统从技术上提供保障，确保设备正常运行。远程培训可采用卫星电视、卫星 IP 传输、互联网、光盘、手机互动等各种手段，全方位进行辅助。基层的参培学校是否具备与之相配套的设备设施和相关技术力量，无疑成为培训能否顺利进行的一个关键因素。因此，各级电教系统参与到远程培训之中十分必要。一是培训前组织力量协助基层学校做好设备调试工作，确保设备正常运行；二是组织学科教师进行必要的在线网络学习辅导，掌握在线学习的一般技能；三是每一级电教机构可以建立相应的管理和研究平台，在协助中央电教馆完成相应的管理工作的同时，便于教研人员组织一个地区的学科教师集中研究。

（二）师资培训系统在培训现场的精心组织是确保远程培训质量的关键

远程培训直接面对基层学校的学科教师，培训由基层学校组织，属于校本培训的范畴。但是，多数农村学校缺少骨干教师，本校教师任辅导员对教师进行培训，要取得理想效果有一定难度。除了师德修养、计算机技能等公共课可进行校本培训外，学科校本培训很难进行。基层学校由于缺乏相应的组织与管理经验，由当地有着丰富培训经验的师资培训系统来组织，将会收到较好的培训效果。在组织的同时，通过参与培训和在线沟通、反馈，也将促使各师资培训机构人员提高能力和水平，更容易与一线学科教师沟通和交流。一是有着丰富培训经验的师资培训系统人员，可以指导或协助基层学校组织学科教师参加培训，还可以将人数少的学科教师集中组织到某一地集中进行培训，创设必要的培训氛围，避免一个或两个学科教师独自看视频、完成培训的情况出现。二是引导参培教师结合课堂案例与专家辅导进行充分讨论，在有经验的教师的组织下，容易激发参培教师的热情，也容易解决存在的疑惑和问题。三是结合当地学科教师教学的实际情况来讨论，避免出现资源不切合当地实际的情况发生。

（三）教研系统联系学科实际的讨论与研究是发挥远程培训效益的保障

有教师认为，那些专家、学者型的中小学教师最适合担任培训者，因为他们熟悉中小学教育教学规律，深刻领悟并亲自实践着新课改的精神，掌握了大量来自教育教学活动中真实

而生动的案例。他们不仅能从理论上,更能从实践中对中小学教师进行有效的指导。远程培训既有学科教学案例,又有专家讲座,会是一次非常好的教学研究活动。由于一所学校学科教师长期在一起教学研究,大家相互认识,也形成了默契,对新理念和新方法的认识或结合本地区实际都容易形成一种共同的模式,不利于对新理念与新方法的真正掌握。熟悉当地教学实际和来自基层学校的教研人员参与到案例分析之中十分必要,也会避免培训不贴近当地实际的问题(对于大规模、覆盖面广的远程培训而言,难以做到每一个案例或资源适应某一个具体地方的实际)。再者,同师资培训系统人员一样,通过培训和研究,可以对各级中国电化教育教研部门的人员进行一次普遍培训,让他们了解一线学科教师所接受的理念与方法,不至于出现指导的方法与理论落后于远程培训内容的现象发生。另外,教研部门人员对远程培训平台的熟悉与掌握十分必要。他们在熟悉和了解培训平台和借助当地电教系统搭建的二级或三级培训、交流平台后,更容易组织一个地区的学科教师进行更为广泛的沟通与交流。对于平台的搭建,可以结合当地设备设施和实际情况,有选择地建设网络平台、BBS、微博群、QQ 群等。通过这些平台支持培训,既便于协助专家辅导学科教师,也容易形成集体研究氛围。

(四)基层学校的精心组织与管理是保证远程培训效益的核心

远程师资培训直接面对的是每一个基层学校的学科教师,属于校本培训范畴,但区别于常规的校本培训。目前,校本培训还存在着评价体系不健全、教师积极性不高、地域发展不平衡及校本培训固有的局限性等诸多问题。因此,在远程培训中,基层学校的组织与管理、考核、评价至关重要,也是保证培训效益的核心所在。基层组织单位学校结合培训内容的有效组织是确保培训取得实效的关键,也是学以致用的保障。一是建立完善的各种培训管理制度,从制度上保证学科教师参培的态度和培训的质量。新型的远程培训不同于传统的校内培训和派出培训。基层学校必须根据远程培训的特点,建立相应的培训管理制度,从制度上落实计划、场地、人员、考核。二是做好培训前的各项准备工作,确保设备正常运行,这是保证培训正常开展的前提,也是在线网络学习的保障。基层学校要从长远的角度考虑技术人员的培养和引进。在技术人员不到位的情况下,要寻求邻近学校或当地电教系统的支持与帮助。三是提高技术素养不高的学科老师的在线学习基础技能。这对培训中和培训后学科教师的在线学习和养成好的学习习惯十分必要。四是做好培训中的组织工作,充分调动参培老师的积极性和学习自觉性。基层学校对每一学科师资培训的组织工作非常必要,也是培训效益的保证。每一学科、每一次的培训,都必须安排负责组织培训,讨论的人员加强管理和监控。五是做好培训后的在线学习监控工作,确保培训取得效益。通过远程培训,激励教师利用现有网络资源和平台,不断提高技术素养,从而提高工作效率和改善教学,并通过不断反思、总结,在专家的指导下,转变教育观念,掌握教学方法,养成终身学习的习惯。此外,各地教育行政主管部门及电教、师资培训、教研系统都要建立一系列考评基层学校的细则,加强过程监控,确保培训质量。例如,电教系统形成一系列的视频影像资料,师资培训系统形成一系列的培训总结材料,教研系统形成一系列的经验推广材料等。

四、多级评价体系的构建是远程培训质量的保障

《基础教育课程改革纲要(试行)》中明确指出:改变课程管理过于集中的状况,实行国

家、地方、学校三级课程管理,因此,信息化环境下的国家级远程培训理应构建多级管理体系。同时,在信息化的时代如何评价实际操作能力、解决问题的能力更为重要。因此,构建一套适用于信息化环境的远程培训评价体系十分必要。

(一)建构多级评价体系,全面评价培训质量

远程培训由于其管理、支持的系统由多级、多系统组成,与此相适应的评价也应由多级、多系统组成。通过分析远程培训的特点,结合目前教育三大系统的优势,笔者建议采用相应的评价方案对基层学校或下一级系统进行评价,用以促进培训顺利开展,保证培训质量。

(二)改变原有评价方式,构建新型的评价体系

对成人远程教育而言,过程评价是一种非常重要的质量管理方式。过程评价对诊断和调节学习者的学习行为、监控学习过程、提高学习者学业和能力、培养其自我评价和反思能力等都有着积极的意义。远程培训的主要对象是广大中西部地区农村中小学学科教师,在培训质量管理中采用过程评价是一种非常好的方式。结合远程培训的特点和中西部地区中小学学科教师实际,笔者认为:改变校本培训管理的原有方式,通过多种手段、多条途径,关注个性化的学习过程,采用表现性评价量规,确保培训质量。

1. 改变结论性评价方式,关注培训过程的评价

这是课程改革关于教学评价的体现,从教师的评价做起,引导学科教师养成关注表现性评价的习惯。对远程培训的评价,不只是关注学科教师的培训笔记、总结等易"复制""粘贴"的内容,而是从培训过程中的表现,如发言、讨论、提问等诸多方面综合评价。

2. 改变一次性评价方式,关注过程连续的评价

通过关注过程连续评价,可以督促学科教师将培训中习得的方法与技能迅速应用于教学实践中。评价不仅就培训过程这一方面进行评价,它可以包括学科老师后期的教学实践、平台的使用、与专家的沟通等后续的学习提高评价。

3. 改变单一性评价方式,采取多途径的评价

常规培训评价关注学员的出勤、笔记、考核,而远程培训则需要改变这种模式,从多种途径对学科教师的学习情况进行评价。可以考虑从以下几方面进行评价:平台运用情况、个人微博、与专家沟通(电子邮件或其他方式)、短信等多种途径,以体现评价方式与途径的技术性。

4. 改变注重定量评价的方式,关注自主创新的个性化评价

在网络时代,"复制"与"粘贴"成为人们惯用的积累自己作品的手段。对于远程培训及后续的评价,要关注学员自己的创作、反思、总结,得出属于自己的观点和方法。

5. 改变目标性评价方式,关注习惯性的评价

这一改变,关注的不是短期效应,注重的是长期的、持久的效益。由于中西部地区教师处于信息技术相对落后的地区,掌握并运用所学到的新技能与方法较为不易,这需要通过一种评价激励机制去鼓励他们大胆运用、经常运用,养成一种通过远程培训平台和互联网提高技能、改变观念的习惯,从而提高工作效率和改善教学实践。

拓展阅读

怎样做一个好的语文老师

研修，不是一声"谢谢"就能说清我心底的感觉，不是一句惊喜就能道清我心底的愉悦，也不是三言两语就能概括我心底的悸动。研修，是一双温柔的手将我轻轻搀扶，是一把犀利的刀剥去我眼中的阴翳，是一声召唤让我看见了千山万水，是雪后的春天让我看见了万紫千红。研修的路上，有你有他有我。研修，是一次美丽而震撼的心灵之约。

心灵守望的日子，那么短又那么长。短短的相聚之后是久久的沉思。如果说以前的日子都已经过去，然而从今之后，我的教书之路岂能再次蹉跎？不，绝不！挥一挥手告别过去，让我抬起头来，春暖花开，享受我教书的日子，恬淡从容，做一个智慧的语文老师。

语文老师何止是一份工作、一个职业呢？那是一份艺术、一种创造。多少年之后，有多少情感故事灰飞烟灭，可是语文活着，文字活着，精神活着，随着岁月镌刻在每一张美丽的脸上，一份愈来愈清幽的香浓、愈来愈真醇的高贵，那是一份掩饰不住的智慧与修养。

做一个智慧型的语文老师，首先应该是"爱"字。有一个美丽的故事，传说智慧天使、成功天使和爱的天使来到人间，一位母亲请他们三位到家里做客。三位天使对那位母亲说："我们三位就去一位吧，你来选择吧？"母亲沉吟片刻，决定把爱的天使请回家。爱的天使起身向屋里走去，奇怪的是另两位天使也跟了进去。母亲很惊讶，他们说："我们两位是跟着爱来的，哪里有爱，哪里就有成功与智慧。"

所以，请以一颗母爱的心无条件地爱着我们的孩子。孩子是小小的天使啊，他们的心没有芜杂，不要让我们这第一只引领他们的人生的手染上尘烟，刻上势利。如果你说做不到，那么请反过来想一想，假如这是你的孩子，你会用什么样的语言和心来对待他？你期望这个世界以什么样的面目在他眼前打开？

语文老师，请先上好每一堂文本之课。每一堂课都是教师生命活动的构成。当作我们的教材的文本，每一篇文字都是一次爱的教诲。你看到的只是一个个陌生的名字和一排排印刷的字吗？不是，是许多个人，历史上的、现当代的智者告诉你许多故事和道理，那里面有作者的灵魂，那上面有编者的期待，还有我们民族精神的寄托。孩子才是民族的未来，给孩子塑造一个美的心灵，就在于我们每天的文本解读。

为了这份解读，为了在作者和孩子的灵魂之间架起一座桥，那么语文老师，让我们读书吧！读很多的书，历史哲学古代近代，做班主任的甚至要通晓所有的课程，然后你才能轻挑慢捻，回味悠长，才能不让孩子仰望的眼睛里没有失望。

请平视孩子的眼睛，请您关注孩子的心灵，让每一篇文字都活着，活在孩子们的心上，至于用什么方法，通过小组讨论习题作业，那只是解读的一种，千千万万的方式不过是"器"的东西，我们的追求却是轻敲孩子的心灵。

语文老师，请您仁爱负责、激情幽默、技艺高超、魅力无穷，是因为他们研究课堂到了登峰造极的地步。

请上好每一堂人生之课。语文老师课堂之上讲文本是学科之核，然而文本的外延还有德育的功能，所以语文老师，请您再做好一个德育老师。凯洛夫说："教师是一切美好的化身和可以仿效的榜样。然而决定着学生对教师的进一步关系的建立,还是教师的工作作风和他的人格品质。教师的一言一行对学生都有极为重要的作用。"所以我们作为语文老师,我们的言谈举止、为人处事无一不对孩子们产生着巨大的影响,甚至有时一个高尚的言行就能改变孩子们的人生。

(摘自豆丁网,有改动)

第四节 培训效果问题

和传统培训一样,远程培训也是一种学习活动,其目的是为了让学员得到某一项特定能力,并且能够及时地、适当地应用到教育教学工作中,最终达到学校的卓越绩效。因此,对于远程培训效果的评价是极为重要的。培训效果的评估主要包括整体的培训率及通过率,培训过程中学员的过程性表现和对内容的掌握程度,对培训内容、组织形式、培训模式、助学导师等的满意程度,培训后学员认识、思想倾向性的变化以及在教育教学中行为的持久变化,学员的专业水平、工作能力的提高以及对学校组织的贡献。

在远程培训中,为了激发学员的参与意识,远程培训无论从学习形式上,还是从最终的成绩考核上都具有一定的开放性和灵活性,而这正是导致远程培训在培训效果上存在问题的重要原因。例如,远程培训中成绩的考核主要通过作业、发帖和发表文章等组成,有的学员为了提高成绩,随意发帖,还有的学员完全抄袭其他学员的作业。

一、评定方式问题

远程培训中的质量检测是一种相对宽松的检测。以《"国培计划"——湖南省农村中小学教师远程培训实施方案》为例,该方案对参训学员的考核分为两个部分:

第一部分为网络学习考核。根据评价标准对学员在网上学习的时间、发帖、回帖、作业等进行量的考核,达到合格标准方能结业;同时把主持班级研讨、论坛,参与专家互动答疑并踊跃提问,优秀作业、案例、心得、日志等作为评选优秀学员和远训之星的参考条件。

第二部分为在岗实践考核。学员完成在岗实践后,将以下资料的电子文档提交到指定的邮箱,作为课程考核的重要内容:一篇关于教学现状和问题的调查报告,一个课堂教学案例,一堂示范课教学实录,一次听课评课活动或者进行一次课堂教学讲座活动的记录材料。以上材料可以是文字材料,也可以是音像资料。

这种考核既重过程又重结果,既重理论又重操作,但是这只是一种建立在学员极其自觉的基础上的考核,如果一个学员缺乏这样的自觉性,那么他的网上学习时间、他的作业、他的案例、他的调查报告,都可能是抄袭或者编造而来的。可以说在这样的情况下,培训效果是不能够保证的。

例如,河北省 2011 年中小学教师素质提高全员远程培训项目考核,60 分及以上为合格。本次远程培训学员总成绩的核算方式是:总成绩=学习时间成绩+学习日志成绩+工作总结成绩+作业成绩+工作案例成绩+论坛成绩。在培训中,有的学员登录教学平台后空挂时间,有的学员为了应付完成作业获得培训成绩,随意发帖,还有的学员通过网络下载摘抄作业。

从以上两个例子我们可以看出,远程培训在其绩效评价方面还存在不足,就是辅导教师如何鉴别"究竟是谁在学习"的问题。随着培训的进行,我们发现无论是论坛发帖、回帖,还是提交的作业、心得,越来越多是来自于网络的"复制品";另外,请人"代培"现象已有愈发强劲之势,这是远程培训中存在着的一个很严峻问题,所以培训管理也要与时俱进。第一,课程内容要更具有吸引力,每一期更换课程案例和作业内容;第二,辅导教师要个性化导学,避免广而泛之的问题讨论,设计针对性强的问题,缩小讨论范围;第三,开发研制相关查假软件,通过技术手段实现快速判别,从严处罚。而对于"代培"之现象从技术上很难判别,只能寄望于学员的自觉和鼓励及同伴间的相互监督。

二、教师自主性问题

通过第二章对远程培训特点的讨论,我们可以看出,远程培训要求培训学员有一定的积极自主学习的能力。然而在培训中,有部分学员轻视远程培训,登录教学平台不积极,对远程培训缺乏严肃认真的态度。由于缺乏必要的约束、监督和压力,再加上日常教学和班级管理工作挤占了大量的时间,有的学员没有按照《学员学习日程安排表》的学习进度去学习。另外,充分利用网络平台积极交流探讨教学问题的学员并不多,网络所提供的教学互动功能和优势并未真正转变为现实。

在当今信息社会,资料容易得到,电脑、网络在给人们的学习带来便利的同时,也在无形中使得学习变得肤浅化、表象化。学员发表的帖子和作业中,直接粘贴的不在少数,出现了两种极端的现象:一是同一段内容在同一个讨论主题中被不同学员张贴了多次;二是搜索关键词的标记也出现在主帖中,没有进行任何的加工处理。这样就无法判断学员是否投入学习、掌握技术、转变观念。虽然我们可以在技术上做一些限制,但是要完全防止这种现象,几乎是不可能的,这也是远程网络培训中亟须解决的问题。历史与现实告诉我们,深度的思想交锋、观点互动碰撞往往产于自发,形成于自然。要杜绝或减少这种现象,除了助学导师的"慧眼金睛"和严格要求之外,我们在中小学教师培训上不可单纯追求通过率或全员培训,学员的培训也尽量以自发为主。这样学员学习培训的内驱力会增加,深度的交互就会产生,复制与粘贴现象也会大为减少,学习的效果就会明显提升。

学员的学习积极性是教师远程培训中最复杂、最难解决的问题之一。究其主观原因,一是本身没有被培训的夙愿,但迫于上级部门的行政压力;二是部分学员对培训收费相当反感;三是部分学员由于年纪或信息技术能力方面的原因,对在线培训这一学习方式抱有抵触的情绪。客观原因则是,一方面是因为学员的工作压力较大,学习时间难以保证;另一方面是因为一些培训机构片面追求通过率,好大喜功,导致门槛过低,致使学员在敷衍了事的情况下仍能通过,从而弱化了其努力参与的动机。由此,我们总能看到许多学员总要在辅导教师万般邀请下才登录培训平台,并且时常连续几天或一个星期都不见踪影。这毫无疑问地严重影响了培训的总体质量。因此,要充分调动学员的积极性,既要发挥辅导教师引导、指导、辅导、督导和疏导的作用,也要项目负责方不断提升课程的质量,并适度提升其评价标准。

培训效果不单是一个学习效果,更重要的是要发生培训迁移,即学员培训结束后,能够提高个人绩效和组织成果。培训不是单纯的指受训者在培训过程中学习、获得知识和技能的过程,它还包括受训者在迁移情景中运用这些知识和技能的过程。受训者回到工作岗位之后,如果缺乏必要的管理和支持,培训的绩效也会迅速下滑,有时甚至会低于参加培训前的水平,受训者很快就退回到培训前长期以来已经形成和适应的工作行为与习惯。

三、完善培训模式

培训考核只是促进教师学习的一种手段,但又是保证培训效果的关键环节之一,科学合理的考核方式可以使培训效果得到最为有效的保障。有资料表明,现代远程培训条件下的考核工作将分为两个阶段:第一阶段是远程学习过程考核,要求学习者将其学习过程、体会、思考、感悟、发现的问题及解决问题的思路与策略形成一个学习报告,作为第一阶段的考核依据;第二阶段是实践考核,结合学习者的学习报告,检查其解决问题的实践及成效,以学习者教学行为的变化程度评价这一阶段的学习成绩。最后综合两个阶段的考核情况,评定学习者的课程学习成绩。这样的考核办法能够有效避免卷面考核的弊端,较好地引导学习者从自己的实际需求出发学习远程培训课程资源,深入反思,切实解决课堂教学问题,有效提高教育教学能力,促进教育质量改善,真正达到培训考核的目的。

在培训过程中,培训机构可以通过远程测试和其他一些相关的数据、信息来对学员的学习情况进行监督与规范。例如,可以通过课后作业、结业考试来监控学习效果,通过在线时间、课堂笔记、发帖数目来监控学习过程。而且在对学员的学习情况进行统计时,不仅应该掌握"量"的多少,还应该注意"质"的程度,使"质"和"量"达到统一。在充分掌握学员的学习进度、讨论频率、交流深度、作业情况等以后,因人而异地督促学员进行学习。同时,教育主管部门要制定落实激励措施,把参加培训的情况与职称评定、评优评奖等活动结合起来,物质奖励和精神奖励双管齐下,激励广大教师主动参加远程培训,从而达到调动教师学习积极性,增强培训效果的目的。

培训考核还可以将校本教研纳入进来,作为评价内容之一,由学员单位主管领导参与评价,促进教师积极主动参与学习,同时也借助"国培计划"提升校本教研质量。通过在"国培计划"远程培训平台上浏览学员提交的主题研修成果,可以有效区分积极参与式的学员与消极应付式的学员。积极参与学习的教师所提交的材料能充分体现反思、实践及实践性知识生成和发展的过程,而消极应付学习的教师则停留在"复制"理论知识和他人经验的层面上。因此,最能体现教师实践性知识生成和发展过程的校本教研应该成为远程培训考核评价的内容之一。考核还应明确规定由学员单位主管领导根据学员在校本教研活动方面的表现评价学员的培训学习成绩,以此督促学员结合日常教学实践和教研活动开展基于行动研究的主题研修活动。当教师看到主题研修与提升学校教学质量和自我价值有着紧密的联系时,他们遇到困难会主动寻求帮助,学科专业引领工作因此可以更好地发挥作用,校本教研质量由此也可以得到进一步的提升。

四、调动教师积极性

在培训期间可以组织专家对某一专题进行点评,可以是对一个教学名师课件的点评,也可以是对学员课件的点评,由专家引导学员每次对一节课进行点评,点评同构异构,创新课堂教学的模式。专题也可以指由学员提出的教学中的重点问题、疑难问题,还可以是针对某一个具体的教学研究课题设计思路的讨论。通过这种由引导学员积极发言到专家总结性点评的模式,激发学员研究教学的热情,促进每位学员迸发新思想。在远程培训中,学员与专家团队、学员与辅导教师及学员与学员之间的思想交流是最关键的一个环节,也是学员获取知识技能的关键,只有在交流与碰撞中才能闪现智慧的火花。

许多一线教师由于日常教学任务繁重,忽略了对教学的研究。有些中学,特别是重点中学的教师开始觉醒到教学研究对于教学工作的重要性,对要求培训论文写作的呼声很高。有些学员在写论文时无法下手,主要是由于很少读文献。在培训中引导学员发现自己教学中最迫切需要解决的问题,通过"发现问题—提出问题—探究问题—讨论问题"的研究模式引导学员学会研究教学中的问题,提出自己的观点和解决的方法,写出初稿,专家指导,逐步培养学员养成在教学实践中反思、勤于动笔、经常读文献的良好习惯。让思考和写作成为一种习惯,从写论文中体会到不仅仅是一种过程的辛苦,更多的是成功的喜悦和思考的乐趣及由此带来的工作热情。

拓展阅读

继续教育学习感言

小学教师继续教育是教师教育的重要组成部分,是提高全体在职小学教师整体素质和促进教师专业化的有效途径,也是全面实施素质教育的关键。对于继续教育学习,只要我们积极、主动地参与。学习期间,应与实际相结合,不断地实践,取得更大的进步。不断地提高自己的教育教学能力,让我们与网络研修同行,让网络研修因我们而精彩! 我认为有效教学的核心就是教学的效益。所谓有效,主要是指通过教师在一段时间的教学之后,学生所获得的具体进步。具体表现在:学生在认知上,从不懂到懂,从少知到多知,从不会到会;在情感上,从不喜欢到喜欢,从不热爱到热爱,从不感兴趣到感兴趣;在学习态度上,从"要我学"到"我要学"。我们要努力从以下几方面入手:

一、从不同方面了解学生

教学是师生交往互动的过程,在这个过程中,学生原有的知识经验、能力水平、个性特点和兴趣爱好等因素必然影响着教学进程和活动的展开。因此,我们要充分了解每一个学生的实际情况,充分考虑到课堂上可能会出现的情况,有针对性地进行预设,以确保课堂生成的空间。教育无小事,一个细节可能会影响一个孩子的一生。一个教师最可贵的品质在于他能从日复一日的教学生涯中领悟和体会到教育的真谛,开掘出散发着新鲜芳香、体现着高尚情操的教育细节。学生是具有极大可塑性的个体,是具有自立发展能力、充满创造力的生命体。概括地说,教育的真谛在于启发自觉,在于给心灵以向真、善、美方向发展的引力和空间。

二、给学生营造利于能力发展的教学环境

课程拓展的学习领域为课堂带来多方面的内容和信息,同时也要求课堂必须具有吸引孩子学习兴趣的推动力。只有在课堂创设多元化的情感空间,才会使能力的形成融汇于统

一的整体布局中,才会使学生在充满情感、美感和想象的教学情境中不断体验,从而发现学习的乐趣。教师是学生成长的守护人。我们应将教师角色定位于学习者、研究者、实践者。教师首先是学习者,不仅要善于向实践学习,向理论学习,而且要向学生学习。教师是研究者,带领学生主动积极参与科研课题的研究。教师是实践者,实践的内涵是"变革"。

三、针对问题,让学生在情境中做学问

在课堂上提出问题很容易,但要提一个好的问题很难。在问题设计上,应尽量与学生日常经验相联系,力求有实用价值;具有开放性,以便拓宽学生的学习空间;设置在学生的最近发展区,让学生在"跳一跳,摘果子"的过程中获得学习过程的体验。就人格而言,无论在任何时代、任何地域、任何学段,师生之间都应该是天然平等的。教师和学生不但在人格上、感情上是平等的朋友,而且也是在求知识的道路上共同探索前进的平等的志同道合者。

四、通过活动,让学生在自主、合作中交流

课堂应是学生们亲身经历发现、体验、探究与感悟过程的课堂,学生们的主动参与使课堂变得生动,充满生机。同时,课堂也是生生互动、合作交流的课堂,合作意识的树立、合作能力的培养都蕴含在教学之中。在教育中,教师要用自己的行动去感染学生,要用自己的言语去打动学生,把自己对人或事的真情实感流露出来,以此使师生间产生心灵的共鸣。学生只有感受到教师的善良、真诚和爱心,才乐于听从教师的教诲。正所谓"亲其师,信其道",教师要抓住机会,适时地把自己的喜、怒、哀、乐表现给学生,与学生通过交流达到心与心的沟通。教师的语言要有魅力,要富有人情味、趣味,同时又要富有理性,只有这样,才能让学生愿意接受,达到教育的目的。暖人话语,滋润心田。温暖的话语,可以使学生深深感到教师真诚的关爱,从而拉近师生的距离。教师对学生还要有一种充满责任感和理智感的爱,这种爱就是严格要求,严而有度,更要严而有理。

五、分块教学

在传统的教学中,教学设计往往环环相扣,步步为营,问题一个接一个,时间计算合理精确。这样的设计是牵制课堂教学的无形的绳子,让教师与学生围着它团团转,束缚了学生的思想。现在提倡让教学设计粗放些,从僵化的、呆板的线型设计走向灵活多变、有广阔发展余地的板块设计,为课堂的动态生成保留空间。所谓"板块教学设计",即充分预想课堂中可能出现的每一个问题,然后将解决问题的应对策略附于其后;甚至设计几个不同的板块,这几个活动的板块可以根据课堂的需要随时穿插、变化。

六、让学生自行探究,学以致用

为激发学生的主动探索精神,培养其独立思考与创造性解决问题的能力,教师在教学中要为他们充分发展创设宽松的环境和氛围,还要尽量创设一种类似于科学研究的情境,通过学生自主处理问题,猜测、操作、试验、调查、信息搜集与整理、表达与交流等探索活动,获得知识、技能、情感与态度的发展。

(摘自百度文库,有改动)

第六章

中小学教师远程培训的发展趋势

第一节　课程资源立体化

课程资源是指课程要素来源及实施课程的必要而直接的条件。课程资源的结构包括校内课程资源和校外课程资源。校内课程资源，除了教科书以外，还有教师、学生，师生本身不同的经历、生活经验和不同的简历、学习方式、教学策略都是非常宝贵且直接的课程资源，校内各种专用教室和校内各种活动也是重要的课程资源。校外课程资源，主要包括校外图书馆、科技馆、博物馆、网络资源、乡土资源、家庭资源等。

有学者根据课程资源的功能特点，将其分为素材性课程资源与条件性课程资源，并对课程资源的概念进行了广义与狭义之分：广义的课程资源是指有利于实现课程目标的各种因素，狭义的课程资源仅指教学内容的直接来源。还可以根据其他的角度划分为社会资源与自然资源，人力资源、物力资源与财力资源，纸质资源与电子声像资源等。由于划分标准多样性，定义也就不同。校内课程资源可以包括素材性课程资源和条件性课程资源，校外课程资源也同样包括素材性课程资源和条件性课程资源。

一、远程培训课程资源具有开放性的特点

远程培训打破了传统培训模式在时间和空间上的限制，具有明显的开放性特点，它使远程培训不再受地域和人员的限制，而且教学方式、教学内容也都是开放的，这对偏远地域的教师培训尤为有利，对促进我国整体教育水平的提升十分重要。课程开发者在选择课程内容时要尊重教师已有的知识经验和专业发展需求，摒弃学术性、理论性过强的章节。只有考虑到中小学教师教育教学实践中的真实问题，才能吸引教师的积极参与。当前，"文本教材＋配套光盘＋网络培训平台"三位一体的立体化教材建设模式已成为一个发展趋势。教师远程培训中的课程发布可以采用这一形式，为参训教师提供一个更为灵活的课程学习方式。

二、优化远程培训课程资源

首先，加大开发更加适合本地教育状况的远程培训课程资源。为使远程培训更有针对性，应当组织专门人士开发适合本地中小学教师实际状况的培训课程资源。需要注意的是，

开发远程培训课程资源"要以为教师提供具有长期性的知识拓展支持、教学技能训练支持、研究与创新能力提高支持、完善人格塑造支持及满足教师多元兴趣需要为重点"。培训资源应该贴近教师的教育教学实践,增加课堂教学实例,提高培训内容的针对性和实用性。

其次,开发适合教师远程培训的文本资料。由于教师在日常工作中不但要上课、备课,而且还要批改作业,因此不能有大量的时间上网;另外,受年龄、精力的限制,教师如果只是网上学习的话,学习效果难以保证,因此有必要开发一套适合教师远程培训的文本资料,而且要注意学习资料的实用性。

再次,促进优秀远程培训课程资源的共建共享。建立优质教师远程培训课程资源精品库,逐步构建优秀远程培训课程资源共建共享的网络体系。强化和其他远程培训机构的合作交流,共同开发优秀的远程培训课程资源,搭建优秀的培训资源联盟,做到资源共享,避免远程培训中各地培训资源建设重复的问题。在培训课程资源的共建共享问题上,要做到"只有经过教育部授权组织、评审并推荐的优质的教师培训课程资源,才可以在全国范围推荐使用;只有经过省级教育行政部门授权组织并评审的教师培训课程资源,才可以在本地区范围内推荐使用"的原则。

总之,要不断完善远程培训课程资源,采取各种方式使培训资源更加多样化,如教育部门专门购买、专业人员开发或是引进优秀的教育资源等,要把优秀远程培训课程资源的建设问题纳入当地政府的教育规划中。只有综合各方实力尽力开发远程培训资源,对现有的培训课程资源进行整合优化,提高教师远程培训的针对性和实效性,并做到共享优秀的远程培训课程资源,才能使中小学教师远程培训的培训效果更加落在实处。

三、立体化课程的基本内涵

信息技术的发展利用现代教学观念的转变,为教材资源形态的演进提供了技术和理论的支持。随着信息技术在教育领域中的广泛应用,中小学教师远程培训的教材也相继出版,还有与传统文本教材相配套的各类电子教材或网络教学资源,我们要开发建设立体化教材。与传统教材相比,立体化教材更加重视运用计算机、网络科技等现代教育手段来构建教材体系;它并非单纯为现有文本教材配套电子出版物,而是以课程为核心来整合已有资源。立体化教材建设一方面拓展了教学资源的形态结构,但更为重要的是,它也同时拓展了课程教学的时空结构和活动方式,并使得课程、教材、教学与科技时代发展同步,学习过程与社会交往和现实生活联系得更加紧密和便利。

所谓立体化课程,是指基于信息化教育环境,将数字化学习资源、虚拟化网络空间与传统的课程资源及教学活动有机结合,师生之间利用学校、课堂、网络、通讯、生活实践等活动方式,将知识学习、经验建构和社会体验联结为一体的课程与教学过程。从表面形式来看,立体化课程仿佛是立体化教材发展的结果,而从实质上分析,无论立体化教材还是立体化课程,都是现代信息技术与课程教学相整合的必然产物。立体化教材主要局限于课程资源的媒介形态层面,而立体化课程则体现了信息技术与课程整合深度发展的结果,它是基于现代信息文化和技术环境的课程发展与变革。它不仅仅是媒体资源、时空环境和活动组织形式等课程形态的技术化发展,而且是课程的目标、内容、方法、评价等价值维度相应性变化。

课程立体化是信息化教育发展变革的重要趋向。教育信息化背景下的立体化课程变革,涉及课程过程的所有环节和要素,包括如何把信息技术融合学科教学之中,如何利用技术支持改变学校教学和学习方式,如何利用技术来设计、开发、管理、应用各种教学资源和学习过程,如何基于信息化环境开展课程整合及建立课程教学与社会、生活之间的联系等。

四、立体化课程的特征

1.资源形式多样化特征

资源形态多样化是立体化课程的主要特征。传统的课程包括呈现内容的主教材、帮助教师讲解教材内容的参考书、辅助理解知识的学习辅导书,但大多数是以文本(纸质)的形式呈现,在对直观内容的表达、声音效果或演示事物变化方面往往不能体现。立体化的课程打破这种形式,以多样化的资源形态提供教学内容与教学程序。资源形态多样化表现在两个方面:一是课程内容呈现多媒化,课程内容既可以通过传统的文字、插图等形式表现,也可以通过动画、视频、网络流媒体等数字资源形式呈现。二是教材形式多样化,具体到某一门课程,教材既包括纸质的文本教材,也包括用多媒体学习光盘、在线网络课程等形式,为学生的学习提供参考资源。

2.时空结构特征

传统课程规定的教学时空结构即课堂教学结构,是师生在面对面交流中完成教学过程,实现教学目标。教育信息技术的发展尤其是多媒体与网络技术、虚拟仿真技术的发展,扩展了教学的时空。在原本真实课堂教学的基础上,增加了基于网络的实时与非实时教学、基于网络的学习社区、基于真实生活经验的学习实践等。

3.内容特征

立体化的课程内容选择以学习者为中心,精选学科内容,打破以往以学科为中心的课程内容结构,将信息能力的理念与方法整合到其中。立体化的课程在教学活动的组织上采取自主探究、伙伴协作等方式,如 Web Quest,教师并非像传教士般游说学生,而是选定主题,以任务驱动学生自主探究,利用网络搜集、整理、鉴别、加工有关学习信息,整个教学过程几乎不存在严格的步骤,教学过程与结果是师生相互交流最终生成的。当前立体化课程的信息呈现方式也各式各样,除了文本教材外,还包括教学资源库、专题学习网站等,教学资源库既可以实现课程内容的检索,也支持师生输入数据,扩充完善教学资源。专题学习网站则将课程内容和教学组织与网络环境有机整合,教师通过阅读网站的资源或链接学习某一专题的知识,学习的结果不断地被加入到网站中,网站内容不断生成,其教育性、科学性也不断提高。

4.实施特征

传统的单一性课程(如纸介课程,甚至是线性的电子图书、静态的网络文档)在传递知识中起到了重要的作用,但是在对于教学的适应性方面差强人意,很少考虑不同学生知识背景、学习目标、兴趣偏好等因素的不同而引起的对课程材料的不同需求,更没有考虑到学生的个人特征会随着其学习进展而发生变化,一般是所有的学生面对同一份静态的超媒体文档。以这种方式组织的课程很难体现因材施教,不利于提高学生学习的积极性。在立体化课程的构建中,可以通过适应性超媒体技术、虚拟现实技术等,在教学内容构建与呈现、教学活动组织等方面适应学生个性和学习风格,根据学生的认知特征提供恰当的学习建议,最大限度地适合学生的种种特征，为每个学生提供最适合的学习环境。

拓展阅读

新课改下的素质教育心得

素质教育已经被提及很多年，但是长期以来在"办人民满意的教育"被曲解成"考高分"的状况下，我们教师已经被动地变为加工"标准件"的工人。对学生"车、铣、刨、磨"，使我一度忘记了自己作为一名数学教师，首先应是一名关注学生心灵导向和人格塑造的教师。自责中看到新课改倡导的理念与教学方式，使我更加认识到学生全面素质的提高是我们的首要任务，更加确信教育可以改变家庭和世界的未来。下面谈一谈我在分组讨论式教学模式中提高学生整体素质方面的心得。

一、通过合作学习，培养学生互助意识、集体荣誉感

有人说，"一个中国人是条龙，三个中国人是条虫；一个日本人是条虫，三个日本人是条龙"，这就是在讽刺中国人在合作意识上的缺失。我们经常看到中国运动员在举重、跳水、乒乓球等单项赛事上夺冠，而在集体项目如篮球、足球上却屡次让国人失望，这些现象足以让人深思。随着信息社会劳动组织趋于小型化，劳动中互相协作、彼此直接交往的机会大大增强，劳动者的人际关系技能和状况将对他的劳动机会产生直接影响。我曾经听说过一件这样的事：一个中国工程师去一家美国公司应聘，试用期间，充分发扬中国人的传统美德，早来晚走，甚至休息日也来无偿加班，结果试用期满后却被解聘，理由是只知道自己工作，不懂得团队协作。我想，重塑民族形象应从每一个教育工作者开始，那我就从合作学习开始吧。当学生有较高的集体主义观念时，他们合作的积极性和主动性就会空前地高涨，在学习的过程中就会更加地投入，合作的效率就会更加提高。所以要想培养学生合作学习意识，就要培养学生的集体主义精神，让他们意识到合作学习的实质意义。如果学生没有一定的集体主义精神，在合作学习时学生就会过分强调表现自己，不愿意与其他的同学共同完成，尤其不愿意和差生在一起合作学习。在合作学习的过程中他们各自为政，讨厌甚至排挤差生。这样的合作学习就变成了形式上的合作、个别人的活动，而那些差生就根本无法参与到合作学习中。为此，要让合作学习落实下来，就必须培养学生的集体主义精神，对个人评价改为对集体成绩评价，从而让学生在思维中形成"集体最重要"的观念，让学生意识到如果整个小组的成绩不好自己的成绩也会受影响。这样在合作学习时那些优生就不会只顾着自己的表现，而且更关注小组的成绩，更不会去厌恶和讨厌差生，而是主动地去帮助他们一同进步。例如，在高一讲概率统计时，我有意安排一些竞赛，看哪一组的平均分与方差算得快，并且对学生进行了分工，每组两人进行读数，两人进行计算器操作，另两人进行结论分析，而学生们具体安排时更是各取所长，读数的、记录的都进行了充分发挥，最后给最先得出结论的小组以奖励，肯定集体成绩。在此基础上，我还常在教学的设计中故意留下一些难度大的、有合作价值的题目，为学生提供合作的必要条件。这样一来，学生们会发现"合作真好"。合作是解决难题的一个好途径，当自己解决不了问题时，学生便会自然而然地想到合作学习，从而合作的意识在日常的学习中就会慢慢地强化,由老师要求他们合作变为他们自己想合作,合作的主动性就逐渐养成了。

二、通过合作学习,使学生更加相信群体智慧大于个人智慧

在讲统计时,为了让学生更好地体会平均数与方差,我做了一个课前作业布置:让同学们以组为单位,分工合作统计本校高三成绩,竞猜今年高考分数线。课上我引入了一个例子:1906年的一天,英国科学家伯明顿在一个乡村集市散步时偶遇"猜重量赢大奖"比赛,一共有800人想碰运气,其中有屠户、农民及更多外行。当竞猜结束,伯明顿将所有竞猜者估计重量记下来并计算平均值,结果会是多少呢?他认为一定与标准值相去甚远,毕竟外行占大多数,但他错了。大家猜想的平均值为1197磅,事实1198磅。他总结群体判断的准确性比预想的可信,同学们听后都若有所思。紧接着我结合1968年美国潜艇"天蝎"号在北大西洋失踪,为此美国海军进行了20英里宽、数千英尺深的环形海域搜索,但仍一无所获这一事件,以小组为单位展开讨论,研究方案。之后公布答案:当时有一个人提出了一个与众不同的方案,他召集了包括数学家、潜艇学家和搜救人员在内,让他们猜测,最后从他所有答案进行综合分析,终于发现了潜艇沉没地点,再次肯定了群体智慧。这次同学们若有所悟。接下来与当时的方法相对比,评选了一下最佳小组方案。统计中的知识目标与德育目标就此完成。最后收集课前作业——小组评估高考分数结果,拭目以待的今年的高考分数线一下子成为同学们接下来的首要任务,关注高考成为从没有过的渴望。我想这也算是一项教学目标的达成吧。像这种切实联系数学又结合生活的例子可以使学生相信群体,更加热爱生活、热爱数学吧。无处不在的数学使学生们感到了数学的强大、合作的伟大。了解数学、了解数学文化是我经常在教学中提到的。例如,讲概率时我又进行了一次这样的提问:如果一件事成功率为1%,那么反复100次至少成功一次的概率是多少?备选答案:10%,23%,38%,63%,结果当然是他们没料到的63%。同学们大惑不解之时,也正是开始实施成功教育之时。数学使学生们了解了"三角最难搞,开方不可少,人生有几何,性命无代数",这样的人生体验也会有"悲伤双曲线"那样的人生感悟。

三、通过合作学习,培养学生相互倾听、相互尊重

我们现在面对的是"90后"学生,很多学生过分自我,追求个性,最缺乏倾听的品质和习惯。而"听"作为一切语言交际活动中最重要、最基础的环节往往在教育中被忽视。听作为获取信息、探求新知的主要渠道,我想我们有责任帮学生疏通、打开,让学生学会平等、尊重、承担责任远比教会学生做若干道题重要。因此在小组讨论中我关注每一位组员的参与情况,不让每一组的优生观点代替小组其他成员的意见,讨论结束后让小组成绩一般的同学发表观点,让同组优生提质疑。刚开始的时候经常相互打断,当成绩不好的同学观点幼稚,不能解释质疑时,其他同学就会有一些不友好的声音表现出来。于是我就让一组成员提观点,另一组成员提质疑,这样把问题确立在组与组之间。换位思考之后,学生就学会了相互倾听与尊重,使本组成员的观点得到重视,同时其他组成员的质疑也受到重视。一段时间后,学生明白了同学之间是合作学习的伙伴,他们的交往应该是平等的、宽松的、自由的。当别人发言时,你的作用只是协助对方并专注于他的思考和表达,不要轻易打断同学的发言,要学

会尊重和欣赏他人。只有这样，才能满足每位学生交流的自尊心，充分调动学生相互交流的积极性。

四、通过合作学习，培养学生学会创新、相互欣赏

我们的学生长期以来处在标准答案的框架中，我们老师也经常将学生往这个框架里撵，导致学生不愿与老师在知识上争论，经常默认老师的观点与方法。学生不会创新与质疑是我们旧的教学方式所导致的。学生的相互评价过程，既是学生相互激励、导向的过程，又是学生自我反思、自我认识和自我发展的过程。要使每个学生在交流活动中都能得到充分的发展，在学习交流中教师首先要教育学生能用尊重和欣赏的态度去倾听同学的发言，引导学生学会客观地、合理地评价别人的观点和想法。互评时，不能只挑对方的毛病，以找别人的缺点为乐事，而要善于捕捉别人发言中有价值的信息，再与自己的思考方法和解题思路自觉进行对比，并从中受到启发，打开自己的思路，取人之长补己之短。为了培养学生质疑能力与创新能力，我经常在中等学生进行黑板演示之后，让另一组学生提质疑并讲解。刚开始，学生为了相互利益不好意思挑毛病、给低分，也就是在解题规范性上下功夫，在没写"解"与"答"的小问题上使劲，使教学达不到深度，提不出有价值的质疑。而且关注的焦点往往对准了学习结果，即那些可以量化的东西。同时我还发现，现在的孩子大多是独生子女，在进行学习时往往缺少应有的自信心和渴望成功的欲望，凡事从兴趣出发，稍遇挫折就灰心丧气、停滞不前，而且不会与人进行合作，不能把自己的想法与大家交流共享，即使勉强能够表达出来，但是在表达的过程中总是显得底气不足。开始的想法很好，在实际操作中又觉得漏洞百出，最终造成了不敢想、不敢说的局面。为了广开言路，课堂上我以辩论赛的形式将学生分成一辩、二辩、三辩互相提问，探寻最佳方法。有的同学更以多种形式查找问题情境，并用多媒体给大家展示出来。例如，最近在讲古典概率时对有关概率的公平性进行讨论，有一位同学拿出了一段视频，内容就是世界杯开场时用掷硬币的方式来开球。有的同学对掷两枚及多枚情况提出了质疑。问题逐层递进，同学间相互欣赏，对奇思妙想的同学更加钦佩。课堂立刻有了生机，思维空气日益浓厚。另外，在教学中我常将自己置于"无知"的境界，如讲三角时我经常用最通用但有些麻烦的公式来求值，给学生预留空间来评价、创新，加强了基础的同时，丰富了解题思路。当学生已经养成主动评价的习惯后，我会强调使用一些课堂用语，如"我认为××同学说的……""我给××同学提个意见……"等来提高学生的修养。学生的自我评价能力逐步走向成熟。只要我们给他们表现的机会，他们就可以最大可能地展示自我，继而完善自我。

新课改中我也会遇到一些困惑，但我相信：课改不一定能提高学生的考试成绩，但一定能提高学生的综合素质。在"不求人人成功，但求人人进步"的理念下，我想我们教师能成为真正的人类灵魂工程师。

（袁晓娜，人民教育出版社课程教材研究所网，2012-02-03，有改动）

第二节 师资队伍专业化

随着以计算机为代表的现代信息技术的不断发展,以多媒体技术为代表的信息化教学手段在中小学课堂上得到了广泛的应用,这就要求应不断提高中小学教师的专业化水平,国家也对中小学教师提出了教育技术考试要求。在"海西教育网"中小学教师远程培训项目中,就适时推出中小学教育技术(初级、中级)远程培训,在线培训与国家考试进行结合,一举两得。通过调查发现,更多的中小学教师倾向于选择"远程培训"的培训模式,还有很多人认为面授培训的方式应当与远程培训实现有效的结合,如果单纯采取面授培训的方式,已经变得越来越缺乏吸引力,也不利于教师培训效果的提升。随着教育改革的不断深入,要求教师必须不断提高自身的教育技能,尤其是农村教师,一定要及时转变教育观念,掌握更广泛的教育内容和教育方法,实现教学手段的多样化,这就要求培训机构和组织者多加强现代培训手段的应用,借助远程培训系统更好地满足教师在继续教育方面的需求,为当前的教育改革创造更好的条件。

一、师资队伍专业化的要求

高质量的教师远程培训需要有一定数量的专业学者充实到培训队伍当中,教师对培训质量起着至关重要的作用。在教育改革新课程标准颁布实施之际,需要不断提高专职培训人员的综合素质,使其能够掌握最新的教育政策和教育理论,做好教师远程培训的指导和管理等工作。只有这样,才能更好地对受训教师开展指导和帮助,使受训教师能够及时树立正确的教学观念,掌握最先进的教学方法和手段,带动受训教师综合素质的不断提升。

远程教育教师应该按照高标准来严格选拔,制订较高的资格条件。教师团队应由高校研究教学法的知名专家、教授和一线中学的特级教师、高级教师、教学名师及教研室的专家组成,也可以邀请一些名牌大学的院士、学者等和学员做网上集中交流,以便教师能针对教学中出现的问题,提供合理的解决意见或建议,为学员指点迷津。辅导教师与学员沟通的方式要多样化,一些学员提出的教学中常遇到的典型问题、疑难问题,可由专家引导大家来一起讨论解决。

在远程培训中,远程教育教师的日常工作可分为教学与管理两部分。远程教育教师的主要职责为:系统学习、研究所承担课程的内容;跟踪并记录学员的学习情况,督促、引导学员按时完成学习任务;及时批改学员提交的作业;定期发布班级公告;组织学员进行在线研讨,发表主题帖,并及时回复论坛研讨交流中学员提出的问题;为学员提供优质的学习资源;及时提炼、归纳学员的提出的典型问题和疑难问题并反馈给专家;编辑、提交班级学习简报;撰写班级总结报告;等等。

二、国内外的教师专业化发展

英国为各个层面的教师群体在专业理念、专业知识、教学水平等方面分别设置了国家标准,以及关于教师可以根据个体发展需求设定个人专业发展目标与行动计划的一些规定。

（一）设定宏观目标

有效的教师专业化应该是一个贯串个人职业生涯,有计划并且持续的发展过程,它把个人的学习目标和学校的发展目标有效地结合起来,以此来实现学生的学习目标,满足教师的专业发展及实现其人生理想。因为社会的不断发展,英国对教师专业化发展的目标也不断做出调整。英国教育家霍勒在《教师的角色》一书中最早对教师专业化提出六条要求:第一,履行重要的社会义务;第二,系统的知识训练;第三,持之以恒的理论与实践训练;第四,高度的自主性;第五,经常性的在职进修;第六,团体的伦理规范。1983 年,英国政府发表了《提高教师质量》的白皮书,明确指出了英国教师专业化发展的三大目标是:第一,迎接时代挑战;第二,教师自身素质和职业发展的需求;第三,教师作为研究者的需要。近年来,英国又提出"完整型"教师培养目标。所谓"完整型",指教师优良的个人品质、精湛的教育教学技能和较强的学习能力三要素相结合、相统一。

（二）建立国家标准

英国政府为各个层面的教师群体分别设置了国家标准,在专业理念、专业知识、教学水平等方面有严格的规定,从制度上保证了教学质量的提高,分别包括学校校长、合格教师、新入职教师、特殊教育协调员、特别教育教师、学科领导人等。教育技能部也为高级教师和达标评估设置了标准。早在英国 1983 年的政府白皮书《提高教师质量》中就提出,教师应具备如下三个方面的素质:第一,适宜的人格品质;第二,适当的学业水平;第三,足够的教育专业方面与实践方面的知识和技能。

（三）根据需求设定专业发展目标与行动计划

教师成长的过程是一个动态的过程,个人受各种因素的影响,需求不同,特定时期的目标与计划也不同。在全国宏观目标与标准指导下,学校、培训机构或者教师个人既要有长期的专业成长目标和行动计划为发展提供方向与指南,也要有短期的专业成长目标和行动计划便于操作与实施。英国教师专业化发展都列入了学校发展和校长工作计划,在制度、时间、经费、人员、场所等方面提供保障。英国学校通常会制订整体师资队伍的 5 年专业化发展目标与行动计划交与学校董事会讨论研究后执行,也有年度的专业发展目标计划供有关人员具体操作,这样,教师、学校和培训机构都有很强的目的性和方向感。为了使新教师的入职培训更有效,指导教师必须帮助新教师对目标做全盘考虑,必须顾及新教师具体的学校工作环境和他们的个人基本需求及早设定目标,每半学期对目标进行考察评定,促进目标达成,使新教师对自己和所教学生具有很高期望。同时权衡新教师的实力与其发展领域的关系,灵活应对新教师的需求变化和发展进度的起伏波动,调整专业发展目标与行动计划,通常这类目标都具有挑战性、现实性、精确性等特点。英国虽然统一了国家培训标准,但会根据个人需求尽量避免大一统的在职进修模式。

从研究的历史进程来看,教师专业发展研究经历了从探讨"教师职业是否专业""教师是否是专业人员"到"教师专业化",再到"教师专业发展"。研究的基本思路是:首先由美国和联合国教科文组织有关文件提出教师专业化问题,然后介绍社会学家提出的判断专业的标准,最后是教师专业发展的措施。从历史发展的总趋势来看,教师专业发展及其研究经历了由被忽视到逐渐关注,由关注教师群体专业化转到教师个体专业发展,由关注专业发展的"外部"环境和社会对专业地位的认可转到关注"内部"专业素质提高的过程。从研究的内容上来看,不同的人从不同的视角对教师专业化的内涵、专业结构、教师专业化发展过程以及教师专业化发展培养模式、促进方法等做了研究,但教师专业发展研究的焦点主要集中在两个方面:一是教师实际经历的专业发展的变化过程,侧重研究教师专业发展体现在哪些方面、各个方面发展要经历哪些阶段、各个方面的发展是否有关键期等;二是教师专业发展的促进方式,研究在教师专业发展有关观念的指导下,给教师提供哪些以及如何提供外在环境和条件,才能更好地帮助教师顺利走过专业发展所必须经历的诸个阶段。具体来看,有从宏观上探讨教师专业发展过程的,如傅道春、叶澜、游小培等的研究,也有从微观上关注教师的专业结构和专业发展现状的,如李渺、毕秀国等的研究。总的来看,理论研究得较多,实践研究得较少。

三、远程教育师资队伍专业化发展的必要性

(一)角色的多元性

爱尔兰学者基更在《远程教育基础》一书中,提出远程教育是以学的行为和教的行为在时空上分离为特征的。在以此为特征的教学环境中,教师的角色及作用得到了根本性的转变。首先,远程教育教师角色的突出转变体现为从传统教育中的讲授者和权威者的角色,转变成远程教育中的学习引导者和朋友者的角色。教师不再经常出现在课堂讲台上,而是从讲台走向网络,"讲"变成"导"的一种方式,使得"导"变成"讲"的灵魂。其次,远程学习是以学生基于各种学习资源的自主学习为主,这必然要求远程教育教师充分利用各种传媒、网络平台为学生提供便捷的学习支持服务,为学生的自主学习充当助学服务员的角色。最后,远程教学面对的教学对象是兼学习、工作、家庭于一身的在职成人。虽然成人学生有一定的学习自觉性和自主学习能力,但烦琐的家庭事务、巨大的工作压力及纷繁复杂的社会诱惑往往会导致一些学员延误学习进程,耽误学业,甚至出现退学现象。为此,远程教育教师承担着鼓励并督促学员按时完成学习任务的职责,成为学员自觉自主学习的督导者与管理者。

(二)教育教学行为的多样化

教育教学行为是指教师按照社会对自己的角色要求,在履行教师职责过程中所表现出来的种种行为。作为教育活动三要素之一的教师,远程教育的特殊性必然要求远程教育教师的教育教学行为多样化。远程教育教师除了备课、上课、作业辅导、批改学生作业、评价学生学业成绩及教研、科研活动外,还需建设网上学习资源,录制视频课,制作 IP 课件,进行实时 BBS 与非实时 BBS 答疑,加强与课程主持教师的沟通协调等。而网上教学资源的质量状况是衡量远程教育教师教育教学效果的重要依据之一,也是判断远程教育教师教育教学能力的重要指标,对远程教育教学质量产生直接影响。

(三)教学活动的复杂性

瑞典学者霍姆伯格指出,远程教育中教师的教学功能主要有两个:一是设计、开发和发送多种媒体的课程材料;二是在学生学习时通过各类双向通信机制实现师生交互作用,为学生提供学习支持服务。从这一角度理解,教师开展一切教学活动应以实现这两大功能为出发点。从教学对象看,由于远程教育教师的教学对象是数量多、个体差异巨大且分布散、地域广的远程学习者,教与学的准分离状态,人际交互的相对缺失,使远程教学活动较为复杂,也给远程教育教师的教学活动带来了较多的不确定性因素。从教学活动的性质看,以互联

网为载体的远程教学的有效实施很大程度上依赖于远程教育教师对网络技术的掌握程度,这显然对远程教育教师提出了更高的要求。因此,如何利用网络的优势设计灵活个性化的教学手段,如何借助网络平台开展丰富多彩的教学活动,为学生提供各种人性化的自主学习支持服务是远程教育教师设计教学活动的题中应有之义。

四、促进远程教育师资队伍专业化发展的策略

远程教育师资队伍专业化发展应致力于促进其成为符合职业特色的,掌握远程教育教学理论并善于实践远程教育教学的专家,为远程教育教学质量的提高提供优质的师资力量保障。为此,促进远程教育教师专业化发展可从如下几方面进行探索:

(一)依据教师的专业成长规律,建立具有远程教育特色的教师专业化发展的长远机制

比较而言,在"一切为了学习者"的理念指导下,远程教育界对远程教学模式的探索以及如何处理教与学这对主要矛盾关注得更多,而对远程教育教师发展的关注似乎已经被遗忘。从人力资源管理的角度分析,在远程教育实践中,有两类重要的人员管理——学生管理和教师管理。就教师管理而言,教师的专业化发展是加强师资队伍建设的一个重要环节,对学校教学质量的提高起着直接的决定性作用。因此,重新认识远程教育教师专业化发展,重视远程教育教师专业化发展对远程教育教学的意义,作为具体的远程教育机构,电大应考虑自身的办学特色并结合自身的条件,建立教师专业化发展的长远机制。我国白益民博士从教师自我专业化发展意识所关注的重点和所达到的水平两个方面,提出"自我更新"取向的教师专业化发展过程,其包括五个阶段:一是"非关注"阶段;二是"虚拟关注"阶段;三是"生存关注"阶段;四是"任务关注"阶段;五是"自我更新关注"阶段。这对研究建立远程教育教师专业化发展的长远机制有重要的借鉴意义。依据白益民博士的教师专业化发展阶段,尤其是"生存关注"阶段、"任务关注"阶段和"自我更新关注"阶段,建立远程教育教师的专业化发展的长远机制应关注建立如下几个子机制:

1. 远程教育新任职教师的培训机制

从教师发展的角度来看,对处于"生存关注"阶段的新任职教师,建立远程教育新任职教师的培训机制,帮助新任职教师解决角色定位问题和加速理论与实践的"磨合",解决对远程教学实践的不适应问题。

2. 远程教育成熟型教师的竞争机制

对处于"任务关注"阶段的已具有一定能力,进入稳定、持续发展时期的成熟型教师,电大应为他们提供足够的机会,创造良好的环境,进一步激发教师自我专业化发展的意识,促进教师专业化发展的良性竞争。

3. 远程教育反思型教师的评价机制

对处于"自我更新阶段"的反思型教师,教师有意识地自我规划,以谋求最大限度的自我发展,电大远程教育应建立科学完善的教师评价机制,促进教师自我反省,相互沟通。

(二)开发远程教育特色的校本培训途径

教育理论家郑金洲教授认为,校本培训是指源于学校发展的需要,由学校发起和规划,旨在满足学校每个教师工作需要的校内培训活动。它既可以在整个学校的水平上进行,也可以在某部门或某一科目上进行,同时还可以在两三所学校间相互合作中进行。在现行的教育培

训体系没有设置专门针对远程教育教师培训机构的条件下,远程教育教师的专业化发展可以通过发挥自身的"造血功能",开发更多、更灵活的培训方法得以推进。

1. 建立远程教育教师网上 BBS 专题交流平台

开辟网上 BBS 交流平台进行专题讨论。在这个讨论区,教师们可以通过远程在线围绕专题畅所欲言,双方能感受到来自于对方的智慧挑战,从而形成自己以后研究关注的领域。

2. 搭建网上教师培训管理平台,建设网上培训课堂,拍摄视频培训课

这既能克服传统教育受时空限制的弊端,缓解远程教育教师集中培训的压力,又能从经济上降低培训成本,提高教师培训的效率。

3. 开辟教育微博,促进教师专业成长

教育微博已成为许多师生实现其教学互动目标的重要平台。基于这种认识,许多远程教育教师认为,教育微博是教师教学与专业成长的网上家园,是知识管理、行动研究、专业引领、教研互助的平台。在这个平台上,教师之间可以充分实现知识共享、教研互动,可以随时随地以文字、多媒体等方式,将自己日常的生活感悟、教学心得、教案设计、课堂实录、典型案例、多媒体课件等上传并交流,促进了教师个人隐性知识显性化。

(三)实施教师专业化发展需求测评,激发远程教育师资队伍专业化发展的成就动机

内因是促进事物发展的根本动力。实施教师专业化发展需求测评,激发教师专业化发展的成就动机是保证远程教育教师专业化发展的内在动力。根据美国心理学家阿特金森的成就动机理论得知,具有高成就动机水平的教师在远程教育教学实践中具有较强的专业化发展倾向,他们在追求专业化发展的过程中,不畏困难,努力达到目标,不断追求自我价值的实现。要真正有效促进远程教育教师专业化发展,应转变观念,把对远程教育教师的专业化发展看作成一种服务。教师是消费者,产品应该由消费者来选择,如何才能提供令消费者满意的产品,前提是对消费市场需求即远程教育教师专业化发展需求进行分析,并对需求程度进行等级测评。没有调查就没有发言权,只有通过调查才能真正了解远程教育教师的专业化发展需求,从而为提高教师专业化发展的成就动机水平做铺垫,鼓励教师开展所属学科的学术研究、承担项目、发表成果,并对自己参与的远程教育教学改革和实践活动开展有效的评估,及时反馈。对教师而言,实现专业化发展既是教师职业的必然要求,更是实现教师社会价值的重要途径之一。教师作为行为主体,只有把自身的专业化发展内化为从事教师职业的基本需要,其专业化发展进程才能得以有效推进。在远程教学实践中,一方面,作为外因的电大远程教育机构,应充分利用有利资源为教师的专业化发展提供各种机遇和平台;另一方面,作为内因的远程教育教师自身,更应在远程教学实践中勇于探索,结合教学进行科研创新,提高专业化发展水平,在专业化进程中由自觉状态进入自由王国,达到远程教育教师专业化发展的理想境界。

拓展阅读
教育大师的智慧照耀我前行

"我有一个梦想!"5 年前,一个 23 岁的年轻女教师像马丁·路德·金一样怀着质朴诚挚的心,向这个世界发出呐喊:我要让所有孩子的眼睛变得清澈明亮;要让所有孩子脊背挺直;要

让所有孩子脸上挂满笑容……

2005年9月1日，我来到了江苏省昆山前景中学，担任班主任。开学后不久，我就遇到了从未想到的困难。开学初的摸底考试，我才知道我所任教的班级是全年级各科成绩最差的班级。一周不到，班级里顽皮的学生开始"显山露水"，打架、抽烟、翻墙出去上网、上课睡觉等各种违纪行为接二连三地出现，我成了一个"救火员"，哪里有"火"扑向哪里。

在"救火抢命"的日子里，我开始反思，班主任不能这么做，语文不能这么教。我开始艰辛的追索之路。通过阅读，我与苏霍姆林斯基、杜威"对话"，与朱永新、魏书生"交谈"，新鲜的思想与深邃的教育智慧一直照耀着我前行的路。随着班级管理渐有起色，我渐渐找到了教育的感觉。然而，找到一种理想的课堂教学模式，改变学生被动学习的状态，改变学生压抑的生命状态，不仅是我个人，也是全体前景人一直在苦苦思索寻觅的方向。2009年4月，学校董事长亲率骨干教师去优秀课改学校参观学习，学校就此启动了高效课堂系列改革。作为业务骨干，我冲在了课改的最前线。整整一年，我似乎没睡过几个好觉，经历了无数次失败。经过摸索实践，前景的高效课堂改革渐成气候。

为了让青年教师快速成长，学校给我们提供很多外出展示学习的机会。2010年1月9日，我被学校派到清华大学，参加了由清华大学心理学系和北京师范大学共同组织的"撕碎教案、立地成师"辩论会，高效课堂的教育理念给会场带来了新春的气息，辩论会取得了圆满的成功。这种外出交流，让我在展示与竞赛中学习吸纳，并不断提升自己，幸福的感觉慢慢地将我包围。

5年的教学生涯，让我懂得：教育要有高度，当我们真正着眼于学生的终身发展时，对教育的理解会因此而改变；教育要有情怀，"从油锅里捞孩子"的前提是要学会自我拯救；教育要有坚定的信念，未来的路充满坎坷，一路披荆斩棘，靠的是对理想教育执着追求的信念。

（吴倩，《中国教师报》，有改动）

第三节　教学方式问题化

"问题化教学"是教师针对教学内容和教学对象设计出一系列问题，让学生在教师引导下带着问题自主进行探究学习，以获得知识和结论的过程，其本质是自主学习。它与现今备受人们推崇的研究性学习在本质上是相同的学习模式，是开启学生创造性思维能力，引导学生思考，对知识进行探究的最直接、最简便的教学方法之一，也是教师借以接受学生反馈信息，培养学生创新精神的一种有效手段。

一、问题化教学内涵

"问题化教学"是一种以学习者为中心的教育方法，它不但是一种课程的组织方法，也是一种教学的策略，更是一种学习的过程。学习者在学习的过程中扮演着积极参与问题解决者的角色，改变以往传统的填鸭式教学方法，是颇有成效的问题化教育模式。它不再是传授者与吸收者的单方向沟通，把学生当成"知识容器""考试工具"的教学模式，而是能充分地调动学生的主观能动性和创造性，有效地培养学习者发现问题、分析问题、解决问题的能力，更重要的是在这样的学习过程中可以锻炼学生团队合作能力和问题思维的教学模式。在全面推进素质教育、强调问题意识和实践能力的今天,我们应该引入"问题化教学"方式,毋庸置疑它是教育创新的有效途径。

二、教师远程培训中的问题化教学方式

在远程教育培训中,培训教师要设置教学实践中经常遇见的困难情境或提供适当的研究问题,以激发受训教师去思考。培训教师给出的情境或提出的问题:第一,要适合受训教师程度;第二,要适合受训教师的经验,使其能够运用自己的经验来解决;第三,要有探讨价值,使其能够获得有用的知识,养成科学思维的方法;第四,要切合受训教师的当前需要或未来学习、生活、工作的需要。情境或问题通过网络论坛公布出来,受训教师向教师咨询,或者和其他访客切磋,最后根据自己的兴趣、教学实际等确定自己的主题。这样会引起受训教师的共鸣、兴趣,使解决问题的需要成为学习的内在动机。受训教师在主题产生阶段可能会遇到一些诸如知道自己观点、缺乏论据又不知如何充实,对课题感兴趣却无从下手等疑难问题。培训教师可以利用网络优势将个人问题转化为公共问题,发动群体智慧,帮助他们确定研究的主题。培训教师还可以提供一个面向全体受训教师的空间——电子公告板或聊天室,让他们随时发表自己的观点,展示自己独到的视角和见解。有些观点会引起很多人的兴趣,从而产生争论,学员则能从争论与辩解中分析与思考,确定自己的研究主题。教师还可以指导受训教师撰写开题报告、设计课题,推荐合作伙伴共同完成课题。接着,受训教师通过网络或其他途径查找资料,确立完成课题应选择的方法、步骤,对课题的可操作性等做认真的思考和细致的设计,必要时求助合作伙伴的帮助。然后,受训教师将设计好的开题报告用FTP上传。这时教师可以将自己对此报告的意见和建议反馈给开题的受训教师(用E-mail、留言板等),并展开讨论。其他对此课题有兴趣的学员可以选择加入,与开题教师共同组成合作小组,商讨课题设计,确立课题。

三、问题化教学的特点

(一)从研究范围看,问题化学习中的问题涉及事实性问题、经验性问题、创造性问题等,因此是一种广义的问题解决

在学习理论中,与问题化学习概念最接近的是教育心理学中狭义的"问题解决"与"基于问题的学习"。在学习方式的角度看,三者并没有太大的差别,都是通过问题来建构自己学习过程的活动。但问题解决是指涉及高级思维水平的智慧技能,基于问题的学习侧重于复杂性、真实性、劣构性问题的自主合作解决。从学习的类型来说,问题化教学属于狭义的问题解决。

(二)问题化学习强调一种持续的学习行为,即围绕问题的学习是一种无处不在的连续状态

问题化学习通过一系列问题的解决,促进学习的有效迁移,实现知识的连续建构。它更侧重于研究一系列问题解决的学习行为,探索一系列问题之间的相互关系,研究这种有层次、结构化、可扩展、可持续的问题连续体的学习规律、教学策略、评价方式等,而不是单个问题解决的研究。

（三）学习通常以一个具有内在联系的问题系统而展开，问题系统内的问题与问题之间可以有不同的逻辑关系

教学的目的是让学习者把握问题之间的联系，理顺关系和思路。实践证明，了解问题系统内部问题间的关系有助于问题的解决。在课堂实践中，问题系统的表现形态通常可以是问题链（有层次的问题链，如记忆/理解/运用/分析/评价/创造的问题；或递进式的问题链，如解决老问题/解决新问题/解决疑难问题/发现新问题），也可以呈现一种集合状态的问题集，或是一种更为复杂的问题网。因此，问题系统可能是点状的数个问题组成的集合，也可能是线状的问题链，或是由两个维度建构的系列问题坐标；可能是不断生成的网状结构，也可能是呈中心发散式的放射系统。问题系统建构的维度可以是单维的，也可以是二维或多维的。

（四）与问题解决（提问教学）及基于问题的学习相比较，从设计取向上讲，问题化学习更强调以学习为中心

问题化学习不是学生中心主义，更不是学科中心主义和教师中心主义。这种价值取向决定了它更侧重研究学生的"学"。当然，在这个过程中必须兼顾学科课程目标与教师的教学引导。

四、问题化教学过程设计原则

（一）以解决问题、达到教学目标为导向

面向教学问题所展开的教学过程，应该追求以能够解决所设教学问题带来的疑问与认知需求为目的，让学习者在问题解决的过程中达成预设的教学目标，掌握相关的知识、方法，并促进高级思维技能的发展。

（二）增强学习过程投入性

为了取得更加令人满意的效果，增加学习者的投入兴趣，应该使学习者在问题解决过程中变得富有热情，具有主动积极的精神。

（三）增加学习活动互动化

在问题化教学的过程中，师生之间的交互性非常重要。现代教学理论则强调教学与学习活动的交互性，教学者和学习者都应该成为学习过程的能动主体，在不断的沟通、协调、交往之中逐渐建立活跃的学习氛围。

（四）提供各种助学支架

支架促进学习者对解决问题过程的组织和关注。在教学过程中，为学习者提供助学支架，能够激励或支持学习者与任务相关的兴趣；简化学习任务，使学习者能够管理和完成它；

提供一些指示以帮助学习者集中于完成目标；明白地指出学习者绩效表现与标准或答案所存在的差异；减少学习者受挫的风险；等等。

拓展阅读

教育教学方式的转变

一、在教学立足点上,由"以书为本"向"以人为本"转变

教育教学的目的在于培养对社会有用的人。传统的应试教育从社会需要出发,把学生当作社会所需要的工具来培养,教师考虑的是如何把书本知识灌输给学生,而不管学生的需要和情感。其出发点和归宿是书本知识,忽视了学生个体主动、生动、全面的发展。而这次"课改"则"以人为本",把人的发展作为出发点和归宿点,目的在于提高学生的全面素质,使他们通过亲身体验加深对学习价值的认识,在思想、情感、意志、精神境界等方面都得到升华。只有这样,才能真正抓住"课改"的精神实质。因此,实施"课改",在教学立足点上,必须把"以书为本"转变为"以人为本""以学生为本"。在指导思想上凸显以学生为本的理念,强调学生学习方式的转变和学生个性化学习的全面发展,而不是一味地以教师为中心。

二、在教学目标上,由侧重"知识传授"向侧重"能力"转变

当代社会,获取知识的能力比掌握知识更重要。传统的应试教育以知识的传授为目的,培养的学生往往是高分低能,难以适应当代社会发展的需要。"课改"以提高学生的能力为目标,注重培养学生观察问题、提出问题、分析问题、解决问题、适应环境的能力。对于教学目标,必须把它定位在能力上。只有实现"知识目标"到"能力目标"的转变,才能适应当代社会知识更新快、科技突飞猛进的要求。要改变传统单一的灌输式、被动性的学习,必须强调积极的师生关系。发展师生交往,构建互动的师生关系是教学改革的首要任务。教学是教师的教与学生的学的统一,这种统一实质就是交往。我们要充分认识到,教师和学生都是教学过程的主体,在教学过程中要强调师生间、学生间的信息交流,实现师生互动,形成一个真正的"学习共同体"。

三、在教学内容上,由学科内向学科外渗透

传统教学只是从本学科的角度阐明知识,只顾本学科的利益,很少在学科之间进行交叉、渗透、综合。教语文的只讲语文,教数学的只讲数学,教英语的只讲英语,真所谓"各人自扫门前雪,莫管他人瓦上霜"。"新课标"要求开展丰富多彩的教学实践活动,提高学生的学习兴趣。丰富多彩的活动是学生学习的源泉,是形成学生能力的最广阔的空间。要使活动真正达到教学目的,教师要注重培养学生自己判断、合理解决问题的资质和能力;培养学生积极主动、创造性地参与解决问题和探究活动的态度,使学生明确自己应有的姿态和生活学习方式,注重引导学生学会学习,对学生表现出来的哪怕是一点点创新思维的火花,教师也一定要精心保护,给予鼓励。

（摘自百度文库,有改动）

第四节 学习评价过程化

在长期的传统教学实践中,已经产生了多种不同的评价标准和评价方法,然而它们不能完全适用新的学习模式,特别是网络化远程学习模式。因为传统教学和网络远程教学在教学过程、教学结果要求、学习对象的特征等方面都有明显的区别,不可用同样的标准、方法和技术来评价学生的学习。远程学习评价在网络远程教育环境中对学生的学习行为、学习过程和学习结果进行的评量、判断和评定,包括学习者取得的成绩、进步、能力增长及其他成就、表现等,教师远程学习评价也是如此。

一、学习评价的内涵

学习评价是指评价者参照一定的标准,运用合理的方法对作为评价对象的学生的学习过程和结果做出价值判断,是教育评价中学生评价的一部分。它是教学各环节中必不可少的一环,其主要目的在于检查和促进教与学。学习评价是学生评价的重要组成部分,主要评价学习者通过学习后在能力、态度、情感的进步,以及影响学习进步的学习过程中的状态。

二、学习评价的作用

(一)反馈调节功能

通过教学评价可以提供有关教学活动的反馈信息,以便师生调节教与学的活动,使教学能够始终有效地进行。这种信息反馈包括两类:一是以指导教学为目的的对教师教学工作的评价,通过这种评价可以调节教师的教学工作,也间接提高了学生的学习效果;二是以自我调控为目的的自我评价,即学生通过自我评价加深对自我的了解,以便调整学习策略,改进学习方法,增强学习的自觉性。

(二)诊断指导功能

评价是对教学效果及其成因的分析过程,借此可以了解到教学各个方面的情况,以此判断它的成效和缺陷、矛盾和问题。全面的评价工作不仅可以估计学生的成绩和成就在多大程度上实现了教学目标,而且可以解释为什么成绩不理想的原因,是由于教学方法不合适、教师无能,还是由于学生的精神、动机不适当,或他们的学习准备不充分和能力不够。教学评价如同体格检查,是对教学现状进行一次严格的科学诊断,以便为教学的决策或改进指明方向。

(三)强化激励功能

科学的、合理的教学评价可以调动教师教学工作的积极性,激起学生进行学习的内部动机,使教师和学生都把注意力集中在教学任务的某些重要部分。对教师来说,适时的、客观的教学评价,可以使教师明确教学工作中需努力的方向;对学生来说,教师的表扬和奖励、学习成绩测验等,可以提高学习的积极性和学习效果。

(四)教学提高功能

评价本身也是一种教学活动。在这种活动中,学生的知识、技能将获得长进,甚至飞跃。

考试本身就是一种重要的学习经验,它要求学生在测验前对教学内容进行复习、巩固和综合,在测验过程中对材料进行比较和分析,而通过考试的反馈,可以确证、澄清和校正一些观念,并清楚地认识到要进一步思考和研究的领域。另外,教师可以在估计学生水平的前提下,将有关学习内容用测试题的形式呈现,使题目包含某些有意义的启示,让学生自己探索、领悟,获得新的学习经验或达到更高的学习目标。

（五）目标导向功能

如果在进行教学评价之前,将评价的依据或条目公布给被评价人（教师或学生）,将对被评价人下一步的教学或学习目标起到导向性的作用。在教育信息化的进程中,评价的这项功能将越来越为人们所重视。原因在于,在信息化的教学设计中强调以学生为中心,学生将被赋予较高的主动性和独立性,这样一来,教师将更关注学生是否能够在学习过程中按照既定的教学目标努力。为此,事先将评价的标准交给学生,使他们知道教师或其他学生将如何评价他们完成的学习任务,将有助于学生自己调节努力方向,从而达到教师预想的教学目标。

三、制定科学的教师远程学习评价制度

（一）质量内涵型评价的含义及评价内容

质量内涵型评价侧重学员在远程培训学习中作业、日志、心得、上传资源的质量,旨在引导学员将远程培训中学习的理论知识运用于教育教学实践中。学员在将培训理论与教育教学实践深度融合中,经过反思、沉淀,迸发出创新思维的火花,并结合实践研修,撰写心得,产生原创性的成果。质量内涵型评价涉及两方面的内容:一是学员第一阶段远程学习中的作业、心得、日志、上传资源等的质量;二是学员第二阶段在岗实践学习与研修阶段的作业成果展,包括教育教学案例与评析、教学设计与反思、教学情况调查报告、课例研究报告、评课观课札记、主题研修成果、课堂实录、上课视频录像及与本次远程培训有关的教育教学论文等。

（二）质量内涵型评价的实践途径

首先,在学员远程学习阶段（第一阶段）,评价针对学员的学习时间、作业次数、发帖讨论次数、日志、上传资源,采取既看数量又看质量的策略,特别是重视作业的质量。其次,在学员远程学习结束后的在岗实践阶段（第二阶段）,评价侧重学员作业及校本研修成果质量,执行质量内涵型评价。其评价指标有两类:一是作业、成果的原创性;二是作业、成果的等级质量。再次,采取将定性评价与定量评价相结合的质量内涵型指标,在这一指标体系指导下,组织机构和管理辅导人员对学员认真考评,通过综合评价,促使参训教师真正关注其学习质量和专业发展,从而使各种远程培训项目达到其应有的效果。

四、远程学习评价意义

首先,监控学习者的学习行为。远程学习中师生相对分离,远程学习完全依赖于学生的学习动机、自主意识,对学习者的内部监控调节能力提出了更高的要求。评价作为外部的监控手段,能提示、监督和约束学习者的学习。通过对学习者学习活动的动态跟踪、评价,精确把握学习者的学习状态,为学习者提供客观、积极的反馈信息,从而弥补因师生分离而缺失的监控。

其次，调节学习者的学习行为。远程学习评价的信息通过网络和现代通信技术及时反馈给学习者，学习者可据此调节学习活动。同时，将评价信息及时反馈给教师，教师可据此掌握学习者的状态，及时调整教学策略，指导和持续促进学习者的学习行为，实现"以评促学、以评促教"的目的。

再次，对学习情况进行测量和统计。测量和统计是进行学习评价的基本方法，同时测量和统计的结果也是反馈给学习者的信息，对学习者的后续学习提供参考，促使其持续学习。

五、远程学习评价工具

目前，远程学习评价常采用的工具有电子学档、量规、学习契约、网上监控和网上测评系统等。

（一）电子学档

电子学档是实现网络学习评价的有力工具，强调学习者在网络学习环境下，自己完成对学习的自我评估、自我反思和自我管理的过程。在远程学习中采用电子学档具有以下优势：一方面，学习者自己记录了解其学习过程，促进自我反思与提高。另一方面，教师也可以根据这些记录，了解学习者在学习中知识的积累过程，对学习者做出较客观的评价。

（二）量规

量规是一种结构化的定量评价标准，往往是从与评价目标相关的多个方面详细规定评价指标，具有操作性好、准确性高的特点。应用量规可以有效降低评价的主观随意性。量规具有评价指导性，不但可以让教师评价，而且可以让学习者自评或同伴互评。如果事先公布量规，还可以对学习者学习起到导向作用。

（三）学习契约

学习契约也称为学习合同，是学习者与帮促者（专家、教师或学友）之间的书面协议或者保证书。由于学习契约允许学习者控制自己的学习进程，从而在最大限度上满足了学习者的个别化需要；又由于学习者自己参与了保证书的签订，了解预期的工作任务，因而有助于学习者在较长时间内根据契约的内容来评价自己的学习，保持积极的自律，反过来也能激发学习者的学习动机与学习热情。

（四）网上监控系统

网络监控系统可用于对整个网络学习过程进行跟踪记录、分析评价和及时反馈，可用于统计学习者的出勤情况，观察学习者在参与有关活动时的表现，从而得出网络学习者是否能够与网络学习管理系统之间进行相互操作。

（五）网上测试系统

网上测试系统"电子测试系统"是借助计算机和网络技术设计开发的数字化考试系统，一般具有题库管理、智能组卷、学生考试、阅卷评分、考试分析等功能。该系统支持题库和自动出题，学习者可在学习过程中随时进入，并很快得到成绩和考试情况分析及学习指导，同时教师可在网上查看学生考试情况。

📖 拓展阅读

改革评价办法，促进教师主动发展

一、坚持评价的多元性，为教师自主发展提供科学的评价信息

教师评价的目的是提高教师素质，促进教师发展。为此，我校采取了交互式的教师评价方法，强调全员参与，通过多层次、多类型的交流、沟通，为教师自主发展提供全面的、科学的评价信息。

（一）教师自评

通过自评使教师认识到自己的长处和不足，同时也可以作为其他评价结果的一个重要参照。

（二）同行评价

"内行看门道"，同行评价比较客观准确，评价过程也是一个教师相互学习、共同提高的过程。

（三）领导评价

校领导直接参加学校组织的各项活动，并经常深入教学第一线，通过听课和实地了解，其评价具有权威性。

（四）学生评价

学生是各项活动的直接参与者，对教师的教育教学感受最深，应成为教师评价的主要参与者。我们把教师评价的指标体系制成教师评价卡，让学生填卡评价，并进行统计分析，进而收集教师评价信息，教师根据反馈信息对自己的教育教学行为扬长避短，逐渐完善个人的教学行为。

二、综合处理评价材料，及时反馈评价信息

通过上述评价方式，学校获得了每个教师的评价资料。在评价工作中，我们注重教师和学校未来发展，对教师的评价资料进行认真审核，写出评价报告，为教师和学校的发展提供必要条件。

（一）及时审核

对教师评价材料及时进行审核，对不合格的材料及时退还，重新组织相应的评价活动。

（二）及时整理

对教师评价材料及时进行归类整理，将各位教师的评价信息汇集在一起，根据评价材料，写出教师个人的评价报告及教师综合性的评价报告。评价报告中不仅对教师的素质和工作进行评价，而且还提出指导性建议，为教师指明提高素质的方向。

（三）及时反馈

对教师的评价资料审核和整理以后，及时反馈信息十分重要。如不及时反馈，久而久之，评价结果的重要性越来越差，对教师进一步的工作动力也不明显。因此，要把各层次的

评价信息尽快传递到被评价教师手中,让教师自己详细阅读,认真反思,全面了解他人对自己的评价,明确自己的不足,并从他人建议中获得改进各项工作的帮助,做到教师间互相帮助、互相学习、共同提高。

根据评价信息,我们将教师存在的问题分为立即改进、短期改进和长期改进三类,有计划、分阶段地解决。例如,在师德评价中,部分男教师酒后上班和部分女教师衣着打扮问题就属立即改进。短期改进要求在半年或一年内完成,如一些具体的工作方法。长期改进则放宽到几年,如学历层次和专业素质的提高、课堂教学的创新等。

（崔允锡,吉林省教育门户网站,2005-07-18,有改动）

第七章

中小学教师远程培训的课程建设

第一节　网络课程建设概述

网络课程的概念是从课程概念推导而来的。国内外关于课程的定义,从广义到狭义、从要素到功能、从课程设计者到实施者和受施者、从静态到动态、从过程到结果、从设计到评价,有 50 多种。何克抗教授分析了国内外关于课程的定义,认为"课程是指为了达到一定的培养目标所需要的全部教学内容与教学计划"。而国内文献在定义网络课程时则多引用《美国新教育百科辞典》中的定义:"课程是指在学校教师指导下出现的学习者学习活动的总体,其中包含了教育目标、教学内容、教学活动乃至评价方法在内的广泛的概念。"

其实,每一种有代表性的课程定义都有一定的指向性,都反映了特定的哲学假设、课程观和价值取向,所以都有某种合理性。对于网络课程设计来说,重要的不是选择这种或那种课程定义,而是要意识到各种课程定义所面向的不同教育问题及随之而来的新问题,这样才能根据网络课程实践的要求,做出有针对性的设计。通过分析有关课程概念的文献,我们发现几乎所有的课程概念都包含以下四个基本要素:课程目标、课程内容、课程实施和课程评价。

被广为引用的网络课程定义是在教育部 2002 年 2 月颁布的《现代远程教育技术标准体系和 11 项试用标准》中给出的:"网络课程是通过网络表现的某门学科的教学内容及实施的教学活动的总和,它包括两个组成部分:按一定的教学目标、教学策略组织起来的教学内容和网络教学支撑环境。"但是在这个定义指导下进行网络课程设计和开发实践,不仅无法界定网络课程的具体形态,而且也很难进行标准化的网络课程质量评价。特别是将属于网络教育领域中独立研究分支的网络教学支持平台作为网络课程的组成部分,更会造成实践中的技术至上主义和网络教学支持平台的低水平重复开发。

那么,该如何定义网络课程呢？网络课程的定义至少要考虑以下几方面的因素:首先,从课程论角度看,由于网络课程的课程目标不同,网络课程在课程内容和课程实施计划(教学活动计划)上存在极大区别。因此,网络课程的设计是受课程目标导向的,网络课程定义应明确课程目标对网络课程设计的导向作用。其次,网络课程定义要明确网络课程在网络学习环境中的资源核心地位。网络教育的理念就是要为学习者创设一个能够促进学习者有效学习的环境,而网络课程是网络教学系统的资源核心,是创设网络学习环境的基础。再次,网络课程定义要明确网络课程的构成要素。在以远程自主学习为主要模式的网络教育中,网络课程在网络教学系统中不同程度地承担着教师、教材、教学媒体三种角色,在对网络课程进行教学设计时要考虑通过适当的教学策略促进学习者的自主学习,因此网络课程中包含了教学策略的要素;同时网络课程为了支持学习者进行有效的自主学习,需要为学习者提供有针对性的学习过程支持,如导航、反馈等,因此网络课程还包括学习过程支持的要素。

此外,网络课程还包括除了教学内容之外的辅助学习资源,如扩展材料、测试题等。在实施网络课程时,教师和学习者互动的教与学的活动,如答疑、评价、讨论等,也是构成网络课程的重要因素。通过以上分析,将网络课程定义如下:网络课程是在课程论、学习论、教学论指导下,通过网络实施的以异步自主学习为主的课程,是为实现某学科领域的课程目标而设计的网络学习环境中教学内容和教学活动的总和。这个定义抛弃了网络教学支撑环境作为网络课程组成部分的思路,而更加注重对网络课程的课程属性的描述,在网络课程的构成要素上进行了更加明确的界定,突出了网络环境下的自主学习。

一、网络课程建设中的教学设计

对网络课程的教学设计,除了在设计阶段要根据课程确定目标,选择和组织课程内容,还要进行系统的、详细的教学活动设计,在教学设计时应该突出现代教育理念,应该反映在教育界有影响的学习理论。

(一)教学目标的设计

教学设计是为了达到一系列的教学目标,教学设计应该力求达到学习者知识建构和能力生成之间的平衡。在对教学目标进行设计时要充分考虑学习者的特征要素,按照现代教育理念,以学习者为中心,网络课程的教学设计也应该体现以学习者为中心的教学思想。教学目标的设计必须能够体现学习者的学习需要和学习动机,在设计时要尽可能将目标制订得很详细。目前网络课程的教学目标有三种不同形式:行为性目标、生成性目标、表现性目标。采取不同的教学目标主要取决于具体的教学内容所要解决的具体问题。行为性目标重点在于传授基本知识与技能,生成性目标主要在于培养学习者问题解决的能力,表现性目标主要鼓励和培养学习者的创造精神,因此,在设计时要兼顾学习者多方面能力的培养,采用多种目标形式。

(二)教学内容的设计

在设计课程的教学内容时,若想让学习者能够充分地进行主动意义建构,就要考虑学习者的各方面因素,如知识水平、性格特征、需求动机等。在设计内容时要将纵深型内容与平面型内容相结合,内容的逻辑顺序与学习者的心理顺序相结合,直线式组织与螺旋式组织相结合。在设计时要注意导航设计,要考虑网络课程的学习是学习者的主动探索学习内容。这个过程需要教师的面对面指导。如果导航设计不清楚,学习者容易发生迷航现象。教学内容的安排顺序必须符合学习者的认知心理,便于学习者从整体上把握课程的系统结构。在设计时要采取多种形式、多种层次的体现内容,学习者在网络环境学习时能够激发学习的动机、自主性,灵活地并带着对问题的挑战进行学习。

(三)教学活动的设计

教学活动的设计包含教师教的活动设计和学习者学的活动设计。网络教学中教师教的活动更多的是一种引导的作用。由于网络课程教学中师生之间面对面交流的匮乏,导致对教师作用的淡化,有一种误区认为网络课程强调学习者的自主学习,所以就无需教师的作用,这种观点是非常错误的。其实教学活动是学习者自主建构和教师价值引领相统一的过程。离开教师的正确引导,学习者的自主学习就会变为随意性学习、自由性学习,会严重影响学习者的发展。因此,网络课程的教学活动既要强调学习者的主体作用,同时也要强调教师的主导作用,两者缺一不可。在设计教学活动时,要注重学习者的自主学习、协作学习,注重设计交互环境,教师和学习者通过多种通信手段进行灵活多样的信息交流。通过 E-mail、BBS、微博等网络技术,进行实时反馈和非实时反馈,突破网络教学活动中交互作用的屏障,学习者可以与他人和教师进行交流、协商,更加全面地理解教学内容,积极参与到自主学习和协作学习活动之中。

(四)教学资源的设计

网络课程是一个教学资源开放的系统,教学资源就是确保学习者达到教学目标而设计的与学习任务有关的各种信息资源,以帮助学习者理解和解决问题。网络课程的教学资源包括数字视频、数字音频、多媒体软件、网上在线学习管理系统、计算机模拟在线讨论、数据库等,这些都是网络课程中的必要认知工具。在设计这些教学资源时要考虑以下问题:教学问题呈现的情境因素;知识建模的动态和静态因素;信息搜索的便利因素;在线讨论的协作与互动因素;学习评价的即时生成因素;等等。为保证学习者有效地完成学习,充分发挥网络的优势,学习资源的设计就显得尤为重要了。

(五)网络课程的组成

课程是为实现一定的教育目的而设计的学习者的学习计划或者学习方案。基于 Web 的教师培训课程与一般网络课程的组成部分基本一致,都包括:课程材料(即大纲、提纲、阅读材料等);讨论,包括实时讨论(如在线聊天室)和异步讨论(如邮件列表、论坛);测验、作业;电子学习记录;合作工具;等等。只有合理地组织和安排这些课程要素,才能充分发挥互联网的教育优势,设计出具备开放性、交互性、共享性、协作性、自主性等特点的而且又符合要求的网络课程。

二、网络课程的特点

(一)交互性

在网络教学中,网络课程一改以往书籍、报刊等印刷信息及广播、电视等电子信息的单向传递方式,网络信息载体具备双向传递功能,这种双向交流可以是同步的,也可以是异步的。学习者可以通过发送 E-mail 或与教师实时聊天的形式接收教师传来的教育信息,也可以向教师反馈教学信息;教师则根据学习者随时发送的教学信息,不断调整和改善教学,促进教学。同时,学习者也可以是网络信息的发布者,可以提高学习者主动参与的积极性和成就感,还可以为多元化的评价提供可能。

(二)开放性

网络课程由于技术上突破了时空的限制,表现出极大的开放性。学习者可以在任何时间、任何地点接受任何网络学习,学校已经从一个有围墙的实体转变为一个覆盖全球的知识网络。网络课程不仅是时间、空间上的开放,更是对所有个体的开放,个体不会因年龄、性别、种族等因素被拒之门外，是真正意义上的开放教育。

（三）个性化

在充分开放的网络中，学习者可以根据自己的需要检索学习科目。在每一门科目中，也有丰富的学习资源，学习者结合自己的学习状况、目前已有的认知水平，选择与自己学习特点、学习内容相适应的学习资源，自定步调地通过网络进行学习。同时，他们又可以不受主流文化和意识的控制，根据自己的经验和视角来理解知识，从而发展个性并且开发创新思维。

（四）协作性

网络支持下的学习更能体现协作的优势。网络群组管理员（通常为教师）作为学习过程中的主导人物，引导、促进、帮助小组成员的协作学习。成员之间的协作学习，加强了学习者之间的合作共处能力和探索精神，不仅对问题的深化、理解和知识的掌握运用大有裨益，也提高了网络课堂的交互能力，摒弃了传统课堂中单纯的人机刺激反应的交互形式，对合作精神的培养和良好人际关系的形成也有明显的促进作用。

（五）多媒体化

随着科技的发展，网络课程可以为学习者提供一个集视频、音频、声像技术为一体的网络学习环境，使交互形式更丰富、更逼真、更直观。多媒体化提供多样的外部刺激，有利于知识的保持与获取，有利于问题情景的创设，进而激发思维灵感，促使创造性思维的培养。

（六）超文本性

网络课程的超文本性打破了传统教材组织的逻辑性、线性顺序结构，以非线性、非结构、网状结构形式组织教材内容，这与人类思维的联想特征一致，更符合人类思维的特点和阅读习惯。

三、网络课程建设存在的问题

网络课程作为开展远程培训必不可少的重要资源，其建设质量直接影响到远程培训的效果。由于各种原因的存在，如设计者素质、技术水平、客观环境和条件、学校的重视程度等，网络课程出现了许多令人困扰的问题。

（一）学习资源匮乏，不利于学习者进行意义建构

目前许多网络课程只提供有限的学习内容或简单的资源链接，而没有为学习者提供系统的、有利于学习者进行自主学习的多媒体学习资源库。对所有的学习者而言，在他们要对自己的学习效果进行检测和评价时，就需要课程来提供大量的相关案例或现实的问题，使他们在解决案例或问题的过程中进行知识的意义建构。在网络环境下，网络课程的设计者或者教师基本上是无法预测学习者的原有知识能力水平，并且他们在设计网络课程时，也不可能做成百科全书式，而只能关注本课程的知识学习，这样对那些原来对该领域不是很了解的或者没有基础的学习者来说，就有了相当大的困难。尤其是对那些难度很大或者牵涉许多原有基础知识的学科，这些学习者就特别需要与此相关知识的资源库来进行辅助学习。当前，许多提供网络课程的学院提供的所谓学习资源，也只是一些简单的网站链接而已，有些甚至连网址都没有，这些都不利于学习者完成意义建构。

（二）忽视学习内容的情境化和多媒体化

网络学习要求学习者积极主动地探究，创设情境成为不可缺少的部分，这就要求网络课程提供的不仅仅是学习材料，更要为学习者自主学习提供帮助。现行大部分网络课程只强调知识传授，一进去就开始进行像传统的教学方式一样的知识教学，而并没有给予相关的情境导入，没有给学习者设置较真实的学习情境，跟课本搬家没什么区别，这让学习者无法进行小组协作、讨论、角色扮演、问题解决等学习方式的意义建构。学习者在学习时只能被动地接受教学内容，极大地限制了网络教学的效果，并且学习内容的呈现方式较单一呆板，没有体现出多媒体化。目前大部分的网络课程的知识内容，要么就是书本的搬家，要么就是课件的重放，根本就没有做到多种媒体的整合。

（三）缺乏协商交流系统，影响了学习者进行协作学习

目前许多网络课程只关注自主学习的设计，忽视了对协作学习支持的设计，不利于学习者高级思维的培养。因为缺少了协商交流系统，致使一些学习者只是沉浸在自己的学习中，易使学习者陷入孤独怪僻的性格中，不利于学习者人际交往能力的发展和创新思维的形成。例如，当一个学习者遇到困难时，可能因为找不到合适的人帮忙或者讨论，进而不得已终止学习，导致影响整个学习进度。在目前的网络课程中，过分强调了学习者是主体，而忽视了教师作为教学过程的组织者、监督者、实施者、指导者，对学习者的意义建构过程起指导、督促及帮助的作用，缺少教师的电子邮件交流、在线答疑、师生讨论；同时忽视了进行教学活动的设计，缺少教师对讨论交流活动的设计、组织、指导、监督和对学习者学习活动的关注。

（四）缺少强大的导航系统，影响学习者自主学习

在网络环境下的学习中，学习者的学习空间相对显得自由，清晰的导航系统能更好地帮助学习者在可控的学习环境中学习，避免学习者产生无所适从的感觉或者迷航。目前一些网络课程提供的导航系统不够便捷化，不能让学习者一目了然，如当一个学习者在应该继续下一步的学习时，此时他联想到先前的知识要回去查看，但是此网络课程提供的导航系统则让他只能够有两种选择，要么是继续进行，要么是回到首页目录，这样就大大影响了他去建立新旧知识之间的联系，影响完整意义的建构。在网络课程导航设计中普遍存在的另一个问题就是缺乏对不同知识水平学习者学习能力的考虑，对于基础好的学习者而言，可能是啰唆或者多此一举，但是对于那些基础差的学习者而言，很可能是具有相当难度的，需要花费很长的时间去消化理解所学知识。

（五）过于追求界面的美观，忽视教学支撑环境的设计

目前的许多网络课程都在追求界面的华丽和美观，它们用许多图片和五颜六色来丰富界面，使得界面看上去确实很美观，使用起来却很不方便，忽略了实用的考虑，不够便捷，并且给人一种华而不实的感觉；与此同时则相应地忽视了教学支撑环境的设计，如忽视了虚拟学习空间的设计，忽视了提供学习过程方面的工具等。这些都不利于学习者协作学习的开展及对学习者学习过程的管理，最终影响了学习者的自主学习。

（六）缺少测评系统，不利于学习者进行自我检测

从网络课程的设计角度而言，现在许多网络课程缺少完整的评价测试系统，要么只是教师对学习者的评价，而忽视了对学习者自身各方面能力的评价；要么只考虑对学习者结果的评价，而忽视对学习者学习过程的评价；要么只考虑对学习者的评价，而忽视对教师的评价；

还有的忽视对学习资源的评价;等等。当学习者已经学完某一知识单元时,因为缺少有效的评价测试系统而不能对自己进行检测,致使不能了解自己目前的学习状况,这样很容易使学习者陷入盲目乐观或盲目悲观之中,最终影响整个学习过程,也不利于学习者自我评价能力的提高。甚至有些网络课程提供的评价测试系统不过是一些简单的客观题,很少有基于案例分析和现实问题的主观题,对于做题的结果也只是判断对与错,而根本就没有给出合乎其理的评语与分析,学习者只能自己去思考问题的解决思路与方法。涉及主观解答的问题,并不能使学习者及时得到反馈信息,在某种程度上就降低了学习者学习的热情和兴趣。

(七)网络课程忽视导航系统功能的设计

网络资源的丰富多彩、资源的超链接组织形式、没有教师的及时指引,都会导致学习者在利用网络课程学习的时候迷航。因此网络课程中简洁明了、方便易用的导航系统就显得非常重要,必要的时候还可以加上一些迷航提醒。

拓展阅读
学习者的个性特征与网络学习

在网络课程中,学习者某些方面的个性特征也在一定程度上影响其对网络学习的态度及适应性。

一、在网络学习中对不确定性的忍受力

不确定性的忍受力是指个体对不确定情境或观念的适应能力。不确定情境包括新异的情境(无熟悉线索)、复杂的情境(有许多线索要考虑)、矛盾的情境(不同的元素或线索具有不同的结构)及非结构化的情境(包含不能被解释的线索)。不确定性忍受力对个体的学习方式具有一定的影响,忍受力高的学习者能够接纳规则和程序都尚不清楚的新情境,也喜欢尝试答案尚不确定的复杂问题情境,他们在包含诸多新异、复杂、矛盾或缺乏结构性的学习情境中能取得好的成绩。

学习者对不确定性的忍受力与网络学习效果之间存在一定的相关。网络学习环境往往具有不确定性情境的许多特征,如结构不良、信息量大、新异刺激多及规则不明确等。因此忍受力高的学习者可能更有利于网络课程的学习。有研究证实,不确定性忍受力是远程教育课程中预测成绩的因素之一。还有研究显示,不确定性忍受力高者在需要解决、复杂问题多种学习方法的学习情境中更可能取得好的成绩。而相对于忍受力高的学习者来说,忍受力低的学习者更依赖于反馈,并尽一切可能地寻求反馈。现在学习者对不确定性的忍受力与网络课程学习可能取得的成绩之间的关系还有待进一步研究。

二、网络焦虑

焦虑指人对未来不明确的威胁所持有的一种紧张心理,它既可以说是一种特质,也可以说是一种状态。学习者对网络学习的焦虑涉及对网络环境的焦虑和对学习内容的焦虑。对网络环境的焦虑是学习者由于丧失了对学习媒介和学习环境的控制感,而显得比在传统学

习环境具有更多的焦虑倾向,因而缺乏适应网络课程的能力。因此,增加学习者进行网络学习的安全感,避免过多的焦虑是影响网络课程学习效果的因素之一。学习者对学习内容的焦虑与学习者的原有知识水平和自我效能感直接相关。

在学习中,并不是全然没有焦虑就是最佳的。许多研究表明,学习成绩和学习焦虑之间往往存在一种倒 U 型关系,这意味着焦虑过高或过低都不是好事,保持适当的焦虑水平能激发出学习者最大的学习动机,有助于帮助学习者保持高质量的学习活动和取得理想的学习成绩。同时,学习结果又会影响和改变学习者原有的焦虑水平,继而影响随后的网络课程的学习。而且,不同焦虑水平的网络课程学习者也有适合自己的学习方式:低焦虑的学习者适合自我调节学习任务、改变常规、基于视觉的教学;而高焦虑的学习者更喜欢结构化的学习且需要外部强加的目标。

(刘儒德,江涛,《论著文摘》2005 年第 1 期,有改动)

第二节　网络课程建设的要素与原则

远程开放教育网络课程的建设离不开对其构成要素和原则的把握。

一、网络课程建设的要素

远程开放教育网络课程的教学设计,应该关注的主要因素包括课程的内容、课程内容的呈现结构和呈现方式、学习者的经验及课程教学的环境。

(一)课程的内容

课程的内容是课程设计要关注的首要要素,这是不言自明的。但是在远程开放教育中,网络课程的内容还有其特殊性。根据现代课程理论的研究,认为课程内容的选择(简称"课程选择")其基本取向有三个方面:学科的发展、当代社会生活的需求、学习者的经验。依此认识,产生如下理解:课程内容即学科知识,课程内容即当代社会生活经验,课程内容即学习者经验。其实,无论学科知识取向还是社会生活经验取向,最终也都必然统一到学习者经验这里来。因为只有经过学习者自己主动选择并转化为学习者自身人格发展需求,学科知识和社会生活经验才是有意义的,换句话说,这样的课程内容才是有效的。而在这种选择和转化过程中,师生互动的教学活动起着催生、指导、推进的作用。互动的过程中可以催生和生成新的内容,这种新的内容是鲜活的、富有生命力的知识,无论其建构的过程还是结果都是课程内容中非常有意义的一部分。而在远程开放教育中,师生空间的分离使这个互动过程难以被课程贯穿始终,也就是教学过程中来形成了远程开放教育课程的一个"先天的缺憾"。这个缺憾就是远程开放教育课程内容的特殊性。那么,如何最大限度地克服这种"先天的缺憾",把其不利影响降至最小,甚如何化劣势为特长,在这个空白点进行开发和建设,就是远程开放教育课程教学内容设计应该考虑和解决的核心问题。

(二)课程内容的呈现结构

课程内容一经确定,内容的结构方式是接下来应该分析的第二个课程要素。按什么样的原则把课程内容组织起来？这些内容相互之间应遵循何种路径才能建立起有机联系？怎么样才能使这些路径安排得最合理、最快捷、最明显、最方便？这就是结构问题。目前在我国远程教育中,无论是各高校网络学院,还是电大系统,其远程教育课程建设基本上都脱胎于普通高校一直沿用的以学科体系为中心的课程结构模式,即以建立一个相对完整的学科知识体系为目标,追求知识系统的完备、学科知识的完整和体例编排的规范,即使是网络课程,也基本承袭了文字教材(编—章—节—目—知识点)的四级(或五级)式结构。这种内容结构在当我们对课程的认识还只进展到"学术中心课程"的时代时,其先进性是无可争议的。但问题是,自20世纪后半叶开始至进入21世纪以来,课程理论界吸收了现象学、存在主义、精神分析理论等的合理论点,着眼于个体自我意识提升与存在经验的发展,出现了"存在现象学"课程论,认为课程是"具体存在的个体"的"活生生的经验";还有一种课程论倾向则吸收了法兰克福学派、哲学解释学、知识社会学的理论,着眼于对社会意识形态的批判与社会公正的建立,提出将课程的本质概括为"反思性实践"的观点,认为课程就是行动和反思的统一。这两种课程理论有其内在的一致性,即关注人自身的解放,追求课程应该具有"解放兴趣"的价值,这就意味着教师和学习者在课程建设中应该能够从事自主的课程创造,课程的教与学是体验的过程,师生均能够在不断相互交往并自我反思的过程中达到自由与解放。在这里,"兴趣"是出发点,也是归宿点。那么,依据这样的理论,我们的网络课程结构如果仍然是事先编排好的以学科体系为中心的文本性的固定四(五)段式,显然很难满足"解放兴趣",还教师和学习者以主体者地位的目的。因为这样的结构组织太过严密、规范、系统,每一步向哪个方向走、走多远、走到哪里暂停,再往哪里走,都事先一一规定好了,没有自由探寻的空间,容不得自寻路径、自主游走。如此一来,教师、学习者只能乖乖就范,亦步亦趋,何来兴趣,何来主动体验,何来课程创造？那么,怎么解决这个问题？什么样的结构才更接近理想的课程效果？这些都值得我们深入探讨。

实际上,对于一些主要培养操作能力、解决实际问题能力的课程来说,"案例教学"类课程以问题、案例为核心的结构模式,近年来已为大家所认可;而对于以知识为主要内容的课程,如何能有效解决这种束缚创造力的机械结构的弊端呢？近年来有专家提出了一种"非节化"结构模式,意在合理的前提下适当突破"体系"的束缚,这并不一定是解决课程结构弊端的唯一模式,但是,它的提出应该说是为我们打开了一扇思考之窗,启发我们在设计课程结构时跳出园囿,为教师和学习者设计出以自身经验来丰富课程、创造课程的空间,给予学习者在一个具体的课程内部享有参与组织和建构课程内容的权力与自由,给予学习者合理的游走途径,使课程结构更富有弹性,具有更多的生成新的意义的空间。

(三)课程内容的呈现方式

在功能强大的现代教育技术支持下,网络课程可以将多种媒体招至麾下,用以作为呈现课程内容的载体。文本、音像、电脑、网络,各显其能,各具功用。课程内容不愁呈现手段单一,犯愁的是用什么手段呈现什么样的内容能取得最优效果。尤其远程开放教育,技术的介入使得任何手段都可以堂而皇之地被用于课程建设,成为课程内容的呈现载体,因此,研究课程内容的呈现方式不但必要,而且很重要。因为技术手段如果被滥用,不能与它所支持的课程内容相适应,不能满足学习者以自身经验来完善和建构课程的需求,不能实现呈现方式的优化,很可能造成对学习者的误导,这不但不能有力地支持学习和创造,还有可能成为学习的累赘,使学习者迷失在技术的迷宫中。例如,连篇累牍的文本固然可以容纳许多知识内容,但常常会使屏幕前的学习者疲乏厌倦;视频是近年来被大力提倡使用的媒体,但不菲的开发成本又使其缺乏及时应变的灵活和便捷;栏目间互连互通的设计本意是方便某个知识群的相互联系,但是过度的连接自由极有可能使学习者难以回到起点,从而使学习活动变得零碎而混乱。所以,在呈现手段的设计中,不应单纯追求媒体的多样性、途径的灵活性等,而应根据课程特点和教学目标进行优化整合。因此,课程内容的呈现方式应该也是网络课程教学设计的要素之一。

（四）学习者的经验

其实,与学校教育相比,在远程开放教育教学中,课程的开发端(教学设计和建设者)与实施者(教师和学习者,在以自主学习为特色的远程教育中,实施者主要是学习者)之间存在遥远的空间距离,这个事实带来的主要差异就是师生互动交往的条件不同。在这种条件下,教师比较不容易在实时互动中将学习者的经验纳入课程,但不容易并不意味着不可能。如果换个思路看,正是这种看似不利实时互动的时空距离,为真正热爱学习的学习者提供了创造的舞台,在眼前没有拐杖的时候,自己就成了自己的支撑。关键是在我们的课程设计中,教学设计者要有明确的意识,要培养并相信学习者的能力,主动地将这一因素放在突出的地位来考虑。目前在不少网络课程中,已经有许多设计者将视线投向了学习者,在所设计的课程建设方案中,以各种方式突出体现和落实"学习者的经验"这一课程要素,成为在现代课程和教学理论指导下进行课程教学设计的积极的实践者。但不可否认的是,有更多的网络课程仍然由教师完全控制,居高临下地把自己想"教"的知识作为课程的唯一内容。

（五）课程教学的环境

课程教学环境是课程物质空间和心理空间的总和,是师生不断互动交流的复杂的动态过程。环境作为课程的要素,也是现代课程理论所强调的观点。在远程开放教育网络课程的设计中,营造有效的课程教学环境是课程成功与否的重要指标。这里所指的课程教学环境包括有:经过科学设计、符合人才培养需要的,能引导学习者联系自己的经验主动建构和创造的课程内容;能满足学习者自主学习需求的,可供选择、可随时更新的各种资源;灵活方便、针对性强、有趣的各种互动性教学活动;体贴入微、无处不在的学习支持服务;等等。在远程开放教育中,技术使得物质环境的无限延伸成为了可能,但是技术的弱亲和力在营造亲密交流的心理环境方面显然非常不利,因此,有效利用技术,克服因技术形成的心理隔膜成为了营造有效学习环境应该解决的重要问题。

通过以上讨论,我们可以根据课程要素和特点提出对远程开放教育网络课程教学设计的基本要求:远程开放教育的网络课程教学设计应该紧扣人才培养目标,在课程内容设计中除了学科知识和社会生活经验外,重点解决如何将学习者的经验纳入内容框架这一方面;在课程结构上避免僵硬化、机械化,追求学科知识与学习者经验的灵活联系,给教学实施者留出创造的空间;在课程内容呈现方式上,应注意技术手段与内容相匹配,追求呈现方式的最优化;在课程教学环境的营造上,不但要重视充分利用和享受技术带来的便利,更要在克服心理交流的困难方面做足功课。

二、网络课程建设的原则

(一)以学习者为中心

传统的课程大多都是以"教材"的形式出现的,教师的目的就是把教材中的知识内容灌输给学习者,学习者处于被动接受的状态。而参加教育的教师有着强烈的"自我"意识和丰富的经验,他们是学习的"主角",一切资源包括课程都是以他们为中心,为他们服务的。另外,建构主义认为学习者是学习的主体,因此在进行网络课程的设计时,应该要始终以学习者为中心,设计出有利于学习者开展自主学习活动的各种平台,充分体现出个性化的特征。

(二)情境性

情境性原则是指网络课程要给学习者提供和显示与其生活相类似的或真实的情境,以利于学习者在这种环境中去发现问题、探索或解决问题,从而促进学习的质量。建构主义强调真理的相对性,重视认识中的主观能动性,所以网络课程要尽可能地提供有利于学习者主动建构意义的情境。

(三)整合性

基于网络技术提供的可能性,以及课程自身的特点和学习对象的特点,在网络课程建设中应实现两个层次的整合:一是媒体资源的整合;二是学科内容的整合。例如,"语文教学研究"网络课程的设计,在媒体资源整合方面应包括多种媒体资源和教学人力资源(文本、视频、音频资源;专家、优秀小学语文教师、学习者资源),通过合理组织,优化整合,形成多种配置一体化融合的有机课程。在学科内容的整合上,应充分注意课程既具有理论性,又具有实践应用性的特征,把理论内容与实际教学案例进行整合,使之融会贯通,相互为用,而不是各成一体,相互隔绝或割裂。

(四)互动性

充分利用网络具有的交互性特点,在课程设计中要着力营建自主学习的学习环境,提供便利、丰富、快捷、体贴的支持服务,注意培养学习者的情感、态度、价值观,培养学习者愿用网络、会用网络进行自主学习的意识和能力,调动学习者的学习经验、工作经验和生活经验,积极主动地参与教学活动,分享各自的经验和成果,参与课程开发和构建,推进课程实施。教师应注意转变观念,不要搞课堂讲授搬家,要真正把自己置于与学习者平等的位置,引导学习者参与课程实施,贡献自己的经验来促进课程建设。

(五)生成性

来自于学习者的学习和生活经验、心得或问题,应该成为课程关注的重要内容,并成为课程发展的内部动力。教学设计要注意考虑能够通过一定的途径和技术手段,吸引学习者发表自己的经验和学习成果。如根据课程内容特点,专门设计针对学习者学习问题和心得的栏目,并加强教学管理,不断推进这种积极的双边活动。同时要注意及时过滤和吸纳来自学习者学习过程中生成的鲜活信息,使之成为课程的新鲜血液,推动课程自身的更新发展。

(六)发展性

课程应该伴随学科的发展而不断更新,利用网络技术连接方便、搜索功能强大、更新快、容量大的特点,保持对学科研究的最新成果的跟踪,为学习对象传递最新的、一流的研究成果。

（七）可选择性

网络课程建设的目的是为了学习者，而且是为了每一个参加本课程学习的学习者，教学设计应以学习者为本，除了内容、资源、媒体等方面的设计要研究学生需求外，在技术操作上也要争取实现将学习的主动权交还给学习者，让技术成为看不见的支持载体。首先，可选择性意味着教学设计应帮助学习者利用网络，很方便地自主选择和控制自己的学习时间、学习行为、学习内容、作业与测评。其次，可选择性意味着对于暂时还没有条件利用网络进行学习的学习者，可以选择线下学习的方式，享受网络课程的大部分学习资源进行课程学习。教学设计同样也要注意这部分学习者的需求。

（八）亲和性

网络课程的设计在大力发掘其技术功能的同时，应努力克服其非人化的缺陷。例如，多媒体的合理使用可以丰富学习者的感知，一些生动的音响、画面或动画设计可以适当减轻学习者的孤独感，方便的交流渠道可以提供给学习者在线多边交流的可能，等等。更重要的是，课程的整体环境应能够支持真实的情境创设，使学习者能如临其境，感觉是在一个亲切、方便、体贴的环境中学习。

拓展阅读
教学系统设计在网络课程设计中的作用

教学系统设计在网络课程设计中的作用主要体现在以下两个方面：

一是教学系统设计是将现代教与学的理论与网络教学实践相联系的桥梁。教学系统设计作为一门"桥梁学科"，它旨在通过精心设计的教学系统为学习者提供最佳的教学条件，用以解决教学问题，完成教学任务，取得最优的教学效果。教学系统设计为了追求教学效果的优化，不仅应关心如何教，更应关心学生如何学。在其设计过程中，注意把人类对教与学的研究结果和理论综合应用于网络课程的设计之中，如建构主义学习理论、人本主义学习理论、认知弹性理论、加涅的学习条件理论、赞可夫的发展教学理论等。教学系统设计吸取各学习理论、教学理论的精髓作为自己的科学依据，并将其运用到网络课程的教学设计实践之中，从而保证了网络课程教学功能的实现。

二是教学系统设计有助于促进网络教学系统的整体优化。网络课程设计中的教学系统设计是应用系统方法来研究、探索网络教学系统中的各个要素，如教师、管理者、学习者、信息资源、教学目标、教学方法、教学组织形式、网络平台等相互之间的本质联系，使各要素有机结合完成网络教学系统的功能；同时，教学系统设计将网络教学系统作为一个整体来进行设计、实施和评价，使之实现网络教学系统的整体优化。

（摘自百度文库，有改动）

第三节　网络课程设计

随着计算机技术,尤其是多媒体技术和网络技术的发展与普及,网络教学日益受到人们的关注,已开始应用于教育系统的各个层面。近年来,网络教学已经成为现代远程开放教育的重要组成部分。基于 Internet 的网络教学并非传统教育的数字化和网络化,它依赖高效的教学支撑平台与丰富的网络课程来开展远程教学活动。因此,开发高质量的网络课程是网络教学质量的有力保障。而与网络课程的质量有关系的不仅是其所用的技术,更为重要的是网络课程的系统设计。许多网络课程仅仅是知识的呈现,而没有考虑到学习者的特点,学习效果往往不明显。就此,本书紧密结合现代远程开放教育的实际情况,通过分析开放教育对象的特点,明确了网络课程设计的基本前提。在此基础上,提出了基于远程开放教育的网络课程设计相应策略,并应用于流通概论网络课程开发中,对其实践效果进行评价。

网络课程是通过网络表现某门学科教学内容及实施教学活动的总和。它包括两个组成部分:按一定的教学目标、教学策略组织起来的教学内容和网络教学支撑环境。其中的"网络教学支撑环境"主要指支持网络教学的软件工具、教学资源以及在网络教学平台上实施的教学活动。从静态来看,网络课程提供了网络学习的内容;从动态来看,网络课程还包括传递这些内容的实施过程与互动活动。本节以建构主义学习理论为指导,紧密结合现代远程开放教育的实际情况,针对学习对象的特性,研究基于现代远程开放教育的网络课程设计。

一、教学内容设计

学习内容是网络课程的主体部分,因此我们在确定学习内容时应该结合学习者的特征,进而选择那些易于用网络表现的具有先进性和科学性的课程内容,并且使学习内容在组织上有一定的系统性,其组织结构还应具有开放性和动态性。在网络课程中,往往存在内容陈旧或过时的现象,这不仅很难满足学习者的学习需求,而且还可能误导学习者。在选择课程内容时,一定要选择较新版本,使学习者能掌握新知识、学习新方法,同时还应让学习内容的呈现方式体现多媒体化,这样才能体现建构主义学习特征,满足学习者自主性学习的要求。因此,网络课程应设置以下主要内容:首先,前导提示。它不仅可以帮助学习者了解课程梗概,确立学习目标,而且也有助于学习者在学习过程中更方便地将当前的学习内容与原有的知识建立联系,从而完成意义建构。其次,中心教学内容。它是学习者获取知识的主要来源,给出了学习核心知识所需要的各种信息。

（一）确定教学内容

在进行网络课程的设计时,必须明确教学目标和学习者原有的学习准备情况,根据教学目标科学地选择教学内容,找出教学内容的重点和难点,同时分析学生的初始能力,即确定教学出发点。如前所述,远程开放教育学习者的需求是在更大的范围内实现的,是与其社会角色密切相关的。因此,教学内容要密切联系实际,使学习者在学习过程中学到的知识信息能很快转化为自我的实践能力。充分利用学习者丰富的社会实践经验,使教学内容与学习者的人生目标紧密地结合在一起,从而激励他们的学习动机。

在将教学内容制作成网络课程前,需要自上而下细化每一章节或单元模块的教学内容,把选定的教学内容分解为若干知识点,形成节点,再将各章节、知识点及相关概念进行逻辑的组织和结构。对于网络课程的教学设计,应合理地安排和组织知识内容,体现出各个知识点之间的关系,呈现出学科的教学特点,反映学科的教学规律。

（二）选择教学策略

根据课程的教学目标及相应的教学内容选择一种合适的教学模式。目前有多种教学策略可用于网络课程设计,如讲解演示、个别辅导、操作练习、虚拟现实、模拟等。不同的教学策略创造了不同的学习情境让学习者学习。例如,讲解演示策略模仿教师课堂讲授与演示的教学方法,将教材内容呈现给学习者。该策略可以集中优秀教师的教学经验,有选择地控制思考和理解的时间。个别辅导策略的工作流程是将教学内容分解成多个单元,每个单元分解成若干个相关的知识点,在学完每个单元后系统随机出题进行测验。在实际运用中,为加强效果,可能需几种策略的综合应用,其中以某一种策略为主。

（三）选择教学媒体

媒体信息的选择是指教学内容呈现方式的选择。不同媒体具有不同特性,在选择媒体时要根据各种媒体的特点,确定媒体的使用目标,选择其类型与内容。网络环境中的信息丰富多彩,如果仅仅把教学内容做成课本或文字搬家,难以激发学习者的兴趣。因此,根据教学目标的不同和教学内容自身的特点,可以将教学内容用图像、视频、音频等方式呈现,吸引学习者的注意力,引发学习者的学习动机。

二、学习情境设计

学习情境是为学习者提供一个完整、真实的问题情境,使学习者产生学习的需求,驱动学习者进行自主学习,从而达到主动建构知识意义的目的。因此,基于建构主义教学设计需要将设计的问题具体化,还原知识的背景,恢复其原来的生动性、丰富性,这就要求网络课程要利用多种手段创设这种虚拟情境,帮助学习者实现知识的意义建构。在对网络课程的学习情境进行设计时应考虑以下几个方面:

（一）界面设计

界面是网络课程与学习者进行交互的接口,友好的界面能帮助学习者有效地学习。因此,在设计时应注重界面友好、色彩方面,注意自然和谐及风格一致;操作方面,交互性强、可控性强等不可忽视。网络课程的设计应注重界面的友好性,做到界面简洁明了,操作简便。界面设计要从学习者的角度出发,结构布局合理,画面新颖简洁,教学内容能突出而形象地展示在学习者的面前。为了使学习者能够方便地进入各部分学习,界面设计还应灵活方便,如采用下拉菜单选择、超链接跳转等方式简化操作,利用新开窗口、加入收藏夹等方式方便学习者随时进入某一课程内容的学习,设置功能提示方便学习者随时了解某一具体模块的功能。另外,除文本以外,加些简单的图片,或提供简短的视频资料及 flash 交互动画,能增加信息呈现的灵活性和多样性。

（二）导航设计

导航系统的设计是网络课程设计中的一个环节。在具体的网络课程中,导航系统是联系教学内容与学习者之间的桥梁,学习者的学习过程要由它来帮助完成。在以往的网络课程中,由于其内容丰富且具有开放性,学习者的迷航现象较为严重。因此,对导航系统的设计显得更为重要。良好的导航可方便学习者学习,减少其他信息的干扰,提高学习效率。常用的导航策略有模块导航、帮助导航、线索导航、浏览图导航、演示导航、书签导航、检索导航等,在导航系统里我们可以将上述策略综合起来,设置如"学习方法"这样的标志性短语建立的链接,也可设置参考文献资料、内容检索、路径指引、专门的帮助菜单等。

(三)交互情境设计

学习者的学习不仅是自主学习,而且还是一种协作学习。"协作""会话"是学习者学习环境中的两大因素,学习者常需与人协商、合作,以更进一步培养高级认知能力。同时,开放性、协同性、共享性是网络的特性,在设计网络课程时要注重创设协同学习环境,充分发挥网络教学的优势。网络课程是用于学习者远程学习的,学习者之间、学习者与教师之间的信息交流尤为重要,可以设置电子邮件、聊天室、电子公告牌、讨论室、教师信箱、问答天地、疑难解答等。借助于这些工具,学习者可以与其他学习者或教师一起进行讨论,或对某个问题发表自己的见解。对于教师,可以主持在线讨论、回答学习者提出的问题,充分发挥教师辅导、指导、激励的作用。师生、生生之间可以通过 E-mail、BBS 进行非实时讨论,也可通过视频会议系统、聊天室等技术进行在线指导和讨论,相互交流意见,进而营造协作学习环境。这样的环境能帮助学习者方便、快捷地提出、讨论并解决问题,能帮助学习者进行积极主动的自主式学习,使网络课程满足一定自主学习的要求。

三、学习资源设计

学习资源是指与问题解决有关的各种信息资源。为了更好地理解问题和建构自己的智力模式,学习者需要知道有关问题的详细信息。丰富的学习资源对于学习者主动的意义建构是不可缺少的条件,学习者只有在占有大量信息的基础之上,才能更好地自主学习,形成意义建构。网络课程对学习资源进行设计时,必须详细考虑学生要解决这个问题需要查阅哪些信息,需要了解哪方面的知识,这些资源的选择一定要有针对性和启发性,要与课程内容紧密相关,并且它们还应具有丰富的表现形态及良好的多样性,以便满足不同学习者的要求;同时还要以良好的结构来组织,以便学习者能很方便快捷地使用和查找,从而建立系统的信息资源库,或者推荐给学生一些相关网站,便于学习者获得学习信息。资源库的内容应当丰富翔实。例如,资源库由习题库、案例库、论文库、素材库和电子词典等数据库组成,所建立的资源库或推荐的网站要与学习者学习的内容紧密联系,如果对学习资料不加选择地全盘搬到资源库中,不仅浪费学习者查阅资料的时间,而且使学习者不容易把握学习重点,降低学习效率。

四、测评系统设计

学习者不仅要自主地选择学习内容和方式并控制学习进程,还要自行检测和评定相应的学习行为。为此,网络课程应设置测试评价系统,帮助评定学习者的学习过程和学习行为,同时对学习者的下一步学习给出必要的指导。评价体系可以主要设置形成性练习、强化练习、综合检测等测评系统。形成性练习可以检测学习者在学习过程中的学习情况,强化练习则是用于对那些疑难问题进行强化训练,而综合检测则是对学习者的最后检测;同时允许学习者将自己的测试结果与他人的测试结果进行比较,确定自身在整个学习群落中的状况,以便及时调整学习目标,也可以将现有的知识与课程学习前的知识进行比较,进一步激发学习者学习的信心。

拓展阅读

如何实施"学教并重"的教学设计

目前流行的教学设计方法主要有"以教为主"的教学设计和"以学为主"的教学设计两大类。

"以教为主"教学设计主要面向老师的教,通常包括以下几个环节:

其一,教学目标分析。通过教学目标分析,确定与该目标相关的教学内容及知识点顺序。

其二,学习者特征分析。通过学习者特征分析,确定教学起点,以便因材施教。

其三,在上述两种分析的基础上,制订教学方法、策略。

其四,在上述两种分析的基础上,选择教学媒体。

其五,进行施教,并在施教过程中做形成性评价(在教学过程中的形成性评价可通过以下几种方式:提问、测验、考试、察言观色等)。

其六,根据形成性评价所得到的反馈,对教学内容、方法、策略加以适当调整。

"以学为主"教学设计也称建构主义环境下的教学设计,其目的是为了促进学生自主的学,它主要包括下列环节:

其一,情境创设——创设有利于学生自主建构意义的情境。

其二,信息资源提供——提供与当前学习主题相关的信息资源(教学资源),以促进学生的自主建构。

其三,自主学习策略设计——自主学习策略是诱导学生自主学习、自主建构的内在因素,其作用是为了充分调动学生学习的主动性、积极性,以便更好地达到自主建构的目标。

其四,协作学习策略设计——通过协作交流、思想碰撞、取长补短,深化学生的意义建构。

其五,组织与指导自主探究、自主发现——在建构意义的基础上(即对当前所学知识初步理解、掌握的基础上),通过解决实际问题的发现式学习或研究性学习,进一步培养学生的创新精神与实践能力。

上述两种教学设计均有其各自的优势与不足:前者是只重视教师的"教",忽视学生的"学",难以体现新型的学习方式;后者则相反,只强调学生的"学",而忽视教师的"教",难以体现新型的教学方式。所以最好能将两者结合起来,互相取长补短,形成优势互补的"学教并重"新型教学设计,才能较好地满足上述教与学方式转变的需求。这种教学设计在过程和方法上兼取"以教为主"和"以学为主"两种教学设计之所长,因而包括下列环节:

一是教学目标分析。通过教学目标分析,确定与该目标相关的教学内容及知识点顺序。

二是学习者特征分析。通过学习者特征分析,确定教学起点,以便因材施教。

三是教与学策略的选择与设计,既包括传统教学策略的选择与设计,也包括建构主义的自主学习、协作学习和自主探究等策略的选择与设计。

四是学习情境创设。

五是教学媒体选择与教学资源的设计。

六是在教学过程中做形成性评价,并根据形成性评价所得到的反馈对教学内容与策略做适当的调整。

多年的教学实践证明:在有信息技术支持(特别是有多媒体和网络技术支持)的教学环境中,若能自觉运用"学教并重"新型教学设计理论,去设计整个教学过程并组织实施相关的教学活动,定能达到预期的教学目标,并取得比较理想的教学效果(不论是人文学科还是数理学科皆是如此)。

(摘自豆丁网,有改动)

第四节　网络课程评价

网络课程是通过网络表现的某门学科教学内容及实施教学活动的总和,它包括两个组成部分:按一定的教学目标、教学策略组织起来的教学内容和网络教学支撑环境。其中网络教学支撑环境是指支持网络教学的软件工具、教学资源及在网络教学平台上实施的教学活动。网络教学中,教师和学习者可以依托网络课程在网络环境中进行交互,帮助和促进学习者主动构建自己的知识与能力结构。

一、网络课程评价的内涵

网络课程评价是对某一学科内容和实施该门学科教学活动进行的判断。它注重教学内容、学习资源及寓于内容之中的教学策略和学习策略的评价,涉及学习者、教师、学习资料、网络教学支撑系统、学习支持与服务系统中的每一部分但又不是全部。要根据系统论的观点,从整体出发,对网络课程进行综合评价。

由于现代远程开放教育强调在学习过程中学习者的主体作用,而远程开放教育学习者又常常有较大的差异性(地域、年龄、背景知识、生活环境、生活经验、成长经历等),因此教学评价方式也应该多元化。评价标准应使学习者既不感到有压力,乐意接受,又能客观、准确地反映每个学习者的学习效果。评价方式可采用诊断性评价、形成性评价和总结性评价。

(一)诊断性评价

诊断性评价,即学前评价,是指为了使教学适合学习者的需要和背景而在一门课程与一个学习单元开始之前对学习者所具有的认知、情感和技能方面的条件进行的评价,它可以通过问答、前测及摸底用的形成性测验和总结性测验来实现。

(二)形成性评价

形成性评价是指在教学活动过程中,为了能更好地达到教学目标的要求,取得更佳的效果而不断进行的评价。它能及时了解阶段教学的结果和学习者学习的进展情况、存在问题,以便及时反馈、调整和改进教学。所以网络课程应安排一系列的问题对学习者学习的不同阶段进行检测或考核,使学习者能更好地解决学习中遇到的问题。

（三）总结性评价

总结性评价是指在教学活动完成后对网络教学活动的最终效果进行价值判断,主要有总结性测验。与之相对应的设计应包括题库的建立、测验、学期总结试题、调查问卷的设计与发放、数据的回收与分析等。在网络课程评价体系的设计中,学习者做出错误选择时,系统要适当地对错误进行分析解释,给予提示内容,以引导学习者对问题的理解和认识,形成一种自我建构能力。

二、网络课程评价标准存在的问题

随着网络教育的发展,网络课程的数量不断增长,质量和水平获得了大幅度的提高。同时,人们也越来越认识到网络课程评价的重要性,提出了很多评价量表、量规和见解。但是,这还远没有达到体系化、标准化的程度,存在一些问题。

（一）网络课程评价目的不够清楚

网络课程评价方法很多,每种评价方法有其自己的优势。针对不同目的的评价,应该采用不同的评价方法和评价模式来进行操作。例如,对于网络课程开发中的形成性评价,多采用以实验为主的方法。

而以选优和鉴定为目的的评价,多采用评价指标体系为主的方法。但是,由于评价目的的不明确,导致许多评价方案的设计、评价模式的选择上有些混乱,不能进行有的放矢的评价。评价过程开始之前,在评价指标体系设计的时候,评价的目的就应该明确。其实评价只是整个课程系统的一部分,评价的设计者和执行者在评价结束后应该明确评价是为了评质定级,还是反馈调整。

（二）网络课程评价对象不够明确

对网络课程的内涵理解不清晰,导致对评价对象的把握欠准确,把许多对网络教学平台和环境的评价标准用来衡量网络课程。例如,把具备完善的互动平台作为衡量网络课程的重要标准之一,显然混淆了网络教学平台与网络课程的差异。又如,把教学结果评价也作为网络课程评价的一部分,显然混淆了网络教学评价与网络课程评价的差异。

（三）网络课程评价内容难以确定

从众多的评价指标、量表、量规中,网络课程评价内容较难确定。内容的不确定性使得网络课程的开发者、设计者缺少可以借鉴的目标。另外,网络课程评价操作步骤不规范,没有可供借鉴的、切实可行的操作方法。

（四）网络课程评价指标体系不够完善

从严格意义上讲,目前我国还没有建立起关于网络课程科学而完整的评价指标体系。许多评价项目和指标数目相差很多,各级各类指标之间权重分配不合理且有重叠、相斥和不可测等的弊端。指标体系缺乏普遍的实用性,难以对网络课程的质量进行有效的评价和监控,难以确保网络课程的质量。

在设计网络课程评价方案时,从各个角度出发力求能够全面,但是实际往往顾此失彼、以偏概全或浮于表面。网络课程包括的方面很多,评价的角度不同,所要建立的评价指标体系就不同,力求全面却往往最后都是泛泛地进行概括。例如,对网络课程的评价从教学性、科学性、技术性、艺术性等维度细化出更具体的评价指际,不同的教学内容、教学对象、教学媒体、教学方法,其评价指标会有所不同;不同的评价指标设计者,其建立的评价指标体系不同;评价对象不同,其评价指标体系也会不同。

此外,基于网络教学、学习评价方式多种多样,但是目前大多数网络课程的考查还只是采用考试这种形式。不同的教育理论、学习理论和传播理论是网络课程建设的理论基础。网络课程在设计过程中依据的理论可以不同,但是在进行教学、学习评价时都应考虑到网络自身的特点。但是通过文献调查和分析,我们不难发现,大多数人还是受传统评价思想的影响,认为网络学习的最佳评价方式还是考试。个别网络课程也尝试采用其他评价形式,但是可能因为评价结果不明朗而放弃了,故而除了考试以外的考查形式也只限于理论讨论,在实际中很少推广。

(五)量化评价和非量化评价难以结合

量化评价和非量化评价没有很好地结合起来应用到网络课程评价中。目前,评价方法主要采用量化评价法,缺少定性评价。量化评价法大多采用指标量表进行评价,可操作性较高,客观性强,避免了主观随意性。但是,这种量表不能反映出指标体系之外的东西,也不能广泛地收集意见和建议。所有这些问题的存在,在一定程度上影响了网络课程评价的可信度和有效度,难以对网络课程的质量进行有效的评价、监督和管理。

三、优化网络课程评价标准的对策

(一)明确网络课程评价目的

网络课程的设计、开发、优选、鉴定等不同阶段有不同的评价目的,因此在进行网络课程评价之前,明确评价目的至关重要。只有明确了网络课程评价的目的,才能选择合适的评价方法,对症下药,使网络课程评价活动顺利完成。

(二)明确网络课程评价对象

深刻掌握网络课程的内涵,明确区分网络课程和网络教学之间的差异、网络课程和网络教学平台之间的差异以及网络课程评价和网络教学评价之间的差异,明确网络课程的评价对象,从众多的评价指标、量表、量规中,精确地找到适合网络课程评价的标准。

(三)明确网络课程评价内容

在网络课程开发设计之前,明确网络课程评价的内容。网络课程评价内容的确定性,能让网络课程的开发者、设计者明确设计方向,提高网络课程开发设计的效率,优化网络课程的质量;同时,也能提高可供借鉴的、切实可行的操作方法和操作步骤。

(四)完善网络课程评价指标体系

建立一套对各种网络课程都能进行的一般性的、权威的、通用的评价指标体系,这套指标体系要具有通用性和普遍性,但又不能缺乏特殊性和个别性。另外,这套指标体系能够按学科划分,满足具体学科网络课程评价的需要。

(五)量化课程评价与质性课程评价相结合

量化课程评价就是力图把复杂的教育现象、课程现象简化为数量,根据量化的数据分析、比较、推断某一评价对象的成效,它泛指具有标准化、客观化、求效率、计较成本效益以及可用机器计分等特点的定量化研究。质性课程评价是针对量化课程评价的偏失的一种反动,它力图通过自然的调查,全面充分地阐释对象的各种特质,彰显其意义,促进理解。协调好定性分析和定量分析的比例,将量化评价与质性评价很好地结合起来,有利于提高网络课程评价的信度和效度,有利于对网络课程进行有效的评价、监控和管理。

（六）多种评价形式相结合

由于网络具有开放性、交互性、快捷性、方便性等特征,使得基于网络课程的教学和学习能够突破传统纸笔考试的局限,实现在线实时考查。教育评价主要有以下几种形式:诊断性评价、形成性评价与总结性评价,内部评价与外部评价,相对评价、绝对评价与个体内差异评价,定性评价与定量评价。我们可以根据具体的教学内容等因素选择评价方式。例如,在评价基于网络课程的学习时,我们可以采用基于作品、学习档案袋或者学习者平时访问网站的次数和发表言论的质量,也可以是几者结合的形式,对学生的学习情况进行综合评价。

（七）预评价与再评价相结合

预评价也称为预备性评价,通常指被评者的自我评价。预评价的过程也是被评者自我诊断和调整的过程,是为再评价做准备的。再评价也称为确定性评价,它一般是专家组的评价。再评价是对被评者自评的检查,有助于提高评价结果的可靠性、科学性和客观性。目前精品课程的评价采用的就是这两种评价相结合的方式。网络课程的评价也可以借鉴过来,进行网络课程的再评价过程中可以是专家组,也可以是使用网络课程的相关人员。

（八）评价与反馈相结合

评价是过程,而不是结果。评价后只有向被评价者反馈评价信息,被评价者才能对自己的行为或认识有一个清醒的认知和判断,并做出改进。尤其是采用网络作为教学和学习的工具时,及时反馈成为可能的情况下,评价者在做出评价的同时,应该向被评价者公开评价结果。如果说传统评价的作用是评质定级,那么在终身教育被多数人接受的今天,评价的作用更多的是提供改进和提高的信息,所以评价之后反馈信息的提供至关重要。

（九）在对比中对评价模式进行借鉴和改进

我国的评价模式还处在探索阶段,在探索过程中应充分借鉴国外现存的比较成熟的评价模式,并与我国的教学和课程建设现状相联系,提出体现我国教育情况的评价模式。

笔者认为上述教育评价模式虽然各具特色,但对于我国网络课程的建设来说并不十分适合,网络课程由于其载体具有开放、共享、实时等特点,所以应该用体现自己特色的评价模式。

拓展阅读

教学交互的含义

关于网络教学交互,目前还没有一个被公认的、确切的定义,不同的学者从不同的角度加以界定。例如,通过描述交互的三种类型——学生与课程内容的交互、学生与教师的交互、学生与学生的交互来定义交互;交互就是某一特定环境下两个或两个以上的行动者之间的相互作用的过程;交互是学习者而不是教学者必须感受到信息循环已经结束。

其一,交互的英文表示是 Interaction,在《教育大词典》中译成"相互作用",并将其定义为一因素个体水平之间反应量的差异随其他因素的不同水平而发生的现象。由于这一定义并未把交互限定在某一范畴,当我们用来定义网络教学的交互时,很容易造成概念的泛化。网络教育也是一种教育现象,因此在给交互下定义时,应该把它限定在教育领域内,这是研究教学交互的首要条件。

其二,我们还要明确,谁是交互的主体,谁拥有对交互的控制权。网络教学的重要理论基础是建构主义学习理论,其主要思想是强调以学生为中心,学生是认知的主体,是知识的主动建构者,教师对学生的意义建构给予帮助和促进。网络中的教学过程采用以"学"为主的教学策略,以"学"为中心赋予学习者更大的学习主动性。因此,网络环境中的交互活动也应以学习者为中心,由学习者自主控制交互活动。

其三,在网络教学中,教师与学生、学生与学生的互动显然是交互活动,但是,学习者同学习材料的相互作用是否属于交互问题呢? Daniel & Marquis 将学习者利用学习材料的学习定义为自主学习,而 Moore 的观点则是把它作为一种交互形式。产生如此大的分歧,主要源于研究者是从学习者的外在行为特征来界定教学交互,还是依据学习者的内在变化来定义交互。北京师范大学远程教育中心的陈丽博士认为,由于人类学习是一种特殊的行为,教育关注的重点应该是学生的内在变化过程。我们认为,学生在进行网络学习时,网络课程是其主要的学习材料,而网络课程在某种程度上就是教师将自己的知识、经验物化的一种形态。学生与学习材料的内在相互作用也就是通过这一物化形态为媒介,与教师之间间接的相互作用过程。因此,学生同学习材料的相互作用也属于教学交互的范畴,并且是一种重要而复杂的交互。

其四,网络教学交互具有一定的目的指向,与我们平时漫无目的地浏览网页及与人漫无边际地闲聊有着截然的不同。学习者通过与学习材料、教师及同伴的交互作用,促使其原有观念同新观念或同化或顺应,促使当前所学知识的意义建构。

基于上述分析,我们可以概括出网络教学交互的含义,即教学交互是学习者在学习的过程中,为主动完成当前知识的意义建构,而与学习环境之间发生的相互交流与相互作用(这里的学习环境是指学习资源和人际关系的组合,其中学习资源包括学习材料、帮助学习者学习的认知工具等;人际关系包括学生间的人际交往和师生间的人际交往)。

(摘自豆丁网,有改动)

第八章

中小学教师远程培训的教学模式

第一节　自学式培训模式

自学式培训模式指的是,在现代远程培训过程之中,学习者成为主体,学习者与教师处于一种"准分离"的状态,教学的主体和客体处于异地状态,教学时间与空间分开,学习者主要是自主性学习,通过三大系统即教学辅助系统、信息反馈系统及教学服务系统,完成教学目标和教学任务。其中,学习者的学习占据中心位置,在"三网合一"("天网""地网""人网"互相结合)的网络环境下自主学习,与自学考试的自学是迥异的。

一、自学式培训模式的特点

远程培训学员在清楚了解学习任务的情况下,独立地、自觉地、主动地进行学习,并且能够很好地完成学习任务的学习模式,称之为"自学式培训模式"。自学式培训模式是远程教育培训的重要培训方式之一。由于师生之间在地域和时间上的不统一,远程培训学员要通过多媒体等各种学习方式来完成学习任务。在这种自学的模式下,远程学员成为了教育和教学活动的中心,成为自我学习的主体。远程学员可以自己规划学习计划,选择学习内容,决定学习方式和完成自我学习效果的评价。当然,这样的学习方式不能完全脱离和排斥教师的指导和帮助。自学式培训模式的优点是:发挥远程培训学员的主观能动性,利用一个非常开放的平台,通过远程培训学员的充分自制来完成学习任务。其缺点是:对远程培训学员的整体能力及个人能力要求比较高,必须具备良好的自制能力,其中包括应对分析能力、自我评价能力、自觉性和独立性。因此,这样的学习更适合在职人员。

在网络条件下的自学式培训主要是通过浏览事先编制好的网页或网络课件方式进行的。网络课件常见的有以下三种形式:

第一种课件是由有经验的教师、高级教育技术人员、软件开发人员及教育专家们精心研发的,具有较高的技术水平、较完善的教学策略、良好的人机交互功能和视听效果,但研发难度大、周期长、成本高;

第二种课件是制作周期较短,成本也不高,教学信息丰富,交互性较好,但是课件信息多为教师图像和文本内容,学习时间长,容易产生枯燥感;

第三种课件是基于课堂教学实况直接录制而成(或进行简单的后期剪辑),课堂实况图文并茂,使远程培训学员有身临其境的感觉,产生面对面听讲的亲切感,同时该课件制作成本低、周期短、收效快。不足之处在于课堂的效果很大程度上取决于教学教师的水平。

利用网页的自学式培训是将所有的教学内容精心地制作成网页页面的形式,供远程培训学员利用浏览器进行自主学习。这种网页页面都是经过精心设计和制作的,可以将文字、图片、动画、声音等教学信息融为一体,同时具有一定的交互功能,并且内容丰富,便于学习。但是由于制作该类网页在教学设计上、网页制作上等方面的要求都比较高,需要教师及专业人员通力合作完成,因此目前这样的网页还比较少,而用于教学的大部分教学网页还多以文字为主,包括教学大纲、学习辅导材料、练习题、作业题、复习指导等。

在自学式培训模式中,教师与远程培训学员通过教学软件发生交互作用,其主导作用相对降低了。远程培训学员在基于网络的自主学习活动中,与传统自学相比较,从教师那里获得的指导将更加快捷方便,如教师可以利用电子邮件或者论坛辅导远程培训学员。远程培训学员在这种教学模式下,接受的学习指导和帮助主要是教师通过设计的课件与通过网络或其他方式答疑解惑。网络在自学式培训模式中,提供了教学资源,展示了教学内容,传输着交互信息,并且起了纽带的作用,把教学信息平台和师生紧紧地系在一起。

二、自学式培训模式的分类

自学式培训模式主要有以下两种:

(一)基于资源的学习

基于资源的学习就是要求远程培训学员利用各类教育资源进行学习。远程培训学员在学习过程中,所需的丰富的网络教育资源均来自于互联网,他们通过登录各种教育网站等资源平台可以查阅多媒体课件、网上书刊、网上图书馆和数据库等,获取所需知识。此外,远程培训学员还可以通过网络向世界各地各专业学科的专家求教和进行直接交流,获得指点和帮助。基于资源的学习以信息运用为主线,强调远程培训学员在查询、分析和处理信息的基础上去发现问题、解决问题。这种教学模式除了要求远程培训学员具有较强的自我管理和知识建构能力外,还要求远程培训学员掌握一定的计算机和网络技术。同时,在教育资源设计方面,要求教学系统设置较强的导航功能,避免远程培训学员在学习过程中发生迷航和认知超载。这种模式的学习可以在设备齐全的网络环境中,也可以用简单的技术和设备来实现。

(二)基于问题的学习

基于问题的学习是一种探索式、自主性更强的学习。远程培训学员通过一系列活动去探索、了解和发现问题,提出假设,制订解决问题的策略,搜集资料,通过实践或实验进行验证修正。上述过程经反复循环直到得出结论,最后将结论撰写成报告。这种模式把学习设置到复杂而有意义的问题情境中,通过让远程培训学员解决真实性问题来学习隐含在问题背后的知识。这种方法使远程培训学员建构起雄厚的知识基础,增强有效解决问题的能力和技巧。其显著特点之一是容易激发学习的内部动机和热情。在这种模式的教学设计中,问题的提出是一个重要方面,也是取得良好效果的关键。在教学设计中,指导者应精心定位问题的目标特征,给出远程培训学员在学习某项内容或完成某项任务时应达到的知识目标和认知能力。在解决问题的过程中,远程培训学员不仅要学习新知识,还要学会新的思想方法。往往在解决当前问题后,远程培训学员能发展预期知识和技能,即通过可利用的知识和可迁移的技能尝试着解决新的问题,所以这种方法又被称为"发现式教学"。例如,互联网上一个基于问题的学习项目,它内含六个子模块:提出问题、细化问题、描述解决问题的步骤、提供信息资源的入口、评估、结论。它适用于从幼儿园到大学及成人的广泛对象,涉及各领域有关问题,这些问题没有唯一的标准答案。自学式培训模式中远程培训学员的自主程度极高,虽不排斥教师的帮助,但教师的帮助不应成为主导主控和连续行为。即远程培训学员自主学习可以是完全独立自主的个别化学习活动;可以是远程培训学员同伴间的互助学习;还可以是远程培训学员自学为主,教师指导助学为辅的学习。因此,这种学习模式远程培训学员参与程度深,教师的控制强度弱,交互广度不高。

三、自学式培训网络课程设计

自学式学习的特征在建构主义学习理论看来,学习者要在一定的社会文化背景与情境下借助教师和伙伴的帮助,利用相应的学习资源,通过意义建构的方式获得知识,而并非是通过教师传授。从知识构建方式上来说,随着网络技术的发展和应用,学生采用自学式学习是极其有必要的,而且该学习方式在技术上也逐渐会成为现实。

在多媒体和网络技术的条件下,自学式课堂教学应具有如下特征:

(一)教师角色的转变

教师不再是以自己为中心的"讲解者"角色,而是学生学习的指导者和学生活动的导演者。

(二)学生地位的转变

学生具有主动参与和探究的主体地位,而非单纯、被动的听课者。

(三)媒体作用的转变

教学媒体真正到了学生手中,媒体成了学生的认知工具,而非教师的讲解工具。

(四)教学过程的转变

教学过程是意义建构理论指导下的教学过程,即利用教学资源建立教学情境,学生与教师和同学协商讨论、发现与理解知识,通过意义建构形成自己的知识结构从而获得并掌握知识,而不再是传统的逻辑分析或逻辑综合、讲解说明式的过程。

自学式培训网络课程的信息化教学与传统教学相对而言,是现代教学的表现形态之一,以信息技术和网络技术支持为特征,又可以称为信息化教学。在传统教学中,教师是主要的教学源,控制着学生对信息的访问。然而在信息化教学中,学生成了学习的主体,通过协同作业、自我探索等方式进行主动的知识建构。教师不再是"知识权威",而是通过指导学生获得、解释、组织和转换大量的信息来促进学习,以解决其实际生活中的问题。

因此,自学式培训网络课程设计不仅需要充分利用网络技术的先进性,还应从如下几个方面考虑:第一,教学策略。基于网络课件的学习是以学生为中心的自主式学习,体现为自我选择学习内容、自我掌握学习时空、自我确定学习技术和学习方式等。第二,学习内容。具体描述教学单元的主题、学习目标、学习活动、教学过程和学习资源等,其中学习活动和学习资源在很大程度上是由信息技术支持的。第三,讲授方式。以"任务驱动"和"问题解决"作为学习和研究活动的主线,在相关的有具体意义的情境中,确定和教授学习策略与技能。

第四，作业方式。为支持有效进行学习活动需准备各类辅助性材料，如资料光盘、软件工具、参考书目、教师用电子讲稿等。第五，教师角色。教师作为学习的促进者，应该引导、监控和评价学生的学习进程。在学习过程中，应强调学生的"协作学习"，这种协作学习不仅指学生之间、师生之间的协作，也包括教师之间的协作，如实施跨年级和跨学科的基于资源的学习等。第六评估方式。更加强调对学习过程和学习资源的评价，提供结构化的定量评价标准，从内容、技术、创意等方面详细规定评级指标。利用这种量规来评价学生的"电子作品"，可操作性强，准确性高，可以让教师和学生自评、互评。简而言之，在学校的课堂教学中使用不同的教学方式，在许多经过合理设计之后也能在网络教学中起作用。此外，还需充分利用网络的优势，发挥创造力，研制出适用于网络教学环境下的高品质网络教学课件。

拓展阅读
关于农村中老年教师现代教育信息技术状况的调查报告

自 2004 年"农远"工程实施以来，现代教育信息技术犹如一声春雷唤醒了农村教育技术革命的春天。八年来，国家倾注了大量资金投入"农远"工程，使农村现代教育技术设备不断扩充与升级，先进的技术设备必须由先进的技术人员来操作。但是根据农村教师的年龄结构，中老年教师所占比例很大。就拿我们璜田中心学校小学部来说，中老年教师约占教师总数的 52%，这支庞大的队伍成了现代教育信息技术普及的瓶颈，给农村教育的可持续发展带来不小的障碍。为此，我校选定《现代教育信息技术促进中老年教师专业发展的研究》为"十二五"国家教育信息技术课题，并对我校中老年教师现代教育信息技术状况做了问卷调查。

一、调查目的

随着社会信息化进程的日益加快，人类面临着一个新的教育命题：掌握和运用现代教育信息技术。于是，如何培养适应时代教育信息技术发展的新型教师是一个值得关注的问题。尤其是农村中小学中老年教师所占比例大，如何切实可行地去提高他们的专业素质应是目前农村教育信息技术的一个重要课题。如何转变中老年教师教育思想和教育观念，整体提高师资队伍的素质，促进教学模式、教学体系、教学内容和教学方法的改革，加速远程教育资源与课堂教学的有效整合，全面提高教育质量和效益，促进素质教育的发展，这些都具有重要的意义。所以我们课题组决定从本校实际情况入手，希望通过中老年教师对现代教育信息技术的状况进行调查，了解他们对现代教育信息技术的心态以及在这个学习过程中的一些行为，并分析产生这种心态或行为的原因，为开展以现代教育信息技术促进中老年教师专业发展的措施提供依据。

二、调查方法

我们采用问卷调查的方法对我校小学部男性 50 周岁以上、女性 45 周岁以上的 40 名中老年教师进行了书面问卷调查，收回有效问卷 40 份。调查内容主要涵盖目前中老年教师教育信息技术的水平如何,对学习现代教育信息技术的态度怎样,对于学习现代教育信息技术有哪些困难以及有什么好的建议等。

三、调查结果分析

通过调查分析,我们认为农村中老年教师现代教育信息技术能力弱。中老年教师一直成为"农远"工程普及与应用的瓶颈,主要有以下几方面的原因:

(一)有些教师有畏难情绪

我们在问卷第 21 项(你认为中老年教师学习现代教育信息技术最大的困难是:①没电脑②没人辅导③年纪大难以接受)的调查统计中发现,在被调查的 40 名中老年教师中有 30 人选择了③,占 75%。不难发现,在中老年教师的心目中,现代教育信息技术是一项很难学会的技术,对于年级偏大的教师是难以接受的,所以一直处于观望状态,能躲则躲。也有些教师认为"人到中年万事休",缺乏终身学习的意识,认为自己的职称等问题已解决,没有必要去花力气学习新的东西。

(二)有些教师认识肤浅

由于沿袭多年的"三个一"教育模式的根深蒂固,有些教师认为不用现代教育信息技术照样能教好书。我们在问卷第 14 项中(你认为现代教育信息技术对提高课堂教学质量:①毫无帮助②作用很大③有无皆可)的调查统计中发现,在被调查的 40 名中老年教师中有 20 人,选择了③,占调查教师总数的 50%,认为有无皆可。这说明我们的中老年教师没有发现现代教育信息技术在新时期信息时代的教育教学中所产生的价值。

(三)培训方法不得力

自 2004 年"农远"工程实施以来,各级对教师现代教育信息技术的培训非常重视,这是有目共睹的。但是我们的培训是吃"大锅饭",各个层次水平的教师一同培训,出现一头"吃不饱",另一头"吃不了"的局面,难以发挥培训的真正效果。我们在问卷第 8 项中(你觉得最佳的教育技术能力培训的模式是:①面对面的课堂讲授模式②"一帮一"的结对帮扶式③基于网络的学习模式④其他模式)的调查统计中发现一项惊人的选项,竟然在 40 名中老年教师的问卷调查中发现,有 31 人选择了②,占教师总数的 77.5%。不难发现,现行的"大锅饭"培训模式使中老年教师很难适应,他们都渴望着自己有个"师傅"一对一地帮扶。

(四)现代教育技术能力零起步

现在的中老年教师,年轻时代现代教育信息技术设备处于空白阶段,更无现代教育技术手段的应用培训。我们在问卷第 6 项(你是否学过教育技术专业课程:①是②否)的调查中得到的结果是,没有一人学过教育技术专业课程;在问卷第 7 项(你参加过哪些教育技术方面的培训和考核:①全国计算机等级考试②教师计算机能力应用考试③"英特尔"培训④其他软件培训⑤无任何培训与考试)的调查中得到同样的结果,他们 100% 地选上了⑤。可见对教育信息技术零起步,并且记忆力和接受能力都在大为减退的中老年教师,要去应付并接受使人眼花缭乱的接口线头、难以捉摸的各款软件实在有点强人所难。

(五)教育信息技术设备投资力度还不大

劳动必须要有工具,这是不争的事实。我们在问卷第 12 项中(你是否配有电脑:①是②否)的调查中得到的结果是仅占 15% 的中老年教师配有电脑,所以现在的中老年教师想要学习现代教育信息技术,首先学校要为他们配齐办公电脑,他们手头有了劳动工具,天天不离手地去读它、去摸他,现代教育信息技术才会有所提高。

(六)有少数教师不肯去学

那是因为现在的教育管理机制还不完善,使少数中老年教师缺乏对现代教育信息技术的热情,不肯去学。我们在问卷第 10 项中(你上课用的课件来源于:①自己上网下载②同事替我下载、制作③自己运用 PPT 制作)的调查中也有 20% 的教师选择了②同事替我下载、制作;还有在问卷第 20 项(你上网时占用时间最多的是:①QQ 聊天②游戏③看电影④浏览网页)的调查中也有 33% 的教师选择了②游戏。可见在中老年教师中仍有一定比例的教师对现代教育信息技术不感兴趣,把更多的时间是花在打游戏上,一旦要轮到上公开课了,就请同事帮忙制作课件。这种完全违背自己的教学意图,只能是根据同事做好的课件再去照课件去上的课,很难形成课堂教学特色,甚至经常出现"卡壳"现象。

四、讨论与建议

从调查中反馈的信息,我们找到了制约农村中老年教师现代教育信息技术能力提高的症结。针对这些结症,我们认为要凭借现代教育信息技术来促进农村中老年教师的专业发展,必须从以下几点去做:

(一)启发开导,帮助他们提高认识

我们的中老年教师首先必须充分认识普及现代教育信息技术的重大意义,增强提高现代教育技术能力的紧迫感。大量事实证明,年龄并非学习并掌握现代教育信息技术不可逾越的障碍,在中老年教师中成为学校教育信息技术骨干力量的教师也已出现,不要认为自己临近退休了,就可以躺在计算机免试证上优哉游哉,必须明白这是信息时代的需要,即使退休了,我们生活在这个时代,仍需要现代信息技术。

(二)关心鼓励,帮助他们树立信心

要知道,现在的中老年教师在年轻时代大多都是学校的中流砥柱,曾经也有不少辉煌,只是他们在迅猛发展的信息技术面前显得很脆弱,把现代信息技术看得异常神秘。我校有一位老年教师在几年前一直说自己这一辈子学电脑是不可能的事,又有谁知道他现在竟然是学校现代教育信息技术的骨干教师。可见现在的大多数中老年教师是不敢大胆尝试,几次失败后就望而止步。学校要积极为他们创造有利于学习的环境和氛围,多关心、多鼓励,更不能歧视和训斥,要帮助他们克服畏难情绪,使他们尽快树立学习现代教育信息技术的信心。

(三)以师带徒,建立结对帮学机制

几年来,由于培训方法不得力,给中老年教师造成了对信息技术的恐惧心理,越听不懂就觉得越神秘,越神秘就觉得越高不可攀。因此,作为学校必须更新对中老年教师的培训方法,如可以采取"一对一"结对帮扶,"以青带老",学校把"帮扶"任务分配给青年教师,对于有特殊辅导业绩的青年教师也要给予适当的奖励。

(四)投资倾斜,提供必要的软件和硬件环境

众所周知,必要的软件和硬件是基础,离开了这个基础,学习现代教育信息技术则无从谈起。尤其是中老年教师大多经历了那贫寒的年代,家庭经济底子薄,花钱比较保守,许多

中老年教师不肯自己掏钱买电脑,认为能省则省。再加上现在学校的教学设施仍不能满足中老年教师学习的需要。如有的村小学仅有两台电脑,怎么能供给十几位教师的需要?所以,学校可以采取补贴的办法鼓励中老年教师自己买电脑,尽可能让中老年教师有条件、有机会使用信息技术设备,把中老年教师的兴趣引向学习信息技术上。

(五)区别对待,提供愉悦的学习活动环境

必须明白中老年教师在现代教育信息技术上的进步是来之不易的,我们应该器重,不能以年轻教师的标准来要求中老年教师,同一个年龄段的比较会给他们带来动力,如县里开展的中老年教师"农远"课堂教学应用大赛就是一项很好的举措。学校要多为中老年教师创设现代教育信息技术活动的天地,请他们聚在一起研究、探索,为他们创造更多的机会来表现自己的成功,并对这些点滴的成功给予适当的精神鼓励和物质奖励,使他们这些点滴的成功能升华为一种新的学习动力,变"不肯学"为"我想学"。

(六)跳出圈子,以先进的教育理念指导教育技术的应用

在我们的调研中发现有不少中老年教师为了应付远教活动月,请同事下载制作课件上公开课,在课堂上是上"课件",而不是上"教材"。这说明有部分教师只重视现代教育技术中技术方面的学习,而忽视作为教育技术重要部分的教育学、心理学、教学设计等内容的学习与研究,这样很难保证教育技术与课堂教学的有效整合,导致教育技术的应用效益不理想。所以,学校必须跳出教育技术圈子,以现代教育信息技术促进中老年教师的教育理念更新,再以先进的教育理念来指导教育技术的应用,相互交融,全面提升农村中老年教师的专业素质。

(胡长清,邵南星,教育部全国中小学教师继续教育网,有改动)

第二节　讲授式培训模式

在教师远程培训的教学模式里还有一种传统的培训模式即讲授式培训模式。讲授式教学模式是基于宽带网的讲授式教学模式,在网络环境下以教师授课为主的教学模式。它沿袭了传统的班级授课制的教学方式,实际上是传统课堂教学方式的新发展,网络和终端设备在这种教学模式中起着教学信息传播与呈现的作用。教师在这种教学过程中的作用与传统课堂教学方式一样,仍然是教学过程的主导者、执行者,同时又是教学信息的传播者和发布者,在一定程度上又是教学的组织者和管理者。此种方法继承以教师讲授、远程培训学员接受的传统授课方式。它以单向沟通为主,随着 Internet 的运用,课堂讲授型模式中师生的交互活动增多。这种模式的最大优点在于它突破了传统课堂对人数及地点的限制,有利于扩大教育规模;缺点是缺乏课堂氛围,学习情景的真实性不强。

一、讲授式培训模式的分类

(一)同步讲授型

同步式讲授模式是指分布在不同地点的教师和远程培训学员同时上网,进行网络教学。

这种模式的教学程序类似于传统的课堂教学。教师在远程授课教室中利用直观演示、口头讲解、文字阅读等形式,以计算机网络为平台向远程培训学员传递教学信息。远程培训学员在不同的网络平台下的远程学习教室,通过观察感知、理解练习、领会运用等过程接受学习。远程培训学员和教师也可以通过网络平台进行实时互动。以教师为中心,教师和远程培训学员可不在同一地点、在同一时间,远程培训学员通过网络聆听教师的讲授,并且师生通过视频会议系统可以有一些交互。在教学过程中,教师通过良好的教学设计,选择适合的教学软件进行教学。远程培训学员既接受来自计算机的信息,也接受来自教师的传统教学手段的信息。其优点是以教师为中心,由教师控制教学进程,保证讲授知识的系统性、连贯性和流畅性;同时能利用多媒体技术演示普通教学手段很难或无法表达的事物及变化,产生鲜明的逼真效果,调动远程培训学员的学习兴趣。缺点是远程培训学员有时仍处于被动学习状态,不能更好地提高自身能动性。

(二)异步讲授型

异步讲授通常借助网络课程和流媒体技术来实现。流媒体技术是一种低带宽网络视频技术,可以边下载边播放。在异步教学中,根据个人的时间随时访问存放在 Web 服务器上事先编制好的网络课程,这是远程培训学员学习主要方式。当远程培训学员遇到疑难问题时,可以通过 BBS 或在线论坛等方式同网上其他远程培训学员进行交流,也可以通过 E-mail 向教师或专家进行咨询。远程培训学员基本上还是处于相对被动接受教学信息的地位。它又可分为远程非实时授课和远程实时授课两种方式。这种方式的主要特点是远程培训学员具有了更多自主活动的时间和空间。每个远程培训学员都可以根据自己的实际情况确定学习的时间、内容和进度,并且可以随时在网上下载学习内容或向教师请教。其缺点是缺乏实时的交互性,对远程培训学员的学习自身能动性要求较高。同时,这种教学模式对课件的制作要求较高,不能仅是黑板或书本搬家,要在理好教学思路、设计教学策略、推敲教学技巧前提下用多媒体技术来实现。可以说多媒体课件是未来远程教育的主要教材,其质量优劣直接影响学习效果。此外,还要建立一个反馈系统,专门负责解答远程培训学员疑难问题,并能对远程培训学员作形成性评价的应答与测评。

二、讲授式培训模式的原则

讲授式培训模式的缺陷不是其本身所固有的,而是源于教师的不当运用。讲授式教学法运用得是否成功与教师自身的教育理念、知识水平、教学能力的高低直接相关。要充分发挥其优势,任课教师必须在教学过程中遵循以下原则:

(一)启发性原则

启发的目的是让远程培训学员学会主动思考,使远程培训学员对新知识在现有知识基础上产生心理需求,从而打破原有心理平衡,产生学习动机。通过这种启发引导,使远程培训学员主动建立起其自身已有知识与教学任务的联系,并将新知识纳入到远程培训学员原有知识系统中。学习实质上是一个知识"内化"的过程,远程培训学员的主动思考是学习新知识内化的必备条件。教师的启发式教学起到的是一种催化剂的作用。

(二)形象性原则

形象性原则是利用实物、模型、形象化语言,从而使远程培训学员在头脑中留下清晰的图像,丰富远程培训学员的感性经验,为远程培训学员形成概念、掌握规律奠定基础。讲授式教学中通过语言进行生动的描绘,形象化的语言可以帮助远程培训学员理解和记忆,发展远程培训学员丰富的想象力,激发远程培训学员学习兴趣。

（三）情感性原则

学习是一种认知过程,是通过感知、记忆、想象、思维各项心理特征共同参与的认知过程。在这一过程中,情感发挥着强化或弱化认知效果的作用。不满、悲伤、抑郁的情感则使远程培训学员反应迟钝、思路狭窄、行为懒惰、厌倦学习;反之,满意、愉快、兴奋等积极的情感能够使人反应灵敏、思维开阔、主动探寻、增强记忆。在教学过程中,教师要以自己的人格魅力去感染远程培训学员,使远程培训学员"亲其师,信其道"。讲授式教学中,教师要利用富有情感色彩的语言,去调动远程培训学员的正面情感,使教学成为师生之间、远程培训学员与作品之间情感交流。融入正面情感因素的教学会使远程培训学员对学习充满热情,不仅有利于远程培训学员健康人格的形成,更能提高教学效率。

（四）互动性原则

教学过程是一种互动的过程,不应该只是教师向远程培训学员单向的知识传授,而应该是师生之间、远程培训学员之间双向(多向)的互动过程。通过教师的引导,利用教师发问、远程培训学员作答的方式了解远程培训学员知识掌握程度,引发远程培训学员对问题的深入思考;通过远程培训学员提问、教师解答的方式,可以及时了解并排除远程培训学员的学习难点,培养远程培训学员主动探寻的意识。教学过程中的这种互动,可以使"教"与"学"融为一体,及时发现教学过程中存在的问题,活跃课堂气氛,增强和培养远程培训学员主动性,并能照顾到个别远程培训学员的学习差异。

（五）科学性原则

科学性体现在内容、态度、语言几方面。远程培训学员学习的内在动力就是对科学知识的渴望与追求。对教师授课最起码的要求就是讲授内容正确,没有知识性错误。以科学的理论为指导的教师,能从实际出发,尊重科学,尊重远程培训学员,严谨治学,去伪存真。在教学语言的运用上,教师要力争做到对科学概念的阐释全面准确,对抽象问题的讲解清晰透彻,教学语言深入浅出、逻辑严谨、生动形象,同时要注意联系远程培训学员实际,培养远程培训学员能力。科学性是教学工作的灵魂。

拓展阅读

用心·认同·发展

远程继续教育培训的方式在湖北省宜都市已进行了多年,课程学习的评价采用的是以学习时间为参照。在那段学习的时间里,我们往往将课程学习的内容打开,去做其他的事情,所谓"在线不在人"。远程教育对不少的教师而言,是应付差事。尽管这种远程教育的评价方式几度改进,但上有政策下有对策,培训效果实在是违背了组织者的初衷。因而在老师们看来,远程继续教育培训只是一种形式,完成一个任务而已。2010年进行的"国培计划"虽也是一种远程教育培训方式,但它以全新的面目出现在老师们面前,评价方法的多元化,评价内容的开放性,从形式上吸引并敦促参训教师要进入实质性的学习,而且"国培计划"项目用优秀管理员、优秀辅导教师和优秀学员来激励各个不同层面的人员各司其职,努力学习与工作。因而从这个角度上讲,"国培计划"算得上是一个行之有效的培训方式。

作为一名生物教师,我有幸参与了这次培训与学习活动,历时两个多月的学习、作业、研讨、观摩和评论,有彷徨,有忙碌,有感悟,有收获。

用　　心

任何一种形式的学习与培训,我觉得"态度决定一切",抱怎样的学习态度,就会有什么样的学习效果。因为再好的培训,你若不乐意,采取敷衍应付的态度,肯定没有好的效果。说实话,接到"国培计划"学习任务时,正值学期结束寒假生活即将开始,老师们心情浮躁自不待言,加上春节来临,我对"国培计划"最初持排斥的态度,很长一段时间没有理睬这件事。不知是寒假的哪一天,我突然静下心来想,自己一直认为是一个较爱学习较喜欢读书的人,面对培训与寒假生活的矛盾,我为什么回避了呢?尽管寒假有诸多家庭琐事,难道我连学习时间都抽不出来吗?有了自己的反问与反思,思想的疙瘩似乎一下子解开了,接下来我对这次培训活动有了一个自己认为正确的定位:用心。

我用心听取了赵占良、裴白川、刘恩山、崔鸿、周静、周然和王薇这些教授专家的每一个讲座。每当他们讲述的专业观点与自己的教学实践相吻合时,我备受鼓舞;每当听到并接受一个新的教育理念时,我再一次感到自己的教育教学视野又一次被刷新。

在学习的同时,我还用心观摩了部分生物教师的优秀课例,从他们课堂上的一举一动、一言一行和师生互动中领悟他们前沿的教育思想、先进的做法和教学成功的经验。

针对观摩的典型课例和生物教学问题,我用心参与研讨,发出自己的声音,发表自己的见解。可以这样说,这次"国培计划"中的七份作业七次研讨都是自己的思考和真实想法。因为用心,我乐此不疲。

认　　同

有了对"国培计划"的一份用心,我在学习中心便渐渐地沉寂下来。从内心认同这的确是一次难得的学习培训机会,能听到生物教育专家们精心准备的专业讲座是幸运的。同时我还深深感觉到,这一次的讲座形式有很大的创新,专家和一线教师现场以谈话的方式娓娓道来,不居高临下,是一场场生物教学实践和生物教育理论结合的盛宴。专家们从理论的层面对教师教学实践的肯定和建议,实际上是告诫老师们在生物教学中应做到什么,不应该做什么,给我们参训的老师有耳目一新的感觉。

我带着问题和思考观摩部分优秀生物教师的课堂教学,当这些教师的做法与自己平时的教学相似时,我便对自己的生物教学有了一份认同。尤其是看到自己的疑惑被别的老师很好解决的时候,一种教育的幸福感油然而生,我又一次得到提高和进步。

我也借助国培计划中的"发表文章"栏目,将自己近几年来尤其是课程改革以来撰写的部分教育教学感悟公开亮相。看到同行们的建议、肯定和鼓励,更坚定了自己生物教育教学一贯的追求,也对自己曾经的努力多了一份自信。

发　　展

　　我从来没有这种奢望,一次培训能让每一位教师有立竿见影的效果。在这次"国培计划"参与作业练习和主题研讨时,我对很多问题进行了较系统的思考,诸如"如何设计和描述三维目标""针对不同的班级应采取何种教学策略和方法""如何有效地开发和利用生物课程资源""如何对学生的生物学习进行评价""情感、态度和价值观如何教""如何组织生物实验教学""如何选择生物实验材料""如何创新教学设计""如何落实能力目标""结合不同的课题如何创设教学情境""如何运用概念教学策略提高教学效果""运用多媒体辅助实验教学应遵循哪些原则""生物教学如何渗透 STS 教育""如何提高生物教学评价的有效性",等等。在思考中我也有反思,无形中我又得到一次理性的提升,这的确是一个了不起的进步。如果没有这一次"国培计划",没有这些针对性的话题,我的许多想法与做法可能到今天为止还没有整理出来。"国培计划"对于我而言,起到了催化剂的作用。

　　参加这次"国培计划"的湖北省宜都市生物教师有 23 人,在平时的生物教研活动中,我们是以专业合作活动的方式互相研讨共同学习的。每次活动我们通过一次集体备课、一节研究课、一次全员评课、一个主题讲座和一份专业合作简报展开我们教研活动的全过程。所有的生物教师在专业合作活动中得到锻炼、得到提高、得到成长。我们在研究与活动中也收获了友谊。在这次"国培计划"中,我们这支教研团队互评互学,相互鼓励,让我们再一次收获进步与提高。

　　路正长,"国培计划"即将告一段落,学习是一个永恒的主题,我将永远去追寻。

（摘自摘子的教育博客,2011-04-13,有改动）

第三节　讨论式培训模式

　　讨论式培训模式是一种有效的培训模式,与讲授式培训模式不同,讨论式培训模式摒弃了传统的灌输式、填鸭式的做法,它是在教师指导下,让教师在培训中积极主动地参与教学过程,增加彼此之间的协助和交流的一种教学方法。教师在培训中围绕某一中心内容进行讨论,可以激发学习热情及思维,集思广益,从而加深对知识的理解。

一、讨论式培训模式的特征

　　讨论式教学模式是一种新型教学模式,是在主体教育思想和建构主义学习理论的指导下提出的。它的主要特征是灵活多样的主题、开放的组织形式和自由交流的精神氛围。它既能充分体现认知主题的作用,又能有效发挥教师的组织和参与作用。具体地说,它是指在教师的精心组织下,针对远程培训学员关心的某一问题,发表自己的见解,进行辩论和研讨式的学习。

　　在一个完全网络化虚拟学习社区的环境中,基于网络的共享性、虚拟性和实时交互性,教师在培训时可以更加自由地发表自己的观点与见解,并进行多种方式的对话和交流。如论坛中的师生交互行为的主要表现是在教师发帖和远程培训学员回帖的过程中。在该过程中,讨论式教学模式发挥了强大的作用。讨论式培训模式是在网络讨论区的应用在网络讨论区中现实的,各参与主体之间在不同的地点,而非限制于教室这一狭小的空间里;各参与主体之间的交流不是通过语言交流,而是通过文字来进行的,在网络讨论区中同样可以师生和生生一对一、一对多、多对多地进行观点讨论。这也体现了讨论式教学模式的特征。这也是讨论式模式与其他教学进程中教师占支配地位的方法区别出来的特征。远程培训学员要认真思考一个问题,给出理解,并且相互讨论,彼此争论,得出结论,评价结果,概括出最终结论,远程培训学员自己创造知识而非被动接受者。在网络讨论之前,需认真预习即将讨论的课程内容,这完全取决于远程培训学员的自觉性;教师在讨论区中根据侧重内容不同而设置不同的讨论板块,远程培训学员根据所讨论的内容不同选择进入相应的板块,培训教师根据分组的需要对其进行微调;之后各板块进入自由讨论模式,教师可以随时进入不同板块了解接受远程培训的教师们的讨论情况,并对讨论情况实时掌控,正确引导讨论方向,引导远程培训学员们积极参与讨论;分组讨论结束,进入单元总结,并将得到的最终结论整理成章,放在远程培训学员们均可见的板块,供接受远程培训教师们的学习使用,最后网络讨论结束。由此可见,网络讨论区中的讨论程序与课堂讨论程序是一致的。

二、讨论式培训模式的分类

讨论式培训模式基于 Internet 的 BBS 可以很轻松地实现网上的讨论学习。讨论式培训模式也可以分为在线讨论和异步讨论。

(一)在线讨论

类似传统课堂教学中的小组讨论,由教师提出讨论问题,远程培训学员分成小组进行讨论。在这种讨论模式中学习,讨论的深入往往需要通过学科专家或教师来参与。在线讨论在网络教学环境中,教师"倾听"远程培训学员的发言主要是通过网络,并对讨论的话题进行正确的引导,最后要总结整个讨论过程,对讨论组中不同远程培训学员的表现进行点评。在讨论过程中,在策略上教师要注意,一方面要善于发现和肯定远程培训学员发言中的积极因素,进行鼓励;另一方面要以一种远程培训学员可以接受的方式指出远程培训学员的不当言论,不能使用容易挫伤远程培训学员自尊心的词语,以达到保证讨论的顺利进行的最终的目的,解决问题或达成一定的共识。讨论的主题可由教师或讨论小组的组长来提供。

(二)异步讨论

学科专家或学科教师围绕主题设计的能引起争论的初始问题,并在 BBS 系统中建立相应的学科主题讨论组,邀请远程培训学员参与到某一讨论组进行讨论或发言;教师还可以设计能将讨论逐步引向深入的后续问题,让组内的远程培训学员获得进一步的了解和学习。在讨论的过程中,教师通过提问来引导讨论,不要直接告诉远程培训学员应该做什么或者怎么做(即不能代替远程培训学员思维);对于远程培训学员在讨论过程中的表现,教师要适时做出适当且恰如其分的评价。这种讨论可以由组织者发布一个讨论期限,远程培训学员在这个期限内都可以在平台上发言或针对别人的发言进行评论,教师要定期对网上的言论进行检查和评价,并提出一些新的问题供深入讨论,从而让远程培训学员更好地学习。

三、讨论式培训模式的注意事项

讨论式教学法有很多需要注意的地方,同学们通过讨论虽然可以获得一些新知识,但是从同学们的讨论中获得的知识一般是比较零碎和缺乏系统性的。有些远程培训学员的发言往往是较粗糙的,甚至有些信息可能是错误的,从而使一些缺乏鉴别能力的远程培训学员容易是非不分、全盘吸收,将错误的信息输入自己大脑。由此一来,讨论法的初衷不但没有实现,反倒为远程培训学员们的学习带来了不好的影响,遏制了远程培训学员们的提高和发展。因此在运用讨论法教学的时候,一定要注意以下几点:

(一)在讨论前师生都要做好充足的准备

一方面,远程培训学员应该认真按照教师的叮嘱,多多阅读材料,充分做好发言准备;另一方面,教师应该在讨论前告诉远程培训学员们要讨论的主题是什么,应该阅读一些怎样的材料。

(二)论题深度难度适中,能够引起远程培训学员的共鸣

确立论题的时候,教师一定要谨慎小心,论题一定要简要明确、深浅适中,符合远程培训学员群体的认知范围,是远程培训学员感兴趣并可发言的论题。

(三)积极引导学员进行正确的讨论

在讨论过程中,教师要引导远程培训学员围绕论题中心讨论,并引导远程培训学员深入开展讨论。同时,教师应起主导作用,讨论过程中难免会出现跑题现象,教师要根据讨论情况时刻注意引导远程培训学员朝正确方向进行,不要离题太远。在讨论中,还要引导远程培训学员针对有争议的问题开展深入讨论研究,步步深入,以便寻到解决办法。

(四)积极鼓励远程培训学员多发言,发好言

讨论过程中可能出现讨论过热或过冷的现象,有些同学讨论积极,发言较多,但是同时也存在小部分同学由于性格或学识上的因素,不善于发言,偏向做观众。这个时候,教师应当鼓励远程培训学员发言,勇敢发表自己的意见,统筹全局。

(五)教师随时做好总结,指出讨论的优缺点

对存在争议的问题,教师不能强迫远程培训学员放弃自己观点,接受教师观点。

四、创设具有良好氛围的学习共同体

远程培训中网络环境讨论式培训模式能否成功,除了主讲教师要准确把握远程培训学员的需求,精心准备讨论议题外,怎样创设一个良好的学习氛围,让参加远程培训学员乐于参与也非常重要。在讨论式培训模式学习过程中,学员之间关系融洽,相互合作,共享信息和资源,共同担负学习任务,充分调动了学员的积极性和创造性,有利于促进学员高级认知能力的发展及健康情感的形成。在讨论式教学模式中,由于网络的开放性,学员间是一个学习的共同体,他们之间可相互看到自己和其他学员的状态。在共同学习中,他们不会觉得孤独,会感到有许多伙伴的帮助与支持。并且每位学员又可发挥各自的专长,取长补短,相互帮助,相互提示或者分工合作。同时,从某种程度上看,学员间又具有竞争关系,他们在学习中会全神贯注。

（一）共同体成员的组织

成员在网络讨论中不像课堂讨论那样可以见面，每个成员都是面对电脑屏幕，没有语言这一工具，确实给讨论带来不少麻烦。但是，使用文字可以很好地弥补这一不足，成员之间可以通过文字互相交流，尤其可以使用图片、符号等网络术语，使成员之间的交流增多。如此一来，成员对网络讨论形成一种适应性，从而发展成依赖感，使成员有了很强烈的归属感。当成员熟悉网络平台之后，对成员分组将成为很重要的一项工作。分组时首先要根据远程培训学员的主观意见分组，如果出现分歧，教师应参与调解分组。但是，分组一定要符合大部分成员的意愿，并且要科学，否则，在讨论时会出现许多不必要的麻烦。

（二）交互过程及其监控

在讨论交互的过程中，教师应该时刻关注，避免远程培训学员跑题，引导成员围绕中心主题讨论，深入讨论，同时根据教学设计的需要选择适合的工具。可供选择的工具非常多，常见的包括 BBS、E-MAIL、QQ、论坛等，角色扮演工具、虚拟白板，应用软件共享、个人主页空间、追踪评价工具等。

拓展阅读

论坛式的教师培训

一、从传统教师培训模式的问题说起

我们已往进行的教师培训有着明显的弊端，效果不好，主要有以下两个问题：

第一，教师主体性的缺失。在以往的教师培训中，教师的主体性往往被忽视。其表现之一是，教师只是被动地接受理论知识，他们的实际需求没有得到关注和满足；表现之二是，无视教师的已有经验与主动性，盲目地灌输理论知识，忽视被培训者的参与和反馈。

第二，培训的开放性不够。以往的教师培训课程讲授往往圈于一部指定的教材，封闭的理论体系难以适应不同学校、不同教师的实际需求，被培训者与培训者之间缺乏沟通和互动。

为了走出教师培训高耗低效的困境，在反省已往教师培训的经验教训的基础上，我们对论坛式教师培训模式进行了探索。

二、对论坛式教师培训模式的探索

论坛式教师培训是一种由校内教师群体组织，围绕自身关注的问题，共同讨论、寻求对策乃至构建理论的教师学习形式。

由于这种培训方式能为教师提供切实的专业研究平台，所以，我们决定将其作为我校教师培训的主要方式之一，力求使教师能够选择"自己学科或教室里的主题"，进而找到改进策略。

近几年来，我们实施论坛式教师培训的主要策略与经验，主要包括以下几个方面：

（一）依据实践定主题

教育部在《2003—2007 年中小学教师全员培训计划》的"实施策略与工作要求"中，鼓励培训者积极探索以参与式为主的多种行之有效的教师培训模式，提高教师培训的质量和效益。

显然，国家的教师培训政策直指教师的参与性。与此吻合的是，我校的论坛式培训，主题源于教师，由教师发动，讨论在教师同伴之间进行，评价准则来自课堂实践。实践证明，这种培训方式有利于鼓励教师参与业务讨论，提高教师的专业精神与技能。

我们的具体做法是：在平时的业务学习中，由备课组组长和教研组组长负责搜集与整理教师关注的教学问题，由班主任、年级组长负责搜集和整理学生管理方面的问题，然后由校长办公室归类、统合为若干论坛主题，并与教研组组长、年级组长协商，最后确定论坛的主题与研讨时间。论坛活动每2～4周开展一次，内容一般分为学科研究与德育管理两大类。在论坛主题确定后，由发起者发表主题演讲，其他教师参与研讨。例如，在2006年，在一个名为"促进'小学科'教学与学生发展"的论坛活动中（主题是如何解决学生在生物类课程中的学习懈怠问题），教师们踊跃参与，热情很高。根据这个论坛活动研讨的成果，教务处提出了一些有针对性的改进措施，收到了很好的效果。

（二）相互激发造氛围

在实践中我们认识到，已往行政性的业务学习安排，常常使教师感到一些要求是外加的，游离于自己当前的需求。在自上而下的压力之下，他们觉得自己在孤军奋战，遇到问题容易气馁。在采用论坛式教师培训模式后，这一状况得到了明显的改善。由于研训的主题由教师间自然的沟通、酝酿而产生，是大多数教师感兴趣的实际问题，也由于在论坛上发表意见是自由的，因此产生了浓厚的团队学习氛围。正如组织管理学学者勒温所认为的那样，在组织变革中，组织成员的态度是最重要的。好的组织要刺激个人或群体去改变他们原来的态度，改变人们的习惯与传统，鼓励人们接受新的观念，从而通过认同与内化等方式，使组织成员形成新的态度和接受新的行为方式。

现在，这种"参与论坛，提高自己"的组织方式已经深入人心。我们已经建立了备课组级别、年级组或教研组级别以及学校级别的三级论坛组织，每学期定期开展各级别的论坛活动，每次论坛由各组、室负责人召集，制订每学期的论坛主题"菜单"与活动日程，并由负责人记录、整理论坛讨论情况。

（三）经验积累成制度

我们注重对论坛式教师培训的引导，要求论坛的主题要结合教师当前的教学任务，做到讨论"以任务为中心，以问题为中心，以情景为中心"，而不是"开无轨电车"，致使论坛培训放任自流；要求把教师日常教学工作、教科研与教师培训这三项工作结合起来，所谓"工作即研究，研究即培训"，而不是将研究与培训分开，另搞一套。同时，提倡每一个教师要以研究的心态对待日常的教学工作。

我们按以上要求制定了论坛的基本制度，由各级论坛负责人组织实施。几年来，我们已经形成了论坛培训的组织形式：问题提出与辨析——论题与演讲者确立（会议组织）——讨论记述整理刊出（校内刊物）——师训工作资源库。

三、论坛培训初见效

在论坛讨论中，对有关主题的揭示、澄清、强调、坚持或批评，会强烈地刺激教师群体对学科专业问题的思考。例如：为迎接 2006 年度浙江省新课改调研，我校语文教研组选择了青年教师姚意执教《谈生命》一课。在专门为此而开展的该教研组专题论坛活动中，姚意发表了自己的散文教学观点，引起了全组教师的深入研讨乃至争论，收到了很好的效果。事后，根据论坛活动的讨论结果，姚意老师进行了深入的反思，更新、完善了自己的教案。最终，这一凝聚着集体智慧和个人反思成果的教案，受到了省、市评课专家的好评。同时，论坛式培训也生成了有利于教师和学校发展的资源宝库，积累了一些典型的、焦点性问题（主题），以及一些对策性的经验和方案。

（詹洪青，《中小学管理》2007 年第 4 期，有改动）

第四节 互动式培训模式

互动式培训模式是通过教师的在线指导，运用网络上的电子题库和自动评价系统，使远程培训学员及时得到有关自己学习过程的反馈及有针对性的诊断，从而使得远程培训学员能够及时调整自己的学习，进而形成一种主动的、协作的、开放的学习模式。这种远程培训模式考虑了双向教学环境，采取有提问、有反馈、有交流的教学方法，既保留了传统远教中的生动形象性和不受空间限制等优点，又有相互访问、双向交流、学习资源、学习内容广泛等优良特性。

一、互动式培训模式的特征

互动式培训模式的特点是，该培训模式克服了传统远程教育中教学手段单一、远程培训学员学习效果无法及时反馈，以及远程培训学员和教师难以互动的缺陷，并且采用互动式视频教学模式，实现了通过语音、视频使师生面对面即时交流，真实可感，趣味性强。远程教育中的互动式教学具有如下特点：

1. 个性化学习在课程上，教学内容、教材、教学手段和辅助教学手段以及考试等都可以因人、因需而异，自主选择性强。远程培训学员的主观能动性和个性潜能可以得到充分的发挥。

2. 穿越时空的视频教室互动是教学模式，克服了传统教育时空上的限制，使得不同地理空间的远程培训学员真正平等地接受教育。

3. 知识的延伸并结合知识点，拓展远程培训学员的知识面，培养远程培训学员的探究能力，加强远程培训学员的自主学习能力，并可帮助远程培训学员加深对知识点的理解。

4. 师生平等、互敬互重，减轻了远程培训学员的思想负担。传统教学的"一言堂"、"师道尊严"是师生间不可逾越的鸿沟，网络中的互动式教学缩短了师生间的距离，克服了传统教育中远程培训学员羞于询问老师的缺陷，使得教学得以"思想解放"，真正使远程培训学员做到了"不耻下问"。

5. 自主管理、全面发展这种互动式教学模式真正做到了培养人才的目的。除教学内容外，这种互动式模式还可以在网络上设有远程培训学员会、手拉手社区、聊天广场、同学录等,让众多远程培训学员参与其中,使其得以充分全面地发展。

二、互动式培训模式的原则

应针对远程培训学员的年龄特点,在构建网络环境下的互动培训模式,以远程培训学员的自主学习为着眼点,以远程培训学员能力的提高为归宿,遵循远程培训学员的认知规律,结合现代教学理论体现"提出问题—分析问题—解决问题—研究创新"的认知过程,使学习过程由"吸收储存再现"转向"探索研究创造"。为此,构建这种模式应遵循以下原则:

(一)网络化原则

要充分利用计算机网络提供的各种功能,例如多媒体技术、网页浏览、文件下载、电子邮件、信息发布、教学课件等多种手段,发挥现代网络技术在教育教学中的优势,建立网上虚拟学习环境、虚拟实验、网上题库、网上考试等,利用计算机网络环境,激发远程培训学员的学习兴趣,培养远程培训学员的科学探索精神,提高远程培训学员的学习能力,使计算机网络功能与教学目标有机地结合起来,为教育教学服务。

(二)互动性原则

教学模式要充分体现网络互动性,让远程培训学员参与教学、了解新知识的形成过程,达到目标、过程、结论的递进。具体地讲,首先,参与教学目标的确立,有助于远程培训学员从"要我学习"向"我要学习"转化;其次,参与教学过程中的重点难点,通过人机交互,人与人的交流,实现教师与远程培训学员、学员与学员之间的多向互动,使远程培训学员从"我会学习"向"我要学会"转化;第三,教师要带领远程培训学员参与回顾,掌握知识的全貌,有意识地引导远程培训学员由"我会学习"向"我学会"转化,实现让远程培训学员在参与中学会学习的教学目标。

(三)自主性原则

给远程培训学员充分发挥和想象的自由空间,淡化强制与约束,给予更多的启发和引导,让远程培训学员积极主动地参与整个教学过程,是该教学模式的关键要求。利用网络交互功能,在明确学习目标的同时,提供可选择的学习方法、学习资源和知识检测练习,由远程培训学员自主选择,发挥他们学习的主动性和自觉性,强化远程培训学员的主体意识;教师再通过网络,解答远程培训学员的疑难问题,对远程培训学员进行帮助和指导,随时调控教学过程,检测学习效果。

(四)层次性原则

是指在网络互动教学过程中,应根据远程培训学员的知识水平不尽相同的特点,提出不同层次的学习目标,提供充足的学习资源,创设宽松和谐的教学情境,给远程培训学员独立的思维空间,这在计算机网络环境下具有独特的优势。满足不同层次远程培训学员学习的需要,让不同层次的远程培训学员都有成功的喜悦,这也是"面向全体,因材施教,分类指导,全面提高"的教学原则的充分体现。

(五)合作性原则

教师与远程培训学员之间、远程培训学员与远程培训学员之间的合作贯穿于整个教学活动过程中。运用网络互动模式教学既为远程培训学员的个性发展创设适宜的环境,还可为远程培训学员的合作学习创造良好的空间,利用群体的智慧,实现优势互补,取得事半功倍的效果。如采用网上讨论、网上评论、网上答疑等形式,建立起远程培训学员与教师之间、远程培训学员与远程培训学员之间的一对一、一对多、多对多的联系。

(六)创造性原则

网络互动教学更能体现对远程培训学员创造力的培养。利用现代教育技术的优势,在网络环境下,创设声音、图像、文字、动画相结合多媒体情境,激发远程培训学员的想象力、创造力,培养远程培训学员积极主动的探索精神,鼓励远程培训学员标新立异、推陈出新。

三、互动式培训模式的步骤

上课时把计算机、网络、实物投影、声音等多种媒体结合起来使用,通过老师与远程培训学员之间即时沟通的形式,获得更佳的教学效果的一种教学方式,称之为师生互动学习师生互动式教学。师生互动式教学模式并不排斥其他教学模式,如果能够与其他教学模式结合起来,各取所长,相得益彰,更能发挥其优势,达到比较理想的教学效果。根据不同的教学目的、教学任务,创设网络环境,设定问题,组织材料,创设情境,激发远程培训学员的学习欲望,构建相应的教学模式。教学交互的信息交互形式分为三类:远程培训学员与学习资源的交互、远程培训学员与教师的交互以及远程培训学员与远程培训学员的交互。

(一)远程培训学员与学习资源的交互

远程培训学员与学习资源的交互是远程培训学员与教师交互的特殊模式,主体网络课程资源在教学交互中的信息交互形式多样,比例不均。其中,视频讲授式成为远程培训学员与主体网络课程资源进行交互的主要媒体形式,远程培训学员与学习资源的交互主要存在印刷材料、教学光盘、视频讲授等几种形式,整体上课程资源媒体形式多样化的趋势明显。视频讲授和文字内容是远程培训学员与学习资源交互的主要媒体形式,提供这两类资源的课程比例均超过 95%,并且提供视频讲授的精品课程比例达到 100%,其他按比例由多到少依次为印刷材料、PPT、教学光盘、动画、影像资料、模拟现实系统、视频讲授,文字和印刷材料(教学辅导用书)。以上分析说明,随着教育教学信息化、信息技术环境与课程整合程度的加大,学习资源都日趋丰富,利用技术进行教学和学习对远程培训学员的学习效果有积极而显著的影响,并且对远程培训学员的认知和情感的影响也逐步增大。这往往会出现几种变化:师生关系发生变化;交往主体双方之间的交往媒介发生变化;交往双方的空间扩大;交往手段多元化。

(二)远程培训学员与教师的交互

远程培训学员与教师的交互主要用于辅导、交流和答疑,发生在远程培训学员与教师(各种类型的教师)之间。远程培训学员与教师进行交互的方式多样,各种方式并存,但提供这些交互方式的课程比率和远程培训学员的使用率呈现比例差异较大的特点。从整体来看,首先,远程培训学员与教师之间采用电子邮件进行交互的精品课程是最多的,比例达到 98%,这可能是因为电子邮件比较适合师生间的异步交互,并且容易整合到网络教学平台中,其操作容易被师生掌握,使用起来比较方便。其次,音视频在用于师生间交互中也占了较大比例,达到 80%,主要用于答疑。音频值机答疑和视频同步答疑能够及时地解决远程培训学员在学习当中遇到的困难,音频答疑所占比例要远超视频答疑,是因为音频相对视频比较容易在网络平台上实施,且音频系统较视频系统在带宽要求、软硬件配备、用户技术水平、成本等多方面都具备优势,所以采用率较高。通过音视频可以提供统一的、及时的信息,提高学习者的参与程度,在不增加成本的情况下,同时提供让异地成员加入讨论的功能。另外,其他传播方式,如 QQ、短信、电话和微博等也在网络教育当中被用于进行师生间的交互,但是被应用的比例差异较大。其中采用 QQ 交互的精品课程比例达 50% 以上。作为一种热门的实时交互工具,QQ 越来越被广泛应用到远程教育中,说明了这种工具在便捷性、交互性、应用性、用户群等方面都具备一定的优势。电话作为一种旧的交互形式依旧在网络教育当中起到一定的作用,比例在 40% 左右。最后,部分网络学院在进行面授辅导时采用的形式主要是课后提问。由于在精品课程中采用面授辅导或者授课形式的课程比较少,因此课后提问的方式在师生交互的过程中所占比例也不大。另外,由于远程培训学员一端具备传真机或者应用传真进行交流的需求较少,精品课程中没有课程应用传真的方式进行师生交互。

(三)远程培训学员与远程培训学员的交互

远程培训学员与远程培训学员的交互,是第三代远程教育中关于交互的新维度。远程培训学员与远程培训学员之间进行交互的形式主要是用于进行学习过程当中的交流,通过相互沟通可以促进学习,交流经验,获得集体归属感,主要分为个人形式、小组形式和多边互动形式三种。由于远程教学的师生分离,教与学存在异步等特点,网络教育存在一定的情感缺失,有效的远程培训学员间的交互可以提高远程培训学员的学习效率和活动能力,集体归属感使学习者的动力性、相互感染性以及交流的情境性影响到彼此的学习状态,从而达到更好的学习效果。

四、互动式培训模式的意义

有利于由全覆盖教育向个性化教育的转变,是网络互动式培训模式对远程培训的意义所在。这里所说的全覆盖教育,不利于远程培训学员的个性化特长与潜能的发挥,这样的教育就是指不分远程培训学员的层次、水平,大家在一个教室听课,教师采用同一教案授课。而网络互动式培训模式则可以实现远程培训学员个性化教育,因为在这种环境下,远程培训学员的学习变成一个各取所需的过程,使因材施教成了可能。同时,网络技术提供的分级别和分阶段学习模式将学能各异的远程培训学员区别对待,更能充分调动远程培训学员的学习积极性,突出个体差异,培养其自主学习的能力。

所谓互动式教学模式就是以启发式教学为主,以"远程培训学员为主体,教师为主导"的教学原则,让远程培训学员与老师共同参加课程的教与学。通过远程培训学员对教材的自主钻研与小组讨论相结合,按互教、互学、互助的模式,以调研、讨论、交流设计心得等方式学习,优化教学要素,培养远程培训学员的自学能力,开发远程培训学员的创造性思维,把教学改革的重点放在如何提高远程培训学员的学习热情上,增强他们的学习兴趣。而教师则直接加入远程培训学员小组的讨论中,与远程培训学员之间是平等的对话者,是双向互动的关系。在整个教学过程中教师始终是配角,起引导、补充、归纳和完善的作用,这样既能体现教师导向的作用,又能充分发挥远程培训学员的积极主体作用,改变了教师讲远程培训学员听在传统教学中所形成的习惯与模式,远程培训学员正确认识到自身的优势和未来的社会价值,学习也就会因此变得更加积极主动,也就形成了教学上师生之间的真正互动。

拓展阅读

五段互动式培训反思

2011年3月31日下午,广东省历史与社会教研活动——五段互动式教师培训在我校举行。这是宝安在教育改革领域积极探索的具体展现。此次省级教研活动完全由我们海滨中学历史与社会科组承办。作为科组的一分子和此次辩课环节的正方二辩,我有幸参与其中,收获很大。

一、专家讲座,擦亮了历史与社会教学的眼睛

科组长彭莉老师首先进行了讲座——"问题式教学在历史与社会中的应用"。讲座在为课堂教学提供了理论指导的同时,为我们一线教师提供了一个理论提升的平台,也让我们了解问题式教学在具体运用中的基本模式,有很强的实践指导作用。

二、课例实践,促进了教师的共同提高

年轻老师黄灵玲在教学中将专家讲座中的理论付诸实践,创设了良好的问题情境,围绕辛亥革命这个主题设计了34个问题,引导学生围绕这些问题进行思考、讨论,使一个个问题得到解决,也锻炼了学生发散思维的能力、理解分析问题的能力。当然,作为人文特点显著的历史学科,依学生14岁左右的年龄,知识面也不宽,如何能让学生产生相关的疑问,提出相关的问题,这是非常艰巨的任务。我觉得,这种课程能让学生循序渐进地思考老师所提问题,得出正确答案已经是很了不起了,也可以说完成了教学任务。

三、辩课,指明了教师发展的方向

正反两方针对课例,围绕着"黄灵玲老师的课例是否很好地体现了问题式教学的核心价值"展开激烈的辩论。作为正方的中年骨干队,我们四个老师是沉着、冷静,非常沉稳地应对反方青年队犀利的批评。在活动之前,我们都积极学习教学理论,认真撰写辩论陈词,使自己的理论水平有了提高。通过辩课,我们一方面认清了本课的突出优点,同时也挑到了不少毛病,值得我们今后在课堂实践中借鉴。整个辩课环节结束后,感觉到自由辩论时间太短,意犹未尽,今后应该在这个环节多增加些时间。

四、专家点评,"审问之""明辨之"

华师大历史系教授黄牧航教授对黄灵玲老师的课例和对正反方的辩论进行现场点评,肯定优点,指出不足,让所有老师得到指点,得到提升,可谓是受益匪浅。

五、研修反思,不断提高自我

参与培训后,自觉地把自己的研修感悟、课堂教学实践作为认识对象而进行全面而深入的冷静思考和总结,从而进入更优化的教学教研状态,使学生得到更充分的发展,自己得到

更快的成长。它是一种有益的思维活动和再学习活动,使得教师自己能够有意识地、谨慎地、经常地将研究结果和教育理论应用于实践。反思是教研的有效途径,一个善于反思的教师能很快从经验型教学走向研究型教学之路。

五段互动式培训中的五个环节有阶段地对教师进行不同层面的培训,环环相扣,相辅相成。通过这次五段互动式培训,我们应该学会跳出教学本身看教学,在日常工作中学会反省和思考,更多地站在学生的角度来确定我们的教学目标,考虑我们的教学思路,优化我们的教学设计。教师应该是火柴、打火机,主要职能不是自己燃烧,而是点燃学生的希望之火、智慧之火,激发学生的激情。我们应该牢记:教育不是管束人,而是发展人;不是死守教室,而是走进生活;不是灌输知识,而是学会创造;不是记住别人的思考,而是产生自己的思考。

（王静,人教网,2011-07-18,有改动）

第九章

中小学教师远程培训的激励机制

第一节 学习目标激励

目标激励是指通过帮助人们确立明确的目标,利用目标的激励来激发人们向目标聚拢的动力、动机或愿望的方法。目标和现实的差距可以使人产生方向感、使命感和探索感,使人们产生创造性张力,从而激励人们朝着既定目标前进。这种激励方法中发挥作用的主要因素是内在报酬,它可以满足人们的求知欲与成就感。同时,由于激励对被激励者的重视又可以产生一种外在报酬,它使得被激励者觉得被尊重。笔者认为,以激励效果来看,主要依靠内在激励,它具有使受激励者行为方向积极、激励力度大、持续时间长的优点;但是,由于每个人目标差异大,目标激励只能针对个人进行,因此具有辐射面窄的缺点。从激励的代价来看,这种激励方法不需要花费什么物质成本,具有成本低的优点;但是,它要求教师花费大量的时间与远程培训学员接触来了解远程培训学员的个性特点,所以具有工作量大、耗时多的缺点。从运用的可行性来看,这种方法较为灵活,在任何时候都可以应用;但是,它也存在难以做到针对性的缺点。

一、建立健全远程培训教师目标激励的重要性

(一)有利于教师建立正确的行为动机,引导其行为过程

动机是人们活动的起因,它是由人的需要引起的。教师源于成就需要的工作动机,不仅有高强度性,而且有持久性和稳定性,是自觉积极性的来源。在这种动机作用下,工作本身就成为目标对象,教师通过积极进取而获得成就,并由此受到认可和赞赏。同时,通过目标激励机制,学校对教师符合工作目标的情感、意志和行为予以支持和强化,对不符合工作目标的意识、欲念和冲动予以约束和归化,增强组织的凝聚力和进取风气,使大家朝着学校共同的目标而努力。

(二)有利于教师建立对自身行为的评价标准

有了健全的目标激励机制,教师可以据此对自己的教育、教学、科研等行为做出客观评判。激励,尤其是精神激励具有的教育性,也鼓励广大教师不断反省自己、鞭策自己,从而建立起对自身行为的评价标准,以正确的观念和主人翁的职业态度为人处事,去努力实现工作目标。

（三）有利于挖掘教师的潜力和提高其工作绩效

这是建立健全教师目标激励机制的最重要的作用。科研研究表明，人是具有极大潜能的，但能否充分挖掘出来，取决于目标激励机制是否有效。如果学校领导者和管理者不能维持或运用有效的目标激励手段，会造成教师工作消极、能力发挥下降，从而影响工作绩效。工作绩效的取得是和能力与积极性成正相关的，通过建立有效的激励机制，可以大大地调动教师的内在潜力、激发其创造性，从而提高工作绩效。

（四）有利于学校吸引聚集优秀的人才

调查表明，现代高素质人才的价值取向主要表现为对高报酬和事业成功的双重追求。在高校管理中，通过健全激励机制，灵活地采用各种激励手段，创造良好的内外激励环境，既可以稳定本校的高层次人才，又能吸引外部优秀的人才资源向本校流动。

（五）有利于造就良性的竞争环境

科学的激励制度包含一种竞争精神，它的运行能够创造出一种良性的竞争环境，进而形成良性的竞争机制。在具有竞争性的环境中，教师就会受到环境的压力，这种压力将转变为他们努力工作的动力。

二、科学、具体、明确的目标激励策略

众所周知，人的日常行为活动或多或少都具有一定的目的性，这种目的性指引着人们的行为方向，同时也激发了人的行为动力。目标给人们的行为提供了方向和动力。在远程培训教育中，远程培训学员有了明确的学习目标，才会有学习的动力和方向。这些学习目标可以由教师制订，也可以由远程培训学员根据自己的需要自行设定。其中教师在制订目标时需要考虑到目标的难易程度、吸引力、挑战性以及学生的学习能力和认知发展水平。

目标激励就是采用吸引人去努力实现某个目标而对学习者进行激励的一种教育激励模式。激励者所确立的教育目标要有差异化，不能要求太高，也不能要求过低；要有教育目标的层次化，这样才能对学习者有一定的吸引力。因此，现代远程教育激励的目标应当有远近之分、高低之分、个体与集体之分。现代远程教育的目标激励模式又可分为若干种。道德目标是分层次的，从不同层次的受教育者，不同的教育阶段有不同的教育内涵，应根据学习者的不同年龄段、学习段等提出不同的、有差异化的现代远程教育道德目标，激励学习者为此目标而不断地努力。要鼓励远程培训人员增强成就感，对学习者取得的每一点细小成绩都要给予充分的肯定和鼓励，激励其不断地去追求更高的成就。特别是对学习者的初级阶段，要多加鼓励。

三、运用目标设置理论达成远程学习目标

（一）设定目标

学习目标分三个阶段。目标设定分"最高目标""中间目标""绝对达成的目标"三个阶段，将"最高目标"分解成若干"中间目标"，再将"中间目标"分解成若干"绝对达成的目标"，一直分解到知道现在该干什么。

目标要具体且具有挑战性。首先，要求让远程培训培训学员明确自己目标的范围，考虑最高目标、最低目标以及中间目标。清楚自己的目标范围后，在设定目标的时候就不会出现

太大的偏差,使目标既具有可行性又能激发挑战的斗志。其次,在分段设定目标的时候可将目标设定得非常具体。

通过承诺来预先宣布成功。由教师和远程培训学员通过协商构建的学习目标,也就最能成为学习者所接受,当他们在最强烈想达到目标的时候,最能产生对目标的承诺。因此,及时让远程培训学员做出明确的学习承诺,通过承诺来预先宣布成功,给目标加上一个实现的期限是一种重要的手段。还有一点,将设定的目标张贴到学校办公室醒目的位置来提醒自己。

1. 需求驱动

需求是目标的起点,更是学习者行动的动力所在。它可分为内部需求与外部需求。内部需求是学习者自身对知识技术态度的培养和发展方面的个人要求。外部需求是社会及其变化所赋予学习者的历史使命。

德国哲学家雅斯贝尔斯认为,如果人被迫只顾眼前的目标,他就没有时间去展望整个生命。同样,如果学习完全是由当下急需改进的需要所驱使,或是盲目从众的行为,那个体学习很容易感到倦怠。远程培训学员应把学习看作一个有意义的、创造性的自我更新的过程,明确自己的学习需求。个体可检查自己的学习或工作日志,通过日志发现问题进而找出差距;也可借助身边学习或工作团队或教师展开评估,请他人就自身的知识技能、态度能力及发展方向做出评价,这些回馈应该是平衡的、描述性的、客观的和建设性的。

2. 任务导向

任务的类别、难度是影响目标绩效的重要因素,学习者应进行精准的学习任务分析,并以此聚焦学习目标。可利用层次分析法将学习任务由头至尾地分解成若干子任务,并理清各子任务间的层次关系。首先收集所有任务,建立一个全面的任务列表,将具有相似性和紧密相关性的任务归类;其次按学习发生的顺序分析、组织任务,问自己"要完成这项任务须学习哪些技能",以确定任务间的先决关系;最后,要咨询专业教师,确定任务层次的科学性。

3. 统筹优化

将细化后的任务转化为具体目标,并分解目标,以便建立自信;按紧急且重要的原则,确定各类各级目标的优先次序;避免目标冲突,所有的目标都将消耗时间、金钱、努力等,而个人资源有限,学习者应合并相似目标,统筹规划,不在同一时间设置过多目标;注意平衡家庭、社会、学习等的关系。

4. 标准指引

设置目标绩效标准,揭示实现目标的进展,区分仍需要做的事情,显示何时已经实现了目标。应设立三个档次的绩效标准:(1)最低档次,说明虽然在实现目标的进程中已取得了某些进展,但这些进展可能还不足以确保整体目标的实现。(2)一般档次,取得的进展与在规定时期内实现的目标的计划相一致。(3)优异档次,如以阶段性目标衡量,取得了比预期更大的进展。

(二)目标实施

1. 策略支持

提高目标绩效,选择一个良好的策略至关重要,任务策略是个体在面对复杂问题时使用的有效解决方法。E. A. 洛克(1991)发现,只有在使用了适宜策略的情况下,任务难度与目标绩效才显著相关。同时学习者要善于识别实现目标的障碍,如硬件环境、时间、精力、先前经验、心理障碍等都可能是前进路上的绊脚石。其中,拖延无效活动是最突出的问题,学习者应尽量找出解决障碍的方法或可能的资源。

2. 追踪

个体应付出努力与坚持,推进、追踪及监测目标的实施,并依照标准,利用各种方法,积极记录阶段性学习成果;承认阶段性成果的意义,即阶段性成果是实现远大的具有挑战性目标的必经途径;此外,公开目标或结伴设置目标,这既可获得他人的支持与监督,又可彼此监督促进。

3. 反思

衡量实际结果,将其与计划结果进行比较、反思。反思是一个积极监控评价比较和修正自身思维的过程,反思的目的也不仅仅为了回顾过去,更重要的是指导未来的活动。通过反思,远程学习者得以用别人的眼光来看待自己,并学会如何进步。

(三)目标反馈

1. 修订

及时的反馈与修订,不仅可激发学习者的内部动机,还可提高目标绩效。个体在对目标绩效做出评价与判断的同时,还要获取教师、学习同伴的反馈信息,并依据不同的反馈结果进行程度不一的修正。(1)改变策略但不改变目标,如果目标十分现实可行,但学习又无进展,必须找出原因,如任务期限是否合理?若真如此,可评估情况并修改计划。(2)改变目标评估目标:是否现实可行,如果不是,更换目标继续前进。个体不仅应关注目标本身,更应关注设置目标的原因,坦诚地正视自己,及时改变想法,更换目标的主旨、期限或是取消目标。但也不能过于频繁地更换目标,否则将一事无成。

2. 循环

目标修正标志一个目标管理周期的结束,同时又意味着另一个新周期开始。目标管理是一个不间断的循环过程,评价目标既是检验既定目标实现的手段,又是制订下一个阶段目标的依据。每一周期的目标体系都得建立在上个周期的实践基础上,但较之上个目标又有了新的内容和高度。

拓展阅读
长宁县建立健全远程教育激励机制

为促进远教站点作用的有效发挥,积极探索远程教育激励机制的新途径和好方法,长宁县委远程办在建立健全"政策激励、表彰激励、荣誉激励、待遇激励"等方面进行了大胆探索和尝试,促进了学用成果的转化。

一、建立专项考核奖惩过硬机制,从政策上给予激励

从 2009 年起,长宁县将远教工作纳入县委年度目标考核,对远教工作给予一定的分值,实行单项考核,严格奖惩。对未按规范管理、"管、学、用"效果差的乡镇在年度目标考核中扣

除一定分值,并将年度考核的成绩作为次年"七一"表彰奖励的重要依据。同时,县委远程办每季度对乡(镇)站点的工作开展情况进行一次抽查,抽查结果在"长宁组织工作"和"长宁组工网"上进行通报,以奖惩分明的政策激励,促进各乡镇抓好远教工作的主动性和积极性。

二、建立远教站点管理人员补助津贴办法,从待遇上给予激励

为了提高远程教育管理维护站点人员的工作积极性,长宁县委远程办出台了《长宁县农村党员干部现代远程教育站点管理人员管理津贴实施办法》,对远教站点固定管理人员给予每人每月补助 40 元的工作津贴。采取平时考核和年终考核相结合,对站点管理人员实行津贴与考核挂钩。每年的考核主要由各乡镇负责,县委远程办在平时和年终进行抽查,发现未按要求和规定规范操作或不能正常运转的,扣除当月津贴 40 元。年终考核检查验收未通过,或被上级领导检查通报批评的,取消站点管理人员全年津贴补助。年终考核合格的,给予一次性补助经费 480 元。该办法于 2010 年 7 月开始执行。

三、建立常规物质精神表彰奖励激励制度,从荣誉上给予激励

今年"七一",长宁县委对全县建设好、教学组织好、管理维护好、学用效果特别明显的 5 个农村党员干部现代远程教育示范站点和建管作用发挥显著的 10 个站点管理先进个人进行了隆重表彰,对优秀站点和站点先进个人分别给予 1000 元和 500 元的物质奖励,并颁发荣誉证书。从今年起,县委将远教站点和站点管理人员作为每年"七一"的常规表彰,旨在通过表彰奖励,营造全县比学赶超的浓厚氛围,促进远教学用成果的不断转化。

(选自长宁新闻网,2010-09-21,有改动)

第二节　学习政策激励

学校要促进教师远程培训,需要有国家政策的引领、支持和激励,需要有国家政策来规范学校的行为。虽然我国已经制定了激励教师个体政策,但是还不够全面,不能涉及教师专业发展的方方面面,而且不利于发挥学校层面的主体性和自主性。因此,学校急需有国家政策层面的激励、支持,而且学校层面激励制度的制定,需要国家层面的激励政策作为依据。

政策法规可以引导、规范、约束、激励人的行动。中小学教师继续教育的政策法规可以引导中小学教师参加继续教育,规范、约束、激励中小学教师继续教育过程中的行为。政策激励是中小学教师继续教育的强大动力。

为维持中小学教师继续教育的需要,国家、政府以及教育行政部门规定的中小学教师继续教育的有关政策、中小学教师继续教育登记制度、参加继续教育规定的学时和标准,要与中小学教师的晋升、晋级、评职称、加薪、奖励相结合,把中小学教师的继续教育与中小学教师的管理有机结合起来,成为继续教育的运行机制。政策的实施就是动力,它能激励和推动教师通过继续教育去满足自身需求。建立中小学教师继续教育的评价体系和质量标准,以不断促进其行为的产生。有了中小学教师远程培训法律规章,就能有效地避免人为因素对

继续教育的影响,从根本上、制度上为其健康持续发展提供保障。

一、国家层面的激励政策

第一,国家要制定一些有效的激励政策,政策的内容要具体、可操作性要强。如教师在参加校本培训时,国家要制定完整的规划实施评估激励等相关制度,不仅要起到引领和指导的作用,而且要使学校在实施的过程中发挥自主性和创造性。

第二,国家颁布这些激励政策后,为了扩大激励幅度,各地方可以根据各自的情况在贯彻落实国家政策的同时,奖励省市级的在专业发展方面做出卓越贡献的学校;学校再制订符合本校情况的激励措施,引导教师自我激励,形成有机的激励网络,层与层之间形成相互影响、相互依赖的动态关系,从而使我国教师专业发展的激励机制得以完善。

二、远程培训政策激励机制的框架结构

中小学教师远程培训的政策激励机制是由一整套技术操作性强的政策法规条件督导执行程序和评估指标体系有机结合的政府行为。借助行政手段和法律的手段规范继续教育的实施和管理,确保远程培训的顺利进行和健康发展。

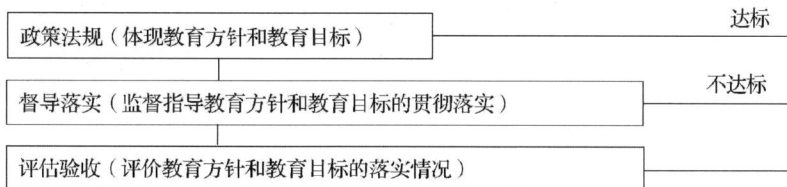

远程培训教育具有阶段性,不同的时期有其不同的阶段性目标,如达到则进入下一阶段目标起始位,否则仍在督导下继续完成原定目标,直至达标。如此循环往复,螺旋上升,使远程培训教育的水平得以不断提高。

三、远程培训政策激励机制的建立与健全

第一,正确导向原则。正确导向原则是指远程培训激励机制的建立必须坚持正确的方向,通过教学激励机制的实施,促使各级教育行政部门的领导及远程培训的教师自觉参与远程培训工作,以便更新教师的知识结构,提高中小学远程培训教师的素质,为培养综合型素质人才打下坚实的基础。

第二,科学合理原则。科学合理原则是指远程培训激励机制的建立,必须符合客观规律,激励必须在正确的检查、考核、评估、监督下进行,使得奖惩结果公平、公正、合理。

第三,整体协调原则。整体协调原则是指远程培训激励机制的实施,既要考虑各级教育行政部门及中小学教师继续教育工作的全面性,又要考虑中学教师远程培训工作发展的不平衡性。

四、农村远程培训教师政策激励机制存在的问题

(一)农村远程培训教师政策执行资源不足

公共政策一般是指政府为解决现实和潜在的社会问题而做出的决定和行为,由于这些

政策涉及社会的方方面面,因此公共政策是一个极为复杂的社会现象。"政策的有效执行离不开一定的政策资源的支持"。政策资源不但能有效支持政策的执行和实施,而且也可以检验政策执行的效果。目前,一般认为政策资源包括人力、财力、信息资源。俗话说,巧妇难为无米之炊。再好的政策,如果没有人去执行,也就很难取得政策预期的效果。从新中国成立六十多年的情况来看,国家颁布的一系列有利于促进城乡义务教育均衡发展和保障农村远程培训教师权利的政策,有些并没有完全得到执行和实现。农村学校的危房依然存在,农村远程培训教师的工资拖欠和被克扣也时有发生,农村远程培训教师的福利待遇还不高,农村远程培训教师的工资水平依然和国家公务员有一定的差距等,这些都成为农村义务教育发展的瓶颈。这些问题的出现,不是政策的制定出了问题,而是制定的政策得不到有效的执行,是执行力度不够等因素造成的。

(二)农村远程培训教师政策执行滞后

教育政策执行的滞后,主要分为有意滞后和无意滞后。教育政策执行的无意滞后,在农村教师政策执行中显得十分明显。"教育政策执行的无意滞后,是指由于客观条件的限制,教育政策执行主体在执行教育政策过程中,无法按时完成政策目标影响政策效果的发挥"。1993 年通过并在 1994 年 1 月 1 日起实施的《中华人民共和国教师法》中明确规定:教师的平均工资水平应当不低于或者高于国家公务员的平均工资水平,并逐年提高。但在国内绝大多数地区,此项政策都很难执行开来。在当时,这一政策只是一种愿望罢了,真正执行的非常地方很少。国家标准工资占教师总工资的 60%～70%,而那些连国家标准工资都拖欠的农村地区,其他福利和待遇更是不敢奢望的。

五、农村远程培训教师政策激励机制的解决策略

(一)建立农村教师政策执行弱势补强机制

在农村教师合法权益的保护上,各级政府应该建立具体到某一方面的教师权益保障机制。教师的工资、教师的福利、教师的住房、教师的晋级、教师的管理、教师的考核等都应有相应的政策资源来执行和监督,并对每一项教师政策执行中和执行后的效果加以反馈。"党和国家有时候把重心放在政策的方向性把握上,而将其具体操作细节问题交由教育行政部门或地方政府负责"。对于政策执行不力的教育行政部门及相关公职人员,要做到及时通报和监督,情节严重的应酌情处理甚至追究法律责任。对于政策执行资源缺乏的地区,国家应努力想办法解决,保障每一项农村教师政策都能做到:有人去执行,执行的力度有所保证,执行中有人监督,执行后有人评价。

(二)适度考虑政策的超前性

我国在义务教育教师政策的制定上,历来都是受到国家公务员政策的影响,有的是参照,有的是直接拿来主义。其实教师职业是有其自身的特殊性和规律性的。教师工作的烦琐性、艰巨性、基础性等都和其他职业有本质的区别。因此,在对待教师的政策制定上,应该更加考虑这种特殊性。教师政策应当适度考虑超前性的问题。"头疼医头,脚痛治脚"只能是被动地解决问题,并不能做到防患于未然。"凡事预则立,不预则废",说的就是这个道理。教育部门应该从新中国教师政策嬗变历程中吸取经验和教训,科学合理地分析问题,探索其中的规律,制定出一些既能切合现实问题,又能保证在很长一段时间内仍然适用的教师政

策。因为政策是具有系统性、稳定性和良好的延续性的,大刀阔斧地改革以及朝令夕改地对待教师政策,很难取得真正满意的政策效果。而这种未雨绸缪和决胜于千里之外,是建立在对教师政策的历史分析、大量的实践调查和研究的基础之上的,既要把握教育的规律,还要把握事物的普遍规律。

拓展阅读

中小学教师网络培训的网络调研活动

自"国培计划"中小学教师培训项目实施以来,不仅为农村学校培育了一批"种子"教师,而且推动了各类教师培训模式的创新和变革,如教师网络培训。那么教师参加网络培训效果究竟如何? 近日,腾讯教育(微博)联合本刊推出"中小学教师网络培训"调研活动。网友认为教师参加网络培训非常有必要,网络培训对教师教育教学有一定帮助,但不是特别明显,而影响教师远程网络培训的因素和主要困难是缺乏相应的推动和鼓励政策、教学资源不足。

参与调查的网友超过一半为乡镇和农村中小学教师,比例达 57%,24% 为县城中小学教师,18% 为大城市教师。调查显示,80% 以上的教师每年都有参加不同形式培训的机会,其中参加 3 次以上培训的教师达 16.76%,参加 2~3 次培训的教师为 33.59%。

对于培训的需求,30.47% 的教师希望能获得可以在工作上应用的技巧或技术,25.77% 的教师希望获得新的教育教学理念。对于培训组织形式,26.91% 的网友认为远程网络培训是目前适合教师培训的人员组织形式。

据了解,教师利用信息技术工具主要用来检索各种教研、科研信息(如使用教研资源库、搜索引擎等,34.43%),其次为参加各种教科研培训学习(如在线课程、在线培训等,27.91%)。对于网络培训,34.13% 的教师网友认为网络培训非常有必要,8.92% 的网友十分渴望参与网络培训。对于网络培训方式,69.51% 的教师是通过网络学习进行培训,另有 30% 多的教师是通过光盘教学及卫星接收等形式进行培训。在网络学习中,47.02% 的教师是通过视频讲座进行的,较少教师(2.67%)通过专家在线答疑方式进行网络培训。

在影响教师网络培训的因素调查中,25.58% 的网友认为缺乏相应的推动和鼓励政策,18.53% 的网友认为教学资源不足,14.06% 认为设施设备不好。

(解艳华,人民政协网,2012-04-18,有改动)

第三节 学习策略激励

学习策略是衡量远程培训学员学习能力的重要尺度,也是制约学习效果的重要因素。受传统学习模式和远程学习环境的影响,在当前的远程教育中,远程培训学员缺乏对学习策略的理解和有效运用,成人在网络环境下应当如何有效利用学习策略的问题研究与实践,仍处于探索阶段。对远程学习者掌握和运用学习策略来提高学习效率和学习质量来说,其自主学习特征和心理特征更具有特殊性和重要性。对远程学习者来说,如果能够在学员充分了解自我的基础上,通过合理运用自主学习特征和心理特征,掌握和利用各种学习策略,以此来提高学习效率和学习质量,远程教学将会取得更好的效果。

远程培训中的学习策略是指远程培训学员在远程培训中,针对学习任务,依据学习规则,主动对学习的程序、资源及方法进行有效的操作,从而提高学习质量和效率的操作对策,即适应远程培训活动规律的方式方法。在传统的学习中,教师的教学策略引导学习者的学习,其中包括对学习者学习目标、学习计划、学习方法、学习监控的引导。在师生互动中,教师可以帮助学习者解决学习的难点和疑点,并给予学习策略上的指导。因此传统的课堂学习策略最显著的特征是它与教师有着密切的联系,是教师引导学生学习活动逐渐形成的。远程培训与传统学习策略相比,有其自身的独特性。远程培训是在师生分离的情况下,远程培训学员利用网络进行的学习。

一、远程培训学员的心理特征分析

远程培训学员这一群体的年龄跨度比较大,经历各异,学习形式多种多样,尤其是远程培训学员由于受年龄阅历及所承担的社会角色多重性的影响,其学习心理具有独有的特征,主要表现在认知能力特征和非认知能力特征两方面。

一方面,远程培训学员的认知能力特征突出。就成人的感知能力而言,成人对客观事物的感知有精确性和概括性的特点;就远程培训学员的记忆能力而言,远程培训学员的机械识记能力下降,遗忘速度增快,但其意义识记能力增强;就远程培训学员的思维能力而言,远程培训学员的比较能力、抽象概括能力、判断推理能力与分析综合能力都占优势;就远程培训学员想象能力而言,远程培训学员的想象力更具有科学性,容易产生接近联想和类似联想、对比联想和因果联想。远程培训学员的这些认知能力对学习内容的选择和认知将发挥不可估量的作用。

另一方面,远程培训学员的非认知能力特征显著,远程培训学员学习的非认知能力因素主要包括:远程培训学员在社会化过程中所达到的心理成熟水平,学习动机学习兴趣和学习情绪等。具体来说,远程培训学员具有丰富多样、并且人格化的经验,这是成人心理成熟水平最明显最特殊的标志。远程培训学员的学习目标明确,具有实用性职业性、深刻性和广泛性等特征;远程培训学员学习兴趣浓厚,具有特定性、实用性和持久性的特征;远程培训学员具有强烈的求知欲望和速成欲望等特点。这些特征对远程培训学员学习策略的选择发挥着一定的作用。

二、远程培训学员的学习策略激励方法

未来学习社会总的趋势是由大规模的、集体的、以教为中心的传授模式,正在转化为开放的、灵活的、个体化的、以学为中心的学习模式。而远程学习者的学习和心理特征决定了在远程教学中必然要实施个性化教学,通过各种方式促进师生之间、生生之间、人机之间的互动与交流,从而加强学习的针对性,注重培养学习策略,突出理论联系实际,变被动学习为主动学习,变纸质学习为网络学习,变机械学习为策略学习,变知识教学为能力教学,变单一

学习为合作学习。

第一,通过主体体验强化学习策略意识。

学习策略教学中的主体体验是指通过尝试、应用而获得的关于具体策略的情感价值、态度等方面的心理认同。在对学习策略的教学实践中,主体体验是非常重要的。它是沟通学习策略与问题情境的中介桥梁,是主体能动性的体现。一方面,学生如果缺乏主体体验,对学习策略的学习就会停留在初级阶段,仅仅表现为简单的机械学习,难以向应用、迁移和新策略生成等高级阶段推进,无法把外部的指导转为自己的内部需要。另一方面,教师如果缺乏主体体验,就难以领会策略所包含的思维活动,更难以把策略形象化和情境化,无法使学习者身临其境地感受到所学知识,也就无法内化为技能。因此在教学活动过程中要注重师生互动引导,鼓励学生实现自主体验和自主内化,从而自主生成学习策略。

第二,通过多元互动增强学习者主动参与的意识。

调动远程培训学员自身学习因素,促进学习者主动参与。影响远程培训学员主动参与学习的一个最重要因素,就是学习者自身的非智力因素,强烈的学习动机、明确的学习目标、成功的体验,都会促使学习者主动地参与到学习中来。远程培训学员的最大特点就是他们有着明确的学习目的,这就为激励他们主动参与学习打下了一个良好的基础。在此基础上,教师应做正确的引导和鼓励,想方设法为远程培训学员创造成功的机会和条件,使远程培训学员体验成功的快乐,激发教师课内教学能动性,促进远程培训学员主动参与。在网络的学习环境下,教师的参与和远程培训学员的主动参与同等重要,这要求教师在教学中不仅要创设民主和谐的教学氛围,发挥教师的指导者、组织者、激发者和合作者的作用,激发远程培训学员学习的自发性和主动性。同时,教师还要注重远程培训学员心理因素和情绪情感体验。远程培训学员全身心投入的学习是智力和情感都共同参与的学习。网络的虚幻性,一方面要求在学习中融入情感,远程培训学员在一种合作和竞争的环境中增强自我的成就感,这种情感激发了远程培训学员的兴趣。另一方面又有利于远程培训学员情感的交流,由于不是面对面的交流,许多人更敢说出自己的真实想法;通过开展合作学习满足远程培训学员交往友谊归属和自我实现等方面的心理需要,从而诱发远程培训学员主动参与的学习意识,增强学习者主动参与的行为。

第三,利用元认知策略,培养远程培训学员自主学习的意识。

元认知策略有助于远程培训学员有效地安排和调节学习过程,因此在远程教育教学过程中要注意对远程培训学员的学习进行自我管理和自我监控,全面提高远程培训学员的元认知水平。具体来说,主要注意以下三方面工作:

首先,唤醒远程培训学员的自主学习意识。

自主意识是人对自身的主体地位、主体能力和主体价值的一种自觉意识,是自主性能动性和创造性的观念。表现在远程学习活动中,远程培训学员不仅要有清楚了解学习任务和掌握学习材料特点的意识,还要有把握自己的学习特点来选择和运用学习策略的意识,最重要的是要有对学习过程进行自我监控和自我管理的意识,能够根据实际情况适时调整学习策略,提高学习效果。

其次,丰富远程学习者的元认知体验。

元认知体验是指伴随认知活动产生的认知体验和情感体验。元认知体验是对"知"的体验,也是对"不知"的体验。它与个体在认知活动中所处的位置和已取得的进展直接相关。元认知体验时间有长有短、内容有简有繁,但产生没有先后。因此对于远程培训学员来说,学会选择一种适合自己风格的学习策略,在不能改变学习环境等客观条件的情况下选用合适的方法进行认知活动的体验显得尤为重要。

最后,加强远程学习者的元认知监控能力。

已有研究表明,影响学习者学习成功的关键因素是学生对学习的自我监控水平。这种自我监控水平主要是元认知监控水平。它的高低决定了学习者能否适时调节控制和管理自我学习进程和学习效果。远程培训学员只有在认知活动中体验到学习情境的变化,理解或体会到导致变化的原因之后,才可能有效地对认知活动进行调节与控制。因此,要想有效地实现学习互动目标,在教学活动中我们就要注重元认知监控能力的培养。

拓展阅读
农村中小学教师现代教育技术应用培训策略

衡量农村中小学现代远程教育工程效益高低的明显标志是教育教学应用水平。而教师又是教育教学的设计者和使用者,为了提高教师应用水平和能力,我们印发了远程教育培训实施方案、信息技术全员培训方案等文件,承担了市级卫星收视培训工作,举办了光盘教学模式培训、项目校长管理培训、技术骨干教师培训和学科骨干培训等 20 余次。在培训工作中,我们采取了一系列培训措施和策略,取得了较好的培训效果。

一、培训规划策略——调查研究＋切实可行

制订切实可行的培训规划是做好培训工作的前提。在近几年组织的信息技术全员培训、校本研修、学科骨干培训和现代教育技术专题培训中,我们按照上级文件要求,深入项目校调查研究,结合本区实际情况确定培训方案。我们是 2005 年实施远程教育工程的,按照省里要求,应该承担光盘教学模式(模式一)培训任务,为此我们到乡镇教育组进行调查,了解到模式一学校大多为偏远山区的教学点,基本全是老教师承担教学任务;为此,我们精心研究确定一个循序渐进的培训策略,即"连续递进式"培训模式,固定参训教师,连续 3 次参加培训,第一次是技术培训,第二次是应用培训,第三次是研究培训,每次培训都是在前次培训基础之上进行的,呈连续提高状态。考虑到教学点教师非常少,不能耽误学生课程,我们选择了在星期天进行,并申请了经费,为他们购买了培训教材《教学光盘的使用》一书,为参训教师发放了午餐费,让他们在愉悦的环境下完成培训任务。

二、培训时间策略——短期集中＋长期实践

培训任务不同,培训对象不同,培训内容不同,因而培训的时间长短也不同。对一些通用知识、理论学习或者单一培训任务,采取短期集中的形式进行,这样能够尽快完成任务,且受训面大,如:暑假和寒假的集中研训工作,在三天就可以完成。对技术服务、课题研究和三种模式应用等方面的内容,采取长期在实践中自我培训、相互研讨的形式进行比较妥当。

但是一定要规定阶段性培训内容和目标,定期跟踪检查指导,提供交流的机会和平台,如学科骨干应用培训,让他们在长期实践中总结探索,不断充实自己,提高应用水平和能力。

三、培训方式策略——专题讲座＋交流研讨＋帮教活动＋网络自学＋实地考察

远程教育工程的实施是一项新的工作,面对的是层次不同的农村教师,年轻人基础较好,容易接受新的挑战,中老年教师由于长期所处的环境,需要变换培训方式才能适应新的环境。我们在培训工作中根据不同的类别采取不同的培训方式进行。在组织新项目校长培训时,采取专题讲座的形式,详细介绍国家实施远程教育的重大意义、管理办法和各项规章制度;在组织学科骨干教师培训时采取交流研讨的方式,大家都带着问题来,共同研讨交流资源应用的体会;许多学校针对老教师信息技术基础较弱,采取年轻教师帮教结对子的方式,手把手指导,让他们尽快掌握应用技术;网络自学不失为广大教师培训的新方式,我们在渭滨教育网上开设了"远程教育交流之窗"和VOD点播专栏,定期上传学科骨干教师的作品,组织广大教师观摩学习。在项目启动时,由于没有接触过农村远程教育工程,我们组织管理人员到国家试点试验项目县实地考察,和项目校的教师共同接收整理资源、维护设备、备课上课,体会远程教育工作整个过程,对我们实施工程、管理工程和应用资源帮助较大。

四、培训内容策略——基础理论＋实践需求＋研究提高

远程教育培训内容要根据上级业务部门的要求和教师的实际情况通盘考虑。培训内容的安排一定要系统有层次,应该分为区级培训、校级培训和个人进修等层次,因而不同类别学习内容应有所不同。区级应注重基础理论、基本技能和骨干教师的培训,我们渭滨区已经完成了教师计算机二级培训和市级学科骨干培训,电教中心也通过网络平台组织项目校对教师现代教育技术基本知识进行了培训;学校应侧重解决教学中存在的问题,如:设备的使用,简单故障的排除以及三种模式应用技巧等,针对学校存在的实际情况而定;每个人应该有不同的学习目标,力争在信息技术与学科整合方面有所突破,积极参加课题研究,多出研究成果。

五、培训评估策略——检测考核＋问卷调查

远程教育培训评估手段关系到我们培训目标的实现。在工作中,我们依据不同的培训类别制订了严格的检测考核标准:短期培训时,我们印制了相关内容的检测试卷;衡量自学和检测学校培训时,我们有问卷调查及书面作业,并及时交流学员的作业;平时进行常规检查时,随时抽测教师掌握设备的技能和三种模式的应用方法,也结合现代教育技术成果评选活动予以综合考察。

六、培训管理策略——目标考核＋激励政策＋意见征求＋网络平台

为了实现培训目标,提高培训效益,推进远程教育应用工作,应加强对学校远程教育培训工作严格的管理和考核。在年度目标考核中明确培训目标,区教育局、学校也应采取激励政策,这样可以调动学校和教师的积极性;在工作中要深入调查研究,广泛征求教师

的意见和培训需求,力争做到培训工作不落俗套、不走过场,让教师真正成为受益者。我们还应充分利用网络搭建培训工作交流平台,提供大量的培训信息,以便教师及时获取信息,交流体会,观摩成果。同时解决培训经费也是确保培训工作质量的有效措施,学校要在信息技术教育费当中划出一部分用于开展教师培训工作。总之,农村中小学现代远程教育培训工作是一项紧迫的工作任务,只有加强研究、调整培训工作策略,才能确保国家远程教育工程效益的实现,提升教师的现代教育技术水平和能力,促进农村教育信息化发展,全面提高农村中小学教育教学质量。

(李强,《中小学电教》2008 年第 7 期,有改动)

第四节　学习环境激励

环境对远程培训学员而言,在学习中占有重要地位,而远程培训的学习环境是一个复杂的环境,要建设一个良好的网络学习环境也并非易事。远程教育中存在一个巨大的“虚拟教室”,它不仅包括一个虚拟的学习场所,还包括学习者和教师。在这个“教室”中,学习者可以利用“教室”提供的各种工具得到所需的学习资源,还能和其他人进行交流。好的远程培训应该为学习者营造良好的沟通和交流氛围。因为远程培训学员在参与远程培训活动的过程中,学习知识技能的获得不是孤立完成的,必须通过与他人的合作和互动。另外,在这个“虚拟教室”中,每个人都是平等的个体,教师也应该提供绝对公平的教育。如果学员在远程培训的学习中感到自己所得高于应得,那么学员在远程培训的学习中会激励努力学习,以使其所得合情合理。因此,作为远程培训的教育者,应该平等对待每个远程培训学员,竭尽所能为他们建立一个相对公平、公正且舒适良好的学习环境。

一、远程培训中学习环境的特征

优秀学校不是“管理出来的”,而是“领导出来的”。学校领导者加强与教师群体的沟通交流,实行人性化的管理模式,倡导教师的参与式管理,创建一种民主、公正、和谐的人际沟通的组织环境,这远远比强硬的管理规定更有效,更能增强教师组织归属感、职业幸福感。

第一,环境在建构时受传统教学模式的影响很大。Song 和 Hill(2007)指出,目前仍大量采用的是面对面的教学设计这种主流的设计模式,即使引入网络技术,也主要考虑的是从面对面的教室到虚拟的教室;即使明确学习者的自主是在线学习所需要的特点,但对于自主在特定学习环境中的具体作用和表现仍没形成足够的理解。比较具有代表性的项目是 E-Dalgo 项目和 MEMORAe 项目,这两个系统的架构都采用的是典型的传统课程式的形式。

第二,环境对自主学习的支持侧重体现在工具层面上。Beishuizen(2011)推荐了几种自主学习支持工具,如超媒体环境中的互动地图、进程指示器(Progress Indicator)、假设暂存器(Hypothesis Scratchpad)、交互式决策工具;Lenne 等(2011)结合实践总结专门介绍了几款能够增强自主学习的技术工具;Yu Tang 等(2011)整合最新发展的 Web2.0 技术,设计了四类工具:资源管理和展示工具、互动交流工具、认知支持工具和管理工具。

第三，在环境建构中开始参考自主学习的相关模型以提升支持的效果。Underwood 等 (2011)指出，仅仅是提供工具对学习者的自主学习已经是不够的了，需要更好地理解自我学习的有关模型，才能使自我学习的各方面在技术环境中得到最好的支持。例如，Moon-Heum Cho (2004)就从认知和元认知活动、资源管理活动和情感活动三个角度提出在在线学习环境中促进学习者自主学习的七条学习策略。而 Beishuizen(2007)的研究揭示自主学习的技术支持环境与学习环境的布置、学习过程的安排和学习成果的设计有着重要的联系，并提出技术环境应具备的五个特征：适应性、复杂性、交互性、清晰性和平衡性。Song 和 Hill (2007)还针对在线环境中的自我学习提出了一个概念模型，明确将学习环境作为一个互动因素整合进自主学习模式的设计之中。

总的来说，当前关于自主学习技术环境的研究，还比较缺乏一种体现"自主"特征的整体架构的思考，尤其是在开放式网络环境的情境中，但也有一些研究开始出现这一思考的萌芽。正如 Underwood 等(2011)所指出的那样，关于自主学习的技术支持，近来有从特定小工具向虚拟学习环境(VLE)，再到个人学习环境(PLE)的转变之势。

在社会环境中，可供模仿的榜样、社会性援助、学习任务和情境等对自主学习有着重要影响。模仿学习是通过观察他人的有效学习策略来改进自己的学习。社会性援助是向教师、同伴、父母等的求助，自主学习者在必要的时候能否得到别人的帮助以及接受帮助的形式，都会对学习结果产生重要的影响。而在物质环境中，信息资源的可利用性以及学习场所的适宜性都对自主学习具有一定影响。自主学习的学生为了完成学习任务，往往会主动地寻求课本以外的信息资源，还注意选择安静、舒适的学习环境以排除外来的干扰，因此要环境的营造和环境的给养是非常重要的。Song 和 Hill(2007)进一步将这些环境因素划分为设计性因素和支持性因素两大类。设计的因素包括学习环境的资源、结构和任务属性等，而支持性因素则包括教师的反馈以及与同济学伴的合作和沟通等。而在本文看来，自主学习与其学习环境实际是一种双向作用关系。

正如前面所阐述的一样，有力的学习环境有利于促进自主学习能力和成果的获得，但不同的自主学习能力又会塑造不同的学习环境，代表着个体对环境作为实现学习目标工具的不同看法。因此，自主学习者不仅要对学习的物质和社会环境保持高度敏感和随机应变的能力，还要会充分创造学习环境中的物质和社会资源并加以有效利用。早期的研究对自主学习环境因素的认识是非常有限的，尤其是对物质环境，也即学习发生的地方和场所，仅局限在学校、图书馆、博物馆、家里等。但在技术快速发展的今天，教育深受技术的影响，大量虚拟、数字化的学习环境被创建出来，虚拟学习的数量和形式持续呈指数级别增长。技术不仅演变为自主学习物理环境的重要组成部分，还对社会环境起着巨大的影响，它可以拓展着甚至决定着社会环境的范畴。

因此对自主学习环境的研究，如果还仅限于以往面对面的设置将远远不够。要能很好支持远程培训学员对其学习活动进行规划，从而发展远程培训学员的活动计划和时间管理方面的技能，如对学习活动的选择和排序。这些选择可以是学习环境提供建议的方式，也可以是完全开放型的由远程培训学员自己定义。但系统要能以多种方式呈现足够的选择信息，允许进行互动，并能支持学习者获取适当的反馈以监控其学习活动。对于远程培训学员的活动规划，系统所提供当前活动的反馈是非常重要的。有了这些反馈，远程培训学员才能对他们的学习进程做出适当的总结。而提供反馈也意味着系统必须建立远程培训学员与同伴以及教师之间的交流机制,也意味着系统必须具有记录学习者活动历史的功能,并可支持对学习活动轨迹的检查和回顾,还可展示学习目标的完成情况、当前的活动任务情况等,还要能提供学习者评价其学习成果的量规。远程培训学员通过评价其学习成果以决定今后的学习方向,但如何评价,系统应该能提供与他们所设定的目标或期望获得的能力相关的评价量规。而评价也意味着系统需要设置一个评价空间,需要参考历史记录,需要一定方式的交流与互动。其中,同伴和教师的参与将尤其重要。要能提供一定的机制对远程培训学员的内在动机性因素加以干预,比如帮助学习者明确自身的需要、推荐适合的目标定向、增强多方有益的学习评论、加强社会关联和社会性感知,尤其是提供那些与学习者的情况相似的榜样或同伴,让远程培训学员观察榜样在学习上的成功或形成有效的合作。这从某种程度上要求系统具有一定的推荐功能和学习行为分析功能。

二、构建全面的环境激励机制

(一)构建多元化物质激励环境

倘若高校的薪资水平与外部行业差距较大而不具有竞争力时,将会直接导致人才的流失,一定程度的物质激励将会保证广大教师无后顾之忧地从事教学科研工作,通常所说的物质激励包括工资奖金津贴及福利。当前,我们应该清醒地看到:教师对经济利益的需求已经由温饱型向享受型与发展型过渡,教师更加追求生活内容的丰富、生活质量的提高、生活环境的改善。对广大教职工来说,最迫切的物质生活需要是住房和收入提高,高校管理者应重视此突出矛盾,增加住房补贴,利用校内资源与社会资源,为青年教师提供廉租房;同时,增加防暑降温费、卫生费及节日津贴等,为中青年教师解决子女入学问题,为老年教师提供一定的保健经费,为有困难的职工提供相应生活补贴,以提高教职工物质生活的满意度,打破唯职称标准论,改变原有的校内津贴向高职称、高职务群体过分倾斜的现象,构建多种体系的津贴制度,融入如股权、分红实物,分配信息分享等多元化报酬机制。

(二)丰富精神激励的内涵,注重隐性激励环境的作用

精神激励是一项深入细致、复杂多变、影响力更为深远的工作,它是管理者用思想教育的手段调动员工工作积极性、主动性与创造性的有效方式。知识型员工的薪酬达到一定程度后,再增加报酬并不一定能得到他们对于组织的忠诚,他们进一步追求的是工作自由度与内在激励。此时的激励不能再以金钱为主,而应以有利于他们的专业发展和个人成长为主,激励其对事业有更高层次的追求。高校管理中常见的精神激励有表扬表彰、授予奖状荣誉称号等显性激励方式。随着高校教师群体的日渐专业化和高学历化,管理者在注重显性激励作用的同时,应看到隐性激励的强大作用,为教职工营造一个愉快融洽的工作环境及宽松信任的人文环境,建立适应他们新的需要的隐性激励环境。首先体现在健全民主机制,强化参与激励。对广大教职工来说,他们需要一种利益表达机制以及相互沟通和理解机制。管理者要倾听来自教职工的声音,加强沟通,构建学术权力与行政权力均衡发展的内部权力机制,发挥学术权力在决策中的作用,加大教师参与管理决策的力度,尤其是在学术事务方面,如教育目标人才培养方向、学科专业和课程设置、教学计划的制订、招生规模教育资源配置等,应参考教师的意见,充分发挥教职工代表大会与基层工会组织的作用,让教职工参与管

理,对行政权力形成有效的监督。只有在民主管理的氛围中,教职工才能体验到自己的价值与地位,满足其成就需要。

(三)构建文化管理环境

当前高校中价值主体自我化价值取向功利化价值目标短期化现象普遍存在,而高校教师的精神文化需要不仅仅是一般意义的精神文化享受,更多的是强烈的创造和成就的需要。管理者应注重构建一种文化管理环境,用校园文化来约束规范教职工的行为,提高他们的文化品位,为共同的组织目标努力。

1. 均衡的人才管理环境

在全校上下营造尊重知识、尊重人才、尊重创造的舆论氛围,树立人人都是人才、人人都能成才的观念,协调高端人才与基础性人才、引进人才与现有人才、教科研人才与管理人才之间的矛盾,公平对待各类人才,按不同类型人才的需求,有计划地培养,把人力资源的梯队建设和潜能开发作为工作的重中之重,以达到最大的利用效率。特别是要树立正确观念,科学对待人才流动,打破人才私有化理念,充分认识到人才属于社会共同所有,鼓励人才合理流动。

2. 信息环境激励

现代信息社会,信息具有激励功能。随着高等教育的迅猛发展,高校聚集了众多优秀人才,教师更重视个人知识的更新和补充,注重知识结构的不断优化和对最新知识动态的把握,特别是青年教师更注重个人的职业发展。管理者正确运用信息源拓宽信息渠道和改善信息环境等策略,可以激发教师自主学习知识更新,特别是能促进青年教师成长。可利用校内外名师的经验信息,使青年教师看到自己的差距,也看到学习目标的同时,运用传统图书报刊信息与现代网络信息的结合,让教师掌握和享受现代的信息技术,把握本专业前沿信息动态,占有优势信息资源。

拓展阅读
"五种方式""五种环境",提高培训满意度

2008 年巢湖市高中骨干班主任远程培训从 9 月 28 日至 11 月 10 日,共计 44 天,分为两个阶段。9 月 28 日至 10 月 11 日为学习准备阶段,由各班级进行培训方案和远程学习技能培训,学员在线提交训前问卷。10 月 12 日至 11 月 10 日为学员网上培训阶段,学员积极上网点播收看专家讲课,学习相关课程资源,参与班级"网上研讨室"和专题"培训研讨室"的交流、辅导及答疑活动,在线提交作业(培训日志、交流文章、教育案例)和学习总结,参加阶段性(专题)机考(客观题,系统自动评卷)和结业网考(主观题,辅导教师评卷)。考虑到参训的高中班主任教育教学和班级管理工作繁重,我们对培训做了延期安排。全市 301 名学员,人均网上观看视频课程 15 小时以上;共发表文章 8328 篇(段),人均超过 27 篇(段);共发表回复和评论 18381 条,人均超过 61 条。学员对各项指标等满意度超过 95%。我们采用的"五种方式",创设的"五种环境",是取得高满意度的两方面保障措施。

一、五种方式,多方结合

主要有五种远程学习方式。一是发表交流文章,参与交流互动;二是填写培训日志,记录培训历程;三是分享教育案例,共享教育成果。四是网上集中研讨,互动辅导答疑。五是参加机考网考,检测学习效果。其中,填写培训日志是一种学习方式的创新。要求如下:

1. 观看每个视频讲座(9个视频讲座)至少填写一篇培训日志。

2. 每个专题(3个专题)至少提交一篇自己的班主任工作案例(或教育叙事)和主题教育活动设计(或主题班会设计)等。

3. 每个专题互动交流不少于2篇(发帖不少于1篇,回复不少于1篇)。

4. 每个专题按培训管理办公室安排的规定时间参加班级组织进行的网上集中研讨活动1次,参加辅导教师在线集中辅导答疑1次。

5.(1)按时提交训前问卷1份,以检测训前班级培训情况和学员学习技能状况等。(2)每个专题学习结束在线参加一次网上机考,以检测专题学习情况。(3)三个专题学习结束在线参加结业网考,并在线提交培训总结1份,以检测培训专题情况。

五种方式实现了多方面的结合,即观看视频课程与阅读文本资源(拓展性学习材料、培训简报、推荐文章等)相结合,作业提交与辅导教师跟进指导相结合,自主学习与互动交流相结合,过程监控与效果检测相结合,非我(管理人员、平台系统等)控制与自我学习控制相结合。五种学习方式得到了学员们的普遍认同和积极参与。在培训调研座谈会上,学员们认为本次培训内容丰富,针对性强,有利于班主任树立新的教育理念,掌握现代班级管理理论,提高班主任工作能力和综合素质。他们指出,本次培训采用远程方式,手段新颖,学习管理有效,省时、省力,收获比较大,效果比较好,对他们做好班主任工作有很大帮助。

二、五种环境,全面便捷

远程培训的学习和管理是通过远程的技术平台实现的。"无为教师教育网"根据远程培训的特点,结合五年来组织中小学教师远程非学历培训的经验,借鉴教育部国家级教师培训的做法,重新构建功能全面的培训平台,班级班主任、助学导师、专题辅导教师和学员,通过平台能够便捷地进行学习和交流、考试和考核、咨询和查询、监控和引导等。

1. 学习和研修环境:培训平台为每位学员建设了个人的学习中心,学员在自己的学习中心可以进行个人信息管理、选课学习、提交作业、参加考试、获取学习资源等。在班主任培训平台的首页,设置了学员研修的快速链接,学员只要点击一下就可以发表交流文章、填写培训日志、提交教育案例。

2. 网上实时交互环境:采用双向会议视频系统支持的"在线课堂"分主会场、分会场,召开启动仪式。各班级通过"网上讨论室"的"网上教室"组织学员参加网上集中研讨,互动交流。辅导教师通过"网上讨论室"的"培训研讨室"在线与学员进行互动交流、辅导答疑活动。

3. 在线非实时交互环境:学员通过班主任培训平台,可以浏览阅读"培训日志""交流文章"和"教育案例"以及"培训简报""推荐文章"等,通过跟帖回复的方式与其他学员交流思想、碰撞思考、分享智慧等。学员还可以通过"黉门社区"的"班主任培训园地"实现非实时的互动交流。

4. 信息获取和反馈环境：培训管理办公室通过班主任培训平台发布"文件通告""培训快讯""网上导学""组织与管理"等，学员可以通过浏览阅读及时了解培训的最新要求和动态，通过跟帖反馈学习问题和疑难问题等，并得到管理办公室的答复以及问题的及时解决。这些功能同样能够在"黉门社区"的"巢湖市班主任培训"板块实现。

5. 方便快捷的班级管理环境：各班级班主任、助学导师可以通过班主任培训平台的"培训班级"了解班级学习情况，查阅全班学员每人的发帖数、回复数、培训日志、读书笔记、教育案例、研讨交流和网考成绩等，进行批改作业操作等。点击任何一名学员的继教号，能够进入学员个人的"培训档案"，查阅学习完成具体情况，浏览学员的文章，并进行点评和推荐等。通过"查看班级学习情况"可以快速掌握学员观看视频、发帖交流、机考、网考是否合格。这些功能也是对学员开放的。他们在这里可以及时掌握自己和同学的学习现状，实现学习的自我控制，以及与同学在线非实时的交流。

总之，平台提供的各种环境为学员组织在线学习研修、网上讨论、获取帮助、反馈问题等提供了理想的工具，打破了时空的阻隔，解决了工学矛盾，提高了培训的效益。平台记录学员的学习时间、交流记录等相关信息，学员、专题辅导教师、班主任和助学导师等通过平台随时交流，通过平台查询学员信息，对学员的学习情况进行跟踪，并对学习跟进不足的学员进行督促。通过科学、全面的管理，确保了培训的效果和质量，有效提高了培训等满意度。

（胡建球，汪文华，教育部全国中小学教师继续教育网，有改动）

第十章

中小学教师远程培训的网络系统

第一节 校园信息管理系统

校园信息管理系统,是典型的管理信息系统,主要是针对学校人事处的一种管理软件,可以帮助解决大量的业务处理工作。它是一个教育单位不可缺少的部分,可以为学校的各个主体(学校的管理者和老师或者学生)提供大量的信息,而且它提供的信息都至关重要,能够为用户提供充足丰富的信息和快捷准确的查询手段。它可以帮助学校管理教师的各种档案,能够有效地帮助学校管理者和老师掌握学生的情况,如学生的基本档案、学习成绩等。也可以为学生提供自己各科各时的成绩与课程方面的查询,同时可以实现各种数据共享,降低学校相关人员的重复劳动,提高效率。

一、管理信息系统概述

管理信息系统(Management Information System,简称 MIS)是一个由计算机和管理人员组成的用以进行信息的收集、传输、加工、存储、维护和使用的系统。它是一门综合了计算机科学、系统理论、管理科学的系统性边缘科学。

管理信息系统主要由四大物理部分组成:

(一)计算机硬件

如计算机主机(包括 CPU、内存、主板等)、外部存储器、输入输出设备(如鼠标、键盘、显示器)等。

(二)计算机软件系统

包括系统软件(如 WINDOWS 操作系统、ORACLE 数据库系统等)和应用软件(如 Office 系列)两大部分。

(三)计算机通信系统

主要指各种通信设施(如 ADSL、光纤等通信线路)以及与计算机网络、数据通信相关的软件等。

(四)工作人员

包括系统管理员、系统分析员、系统维护人员、系统操作人员、程序设计开发人员等。

二、管理信息系统的发展

从全球发达国家的系统发展阶段来看,管理信息系统的发展可以分为:单项数据处理阶段、综合数据处理阶段,管理信息系统(MIS)阶段等几个阶段:

第一阶段(1953—1965):单项数据处理阶段,也称电子数据处理(EDP)阶段。这个阶段是电子计算机在管理领域应用的起步阶段。在这一阶段,其性质只是使用计算机来代替人的手工劳动。由于受到当时计算机软、硬件的限制,数据处理功能有限,主要是进行简单的单项数据处理工作,如数据统计、计划统筹、计算耗能、工资计算、报表登记等。这个阶段的处理方式主要是集中式的分批处理。

第二阶段(1965—1970):综合数据处理阶段,也称事务处理系统(TPS)阶段。到了这个阶段,随着计算机技术的发展,计算机的软、硬件有了很大的发展,计算机的处理速度也明显加快,出现了允许多个用户共享使用同一台计算机的资源的"多用户的分时系统",这个阶段的处理方式已发展为面向终端的联机实时处理,计算机逐渐开始应用于控制某一个管理子系统的运行,并可以将运行的情况进行一定的反馈。如资产管理系统、成本管理系统、设备管理系统、质量管理、分销资源计划管理、销售管理系统等。

第三阶段(1970—):管理信息系统(MIS)阶段。这个阶段也称为现代管理信息系统,主要体现为在企业单位中全面地使用计算机,把各种管理子系统的功能集中起来,以人为主导,利用计算机和网络进行信息的收集、传输、加工、储存、更新和维护,以提高企业效益和效率为目的,支持企业的运作、控制、决策的集成化的全方位的信息系统。这个阶段的处理方式是在数据库和网络基础上组成分布式处理系统。它的特点是使用数据库和分时处理的计算机网络,并充分利用运筹学等数学方法,实现了硬件、软件和数据资源的共享。

三、国外校园信息化现状

美国基础教育信息化发展水平处于世界领先地位。1996 年,美国出台了《让美国的孩子为 21 世纪做好准备:面向科技素养的挑战》,主要关注教育信息化基础设施建设;2000年,出台了《电子学习:在所有孩子的指尖上构建世界课堂》,主要关注信息技术设备在教学和学习中的利用;2005 年,出台了《迈向美国教育的黄金时代:Internet、法律和当代学生变革展望》,主要侧重于推进信息技术应用的措施。根据美国教育战略咨询机构 Greaves Group 和 Hayes Connection 的校园信息化报告(America's Digital School 2006 Report 和 America's Digital School 2008 Report),研究发现美国的校园信息化呈现以下发展趋势:(1)普适计算正在迅猛发展。2003 年 QED 报道称,美国 4% 的学区实施了 1∶1 项目,ADS2006 指出超过 24% 的学区正在实施 1∶1 项目。(2)学习管理系统的应用成为主流。53% 的学区使用了学习管理系统,47% 的学区尚未使用学习管理学系统。(3)普适计算的教学实践应用报告显示能显著提高学生学业成绩。ADS2006 调查显示,88% 的学区,其学生的学业成绩得到明显提高,12% 的学区没有效果或效果较差。(4)在线学习正在上升。ADS2006 调查显示,8 个主要学科领域的在线学习只被 3.8% 的学生使用,到 2011 年这个数字将达到 15.6%,年增长率为 32.6%。

新西兰是近年来基础教育信息化建设发展得较快的国家之一,以学校为教育信息化主体已成为其推进教育信息化建设的实践途径。2006 年,新西兰教育部出台了《成为 21 世纪的学习者——学校数字化学习行动计划（2006—2010）》（Enablingthe 21st Century Learner—E-learning Action Plan for Schools 2006—2010）。该计划主要关注以下内容：(1)数字化学习与有效教学。重点关注教师专业能力、领导力、学习资源和课程材料。所有学校的信息技术专业发展项目重点关注有效教学、信息素养、信息技术支持所有课程学习；减轻教师工作量,为教师探索和提供专业发展机会的干预措施要到位。(2)数字化学习与基础设施、系统和标准。所有学校有满足数字化学习和数字化管理所需的可持续、有效的信息技术基础设施；在虚拟学习社区中,学校的信息技术基础设施能够使图书馆链接到学习者,学习者之间可以相互交流；所有的学校有实时有效的信息技术支持。(3)数字化学习与管理和支持系统。截至 2008 年,教师、学校行政人员、管理者和教育机构已经有更好的学生管理信息系统来改善教育效果；学校之间的电子注册取代纸质的入学数据交流,提高入学管理效率,减少非入学干预；采用国家学生标识符,整个学校系统对学生进行跟踪,支持纵向分析学生的数据；增强学校运用信息技术软件和管理信息系统的能力。

四、我国校园信息化现状

国内因为信息化起步较晚,而且地区经济之间的差异较大,因此校园信息化建设的差异较大,即使是同一个城市,重点中学与普通中学的信息化水平都差异较大。很多普通中学的校园信息化还处于起步阶段,主要体现为：

其一,学校教育技术设备的现状较差,不同等级学校的硬件设施差别大,重点中小学一般具有不多的教育技术电教媒体及计算机类设施,普通学校一般仅有投影仪或少量的计算机类设施,农村学校则可能仅有性能较差的计算机。

其二,学科教师开展媒体教学的能力不足,在教学软件制作、教学模式改革等方面急需培训。

其三,教师对教育技术学的理论和实践缺乏认识,基本不能掌握教育技术理论和方法在学校教学中的作用。

其四,学校教学软件严重匮乏。很多学校也已经在使用一些简单的辅助软件如 Excel 进行学籍的管理,但是存在共享性差等缺点。因此积极推进中小学校信息化工程,搞好教育教学软件资源建设也是目前我国教育的重点工作。

五、创建校园信息管理系统的技术应用

(一)Web Services 技术

Web Services 技术是在高速网络的基础上,采用分布式的模块化组件来实现一些功能。Web Services 平台是技术规范,Web Services 与其他兼容的组件在共同遵守具体的技术规范的基础上实现互操作。不同的用户可以根据自己的需要或者喜好去选择相应的语言,在相应的平台上进行编程,实现 Web Services 功能。而用户可以通过 Web Services 标准系统提供的相关服务查询和访问。Web Services 平台必须在一套协议的基础上来进行分布式应用程序的创建,实现相应的功能。数据的表示方法和类型系统在不同的平台都有不同的表现形式。要实现互操作,Web Services 平台为各种系统提供了统一的标准在不同应用平台、

不同程序设计语言和模块组件中进行沟通。Web Services 平台为了让不同用户能调用 Web Services，也需要建立一种新的标准来描述 Web Services。最后，远程过程调用协议（RPC）实现对这个 Web Services 进行远程调用。

（二）J2EE 技术

J2EE（Java 2 Platform Enterprise Edition）的核心是一组技术规范与指南，用于编程、架构和管理多层的以 Server 为中心的提供网络服务的应用程序的解决方案。在 J2SE 的基础建立平台添加了一些非常重要的功能，为 Java 平台的完整性、稳定性、安全性提供保障，为企业级应用平台奠定了基础。J2EE 是一种利用 Java 2 平台来简化企业解决方案的开发、部署和管理相关的复杂问题的体系结构。J2EE 技术的基础就是核心 Java 平台或 Java 2 平台的标准版。J2EE 不仅巩固了标准版中的许多优点，如"编写一次、随处运行"的特性、方便存取数据库的 JDBC API、CORBA 技术及能够在 Internet 应用中保护数据的安全模式等，同时还提供了对 EJB（Enterprise Java Beans）、Java Servlets API、JSP（Java Server Pages）及 XML 技术的全面支持，其最终目的就是成为一个能够使企业开发者大幅缩短投放市场时间的体系结构。J2EE 为 Java 平台创造一个架构，实现 Web 服务在 Java 平台上的开发和部署。Java 技术程序员可以通过 Java API for XML-based RPC（JAX-RPC）来开发基于简单对象访问协议 SOAP、实现互操作、可转移的 Web 应用服务。程序员可以使用标准的 JAX-RPC 编程模型来开发基于可以使用标准的 SOAP 的 Web 应用服务端、客户端。Web 服务端点是同伙 Web 服务描述语言（WSDL）来表示。客户端通过 JAX-RPC 使得用户 JAX-RPC 能够访问不同架构的平台上提供的 Web 应用服务。

（三）数据库技术

数据库（Data Base，简称 DB）是一个长期存储在计算机内的、有组织的、有共享的、统一管理的数据集合。它是一个按数据结构来存储和管理数据的计算机软件系统。数据库的概念实际包括两层意思：(1)数据库是一个实体，它是能够合理保管数据的"仓库"，用户在该"仓库"中存放要管理的事务数据，"数据"和"库"两个概念结合成为数据库。(2)数据库是数据管理的新方法和新技术，它能更合适地组织数据、更方便地维护数据、更严密地控制数据和更有效地利用数据。数据库设计中需求分析阶段综合各个用户的应用需求（现实世界的需求），在概念设计阶段形成独立于机器特点、独立于各个 DBMS 产品的概念模式（信息世界模型），用 E-R 图来描述。在逻辑设计阶段将 E-R 图转换成具体的数据库产品支持的数据模型如关系模型，形成数据库逻辑模式。然后根据用户处理的要求，考虑其安全性，在基本表的基础上再建立必要的视图（VIEW）形成数据的外模式。在物理设计阶段根据 DBMS 特点和处理的需要，进行物理存储安排，设计索引，形成数据库内模式。

六、校园信息管理系统需求

校园信息管理系统是为了实现学校便于进行办公管理、教学管理、研究、交流和应用的目的，因此需要具备两个基本的基础信息库：学生信息库和教师信息库。系统必须有学生信息的录入功能，同时因为每次考试的成绩各科的汇总是在各科任老师中，有些老师可能会直接在系统中录入当次成绩，也有可能利用 Excel 记录汇总当次的成绩。为了减轻老师的工作量，避免重复劳动，因此也需要设计导入 Excel 功能，供科任老师导入各次的成绩。教师的基本信息库也需要记录教师的信息录入功能,如教师的基本档案,综合教师日常教学、科研、课件、照片的资料,因此也需要具备上传共享文件的功能。教学质量是教师对学生达到预期教育结果的促进程度,也是评价一个学校、一个教师、一个学生的在教学过程中的一个成果,因此教学质量分析在整个教学中具有很重要的意义。作为校园信息管理系统,教学质量分析也是其中的重点。在展示方面,如学生的考试信息、成绩信息以及日常考勤等教育信息化项目管理上提高应用能力,其他的数据,系统提供数据导入导出功能,减少手工录入的不方便和低效率。由于各个学校的部门组织结构不同,每个部门的职能也不同,因此系统除满足学校内部机构普通需求外,还必须能够适应所有学校的个性化需求,做到部门组织结构用户自定义。

拓展阅读
构建网上教育环境应作为教育信息化建设的重点内容

教育信息化是指在教育领域开发并应用信息技术和信息资源,建立信息化的教育环境,全面深入地运用现代化信息技术来促进教育改革和教育发展的过程。推进教育信息化建设和发展的目的是实现创新人才的培养,实现教育现代化。教育信息化的建设和发展不仅仅是信息技术引入教育领域的过程,更是一种教育思想、教育观念变革的过程,是一种基于创新教育的思想有效地使用信息技术,实现创新人才培养的过程。

从20世纪90年代末开始,我国教育信息化建设和发展由高教系统逐步向职教系统和普教系统发展。通过十几年时间的努力,我国基础教育信息化环境从无到有,从小到大。目前,我国经济发达地区的中小学信息基础设施情况,已经超过中等发达国家的水平。

回顾我国基础教育信息化建设和发展历程,我们基本上是沿着按照"建网—建库—建队伍"的思路来推进基础教育信息化建设和发展的。从一个"建设项目"来讲,这种思路是符合逻辑的。正如许多教育信息化专家所说的,教育信息化建设和发展是"铺路"(硬件环境)、"造车"(软件环境)、"选物"(教学资源)和"学驾"(队伍建设)的过程。

教育信息化建设和发展的核心是在教育教学活动中应用信息技术。从基础教育信息化工作的实际情况来看,信息技术在教育教学活动中的应用主要集中在教育管理、教育宣传、家校交流和信息技术与学科教学整合等几个方面。毫无疑问,信息技术的应用,对促进教育改革和发展有着十分重要的积极意义,特别是对提高教育工作效率和丰富教育活动形式起着十分重要的作用。

基础教育信息化是社会信息化的组成部分。基础教育的目的是促进学生素质的全面发展。基础教育信息化建设和发展虽然取得了可喜的成绩,但也存在一定的问题。其中,网上教育环境构建的问题尤为突出。

在基础教育信息化建设和发展过程中,学生的信息技术能力得到了发展。目前,在校中小学生绝大部分掌握操作电脑、上网的技能。随着社会信息化的发展,家庭电脑和网络的普及化程度日益提高,这使广大中小学生能在学校之外的地方使用电脑和上网操作。

从青少年心理发展特点来讲,中小学生在完成规定的学习任务之余,根据自己的兴趣爱好进行自主活动是他们内心的心理需求。为了促进学生素质的全面发展,培养学生的创新精神和实践能力,社会、学校和家庭为中小学生的兴趣爱好的发展积极创造环境和提供机会。众多的校外教育设施、爱国主义教育基地和青少年社会教育机构便是供学生进行自主学习和活动的场所。

信息化的发展给中小学生进行自主学习和活动提供了一个新的环境。通过电脑和网络,中小学生在家或其他有电脑且可以上网的地方进行自主学习和活动。各级教育部门和机构在信息化建设和发展的过程中,理应充分考虑中小学生网上教育环境建设的问题。如果在网上有内容健康且丰富多彩,学生喜闻乐见,又具有交流互动功能的环境,这就能满足中小学生自我发展的需要,同时能够促进他们信息素养的提高。遗憾的是,目前这种内容健康且丰富多彩,学生喜闻乐见,又具有交流互动功能的适合中小学生的网上教育环境很少。即使有一些针对中小学生的网站,大多数是学科教学类的。广大中小学生在完成很重的课业负担的情况下,在没有学习任务和压力的驱动下,一般是不再愿意到这些教学类网站上去的。事实上,从效果来看,那些将学科教学活动从教室简单迁移到网上的网站建设,不过是一厢情愿的"单相思"。

信息技术的发展和普及速度很快,中小学生对信息技术操作技能掌握的熟练程度和应用的广泛性也不断提高。如果网上没有适合中小学生的教育环境,那他们上网后就会在浩如烟海有信息海洋中"漫游"。网络信息的多样性,加上中小学生处于心理发展期,好奇而鉴别能力差,好动而自制能力弱,好玩而自律意识低,容易受到不良信息的影响和伤害。

如果我们在推进基础教育信息化建设和发展的过程中,有意识地规划网上教育环境的建设,在学校教育的过程中,组织学生在网上教育环境中去学习,在中小学生进行自主上网时,倡导和引导到网上教育环境中去进行自主学习和活动。这对于培养学生的信息素养,提高学生的学习兴趣,以及创新意识和实践能力的提高是有十分重要的作用。另外,网上教育环境的建设,净化网络环境,营造有利于学生发展的网络环境,这也是加强未成年人思想教育和精神文明建设的重要工作。因此,建议各级教育行政部门和教育机构在推进基础教育信息化建设和发展的过程中,重视信息化对中小学生的教育功能发挥,将网上教育环境建设作为基础教育信息化建设和发展的重要内容,并将其作为基础教育信息化建设和发展评价体系中的重要指标。

中小学生网上教育环境建设是一项十分重要但目前还没有引起足够重视的工作。只要我们按照党和国家的教育方针,根据素质教育的要求,结合中小学的心理需求和网络的特点,充分运用各种教育资源,我们完全有可能,也一定能够营造出符合素质教育要求、深受师生和家长欢迎的网上教育环境。

(蒯超英,人民网,有改动)

第二节 网络课程平台

随着社会经济的不断进步,信息化建设发展迅速,特别是"校校通"工程为实施中小学教师远程培训提供了良好的信息化条件和学习环境。近年来,北京教育学院为实施中小学教师远程培训,建设开发了大量的优质教师教育资源,进行了"北京市中小学教师网"、"首都校长培训网"、"北京市中小学教师远程互动平台"等教师远程培训的基础建设,在北京市组织了全员继续教育公共课程的远程培训,对教师远程培训的管理模式进行了有益的探索。随着中小学教师信息技术与学科教学整合培训的推进,广大教师信息技术水平不断提高,大多数教师已经具备利用网络资源进行继续教育学习的能力,通过网络进行教与学是现代教师远程培训最主要的方式。

一、教师远程培训网络平台基本概况

教师远程培训的首要条件就是科学搭建教师远程培训网络平台,创建良好的远程学习环境,保证培训过程中的网络畅通和运行稳定,为广大参培教师提供技术支持和网络服务。现代远程教育的基础是网络。教师远程培训模式的网络支持平台不仅方便信息交流,而且要营造一个特殊的氛围,鼓励更多的受训教师创造性地参与到学习活动中来。远程教师培训的网络平台具有课程优化、资源优质、师资优秀、学习便捷、交流顺畅、信息灵通等特点,极大地方便了参培教师的自主学习、互动交流和心得分享,彰显了独有的优势和作用。例如,中小学教师远程培训网络平台资源既有在线课程、精品课程展示,也有经验交流、教师论坛、教师微博、合作伙伴等。参培教师能够开展形式多样的学习活动,如专家答疑研讨、小组学习研讨、专题在线研讨、QQ 群研讨、班级沙龙研讨、作业互评互学等,方便了教师在远程培训中开展学习、交流、表达、分享等活动,也提供了便捷、多样、及时的教学指导和跟进式网络研修服务。为了保证受训教师与导学教师之间的顺利交互及资源获取,需要建立基于网络的教学及管理平台,对教学资源进行系统管理,对网络教学平台的导学教师工作区和受训教师工作区进行专门的设计。近年来,教育部推进的全国教师网络联盟计划,积极构建网络学习平台和教师终身学习体系,已经形成由全国教师网络联盟成员高校、优秀网络培训平台和有关省级优秀远程培训机构组成的教师远程培训骨干力量,远程教师非学历培训规模每年超过百万人次。

二、网络课程平台的构建

网络课程平台通过运用文字、图片、音频、视频、动画等丰富的教学载体,以其独特而便捷的方式,在大大增加教学信息量的同时,为师生提供一个开放式的教学平台和学习环境,从而有效扩展师生教学与学习的时间和空间,大大激发学习者的学习兴趣,为辅导教师的能力施展和参训教师的自主学习提供多方支持与服务。一门完整的网络课程,在教学内容和教学过程等方面主要由七大模块构成:课程简介模块、教学信息模块、教师园地模块、资料室模块、综合测试模块、网上答疑模块、学习论坛模块等。

课程简介模块主要包括课程教学内容、课程开设情况以及学习者学习方法介绍等课程资料。

教学信息模块主要存放课程教学大纲、课程实施方案、教学参考资料等课程信息。

教师园地模块主要存放课程教学方法介绍、教师电子教案、教学多媒体课件等教学资料,该模块支持同步的班级教学,又具有适应个体差异的异步教学功能。

资料室模块对课程资源进行了合理配置。内容主要包括存放与课程相关的专家讲座、教学视频资料和相关的报刊文摘等。一方面提供学习者浏览和在线观看，一方面可以方便学习者下载，突破传统学科课程知识和思维的封闭性。

综合测试模块主要存放与课程教学相配套的练习题及参考答案，方便学习者的自主学习和自我检测，达到巩固所学知识，促进理解吸收的目的。

网上答疑模块和学习论坛模块，主要以网络交流的形式。为教师与学生、学生与学生之间的答疑解难和学习交流提供了方便。该模块支持实时和非实时交流，有效拓展了学科课程教学的时间与空间。

三、网络课程平台在教学设计中的运用

(一)创设教学情境，激发受训教师兴趣

受训教师通过网络课程平台进入到各个相关的模块中，根据自己的实际选择感兴趣的主体和相关内容展开学习。例如，登录平台进入资料室模块后，丰富的文字、图片、声音、动画、视频以及专家讲座等多媒体信息，可以以全新的方式展现在培训教师面前，为受训教师创设出良好的学习环境。受训教师在虚拟的真实学习情境中，可以尽情地体验和感悟各种问题，在饶有兴趣的背景下取得良好的学习效果。

(二)再现课堂情境，随机进入学习

受训教师登录网络课程平台，进入教学园地模块，面对"再现"的课堂教学情境，可以随机"进入"课堂，从而随时随地聆听名师的讲解，这是传统教学模式所难以企及的。传统教学中，所有课堂内容均需在课堂上有限的时间内完成，"教与学"难以实现真正的统一，学生学习效率和教师教学效果均不理想。网络课程平台将教师教案和教学过程以多媒体课件形式再现，实现了学习者预习、听讲、复习和吸收的有机统一，自然会取得理想的教学效果。

(三)开展讨论交流，实现师生互动

在网络课程平台上，通过网上答疑与学习论坛两个模块，可以非常轻松地实现师生网络上的讨论和交流。学习者登录学习论坛，还可以选择进入自己感兴趣的专栏，或通过申请创建主题专栏，畅所欲言地与教师和同学进行多种方式的交流；还可以通过论坛、微博等方式发表自己的观点和见解。在学习过程中遇到问题，可以通过进入网上答疑模块，求得名师的帮助，学习者在自主交流、用心参与的情境下轻松地获取各种知识。

(四)进行成果检测，实现教学目标

受训教师在学完一部分知识内容后，可以利用网络课程平台充分运用综合测试模块来检测自己现阶段的学习效果。综合测试模块为受训教师设计出有一定针对性的强化练习，这类练习经过精心的挑选，既反映基本概念、基本原理，又能使知识得到巩固和强化。受训教师做完测试后，系统自动批改试卷，从显示的参考答案及简单分析中，受训教师会很容易发现并改正练习中存在的错误。若有无法解决的问题，可以再次通过网上答疑或学习论坛平台与教师、同学交流，以纠正原有的错误理解或片面认识，最终达到符合要求的学习标准。

四、构建完善的教师远程培训监管网络

由于教师远程培训的监管难度较大，因此要充分发挥各个部门的职能和作用，加大网络

监管的力度和范围。首先,要选择系统运行安全可靠的网站优化技术。当今采用较多的是云台、解码器、摄像设备等,或者对远程培训监控网络进行加密处理,增加网络相对的安全性。其次,可以采用安全的培训视频终端进行实时的图像和视频的传播,增强远程培训的灵活性和交互性,同时增加传输过程的稳定性。最后,伴随信息化、网络化的快速发展,在远程培训过程中,实现对数据信息、图片、视频的集中管理与监控,在远程监控服务系统终端架设监控系统服务端,只有授权的远程培训用户端才能够进行访问。只有做好日常管理工作,使网络远程培训工作能够层层有监管,才能保证远程培训网络的安全。

拓展阅读
校园信息化:学习与生活在潜移默化中改变

一、背景

随着信息技术的不断发展与互联网的迅速普及,信息化工程已经深入人心。信息技术在现代教育中的作用越发凸显。如何运用好信息技术并把它作为现代教育的基本工具来解决实际教育过程中的问题,就成为了摆在新一代教育工作者面前的一个难题。于是,校园信息化提上了大多数学府的议事日程。

二、校园信息化的初级阶段:校园网的建设

校园网作为学校的信息基础设施,可以激发师生的创新精神,强大的学校管理功能和信息交流共享可全面提高工作效率。而和 Internet 连接后所形成的网络将成为整个社会的重要教育基础设施。电子商务、信息增值服务、Internet 语言服务和视频服务技术的不断成熟和廉价优势,使现代教育能突破传统的教育模式进入到全新的境界,使网上远程教育成为未来教育的制高点。

校园网系统应是一个模块化设计、分布式结构、集中式管理、灵活开放的管理平台,可外嵌各种应用模块,可方便地为校园信息化提供越来越丰富的信息服务,以此才能实现以信息化的教学管理手段实现学校日常教学管理的目标。

而为了满足不断出现的新技术及教育工作中出现的新要求,校园网系统应该具备很强的开放性、安全性、鲁棒性和扩展性。

(一)校园网的开放性

校园网的主要建设目的是为了方便师生共享教育资源,以使校园网上的教育信息可以最大限度地发挥自己的作用。所以,校园网系统除了应该具有良好的课件与信息上载功能,还应保证实时的动态交互功能。这样,师生在发布和浏览自己需要信息的同时,也可以针对自己的疑惑与在线的其他人员进行全面的、水乳交融式的交流。

另外,校园网的开放性还应该体现在与外网的互联互通上。这里的"与外网互联互通"不光是指与 Internet 进行连接,还特指可以有选择地与其他带有局域网络特质的信息源进行可人为控制的点对点、点对多点、多点对多点的交互与信息共享。

（二）校园网的安全性

在保证校园网开放性的同时,也应该注意到校园网的安全性。由于现在公共网络的高度开放与在线人员的不可预见性,网络上的内容与人员良莠不齐,为了防止不良信息的流入及别有用心人员的侵犯与破坏,校园网系统应该具有完备的保护与预警机制。具体来讲:校园网系统应该采用多级安全机制,以确保信息安全和个人隐私。另外,为了降低校园网系统管理员的工作量,而又可以保持网上管理与学校组织结构的一致性,系统应该可以提供方便的用户组管理和多级权限分配,还可设置区分每个用户每个功能项的查看、添加、修改、删除和管理权限。

（三）校园网的鲁棒性

鲁棒性即英文 Robustness,"庸俗"的翻译就是健壮性,是指控制系统在其特性或参数发生摄动时仍可使品质指标保持不变的性能。通俗地说,就是校园网系统应该保证在因各种外力或内部操作失误造成系统异动时,系统可以保持除异动环节外绝大部分功能绝对稳定的特性以及将异动部分自我切断并有序地进行逐级恢复的功能。

（四）校园网的扩展性

众所周知,现在信息技术的发展一日千里,新功能、新应用层出不穷。而如何保证当有利于校园网系统的技术出现时,校园网可以及时地利用上这种新技术并与之实现无缝融合,这就成了考验校园网扩展性的"试金石"。另外,与外部数据库进行数据的无障碍转换与数据无障碍共享也是校园网的扩展性应该注意的问题。所以,校园网系统应该支持程序的二次开发,并可外嵌各种应用程序接口与 ODBC(开放式的数据库连接)程序模式。

只有在保证了以上的四个特性后,校园网才可以在现在及以后的教育工作中发挥自己最大的潜能,也才能为最终校园信息化的完美体现打下一个良好的基础。

三、校园信息化的发展阶段:多元化的功能应用

在有了良好的校园网系统之后,如何利用好这个平台尽量多地实现教学功能就成为了校园信息化发展的关键。

从理论角度看,现代校园信息化的多元化发展主要以校园网络信息管理系统(ERP)、"课程管理软件"(CMS)或"学习管理软件"(LMS)、新式的校园网络技术"校园网络门户技术"(Campus Web Portal)和无线校园网络等管理系统为主线,结合"将信息技术与教学有效结合"、网络教学资源建设与课程网页建设等应用要求,全面搭建多元化发展基础平台。

而从实际应用上看,在最近2～3年内,校园信息化的多元发展将以下面两点为主:

（一）通过网络提供在线/远程教育

学校是传播知识、提供教育服务的地方。以前,由于空间、时间与教学资源方面的限制,学校只能为适龄的或有急切需求的人们提供相应的服务。但随着网络建设的逐步发展与完善,空间与时间不再成为人们进一步接受新知识的桎梏,而教学资源也由于网络的共享特性而得到了最大限度的辐射。这让人们通过网络进行再深一步的学习成为可能。而学校正可以利用自己既有的教学方面的优势,结合校园信息化所提供的网络基础平台,将自己教学优势的受众群体延伸到网络所能及的各个地方。

（二）提供校园网络技术支持服务

另外，校园信息化的多元化功能还可以体现在为学校自己的师生提供生活与学习方面的便利上。数字图书馆、数字档案馆以及校园内部进行买卖交易的电子化（现在大多称为"一卡通"工程）等都是校园信息多元化的具体体现。

四、校园信息化的终极阶段：信息大同，全民皆用

发展到最后阶段，校园信息化工程将成为全球信息化的一个结点。任何人均可通过信息化网络享受到学校的服务，而身处学校的师生也可以通过校园网访问与畅游世界。校园信息化将成为融入全球信息化这个大海的一滴水，无处不在，深入世界的每个角落。

（摘自中国教育和科研计算机网，2007-05-22，有改动）

第三节 虚拟学习社区

20世纪30年代，"Community"由美国传入中国，费孝通等燕京大学社会学系的部分学生首次将英文的Community译为"社区"，然后这一词逐渐成了中国社会学的通用语。著名社会学家郑杭生等（2003）将社区界定为："社区是进行一定的社会活动，具有某种互动关系和共同文化维系力的人类群体及其活动区域。"接着网络技术和通信技术迅猛发展，逐渐出现了虚拟社区。而后，随着网络环境中虚拟社区的兴盛及其在教育中的应用，逐渐产生了"虚拟学习社区"这一概念。虚拟学习社区（Virtual Learning Society）是指建立在网络和通信技术上，借助网络和通信工具，由各种不同类型的个体组成，通过教学、研究等活动建立一个虚拟的社会形态，以交互学习、协作学习和自主学习为主要的学习方式，使学习者获取知识、增进理解和提高技能，形成以学习为目的的一个交互的自治区域。

虚拟学习社区是以建构主义学习理论为理论基础，基于计算机信息处理技术、计算机网络资源共享技术和多媒体信息展示技术的新型远程教育网络教学支撑平台；同时虚拟学习社区也是一种新型的学习组织。

一、虚拟学习社区的结构及特点

虚拟学习社区的体系结构可以根据不同的课程要求进行设置，但一般来说可以分为三层，即应用层、系统处理层和数据层。虚拟学习社区的应用层可以由学习课堂、教师园地、学科论坛、资料中心、聊天室和工具箱组成，这部分可以称为虚拟学习社区的前台服务。作为后台服务的包括有：权限管理、用户管理、论坛管理、资料管理、学习进度监测程序管理、学习成绩管理等。

虚拟学习社区具有自身的特点。

（一）时空的开放性

社区成员参与虚拟学习社区的学习不会受到时间与地点的限制。

（二）社区的自治性

虚拟学习社区实行学习者自治制度，以促进发展并完善学习者自主学习方式。

（三）学习者的多样性

社区成员可能有不同的学历、知识水平，他们参与社区学习目的与动机不尽相同。

（四）学习的灵活性

虚拟学习社区的学习和活动的形式丰富多彩，交互的水平较高。

（五）学习资源的丰富性

优秀的虚拟学习社区具有学习资料中心、虚拟图书馆以及信息检索工具等，以方便学习者搜寻有关学习资料。

此外，虚拟学习社区必须实现以下功能：

首先，以学科为中心，并为实际教学提供方便；

其次，不仅为学生提供各种学习服务，同时也为任课教师提供各种教学服务，支持教学研究；

再次，运用了智能技术，实现了教学过程的自动化和智能化控制；

最后，充分考虑了学习者的心理因素，增强学习者对新环境的适应能力。

二、虚拟学习社区的组织方式

目前虚拟学习社区主要是以协作学习方式形成的群体网上学习环境。通过分析多个虚拟学习社区，其组织方式有以下几种：

（一）学校或班级为中心的组织方式

参加的成员主要是同一所学校的校友或同班的同学、同一学校的教师等。这种组织方式容易使社区成员产生高度认同感，增强虚拟真实性，提高交互程度。

（二）研究课题即学科为中心的组织方式

在这个社区中的成员具有共同的学习研究方向和目标，有共同的讨论与交流的主题，便于展开深层次的研究。这种组织可以保持长久的交流，但是也需要较多的技术支持，如学习资料库、快速查询检索工具，以及个性化的信息服务等。

（三）以活动为中心的组织方式

在社区中有各种学习活动，这些活动有着明确的目标和一定的竞争性，社区中的成员为了达到活动目标而努力并促进了社区中其他成员的参与。

（四）以兴趣为中心的组织方式

其特色是社区中的成员有极高的参与兴趣，乐于表达自己的意见，提供自己的经验与他人分享。但由于人的兴趣会转移，因此这类社区具有可变的因素，不是很稳定，这就要求社区必须提供方便成员转移兴趣重组新社区的有关服务。同时这里的兴趣没有限定的范畴。对于任何的知识或领域，都可能聚集起来讨论。

三、虚拟学习社区的理论基础

（一）分布式认知理论

分布式认知是指认知分布于个体内、个体间、媒介、环境、文化、社会和时间等之中（M.

Cole&.Y. Engestrom,1993)。认知活动存在于个体与环境的系统之中,分布于各种情境之内,强调社会交流、共享及个体与物质工具的对话,认为人的认知不是只要有大脑就能完成的,而是要通过与环境、人工制品及他人的交互活动来共同完成。分布认知是一种研究认知存在形态和认知活动方式的学习理论基础,它具有四个关键点。

1. 认知存在于个体/群体和制品之中;

2. 人的认知方式不仅仅是个体,而且是"个体＋群体/共同体＋制品"的;

3. 强调社会—物质情境对认知活动的影响;

4. 强调交流、共享、各要素(人和制品等)相互依赖和制品在认知分布中的重要作用。

其中,制品是分布式认知理论中的核心术语。它具有多方面的作用:

其一,制品在应用时拓展了人的智能,使人变得更聪明、更有效率。

其二,人在使用制品的过程中,会产生认知留存现象。

其三,使用制品有助于发展使用者的元认知能力。

其四,能很好地分担学习者的认知负荷。

其五,提高认知给养,制品特别是智能制品是丰富的认知给养之源。

虚拟学习社区是个体、群体及认知工具相结合的最佳分布认知方式,它符合认知分布的特点,有丰富的人文情境、社会群体及交互认知工具,有效地表达交流,建构知识。

（二）认知学徒理论与合法外围参与理论

认 知 学 徒（Cognitive Apprenticeship）与 合 法 外 围 参 与（Legitimate Peripheral Participation)理论把学习视为向实践社区的合法外围参与过程,新手参与到社区中,通过对老手们的观察、模仿、请教、交流、训练、反思,从边缘参与逐步进入到实践社区中心,获得逐渐被认同的身份。这种参与形态变化的过程就是学习的本质。而人在参与社区的这种由浅入深的过程中,逐渐形成了学习。认知学徒与合法外围参与理论隐喻了网络学习社区的应用模式。学习者具有异质性,一部分学习者是其核心成员,是"老手"和"师傅",另一部分是"新手",处于其外围。网络学习社区的作用就是帮助学习者从"外围"到"核心",从"新手"到"专家"。

认知学徒理论与合法外围参与理论具有以下特征:

1. 概念和事实等外显知识不是它所关注的重点,它更重视专家在获取知识或将知识运用于解决复杂生活问题所关涉的推理过程与认知/元认知策略等隐性知识。

2. 将原本隐蔽的内在过程外显化。学习者在观察、反思老手的经验、案例后重复实践,习得专家的思维和技能。

3. 问题处于真实的自然情境之中,学习者充分理解概念和事实知识的生活运用,构建丰富的概念与问题情境的关联网络。

在虚拟学习社区中,学习者的成长过程就是一个从外围观察、外围参与发展到核心参与的过程,在组织社区时,组织者要更多地提供一种让人参与进来、方便观察的环境,鼓励互动,设计利于边缘参与的活动,让参与者能够更快速地从一个新手转变成一个老手,习得相应的经验技能与理念。

（三）符号互动理论

符号互动理论是解释社会互动的一个基础理论,社会互动指的是两个或两个以上的个人,使用语言和符号手势相互沟通和回应,以影响对方的行为和思考。社会互动的主要形式有交换、合作、冲突、竞争、强制等。符号互动理论主要研究人的意识、意义、社会互动、环境和行为之间的密切关系,并在人类文化所特有的符号互动结构网络中去加以观察和分析。他们认为,个体的经验是通过与他人互动为中介获得的,意义是在与他人互动过程中被创建出来的,这些意义不仅使个体获得自我意识,还用于去实现个体的目标。某一件事对自己是否具有意义、有什么样的意义,很大程度取决于他人就此事而采取的对自己的行为和态度。赫伯特·布鲁姆默在其代表作《符号互动论:观点与方法》中,归纳了符号互动论的三个基本原理:

1. 人对事物所采取的行动是以这些事物对人的意义为基础的;

2. 这些事物的意义来源于个体与其同伴的互动,而不存于这些事物本身之中;

3. 在任何情境下,个体都要经历"自我互动"的内部解释过程,通过自己的解释去运用和修改环境的意义,并决定采取怎么的行动。

总的来说,符号互动的主要观点如下:

其一,心灵、自我和社会不是分离的结构,而是人际符号互动的过程。心灵、自我和社会的形成和发展,都以符号使用为先决条件。如果人不具备使用符号的能力,那么心灵、自我和社会就处于一片混乱之中,或者说失去了存在的根据。

其二,语言是心灵和自我形成的主要机制。人与动物的区别就在于人能使用语言这种符号系统。人际符号互动主要通过自然语言进行。人通过语言认识自我、他人和社会。

其三,心灵是社会过程的内化,事实上内化的过程就是人的"自我互动"过程,人通过人际互动学到了有意义的符号,然后用这种符号来进行内向互动并发展自我。社会的内化过程,伴随着个体的外化过程。

其四,行为是个体在行动过程中自己"设计"的,并不是对外界刺激的机械反应。个体在符号互动中逐渐学会在社会允许的限度内行动,但在这个限度内,个体可以按照自己的目的处世行事。

其五,个体的行为受其自身对情境的定义的影响。人对情境的定义,表现在不停地解释所见所闻,赋各种意义于各种事件和物体中,这个解释过程或者说定义过程,也是一种符号互动。

其六,在个体面对面的互动中有待协商的中心对象是身份和身份的意义,个人和他人并不存在人自身之中,而是存在互动本身之中。符号互动论对于解释和指导虚拟学习社区的意义在于,学习是社区内的互动活动。个体知识的内化过程,其本质是个体的自我互动,是主我与客我的对话。而多人参与的交流学习过程,则是个体与社区内的他者的互动活动。学习的结果,则是人们对符号的解读和构建出来的意义。通过互动,人们形成自我的概念,获得自我认同和社区认同,而这又进一步强化了交互欲望和动机,重新进行自我塑造,参与互动。互动的深入和身份被认同增强了成员间的信任,从而增进了互动的有效性,减少交互的障碍。

根据欧文·戈夫曼的"社会戏剧理论",虚拟学习社区就是学习活动的舞台,在这个舞台上,我们有意地控制自我表达,在不同的交互情境中扮演不同的角色,给别人适合印象,以形成良好的互动。如当向别人请教时,要有意地控制自己的表达,去扮演好一个"学生"的角色,形成一种真诚的关系;而向别人提供指导帮助时,又进入"教师"角色的表演状态,以形成让人可信的印象。

四、建立虚拟学习社区的根本目的

建立虚拟学习社区的目的是为非正式学习提供一个交互环境,通过虚拟学习社区,学习者可以提出问题,回答解决问题,自己决定什么时候学习,学习什么内容等。萨宾·索伊弗特(2002)认为,建立虚拟学习社区的根本目的是:

1. 增进学习者的学习动机,提高学习的责任感,减少独立学习的孤独感。

2. 达到对学习内容和知识的更深理解,共同解决学习中遇到的问题,相互交流学习经验,发现新知识。

3. 通过社区活动,在社区成员之间建立相互支持和相互依赖的密切关系。从知识管理的角度来说,这一过程使知识的四个转化过程行以实施。

4. 为学习者交流显性知识和隐性知识,为学习者自由交流观点,为正式学习和非正式学习建立一个集成的学习环境,在这一环境中,知识得到有效的传播。

5. 提高学习者的认知水平,学会如何学习,通过学习社区集体智慧的发挥和共享,提高个体的智能和智慧。

拓展阅读
信息技术给教育教学带来革命性影响

信息技术发展给知识产生、传播、获取、管理与利用带来了革命性的影响。通过学习者积极参与知识的建构、交流与共享,推动社会化的知识组织与共享模式的产生和发展,促进人才培养和科学研究质量的提升,是当前教育信息化面临的重大挑战与主要任务。因此,新技术环境支撑下的教学模式将产生很大变革,推动教学理论从行为主义、认知主义,发展到强调以学生为中心构建知识协作和交流的学习环境的建构主义。基于宽带无线互联技术,以网络空间为核心的联通主义学习理论,以移动终端为基础的碎片化学习模式等正在逐步取代传统的课堂学习模式,形成以自主学习、知识传播等为核心的教学模式。

一方面,在科学技术日新月异的现代社会,知识的数量呈几何级数增长。知识的半衰期,即知识从产生到过时的周期持续缩短。同时,由于社会分工的不断细化,以学历教育为主体的正式学习已经不再能够满足社会成员对知识的所有需求,非正式、按需的个性化学习将会逐渐成为社会成员获取知识的主要途径,在学习过程中建立的积累的"Know-Where"的知识将与"Know-What"和"Know-How"的知识变得同等甚至更加重要。因此,终身学习、非正式学习和个性化自主学习将会成为社会成员个人成长和发展过程中内在需求,并为社会的不断发展进步提供源源不断的智力支持。

另一方面,社会的教育模式和个人的学习方式也在发生深刻的变化。在移动互联等信息技术的支撑下,以学历教育和课堂教学为主的教育模式和学习方式正逐渐向以终身教育和个性化自主学习为主的教育模式和学习方式发展。对学习者来说,学习不再仅仅是行为主义和认知主义的学习理论中所认为的被动接受知识的行为和对知识的认知过程,而且更多的是建构主义学习理论所认为的在一定学习环境中理解自身经验的过程中的知识建构过程和联通主义学习理论所为的建立与学习相关的联系网络的过程。

在这样的背景下,传统的以教师为中心的、以辅助课堂教学为目标的课程管理系统和学习管理系统已经无法满足学习者的需求;而构建以学习者为中心的,强调学习者的参与,注重学习者之间、学习者与教育者之间的交流、互动,与协作的、开放的面向自主学习的互动式教学支撑环境将会成为教育信息化建设中的一项重要内容。

面向自主学习的互动式教学支撑环境建设应遵循以学习者为中心的理念,通过集成知识管理、网络教学和社交网络中的资源和组件,为学习者提供具有丰富的学习资源和便利的互动、协作工具的自主学习的环境。在这个环境中,教师和学生之间的关系变得更加平等,他们之间的互动和协作也变得更加开放和自由。学习者可以与教育者和其他学习者建立个人联系并以此为基础进行互动和协作,也可以加入或创建群组并以此为基础与其他用户进行互动和协作,在互动和协作中可以使用文本、图片、音频和视频等多种形式。

对学习者个人来说,其学习资源来源于自身的积累、朋友的分享和群组成员的分享这三个途径,在创造、获取、使用和分享学习资源的过程中,学习者会逐渐建立个性化的个人课程网络、关系网络和知识网络。一方面,通过朋友的分享和群组成员的分享所获得的学习资源是学习者进行持续性学习所需的关键资源,其数量、质量和价值与学习者个人的关系网络的内容和结构密切相关。另一方面,学习者个人也可以通过关系网络和知识网络传播知识,从而为其他学习者的学习提供帮助。对整个环境来说,每个学习者累积的课程网络、社交网络和知识网络的规模、结构、质量和环境中学习者的行为特征决定了整个环境的特征和价值。

清华大学面向自主学习的互动式教学支撑环境建设包括云服务公共平台和教学支撑系统平台两个部分。

云服务平台是面向自主学习的互动式教学支撑环境重要组成,为学校师生等最终用户和教学支撑环境的相关系统提供资源存储、信息搜索、消息通知、日历管理、位置查找等基础服务,存储服务是其中最为基础的服务。云存储服务就要和文档管理、视频服务、图像服务相结合,实现文档、音视频和图像的在线播放;要和内容管理、知识管理相结合,实现数字校园文档和资料的统一组织和管理;要和社交网络、网络学堂等应用相结合,支持知识的交流与分享。

面向自主学习的互动式教学支撑环境,除了提供的基础云服务外,更重要的是要基于这些基础服务建设云服务应用,为师生提供与他们学习、工作密切相关的贴心的信息服务、知识管理、社交网络、网络教学,并且能够支持智能手持终端,通过移动门户为师生提供随时随地的教学服务支撑。

(一)知识管理

基于云服务的知识管理服务,首先要提供个人知识管理(PKM)环境,其次要支持团队知识管理,并且要支持个人和团队的知识分享。个人知识管理是一种新的知识管理理念和方法,能将个人拥有的各种资料、随手可得的信息变成更具价值的知识,最终有利于自己的工作和生活。个人知识管理环境要提供完善的"知识分类体系"功能,帮助个人建立知识体系并不断完善,进行知识的收集、消化吸收和创新;要提供海量的存储与快速的检索功能,帮助个人构建个人知识库并快速查找;要提供安全的自动备份与便捷的封装打包功能,帮助个人安全保存知识内容并能方便携带。团队知识管理要在组织中建构一个知识系统,让组织中的信息与知识,透过获得、创造、分享、整合、记录、存取、更新、创新等过程,不断地回馈到知识系统内,形成不间断地累积知识为组织智慧的循环,可以提高组织智商,提升组织记忆,减少重复劳动。

(二)校园社交网络

校园社交网络要依托学校固有的社交关系特点,充分利用管理信息系统带来的数据优势,整合学校教学、科研、文化生活和社会服务相关信息资源,挖掘师生之间潜在的各种合作、交流社交关系,让师生能够便捷地在校园社交网络中建立起社交圈子,进行内容、知识等的分享,提高有效沟通的手段与能力。校园社交网络要和基于云服务密切结合并成为其有机的组成部分:要使用校园云服务平台的各项云基础服务,如存储服务、通信服务、位置服务、视频服务、图像服务、搜索服务和认证服务;和知识管理服务紧密衔接,形成"面向知识分享的校园社交网络";还要为其他应用,如网络学堂、科研协作系统提供社交关系管理与沟通交流的云服务,成为校园中人们日常工作、学习、生活交流的主要场所。

(三)网络教学

网络教学重点在整合知识管理、社交网络和支持移动互联两方面应有较大突破。对知识管理,通过使用统一的存储云服务、图像云服务、视频云服务、知识管理云服务和搜索服务,实现课件、作业等课程文件的统一管理;并在此基础上提供教师备课工作室等功能,方便教师使用;提供基于社交网络的师生讨论交流,实现方便的知识分享;强化移动互联访问,提供各种手持智能终端的访问服务。

(四)移动信息门户

移动信息门户将成为用户的资源中心、消息中心、服务中心和社交中心,教学支撑环境中的各种云服务和教学系统都汇集于此并按照用户的个人习惯进行展现,应支持平板电脑、智能手机等移动终端,提供聚合阅读功能,方便用户高效访问,充分发挥云服务和移动互联的优势,实现用户随时、随地、随心的访问。

在传统的有线网络下,由于学习者不能够随时随地通过各种终端方便快捷地接入到学习空间中,进行互动式学习和交流,因此,基于网络的学习空间一直以来主要是作为传统教学模式的补充,而不能完全形成个性化自主学习为主的教育模式。随着移动互联技术快速发展和无线校园网的各项关键技术成熟,打破原有联网模式的时空限制,使得联通主义学习理论所提出的学习网络成为可能。

构建面向自主学习的互动式教学支撑平台,为学习者提供获取优质教育资源和进行学习过程中的交流、互动与协作的平台,是学习者,尤其是在信息技术飞速发展和广泛应用的时代中成长起来的新一代互联网原住民的迫切需求,但是这方面的建设在国内才刚刚起步,还有很长的路要走。

(付小龙,中国教育网络,2013-09-10,有改动)

第四节　微格训练系统

微格训练，即微格教学（Microteaching），意为微型化教学，通常又被称为"微型教学""微观教学""小型教学""录像反馈教学"等。它是由美国斯坦福大学 D. W. 艾伦教授等人创立的一种利用现代化教学技术手段来培训教师的实践性较强的教学方法。它以现代教育理论为指导，通过视听技术和反馈，按照严格的程序，对师范生和在职教师轮流进行培训，从而使他们更好地理解教学过程和掌握教学技能的一种教学技术。

一、微格教学的特点

用一句话概括，就是"训练课题微型化，技能动作规范化，记录过程声像化，观摩评价及时化"。"微"，是微型、片断及小步的意思；"格"取自"格物致知"，是推究、探讨及变革的意思，又可理解为定格或规格，它还限制着"微"的量级标准（即每"格"都要限制在可观察、可操作、可描述的最小范围内）。

（一）目的明确，重点突出

把不易掌握和评价的教学技能内容分成达成目标具体、翔实的、具有可操作性的若干项技能，在对教学技能进行科学分类的基础上构成完善的目标系统。

（二）反馈及时、直观

运用声像记录设备，使被训练者及时获得反馈，并进行反复的讨论、分析，找出存在的优缺点，获得广泛的改进意见。同时，被训练者可作为"第三者"来观察自己的教学活动，及时修正不太注意的教学细节，如多余的习惯性动作、口头禅等。

（三）利于创新

通过对教案及教学实践的讨论和改进，逐步加深对某一技能的理解与掌握，充分发挥学生主体作用，丰富教学技能的应用方法，有利于学生创新思维的培养。

（四）心理压力小

微格教学的训练内容、人数少、时间短，扮演学生的人都是自己的同学，从而减轻了被训练者的紧张感和焦虑感，增加了他们的自信心，减少了他们在学习中的心理压力。

（五）见效快

受训者重点集中于某一技能的训练，通过对教学录像的反复观摩，收到"旁观者清"的效果，从而快速、准确地掌握教学技能。

二、微格训练包含的步骤

（一）事前的学习和研究

学习的内容主要是微格教学的训练方法、各项教学技能的教育理论基地、教学技能的功能和行为模式。

（二）提供示范

通常在训练前结合理论学习提供教学技能的音像示范，便于学习者对教学技能的感知、理解和分析。

（三）确定培训技能和编写教案

每次训练只集中培训一两项技能，以便使学习者容易掌握；微格教学的教案具有不同于一般教案的特点，它要求说明所应用的教学技能的训练目标，并要求详细说明教学过程设计中的教学行为是该项教学技能中的什么技能行为要素。

（四）角色扮演

在微型课堂中，十几名学习者或进修教师轮流扮演教师角色、学生角色和评价员角色，并由一名指导教师负责组织指导，一名摄像操作人员负责记录（可由学员担任）。一次教师角色扮演为5 15分钟，并用摄像机记录下来，评价员填写评价单。

（五）反馈和评价

重放录像，教师角色扮演者自我分析，指导教师和学员一起讨论评议，将评价单数据输入计算机进行定量的综合评价，或将 N.A.弗朗德的师生相互作用分析记录单输入计算机，进行师生相互作用分析。

（六）修改教案后重新进行角色扮演

对反馈中发现的问题按指导教师及学员集体的建设性意见修改教案，经准备后进行重教。若第一次角色扮演比较成功，则可不进行重教，直接进行其他教学技能的训练。

三、现代微格教学的理念

在行为主义学习理论的影响下，以往不少师范院校在微格教学实施过程中过分强调了指导教师的作用，忽视了受训者的认知主体作用，把微格教学视为一个具体教学行为的训练与修正过程，教学技能的训练主要局限于经验模仿的范畴，造成在复杂的教学情境中课堂教学技能的迁移水平受到相当程度的限制，极大地影响了微格教学的训练效果。

随着学习理论的发展和信息技术在教育领域的广泛应用，建构主义学习理论得到了迅速发展。建构主义将学生看作知识意义的主动建构者。学习者并不是把知识从外界搬到记忆中，而是以已有的经验为基础，通过与外界的相互作用来建构对知识的新的理解。没有任何两个人的知识建构是完全相同的，因此，学习不是简单的信息输入、存储和提取的过程，更不是简单的信息累积。

同时，建构主义学习理论强调学习环境对有效形成意义建构的重要作用，指出"情境、协作、会话、意义建构"是建构学习环境的四大属性。其中情境是与学习主题的基本内容相关和现实情况基本一致或类似的情景和环境；协作是发生在学习过程中教师与学生之间、学生与媒体之间、学生与学生之间的平等友好的支援和帮助；会话主要是指在个人自主学习的基础上，小组成员之间的讨论和商榷；意义建构是学习过程所追求的目标。

四、构建现代微格教学系统的要求

微格教学系统必须具有全面的信息化教学环境配置。如多媒体计算机、电子书写屏和实物投影机等，为学生提供真实的信息化教学环境，让学生通过实践掌握信息技术与课程整合的专业技能。在微格教学训练的过程中，指导教师根据现代教学理论与方法诱导学生利用信息化教学手段串通教学过程，并通过教学设计使学生深入探讨信息技术与学科课程整合的方法与策略。

信息化的微格教学过程管理与评价管理平台。微格教学的过程是一个不断修正教学设计与教学方法的实践过程，所以需要改变传统的实践与评价方式，使用信息化的手段与方法，将学生教学实践过程用文件夹的方式管理起来，运用过程性评价的方法，通过学习文件夹的评价的方法有机地将教学、学习与评价结合起来。评价过程中着重学生自评、学生互评和小组评价，教师还可以借助"教学过程管理与评价管理平台"监控学生的微格训练过程，并组织不同小组、不同班级的学生进行实时或通过学习文件夹开展研讨与互评活动。

指导教师能够基于网络实现现场实时观察、指导与分时个别指导。在微格教学中往往是多组同时进行，教师利用网络的双向性，观察每组学生的教学过程，针对教学过程出现的问题，及时进行指导，并对优秀的教学方法或出现的常见问题，组织全体学生进行观看、交流、对话。同时，将学生施教过程记录存档，指导教师通过网络随时浏览学生文档，并将评价意见批注在学生的文档中，供学生参考。

学生自我演练自我修正的管理模式。现代微格教学系统应具有开放性，允许学生反复演练，指导教师与学生之间、学生与学生之间不断沟通、评价，以使学生迅速掌握教学方法与教学技能。因此，管理平台是基于校园网络的，每次的微格教学过程，师生可以实时或分时将评价意见批注在视频记录中，学生可以通过网络进行浏览，自己对比，自我评价，不断修正教案，提高教学水平。

综上所述，新型的现代微格教学系统应该是一个集多媒体教学、视频点播、数字化现场直播、远程监控与评价和信息化综合管理为一体的数字化网络系统。它应该具备以下的功能：

1. 多媒体微格教学功能；
2. 教育技术技能操作与实训功能；
3. 微格课室之间交互学习以及视频广播功能；
4. 基于网络的评价与监控功能；
5. 基于校园网络的微格系统管理平台。

拓展阅读

微格教学设计与教案编写

教学设计是微格教学过程中的一个重要环节，也是迈入教学实践的第一阶段。

微格教学的教学设计是建立在学习理论、传播理论、系统科学理论基础之上的对教学过程和方法的描述。师范生在学习完每一项教学技能之后，紧接着要通过一个简短的微型课对所学的教学技能进行实战训练，使其理论在实践过程中得到提高和完善。如何根据教学内容和技能训练目标，对微型课的教学方案和教学过程进行设计，将要训练的教学技能恰如其分地运用于课堂教学过程，这是微格教学训练中极其重要的工作。这项工作几乎贯穿微格教学训练的全过程，我们要求师范生在教学改革实践中从教学设计的高度认识并操作整个过程，使微格教学的训练方案更加科学有序。

一、微格教学的教学设计

微格教学的教学设计是根据课堂教学目标和教学技能训练目标,运用系统方法分析教学问题和需要,建立解决教学问题的教学策略微观方案、试行解决方案、评价试行结果和对方案进行修改的过程。它以优化教学效果和培训教学技能为目的,以学习理论、教学理论和传播理论为理论基础。

微格教学的教学设计与一般的课堂教学设计既有联系,又有区别。一般的课堂教学设计对象是一个完整的单元课,教学过程包括导入、讲解、练习、总结评价等完整的教学阶段。而微格教学通常都是比较简短的,教学内容只是一节课的一部分,便于对某种教学技能进行训练,因此不能像课堂教学设计那样主要从宏观的结构要素来分析,而是要把一个事实、概念、原理或方法等当作一套过程来具体设计。在微格教学教学技能训练的过程中应有两个教学目标:一是使被培训者掌握教学技能;二是通过技能的运用,实现中小学课堂教学目标。教学技能是实现教学目标的方法和措施,而课堂教学目标所达到的程度是对教学技能的检验和体现,两者紧密联系、互相依存。由此,微格教学的教学设计既要遵循课堂教学设计的原理和方法,又要体现微格教学的教学技能训练特点。

二、微格教学教案的编写

在微格教学中,教案的编写是教师的一项重要工作,它是根据教学理论、教学技能、教学手段,并结合学生实际,把知识正确传授给学生的准备过程。微格教学教案的产生是建立在微格教学教学设计基础之上的,以"设计"作指导,具体编写微格教学的计划。

(一)微格教学教案编写的内容和要求

1. 确定教学目标

片断教学内容教学目标的确定和整堂课教学目标的确定方法一样,只不过对象是一个片断,所以教学目标的确定应立足于本片断当中。

2. 确定技能目标

即教师课堂教学技能训练目标,针对不同的学员可以有不同的技能要求。

3. 教师教学行为

要求教师把教学过程中的主要教学行为,以及要讲授的内容、要提问的问题、要列举的实例、准备做的演示或实验、课堂练习题、师生的活动等,都一一编写在教案内。

4. 标明教学技能

在实践过程中,每处应当运用哪种教学技能都应在教案中予以标明。当有的地方需要运用好几种教学技能时,就要选其针对性最强的主要技能进行标明。标明教学技能是微格教学教案编写的最大特点,它要求受训者具有感知教学技能、识别教学技能、应用教学技能,突出体现微格教学以培训教学技能为中心的宗旨。不要以为把教学技能经过组合就是课堂设计,而要根据教学目标结合教学实践决定各种技能的运用,这对师范生来说尤为重要。

5. 预测学生行为

在课堂教学设计中,对学生的行为要进行预测,这些行为包括学生的观察、回答、活动等各个方面,应尽量在教案之中注明,它体现了教师引导学生学习的认知策略。

6. 准备教学媒体

教学中需要使用的教具、幻灯、录音、图表、标本、实物等各种教学媒体,按照教学流程中的顺序加以注明,以便随时使用。

7. 分配教学时间

每个知识点需要分配的时间预先在教案中注明清楚,以便有效地控制教学进程和教学行为的时间分配。

(二)微格教学教案设计案例

微格教学教案设计的具体格式多种多样,但大致应该包括教学目标、教师的主要教学行为、对应的教学技能、学生的学习行为、演示器材、媒体和时间分配等项目,导师可以设计好表格(表1-1),发给学生用于教案设计。

表 1-1 微格教学教案设计表

学科: 执教者: 年级: 日期: 指导教师:

教学课题				
教学目标	1. 2. 3.			
技能目标	1. 2. 3.			
时间分配	教师行为	教学技能	学生行为	所用教具仪器和媒体等

(摘自百度文库,有改动)

第五节 远程教学系统

远程教育系统的目的是实现个性化教学、因材施教的高效教学方式,是对传统教学模式的一次革命。它突破了传统面授教学的局限,为求知者提供了时间分散、自由安排学习、资源共享、地域广阔、交互式的学习创新方式。

一、远程教学的定义

德斯蒙德·基更曾经给远程教学定义了五个要素:学生和教师在地理上是分开的,不是面对面的;政府教育部门对教育机构的资格认证;应用现代通信技术;提供双向的交互功能;学生可以随时随地上课。简言之,远程教学是施教者通过多种传播手段向受教者传递知识信息,实现一种随时随地的、交互性强并且内容最新的教学模式。从本质上说,远程教学最突出的特征有:

1. 教学过程中教师与学生在空间或时间上是分离的,学生与学生在大多数情况下也是分离的；

2. 使用多种媒体传播预制的教学内容；

3. 教师在教学活动中的地位和作用发生了重大的变化，学生成为教学活动的中心；

4. 学生自主学习；

5. 存在人工设计的反馈、评价与互动机制。

二、远程教学系统概述

远程教学系统不仅仅只是一个纯粹的技术系统，而应该是适应学校需求的教育模型、内容与良好的支持服务三要素构成的有机体中的重要一环；它应该为学习者提供集成的交互式学习环境，为教师提供多种有效的教学手段和课程编辑工具，还应该提供丰富的系统和教学管理功能，以有效地管理和跟踪学生的学习情况。

远程教学系统中的学生管理主要实现学生的各种信息管理和各种学习活动的管理，其中包括学生的注册、选课、学习、讨论、查询、信息修改等。远程教学系统把学生分成两类：一类是普通学生，他们的权限只允许查询和浏览网上的公共课程；另一类是注册学生，除具有普通学生的权限外还可下载课件、参加讨论、查询个人信息等。他们的信息将通过注册被记录在数据库中，系统将对每个注册的学生提供一个学号，在以后的使用中系统都将验证学号和密码的有效性。

三、远程教学系统的构成

一般来说，远程教学系统为适应学习者对学习方式多样性的要求，都要由以下几个子系统组成：用于实时教学的直播系统，供学习者自学、辅导答疑、作业、考试的辅助学习系统，管理教学活动的教务管理、学籍管理与资格认证系统，多媒体课件制作系统及学习终端等，这些系统互相配合、有机结合，构成一个完整的远程教学系统。

（一）实时授课系统

实时授课系统是远程教学系统中一个非常重要的部分，它是用来实时传送教学信息的主要渠道，是实现双向交互式教学活动的平台。该系统主要是采用现代通信技术，将教师现场授课的声音、图像和电子白板等信息实时地传送到远端教室或学习者的学习界面上，通过该系统，远端的学生可以看到并听到教师实时的授课内容。在实时授课系统中，根据学生是否可以同教师、同学之间进行实时交流，又分为双向交互式实时系统和单向广播式实时系统两类。交互式系统的特点是交互性好，教师在教学活动中可以看到学生的表情和动作，听到学生的声音，并可和学生进行异地实时交流，教学效果比较好。实时授课系统一般由卫星广播技术和基于互联网的流媒体技术、视频会议技术、视频聊天技术等来构建。

（二）非实时辅助学习系统

远程教学中，学习者需要在方便的时间自由地选择学习内容进行学习，非实时辅助学习系统为实现这一目标提供了条件。非实时辅助学习系统主要功能有：课件点播、学习资料浏览、下载，用 E-mail 反馈信息和提交作业、进行答疑，用 BBS 实现学习讨论，利用多媒体课件库为学生提供学习资源等。非实时辅助学习系统的实现目前几乎都是采用基于互联网的 Web 方式提供非实时辅助学习服务，就是在互联网上建立一个提供远程教学服务的网站，采取成熟实用的 Browser-Server-Data Base 三层体系结构（B/S 架构），所有的教学资源和课件由服务提供者上载到网站上，用户只需访问相关网页即可实现点播课件资源、观看实时直播节目等各种学习功能。系统一般由 Web 服务器、视频点播服务器、多媒体资源库存储器等软硬件组成，可采用集簇服务器实现负载均衡、SCSI 磁盘阵列、分布式存贮等技术来提高响应速度，为学习者提供可靠的服务。

（三）教学管理系统

教学管理系统是体现远程教学的组织与管理功能的系统，是远程教学系统的重要组成部分。主要功能有：教学信息发布、课程设置、授课安排、学生缴费注册、学籍管理、学习资源管理、学习过程跟踪等。

（四）多媒体课件制作系统

我们通常所指的多媒体课件就是利用各种多媒体制作技术，将课程内容制作成图文声像并茂的多媒体信息，是可放在网上供学生下载或点播的学习资源。在远程教学中，又可以把多媒体课件分为两类，一类是直接把教师授课时的音视频和电子讲稿用流媒体形式采集下来，按知识点进行编辑后制成授课型课件（也称"三分屏"课件）。另一类是通过教学设计，将课程中的知识点有机地组织起来，并利用各种多媒体和网页制作技术，编制成集文字、声音、动画、图像、视频等全面展现课程内容的课件。实践证明，这两种类型的课件在远程教学中都发挥了很好的作用，其制作都由多媒体课件制作系统来完成，一般需要由摄录设备、音视频采集、非线性编辑设备、多媒体制作与课件合成软件、高速存贮等设备构成。

远程教育的生命在于保证令人满意的教学效果，而实现良好的教学效果离不开两个重要条件：一是要有丰富的、高质量的学习资源，这是保证远程教学质量的关键，可由建设网上教学资源库和数字图书馆等方法来解决；二是远程教学的信息传送系统要为传送各类教学信息提供强有力的、可靠的支持，这同样是决定远程教学效果好坏的关键环节。

四、基于 Web 的远程教学系统出现的意义

基于 Web 的远程教学以互联网作为教学传输系统，为远距离学习者进行教学内容传播，利用网络的特性和资源来创造一种有意义学习环境。它的出现具有四个方面的意义：

第一，外部多媒体信息刺激的多样性有利于知识的获取与保持。在网络学习环境中，信息以多种媒体的组合形式即时呈现，比如说文本、图像、图片、声音、动画等。

第二，超文本特性支持学生对信息的非线性获取，便于实现教学信息的有效组织和管理，有利于实现"自我探索"和"自我发现"式的学习。

第三，计算机的交互性有利于提高学生的学习兴趣，有利于认知主体作用的发挥。一个网络学习的用户可以自主控制学习情景，这种高级的交互活动为用户提供了对信息的动态控制。

第四，网络特性有利于进行不受时空限制的自由学习。

可见，计算机技术、多媒体技术和网络通信技术的发展从根本上改变了以教师为中心的传统教学模式。在新的教学模式里，学生替代了教师，成为了学习过程的主体。

五、基于 Web 的远程网络课堂的特点

远程网络课堂由传统课堂中以教师讲课为主，转变为以学生为主，其主要网络课堂教学

形式采用网络多媒体课件,包括 PPT、文字资料等在视频录制室,教师对着摄像机讲课,技术人员将视频和网络多媒体课件通过 Web 页面组织起来,用流媒体形式将多媒体教学材料呈现在网上,供学生学习使用。基于 Web 的远程网络课堂教学中,可实施传统的讲授式、讨论式,其他的主要方式是制作课件,可通过语言编写实时运行 CAI(Computer Aided Instruction)课件来实现,也可通过自由下载的 CAI 课件实现。

(一)远程网络课堂的灵活性

基于 Web 的网络课堂是利用 Web 技术和多媒体技术开发的实现,用户在网络伸展到的任何地方,通过 Web 浏览器就能极其方便地使用。远程网络课堂可以在网上分散地存放,以更好地利用网络资源和平衡网络的负载。网络课堂的更新极其方便,无须发布任何介质,只需将 Web 服务器上的网络课堂进行更新,就可使任何学习者立刻学习到最新的知识,多个学习者可以同时访问同一课堂学习,Intermet 形成一个网上的学习群体。

(二)远程网络课堂教学的特点

1. 突破时空限制

因为远程网络课堂是基于网络的,所以具有广泛的传播性。它可以借助 Internet 强大的服务功能,让学生随时随地来学习,甚至教师对学生可以进行同步或异步的教学辅导,真正实现没有围墙的大学,建成所谓的虚拟教室、虚拟大学,从而突破传统教学的空间和时间限制,扩大获取知识的范围,实现真正的远程教学和广域教学。以课堂为中心的教学模式,代之以学生为中心;以实践为中心的新型教学模式,也为终身教育的实施提供了条件。

2. 促进学生之间的协同学习

由于多个学生可以同时访问同一课件,从而形成一个群体,也就是创造一个所谓的群体学习环境,这样学生之间就可以相互交流、协同学习,学生之间互教互学,同时也能培养学生互相帮助的协作精神。学生在 Internet 上通过网络课堂进行学习,可进一步提高学生 Internet 的应用能力和通过计算机获取知识的能力。

拓展阅读
中国现代远程教育的优势

一、学习时间、地点的随心所欲

中国现代远程教育只要拥有一条电话线和一台电脑,您就可以上网进行学习,而不用像传统面授班那样必须在固定的星期六或是星期日早上 9 点到一个离您家很远的地方去上课。中国现代远程教育可以使学员能根据自身的需要灵活地安排学习时间,完全突破了学习在时间、地点上的种种限制,学员可以在任何时间、任何地点通过网络学习课程,很好地处理工作、学习、生活三方面的矛盾,使自己真正掌握学习的自主权,避免了上面授辅导班的来回路途奔波之苦,将更多的时间和精力用在学习上,充分享受学习的乐趣。

二、学习进度的随意安排

每个学员的领悟能力和课程的难易程度都不一样,有些学员的领悟能力高,他就学得快一些;有的学员领悟能力差,他就学得慢一些;有些章节比较简单可能一点即通;有些章节难一些可能就需要反复学习才能掌握。但传统教育在教学进度上是固定化、统一化的,很难顾及个别学员的学习特点,也不会因为某个学生的某个章节没有听懂就把整个课程重新再讲一遍。而中国现代远程教育的课件是事先做好了放在网上的,想学哪章、想学多久完全由学员自己掌握,熟悉的可以减少学时甚至不学,而自己较难理解的可以安排大量时间,完全不受任何的限制,对一次听不懂的问题可以反复听,直到听懂为止。

三、优秀教师资源共享

在传统教育中,由于各地的实际教学条件、教学资源情况千差万别,许多偏远地区的师资严重匮乏、良莠不齐,有的地区甚至没有师资,这些都制约着当地教育水平向高层次迈进。而中国现代远程教育优势就是可以把全国的优秀师资汇集到一起,使各个地区的学员都能听到名师讲授的课程,从而提高我国整体的教育水平。

四、充分的答疑时间

中国现代远程教育学员在学习过程中的一个关键环节就是交流,这种交流包括学员与老师之间的交流和学员与学员之间的交流,通过交流可以及时地发现和纠正、解决学员在学习中遇到的一些问题。传统教学中学生的答疑和老师的授课时间是混在一起的,答疑的时间多了,那么讲课的时间必然就少了。中国现代远程教育通过它特有的答疑工具,如答疑板、论坛等工具将学员的提问延伸到了课堂之外,不再局限于有限的课堂时间。学员在学习中发现问题可以随时提问,并在短时间内得到细致的解答;同时,可以查看别人所提到的问题,弥补自己学习中的不足。

五、交流范围扩大

传统教育由于受时间、空间和人员的限制,学员之间的交流往往局限于班中几十个同学的交流上,而中国现代远程教育则通过答疑板、论坛、聊天室等途径把来自五湖四海的学员联系在一起,为大家提供更为广阔的交流空间。

六、相关信息共享和反馈的及时性

或许每个人都曾有过这样的经历:为了查找一条相关信息、政策、法规,查遍了整个图书馆、阅览室,转遍了大大小小的书店,浪费了一整天的时间,有时候更由于信息传递的滞后性而根本找不到。而中国现代远程教育在提供在线课程的同时,也提供丰富、翔实的在线资料库,学员只需要输入几个关键字,就可以在短短的几秒钟之内找到所需的资料,同样有关考试的最新政策、教材的最新变化也可以在第一时间传递到学员那里。综上所述,中国现代远程教育的种种优势应该是显而易见的。

（摘自中国远程教育网,2011-07-22,有改动）

第十一章

中小学教师远程培训的平台开发

第一节　远程培训平台概述

教师远程培训中,在线交流的方法可以分为培训平台上交流方式和培训平台外交流方式两大类。

远程培训平台是一套实时在线培训平台,教育者通过平台可以实时与受教育者在校培训、讲课、演讲,是对传统教学模式的一次革命。教师远程培训平台是管理员、辅导员、学员完成培训的基地,它既是学员完成学习任务、考核学习效果的平台,更是管理员、辅导员、学员交流的聚集地、集合地。它突破了传统"面授"教学的局限,为求知者提供了时间分散、自由安排学习、资源共享、地域广阔、交互式的学习创新方式。在越来越快的社会节奏中,远程教育已经成为大多数人获取新知识的首选途径,而一款功能强大稳定的远程教育服务平台就成为了知识传播的最佳载体,它跨越了地域的局限,让聆听、阅读和书写都可以通过网络,在远程讲师的帮助下完成,最大限度地利用时间。

随着信息化时代的到来,校园网络的建设使以网络为平台的远程教育成为可能。基于网络环境下的虚拟探究式学习教学训练、视频播放协作学习小组的构建、教育教学资源库、个性化学习平台和多元评价信息平台等都已先后实现。信息技术的发展使教师培训模式创新成为可能,也为教师教学能力提升开拓了新的途径。通过教师远程培训平台的构建可实现教师教育教学能力的提升与拓展,探索并尝试解决目前教师培训中的培训设备匮乏、优质指导教师少、训练环境不足和无法开展个性化培训等问题。

一、远程培训平台的基本功能

(一)具有多点视频、音频交互等基本多媒体交互功能

主讲端与任意客户端可以进行实时多点的语音、视频和文字交互。交互方式灵活,可有选择地进行语音或视频交互。

(二)培训过程实时传播功能

实时老师现场情景(包括形象、声音、多媒体演示、各种电子讲稿、计算机操作过程与鼠标运动轨迹,甚至在智能电子白板上的即兴板书过程)向远程学生端进行转播。

（三）培训实时记录

在培训过程中，可以实时地将培训过程制作成会议记录（流媒体文件）。会议记录内容包括所有音频、视频、白板、演讲、媒体广播、文字交流内容。

（四）培训记录点播

培训记录可以上载至服务器供授权用户点播。

（五）远程管理功能

远程进行用户信息设置，包括登录名和登录密码，可加入的课程等，可添加、删除和设置课程信息，可远程实时检测用户登录情况和课程技术参数。

（六）良好的客户端交互功能

除了可以与教育者和课程数据库进行有效连接，还具备供学习者之间进行交流的功能平台，实现学习者在培训过程中的良好互动。

二、远程培训平台的优点

基于 Web 的远程教育用于教师的培训，可以在发挥远程教育优势的同时，弥补传统教师培训形式的不足。

（一）最大限度地利用各种资源

能实现自我导向和自定进度的培训。在现有的实际教师培训中存在的一个最突出的问题，就是工作和培训学习的时间矛盾。有些教师培训的专门机构（如教师进修学院）一般采取的解决方法是在假期时间进行培训，而大多数的培训课程是在受训教师的平时工作时间，这样就不能满足所有教师的需求。利用基于网络技术的远程培训，教师可以随时选择需要学习的内容，实现自主学习。并且通过网络把各个地方的教师个体联成一个整体，进行协作学习，互相之间可以方便地探讨问题、交流沟通，使得培训更具有开放性。

远程培训平台使各种教育资源通过网络跨越了空间及时间的限制，发挥网络优势，打破地域界限，实现教育资源共享，构建学习型组织，为在职人员提供不受时间、空间限制的终身学习机会。

在农村中小学教师培训中，传统的教师培训主要以"专家讲座""面对面"培训等方式进行，这些培训方式需要聘请有关专家集中面授，并且需要多次培训才能完成培训任务。但是由于地方经济和培训资金等方面的限制，如果多次聘请许多专家现场授课，专家授课酬金、接待费用等支出将会给培训单位带来较重的负担。而利用远程培训平台开展远程培训，培训所需的硬件及软件是一次性投资，多次使用，长期受益，费用分摊下来，培训成本将会降低很多。同时，在传统教师培训中，参加培训的学员既要做好本职工作，又要积极学习培训内容，负担较重。利用远程培训平台可以把培训内容按模块划分，并根据模块做出系统的学习安排。当集中培训时，专家可引领学员学习一到两个模块；其他相近的内容，学员可在集中培训后根据自己的学习进度，在平台上采用自主学习和协作学习相结合的方式来完成。一方面，专家可在线解答学员学习过程中遇到的问题；另一方面，学员也可在每天工作之余，抽出一到两个小时学习培训课程，减轻了集中学习的一些负担。

（二）学习的灵活性

网络技术应用于远程培训，其显著特征是：任何人在任何时间、任何地点，可以从任何章节开始学习任何课程。网络培训教育便捷灵活的特点,充分满足了发展中的现代教育和终身教育的基本要求。

参加培训的学员来自不同的地区、不同的学科和年级,学习基础和知识背景各不相同。传统的培训是将所有参加培训的教师不分学科全都集中在一起培训,当讲到理论知识和基本操作时还可以应付,但讲到如何将信息技术与学科整合时,问题就出来了。由于各个学科之间的教学内容具有明显的差异,不同学科的教师对于信息技术整合与各自教学的要求也不一样,导致培训课程不断增多,给培训单位带来很多困难。如果利用远程培训平台的分组功能,可将教师们按学科、年级、知识背景等分组。当学习信息技术与学科整合时,可将不同学科的优秀教学案例放置在远程培训平台上,这样有助于补充培训资源不足,提高优秀资源的利用率。

(三)便捷的远程管理

新形式的教师培训已不再是由上至下统一决定,高层机构只是提供政策框架,具体培训内容的安排则在下层地区的培训机构,虽然形式和内容更加灵活了,但是给管理带来了不便。在基于网络技术的教师培训中可以实现远程的培训管理,使得各层的培训机构都可以方便、全面、高效地进行管理。

学员选课、课程学习、学籍管理、成绩与考试管理等,都可以通过网络培训平台完成。

(四)能够实现资源共享

互联网上有极其丰富的信息资源,我国的四大互联网之一——中国教育科研计算机网(CERNET)已与国内 500 多所大专院校及科研院所联网,各种形式的网上图书馆、网上教育资源库都可以满足受训教师作为学习者的需求。而且通过构建专家资源库,即使是边远地区的教师,也可以接受专家学者的培训、指导。

(五)互动性

上述信息传输模式形成的互动,能提高教师培训学习的主动性。学习是交流与合作的过程,教育者和被教育者之间的互动是教学中不可缺少的环节。互动的过程可以引导学习者主动参与学习过程,并可以提高远距离培训学习者的学习效果,弥补非面对面远距离教学的不足。受训教师和培训教师之间、受训教师之间通过网络的交互进行交流,可以使学习信息迅速反馈到培训教师,培训教师也可以及时地辅导,受训教师的学习主动性必然可以得到提高。

传统的教师培训存在着"培训时间短,培训内容多,培训方式单一,缺乏沟通"等弊端。在短暂的集中培训之后,由于培训专家和学员之间的长期分离,而又缺乏一个专门与培训内容相关的沟通平台,使得培训效果不够理想。如将远程培训平台引入培训后,可给专家和学员提供一个后续沟通的平台。在这个平台上,通过开设与培训内容相关的讨论区和答疑区,就可解答学员在培训后实际教学中遇到的一些问题,也有助于他们保持主动学习的兴趣。另外,远程培训平台提供了丰富的资源和活动,改变了以往呆板的培训方式。这样教师培训不再是单一的讲授式,而是一个有效、互动的沟通学习过程;培训也不局限于具体的时间、空间,而是拓展到了任何可以利用网络进行学习的时空,从而提高了培训的效果。

(六)提高教师信息素养的有效途径

信息素养是一种可以通过教育培育的,在信息社会中获得信息、利用信息、开发信息方面的修养与能力。它包含了信息意识与情感、信息伦理道德、信息常识以及信息能力多个方面,是一种综合性的、社会共同的评价,是个体能够认识到何时需要信息,能够检索、评估和有效利用信息的综合能力。

基于 Web 的远程培训体系使得教师在接受培训学习的同时,通过使用远程培训方式中的各种信息技术,自然而然地提高了使用各种信息技术的能力,潜移默化地培养了信息素养。并且教师在培训中切身体会了信息技术在教学中应用的方式,有了对信息技术与课程整合的亲身体验,这样当教师通过信息技术进行实际教学的时候,就能够更好地掌握方法,更有效地实现教学目的。

三、目前远程培训平台的不足

由于技术的不足以及不能脱离旧有教育观念的束缚,使现有的远程培训平台还存在着许多有待完善之处。

（一）教育系统的封闭性

虽然远程培训平台本身具有良好的灵活性,但是在应用到实践中,由各层级进行培训组织时往往不能发挥培训平台的良好作用。主要表现在两个方面:一是教育时空的封闭性,学习者必须在规定的时间、规定的地点学习规定的内容,限制了许多人的学习;二是学习对象的封闭性,学习者必须达到规定的入学资格才能参加学习,剥夺了许多人参加学习的权利。

（二）人才培养的低效性

基于学校的教师培训模式受到各方面的限制,例如招生规模、师资等。另外,理论和实践脱节,使得不论是教学规模还是教学效果都受到了很大的影响,造成了工作的低效性。

（三）教学模式落后

基于学校的教师培训采用的是传统的以教师为中心的教学模式。在这种模式中,教师是知识的所有者,学习者只能被动地接受教师讲授的知识,教学媒体也只是教师的演示工具。

（四）教学组织形式单一

基于学校的教师培训模式采用的是传统的"班级授课制"这种单一的形式。单一的教学组织形式挫伤了学习者的学习积极性,降低了教学的效果。培训内容的整齐划一限制了教师的个性化发展,培训工作缺乏连续性和多样性,培训形式单一。

对网络形式的远程培训模式的理解尚未深入,教学方法及课程设计不够合理,仅仅是简单地将书本制成电子版发布到网络上,供学员浏览,缺乏符合教育教学特点和规律的高质量、实用化的课程资源体系支持。

（五）网络学习的个性化和交互特点未能充分体现

中小学教师在自己的教学工作中积累了一些教学经验和疑问,当前的培训平台缺乏一个经验交流和问题解答的环境。没有智能性的系统平台,对不同学员的认知风格和学习能力无法判别,这样千人一面的教学策略不能适应个性化学员具体的需求,因材施教成为空话。系统平台必须能够根据学员的个体情况和知识结构来确定和调整教学策略,提供不同的学习环境。教师分布较散学员和专家没有机会沟通,忽略了知识的流通性对教师的潜在影响。培训平台功能满足了培训的基本要求,却忽略了对教师的个性化工具的支助服务。教育理念飞速发展的今天,学习活动是一项协同工作,在网络中最适合的学习策略是探索式学习。远程培训平台应该具备应为学员的合作学习提供高效的支撑环境。

（六）缺乏必要的、实时的教学质量跟踪反馈机制

目前的学习评价多为总结性评价，评价形式多为作业和在线考试，缺乏对学生网络学习过程评价的设计和同伴的评价。

如果在学员培训过程中缺少实时监控机制，教学质量则几乎完全依赖于学员的学习动机、自觉意识和自控力。而实践已证明，无约束的知识提供和传递，对学员缺乏有效监控机制的学习，其学习结果令人担忧的。

（七）重视一次性培训，忽视终身教育

长期以来，教师培训存在着重视一次性培训，忽视终身教育的现象。目前的教师培训一旦培训结束，学员的学习也就结束了，培训缺乏长期性，在培训中发现的一些问题实际上没有真正的得到解决。这种突击性培训缺乏对后续持续性效果的验证。面对学习化社会的到来，一次性的教师培训体制已经远远落后了。

（八）平台教育资源建设的标准化欠缺，城乡资源配置差距较大

这就加剧了资源的重复建设和教育发展不均等。

拓展阅读
LAMS——学习活动管理系统

数字化学习已经具有完整的发展方法来设计以内容为主、单一学习者、自我学习的学习对象。然而，对于如何设计出协同环境下，牵涉到分组学习者的序列化的学习活动，以及教师如何能轻易地再利用这些序列化学习活动的成熟方法方面的知识，在 E-learning 领域中还很欠缺。因此，教师教学服务为出发点的学习路径设计（Sequence）成为技术辅助主导下的 E-learning 平台需要解决的核心问题。

学习活动管理系统（LAMS，Learning Activity Management System）为技术辅助思想下的 E-learning 平台在个性化教学发展上提供了方向，该系统是由澳大利亚 Macquarie 大学，LAMS 国际有限公司和 LAMS 基金会联合开发出来的一个基于 JAVA 的新一代学习软件。

学习活动管理系统执行学习设计的理念，包含使用者管理、学生进度传递、教师同步监督学生进度以及最重要的学习序列编辑与改编等环境，将 E-learning 从以内容为核心的模式向以活动序列为中心的模式转变，为活动序列提供实时运行环境，用法灵活简单。

学习活动管理系统的设计理念来源于 IMS 组织的 Learning Design EML，并且以之为发展基础，它为教师提供了可行性在线学习活动路径设计（Sequence）框架，从而真正满足了教师通过 E-learning 实现个性化教学的目标，学习活动管理系统将成为技术辅导思想下 E-learning 平台的发展趋势。

目前，学习活动管理系统已经在英国牛津大学、剑桥大学，美国密西根大学，新加坡南洋理工大学及德国、阿根廷、澳大利亚、新西兰等很多国家的大学及中学广泛应用。

（摘自百度百科，有改动）

第二节 平台开发的相关理论

远程教育是指学生和教师在时间和空间距离上处于分离状态的一种特殊的教育方式。与通信技术的发展相联系,远程教育经历了三个阶段:第一代为函授教育,其主要媒体是印刷教材;第二代是综合运用印刷教材、广播电视、录音、录像等多种媒体的广播电视教育;第三代则在利用印刷教材、卫星电视的同时,将计算机通信网络引入远程教育领域,一般称作现代远程教育。从通信技术的角度看,第一、第二代远程教育属于从教师到学生的单向通信和有限的、延时的双向通信,第三代远程教育是师生之间及学生之间实时交互的双向通信。而随着互联网的发展,形成了第四代远程教育方式,即基于 Web 的远程教育。

一、基于 Web 的远程教育的信息传递模式

基于 Web 的远程教育比其他形式的远程教育更大大加强了师生的联系和互动。原因在于,在互联网、多媒体技术等的支撑下,基于 Web 的远程教育可以形成不同于其他形式远程教育的多种信息传递模式。

(一)网页传输模式

网页浏览采用超文本链接方式,具有统一的协议标准、良好的跨平台性、易用性和广泛性。在远程教育中应用 Web 技术,学习者可以在任何时间下载课件进行自主异步学习。可以采用 ASP(Web 服务器端动态网页开发技术)、XML(可扩展的标记语言)、VRML(虚拟现实造型语言)、IRTS(智能化远程教学系统)来构造 Web 远程教学系统,提高 Web 教学的多媒体化、智能化以及交互性程度。

(二)在线交流传输模式

在线交流包括电子公告板(BBS)和聊天室(Chatting Room)。这两种技术手段的特点是实现了实时点对点、一对多或多对多的网上交流。这种传输模式是目前网络远程教育中师生在线实时交流的主要方式。

(三)视频点播模式

视频点播(Video On Demand,简称 VOD)是以"选择控制权在用户"为其主要特征的双向视音频传输技术。用 VOD 构建的教学系统,由学习者非实时地自主选择视音频教学节目收视,可以看成是广播电视教学模式的改进,它将学习者被动式接收改为主动式选择接收。

(四)电子邮件传输模式

电子邮件(E-mail)用于远程教学实质上是函授教学的电子化,只是它更加快捷、方便、灵活。与 BBS 和聊天室相比较,它既可传输文本符号,也可传输图形、表格、图像、声音、程序等信息。

(五)FTP 文件传输模式

FTP(File Transfer Protocol)是互联网以文件传输方式进行信息传递的一种重要浏览手段。远程教学网站建立 FTP 服务系统后,就可以将教学课件、辅导材料、练习等资料以

文本、图表、图像、声音、程序等文件形式存放于 FTP 服务器上,学习者访问 FTP 站点,将自己所需的文件下载到本地计算机用,还可以将作业、疑难问题上载到 FTP 服务器上,实现师生的非实时双向交流。

(六)CSCL 教学信息传输模式

CSCL (Computer Supported Cooperative Learning,计算机支持的协作学习)依赖的是近几年迅速发展的计算机虚拟技术。CSCL 实质上是在网络上建立一个虚拟教室(Virtual Classroom),该教室能够提供实时的视频交互服务,提供协作性课件和电子白板等功能设施,以及虚拟空间资源(Virtual Room Resources,简称 VRR)。学习者可在互联网上申请或利用已有的 VRR 与协作学习伙伴进行实时的协作学习。

二、成人学习理论

成人教育有其自身的特点和优势。成人教育理论是由美国成人教育家马尔科姆·诺尔斯系统提出的。他认为成人教育学理论包括六项完整假设:主动积极的自我概念、丰富的生活经验、学习准备度、学习取向、强烈的内在动机以及学习需要的意识。

参考诺尔斯的成人教育理论,成人学习的特点可以归纳为四个方面:

第一,学习自主性较强。

第二,个体生活经验对学习活动具有较大影响。

第三,学习任务与其社会角色和责任密切相关。

第四,愿意接受问题中心或任务中心为主的学习。

诺尔斯强调开发成人培训课程要以学习者为主体,加强学习者的参与性,并根据他们的特点和需求随时调整课程内容的设置。

三、教学交互理论

迈克尔·穆尔是教学交互理论的创始人,他的远程交互理论主要包括三种交互:学习者与教师之间的交互、学习者与学习材料之间的交互和学习者与学习者之间的交互。按照穆尔的理论,远程学习可以实现在学习过程中双向传输教学信息,有利于师生、生生之间进行双向信息交流,学生与远方的教师、学生讨论问题。学生既可以自己进行探究性学习,也可以进行小组讨论式学习,还可以进行群体协作式学习等。陈丽教授对教学交互做的定义是:教学交互是学习过程中,以学习者对学习内容产生正确意义建构为目的,学习者与学习环境之间的相互交流与相互作用。它包括学生和教师、学生和学生之间的交流,也包括学生和教学资源之间的相互作用。

四、建构主义教学理论

建构主义理论一个重要概念是图式。图式是指个体对世界的知觉理解和思考的方式。图式是认知结构的起点和核心,是人类认识事物的基础。因此,图式的形成和变化是认知发展的实质。认知发展受三个过程的影响:即同化、顺化和平衡。同化是指学习个体对刺激输入的过滤或改变过程。也就是说个体在感受刺激时,把它们纳入头脑中原有的图式之内,使其成为自身的一部分。顺应是指学习者调节自己的内部结构以适应特定刺激情境的过程。

当学习者遇到不能用原有图式来同化新的刺激时,便要对原有图式加以修改或重建,以适应环境。平衡是指学习者个体通过自我调节机制使认知发展从一个平衡状态向另一个平衡状态过渡的过程。在"平衡—新的平衡"的无限循环中不断地丰富、提高和发展,就是建构主义的基本观点。

建构主义合理地解释了人类学习过程的认知规律,全面地说明学习的发生以及意义如何形成,理想的学习环境应该怎样。建构主义思想指导了一套新颖有效的认知学习理论,并以此为基础实现建构主义的理想学习环境。建构主义学习理论的基本内容可从学习的含义(即关于什么是学习)和学习的方法(即关于如何进行学习)这两个方面进行说明。

(一)关于学习的含义

建构主义学习观认为,学习是在一定社会文化背景下,借助他人的帮助,利用学习资料,通过意义建构得到"意义建构"。这是整个学习过程的最终目标。所要建构的意义是指:事物的性质、规律以及事物之间的内在联系。在学习过程中帮助学生建构意义,就是要帮助学生对当前学习内容所反映的事物的性质、规律以及该事物与其他事物之间的内在联系达到较深刻的理解。

(二)关于学习的方法

在教师指导下以学习者为中心的学习,是建构主义的学习理念,学习者的认知主体作用和教师的指导作用双轨并重。学生要成为意义的主动建构者,就要在学习过程中从以下几个方面发挥主体作用:建构知识的意义(使用探索法或发现法);建构意义过程中学生发挥主观能动性;学会联系与思考,则学生建构意义的效率会更高。要求教师在教学过程能够帮助学生,要从以下几个方面发挥作用:调动学生的学习兴趣,将其转化为动机;根据教学内容找出新旧知识之间的关联,使学生理解建构所学知识的意义;教师在相关条件下,组织协作学习,讨论与交流,使意义建构更有效。

1. 建构主义的教学模式

在建构主义的教学模式中,学生是知识意义的主动建构者,教师是教学过程的组织者、指导者、意义建构的促进者;教材所提供的知识不再是教师传授的内容,而是学生主动建构意义的对象;媒体不再是帮助教师传授知识的手段、方法,而是用来创设情境、进行协作学习和会话交流。显然,在这种场合,教师、学生、教材和媒体等四要素与传统教学相比,各自有完全不同的作用,彼此之间有完全不同的关系。但是这些作用与关系也是非常清楚、明确的,因而成为教学活动进程的另外一种稳定结构形式,即建构主义学习环境下的教学模式。

2. 建构主义的教学设计原则

建构主义以其自己的学习理论为指导,提出了相应的设计原则。现将它们归纳如下:

(1)把所有的学习任务都置于为了能够更有效地适应世界的学习中,教学目标应该与学生的学习环境中的目标相符,教师确定的问题应该使学生感到就是他们本人的问题。

(2)设计真实的任务。真实的活动是学习环境的重要特征,就是应该在课堂教学中使用真实的任务和日常的活动或实践整合多重的内容或技能。

(3)设计能够反映学生在学习结束后就从事有效行动的复杂环境。

(4)给予学生解决问题的自主权,教师应该刺激学生的思维,激发他们自己解决问题。

(5)设计支持和激发学生思维的学习环境,鼓励学生在社会背景中检测自己的观点。

（6）支持学生对所学内容与学习过程的反思，发展学生的自我控制的技能，成为独立的学习者。

拓展阅读
Claroline 学习管理系统

Claroline 是一个开放源代码的学习管理系统（LMS），目前支持 36 种语言，包括简体、繁体中文，与 Moodle 等优秀 LMS 齐名。

Claroline 是"Class Room Online"的缩写，它是一个开源的优秀 E-learning 和 E-working 系统，由比利时鲁文大学开发，有 8 年多发的展史，荣获 2007 年世界教科文组织"信息与交流技术在教育领域应用"之阿勒哈利法国王奖及 2007 年第四届法国国际自由软件竞赛教育类软件项目第三名。

它的设计目标是建立一个高效的、易操作的在线学习和课程管理系统，它特别强调合作性学习活动的管理，目前已经被翻译 35 种语言。目前，仅在 Claroline 官方正式登记的站点中，就达到 75 个国家，近 1800 个站点。

相比 Moodle，它有更好的运行速度、更简洁的操作界面、更明晰的工具分类，更符合中国人的教学习惯。它安装使用简单，普通的网民不需要进行专门的培训就可以学会它的使用；同时它支持 QTI 标准和 SCORM1.2 标准文档，使它可以与其他系统制作的网络课件共享；拥有众多的工具，可以顺利地完成课程的教学工作。

它支持学习路线、学习追踪功能、内置 Wiki、小组协作、在线练习和作业、支持实时在线交流，不仅可以支持灵活的学习方式，而且可以同时支持传统的教学模式和建构主义的教学模式。

它的模块化设计可以方便地为它添加一些功能；页面的模块化，使用者可以方便在设计出符合自己习惯的主题。

Claroline 有广泛的适应性，既可以用于远程培训，也可以应用于中小学日常教学，还可以用来组建课程资源库、构建网络测试系统等。

（摘自百度百科，有改动）

第三节　远程培训平台的功能设计

教师远程培训平台的学习环境设计和开发的优劣将直接影响网络教育的质量。远程培训平台的建设要从学习者的角度出发，充分考虑网络学习环境各要素的影响，并针对不同要素采用相应的开发策略。例如，在远程教育平台中，注重自主学习与探究环境的设计、协同学习与交流环境的设计、课程相关资源共享环境的设计、问题思考与分析解答环境的设计、形成性评价与终结性评价相结合的环境设计、同步和异步教学技能训练环境的设计等。

一、远程培训平台的功能模块

现在世界上已经存在许多著名的远程培训平台。国内使用的许多远程培训平台也是在这些平台的基础之上建设的。在进行远程培训平台的设计工作时,根据培训目的和对象进行功能的规划是优化平台结构、实现资源高效利用的关键。完整远程网络培训平台提供的主要功能模块一般包括以下几个:

（一）个性化自学模块

课程学习是学员在远程培训系统的主要活动,个性化自学模块提供了丰富的多媒体教学资源。本模块包括"课程空间"和"个人空间"。"课程空间"将主要学习内容按照学科要求开发成的课件,借鉴 Wiki 技术,使学员可以对学习内容进行浏览、修改、评价。学员对教学内容做出的修改,经教师审核采纳后,成为正式的学习内容,并且该学员会得到相应的贡献积分,充分调动了学员的参与性,同时也使课程学习内容以不断积累、修订的趋势发展下去。学员可以订阅其他同学的日志,收藏、分享和评论他们的资源,便于知识信息的交流和互动,也避免了网络学习孤独感的产生。

（二）社会化协作学习模块

本模块主要以学习群组的方式来开展中小学教师远程培训。中小学教师最喜欢的几种学习模式为案例研习、主题讨论、问题解决,而这几种学习模式都强调交流和协作。因此,借鉴社会化网络的理念,我们将需要交流和协作的学习内容安排到这个模块,并根据不同的内容主体,分成不同的学习群组。在这个模块中,由教师根据教学内容按照一定的规则分成不同群组,将学员分配到各群组。学员还可以根据兴趣、专题等自己新建群组,供其他学员来加入。群组的学习环境是开放的,不同学科甚至社会人士均可参与进来,一起来参与讨论、得出结论。

（三）学习评价模块

本模块主要由"系统评价""在线测试""教师评价""学员互评"四个子模块组成。"系统评价"部分利用统计功能,数字化记录学员在"个性化自学模块"和"社会化协作学习模块"中的更新日志、参与讨论、贡献资源、登录次数和时间等信息。教师可以通过订阅学生的学习内容,查阅他们的讨论和资源贡献情况,综合得出"教师评价"。"学员互评"则由学员间根据交流和协作的情况来互相评分。"在线测试"部分则为学员在线测试所得的成绩。

（四）管理模块

管理子系统,提供对多媒体教学资源、培训教师、学员的管理以及用户的权限控制等各种管理功能。

二、个性化自学模块

个性化自学模块主要包括以下几个子模块:

（一）基本教学技能训练模块

该部分通过建立基于网络环境的课堂基本教学技能理论学习、学员教学技能训练视频点播、优秀教学技能案例视频点播、教学技能案例点评与分析、远程教学技能训练参与和存储、教学设计、教案编写教学、评价与反馈、说课等子训练模块,实现远程模式下课堂基本教学技能的学习与训练。

（二）基本教学方法训练模块

该部分通过建立案例教学法、情景教学法、角色扮演法等实践教学方法子训练模块,对其特点、实施步骤、教学模式和优势进行介绍,对各种实践教学法的案例深入分析,实现学员实践教学法训练视频点播、优秀实践教学技能案例视频点播、远程实践教学法训练参与和存储,在网络环境下开展实践教学方法的学习与训练。

（三）虚拟探究学习与训练模块

该部分通过虚拟情景下的虚拟操作、开展虚拟探究、实践远程控制等功能,进行远程虚拟操作和远程控制操作训练。

（四）CAI教学训练模块

该部分根据教师技能培训的实践性、直观性的特征,通过建立多媒体课件设计理念及优秀案例点评模块,引导学习者利用多媒体技术来创设虚拟教学情景,通过形象化的教学手段展示概念原理演示操作步骤,从而解决设备不足对教学的不利影响,提高教学质量和效率。

三、职业道德品质教育模块

该模块通过设计与建设基于知识管理的教育政策和理论、职业道德以及班主任工作等学习子模块,实现符合教师职业道德品质规范要求的远程教育。

四、远程培训平台界面设计原则

设计是一种审美活动,成功的作品一般都具有很强的艺术美感。但艺术只是设计的手段,而并非设计的任务。设计的任务是要实现设计者的意图。设计是有原则的,无论使用何种手法对画面中的元素进行组合,都一定要遵循五个大原则:统一、连贯、分割、对比以及和谐。统一,是指设计作品的整体性、一致性。连贯,是指要注意页面的相互关系。分割,是指将页面分成若干小块,小块之间有视觉上的不同,这样可以使观者一目了然。对比,是指通过矛盾和冲突,使设计更加富有生气。和谐,是指整个页面符合美的法则,浑然一体。

具体要注意以下几个方面:

（一）了解浏览者的心理状态

从心理学的角度分析浏览者的心理状态,有助于网页页面的设计。在设计网页时必须迅速地把有趣和有吸引力的东西显示出来。

（二）内容与形式的统一

内容指的是客户端页面的信息、数据及文字内容等。形式指的是页面设计的版式、构图、布局、色彩以及它们所呈现出的风格特点等。页面的形式是为内容服务的,但本身又有自己的独立性和艺术规律。页面设计的目的就是为了使页面更加形象、直观,更易被观众所接受。不同的内容,页面应用不同的设计形式。

（三）减少浏览层次

应尽量把页面的层次简要化,力求以最少的点击次数链接到具体的内容。在主页面的访问率为100人次的情况下,下一页的访问率降到3050人次。页面的层次越复杂,实际内容的访问率就越低,信息也就越难传达给读者。

（四）特点明确

利用相应逻辑结构有序地组织、开发出一个页面设计原型,进行测试,逐步精炼此原型,形成明确的特点特色和鲜明的客户端。页面是精心策划的结果,只有独特的创意和赏心悦目的设计,才能在瞬间打动它的浏览者,所以应清楚地了解客户端用户的基本情况,从而能有的放矢,挑选关键信息。

（五）界面设计的 3C 原则

1. Concise（简洁）

使用醒目的标题。这个标题常常采用图形表示,但图形同样要求简洁;限制所用的字体和颜色的数目;页面上所有的元素都应当有明确的含义和用途,不要用无关的图片来装点页面。

2. Consistent（一致性）

各页面使用相同的页边距;文本、图形间保持相同的间距;各页应当使用相同的导航图标;页面中的每个元素与整个页面以及站点的色彩风格上保持一致性;文字的颜色要同图像的颜色保持一致,并注意色彩搭配的和谐。

3. Contrast（对比度）

对比是强调某些内容的最有效的办法之一,好的对比度使内容更易于辨认和接受。常用的一种对比方法是使用颜色进行对比;另一种对比方法是使用字体变化,可以在文字排版中使用斜体和黑体写出关键内容,但不要滥用。

五、远程培训平台中新技术的应用

（一）虚拟现实技术的应用

随着教育信息化建设的不断深入和发展,虚拟和仿真技术的应用更加广泛。虚拟操作具有的交互式、自主性、开放性、高效益和资源共享特性,还能解决棘手的实验教学资源和经费紧张等问题。在虚拟与仿真环境下,通过情景构建、问题引入、项目导向等形式,应用现代教育思想和理念,可以开展探究式学习、自主学习和个性化学习,促进教师教学能力的提高。

探究性虚拟情景学习平台的基本功能式,是利用虚拟现实技术,创设开放式虚拟学习平台,支持教师的自主探索学习。系统自动记录自学者的学习结果和过程,作为进行个性化学习评价的依据。基于虚拟情景的探究式学习与评价平台提供的学习过程如下:受训教师作为学习者,首先要设定学习目标和基本学习思路,然后进入对应的虚拟情景学习与实验平台通过探究式学习,逐步学习、不断总结,形成自己的见解和构建完整的作品,提交到虚拟学习平台的数据管理模块。由指导教师和同组学员组成的评价小组调用、重现学习者的探究式学习过程,并对学习者的结论和作品进行评价,提出疑问或建议,学习者再根据这些意见进一步改进其研究成果,最终形成完善的科学见解或作品。

（二）远程点播与流媒体技术的应用

利用计算机网络实现远程视频采集、存储、上传、点播与下载的功能,需要融合计算机技术、网络通信技术、多媒体技术、数字压缩技术和流媒体等现代高新技术。在架构远程视频服务时,应考虑服务器的并发输出能力、存储容量、资源的共享性、系统结构的开发性、系统的扩充性、稳定性、可靠性和防病毒性。选择高性能的服务器进行应用服务和数据库管理，可以大大地增强系统的稳定性和安全性。

远程视频服务系统还为学习者在各种不同场所提供便利，学习者可以在教室、办公室、宿舍家里随时随地浏览上传的所有视频。这既满足了课后自主学习和协助学习的需要，又实现了对视频播放的自主控制。

拓展阅读

Moodle 平台

Moodle 是一个开源课程管理系统（CMS），也被称为学习管理系统（LMS）或虚拟学习环境（VLE）。它已成为深受世界各地教育工作者喜爱的一种为学生建立网上动态网站的工具。Moodle 平台界面简单、精巧，使用者可以根据需要随时调整界面，增减内容。课程列表显示了服务器上每门课程的描述，包括是否允许访客使用，访问者可以对课程进行分类和搜索，按自己的需要学习课程。

一、课程管理

1. 教师可以全面控制课程的所有设置，包括限制其他教师。
2. 可以选择课程的格式为星期、主题或社区讨论。
3. 灵活的课程活动配置——论坛、测验、资源、投票、问卷调查、作业、聊天、专题讨论。
4. 课程自上次登录以来的变化可以显示在课程主页上——便于成员了解当前动态。
5. 绝大部分的文本（资源、论坛帖子等）可以用所见即所得的编辑器编辑。
6. 所有在论坛、测验和作业评定的分数都可以在同一页面查看（并且可以下载为电子表格文件）。
7. 全面的用户日志和跟踪——在同一页面内统计每个学生的活动，显示图形报告，包括每个模块的细节（最后访问时间、阅读次数），还有参与的讨论等，汇编为每个学生的详细的"故事"。
8. 邮件集成——把讨论区帖子和教师反馈等以 HTML 或纯文本格式的邮件发送。
9. 自定义评分等级——教师可以定义自己的评分等级，并用来在论坛和作业打分。
10. 使用备份功能可以把课程打包为一个 zip 文件。此文件可以在任何 Moodle 服务器恢复。

二、作业模块

1. 可以指定作业的截止日期和最高分。
2. 学生可以上传作业（文件格式不限）到服务器，同时记录上传时间。
3. 也可以允许迟交作业，但教师可以清晰地看到迟交了多久。
4. 可以在一个页面、一个表单内为整个班级的每份作业评分（打分和评价）。
5. 教师的反馈会显示在每个学生的作业页面，并且有 E-mail 通知。

6. 教师可以选择打分后是否可以重新提交作业，以便重新打分。

三、聊天模块

1. 支持平滑的、同步的文本交互。

2. 聊天窗口里包含个人图片。

3. 支持 URL、笑脸、嵌入 HTML 和图片等。

4. 所有的谈话都记录下来供日后查看，同时允许学生查看。

四、投票模块

1. 可以用来为某件事表决，或从每名学生得到反馈（如支持率调查）。有点像选举投票。

2. 教师可以在直观的表格里看到谁选择了什么。

3. 可以选择是否允许学生看到更新的结果图。

五、论坛模块

1. 有多种类型的论坛供选择，例如教师专用、课程新闻、全面开放和每用户一话题。

2. 每个帖子都带有作者的照片，图片附件内嵌显示。

3. 可以以嵌套、列表和树状方式浏览话题，也可以让旧帖在前或新帖在前。

4. 每个人都可以订阅指定论坛，帖子会以 E-mail 方式发送。教师也可以强迫每人订阅。

5. 教师可以设定论坛为不可回复（例如只用来发公告的论坛）。

6. 教师可以轻松地在论坛间移动话题。

7. 如果论坛允许评级，那么可以限制有效时间段。

六、测验模块

1. 教师可以定义题库，在不同的测验里重复使用。

2. 题目可以分门别类地保存，易于使用，并且可以"公布"这些分类，供同一网站的其他课程使用。

3. 题目自动评分，如果题目更改，可以重新评分。

4. 可以为测验指定开放时间。

5. 根据教师的设置，测验可以被尝试多次，并能显示反馈或正确答案。

6. 题目和答案可以乱序（随机）显示，减少作弊。

7. 题目可以包含 HTML 和图片。

8. 题目可以从外部文本文件导入。

9. 如果愿意，可以分多次完成试答，每次的结果被自动累积。

10. 选择题支持一个或多个答案：包括填空题（词或短语）、判断题、匹配题、随机题、计算题（带数值允许范围）、嵌入答案题（完形填空风格），在题目描述中填写答案、嵌入图片和文字描述。

11. 在 Moodle 中设计的各类题目可以备份并导出,可以在任何支持国际标准的学习管理系统中导入。

七、资源模块

1. 支持显示任何电子文档、Word、Powerpoint、Flash、视频和声音等。
2. 可以上传文件并在服务器进行管理,或者使用 Web 表单动态建立(文本或 HTML)。
3. 可以连接到 Web 上的外部资源,也可以无缝地将其包含到课程界面里。
4. 可以用链接将数据传递给外部的 Web 应用。

八、问卷调查模块

1. 内置的问卷调查(COLLES,ATTLS)作为分析在线课程的工具已经被证明有效。
2. 随时可以查看在线问卷的报告,包括很多图形。数据可以以 Excel 电子表格或 CSV 文本文件的格式下载。
3. 问卷界面防止未完成的调查。
4. 学生的回答和班级的平均情况相比较,作为反馈提供给学生。

九、互动评价(Workshop)

1. 学生可以对教师给定的范例作品文档进行公平的评价,教师对学生的评价进行管理并打分。
2. 支持各种可用的评分级别。
3. 教师可以提供示例文档供学生练习打分。
4. 有很多非常灵活的选项。

(摘自百度百科,有改动)

第四节　平台使用的安全性问题

目前在远程教育平台的实际应用中,由于受教育者对电子计算机技术以及网络知识的了解与掌握程度还不够全面,远程教育平台可以实现的功能和应有的价值遭到严重削弱,并不能有效地发挥其应有的优势。这样的现象主要由两方面的工作缺失造成:一方面是有关远程培训平台基础使用的培训课程的缺乏。作为一种较为创新的教育模式的应用工具,远程培训平台对受教育者来说有一定的陌生性,而目前对新接触远程教育平台的受教育者进行的培训工作十分缺乏。另一方面是远程培训平台使用手册的不全面。针对新接触远程培训平台的受教育者进行的培训只能使其认识到平台的基础功能和基本操作方法,还需要更加详细的使用手册来指导受教育者的使用过程。目前应用中的远程培训平台的使用手册中,主要存在两个问题:一是功能介绍与故障处理办法的不全面;二是已有内容的呈现方式存在繁冗与模糊的问题。

一、远程教育平台的维护

远程培训平台的维护工作包括平台内容的维护与平台安全系统的维护。

远程培训平台内容的维护主要包括界面的更新维护、教学资源的管理和共享平台的维护与清理。

基于 Internet 的应用系统的安全威胁因素一般来自病毒、黑客、垃圾邮件等几个方面，计算机系统的自身弱点和 Internet 通信的开放性是远程培训系统安全的潜在威胁。计算机病毒问世以来，目前已经成为威胁网络安全的最主要祸害，轻则占用磁盘空间、抢占系统资源、迟滞系统速度，重则使应用系统瘫痪、重要数据被删。而且各种新型病毒及其变种迅猛增加，互联网的出现又为病毒的传播提供了极佳媒介。有些强攻击性病毒还会通过 Internet 尝试弱口令扫描登录目标主机，然后连接特定的 IRC 服务器通知攻击者病毒的存在，接收攻击者发出的指令，如安装后门、下载并运行有害文件、结束系统进程、关闭杀毒软件、运行代理服务器、盗取机密数据、对指定的 IP 进行 DDOS（拒绝服务）攻击等。同时，病毒大量复制并扫描网段内的机器进行传播，进而占用大量网络带宽资源，造成网络阻塞。

黑客攻击也已经成为网络安全的另一个重要因素。随着各种网络黑客工具的传播，黑客已经大众化，导致近年来网络中服务器被攻击的事件层出不穷。他们利用操作系统、网络及数据库等方面的漏洞采用破解口令（Password Cra Cking）、天窗（Trap Door）、后门（Back Door）、特洛伊木马（Trojan Horse）等手段非法入侵，进而窃取数据或破坏系统。对远程培训系统来说，垃圾邮件给用户和系统服务器带来近乎灾难性的麻烦，这种垃圾耗时耗力占用系统资源，同时也是安全隐患。培训系统的邮件服务器经常被垃圾邮件恶意占用，服务器因此 IP 被封或被警告时有发生。垃圾邮件还大量消耗网络资源造成邮件服务器拥塞，同时垃圾邮件和黑客攻击、病毒等攻击技术结合越来越密切，破坏力也越来越大。当然，威胁远程培训系统安全的因素种类繁多，还有其他的各种可能的未知因素，诸如：内部人员有意或无意的越权使用、管理人员不慎泄露信息、用户故意占用大量网络资源等，均可造成不同程度的威胁。

二、远程培训平台的安全防范管理

由于网络安全隐患不能依靠某种单一的防范技术就能得以解决，必须在综合分析系统整体安全需求的基础上，构筑一个完整的安全保障体系对系统实施安全防护和监控，保护计算机硬件、软件数据不因偶然或恶意的因素而遭到破坏、更改和泄露，确保系统能持续稳定运行。而完整的安全保障策略应该包括：身份认证、访问控制、流量监测、防火墙、入侵检测、网络数据加密及其他安全管理等。

（一）身份认证技术

身份认证是保证用户身份信息真实性的第一个过程，是对付假冒和攻击的一种比较基础的安全服务，在一定程度上，所有其他的安全服务全都依赖于它。身份认证也是进行访问控制的前提条件，只有用户通过身份认证系统的鉴别后，访问控制系统才能根据用户的身份授予相应的权限。身份认证的实现方式一般有三种：基于口令的身份认证、基于智能卡的身份认证和基于人体生物学特征的身份认证。基于口令的身份认证，口令核对法是最常见的身份认证方法,但安全性较差,为了加强口令安全性,一般都将口令采用单向函数运算存储。当用户登录时,客户端将用户的口令进行单向函数运算,再把所得到的函数值与服务器存储的值进行比较,若匹配则登录成功。但是这种方式仍然易受到字典攻击和重放攻击。为了解决这个问题,现在许多系统都采用给口令附加一个随机因子来传输口令。另外还有基于智能卡和基于人体生物学特征的身份认证,它们安全性更高,但使用成本较大,一般在一些安全性要求非常高的场合应用。

(二)访问控制技术

基于 Internet 的远程培训系统的用户大致可分为三类:教师、学员及管理员。不同用户所能见到的内容、所拥有的权限是不同的,系统应该防止用户越权访问和滥用授权对系统造成的破坏。访问控制技术是保证网络资源不被非法访问的安全核心策略。访问控制包括两种重要的访问控制技术:自主访问控制(Discretionary Access Control,简称 DAC)和强制访问控制(Mandatory Access Control,简称 MAC)。目前大多数应用系统的访问控制技术都是借助于自主型访问控制方法中的访问控制列表(ACLS)。自主访问控制有一个明显的缺点,就是这种控制是自主的,它能够控制主体对客体的直接访问,但不能控制主体对客体的间接访问。虽然这种自主性为用户提供了很大的灵活性,但同时也带来了一定程度的安全问题。安全要求高的系统则采用强制访问控制策略,它常用于军队和国家重要机构,例如将数据分为绝密、机密、秘密和一般等几类。用户的访问权限也类似定义,即拥有相应权限的用户可以访问对应安全级别的数据,从而避免了自主访问控制方法中出现的访问传递问题。这种策略具有层次性的特点,高级别的权限可以访问低级别的数据。近年来出现的基于角色访问控制引入角色这个中介,将权限和角色相关联,通过给用户分配适当的角色以授予用户权限,实现了用户和访问权限的逻辑分离,这样的授权管理可操作性和可管理性比较好,非常适合大型多用户系统的授权管理。

(三)流量监测技术

目前有很多因素造成网络的流量异常,如拒绝服务攻击、网络蠕虫病毒的传播、漏洞扫描工具产生的大量 TCP 链连接请求等。这些网络攻击都是利用系统服务的漏洞或利用网络资源的有限性,在短时间内发动大规模网络攻击,消耗特定资源,造成网络或计算机系统瘫痪,因此监控网络的异常流量非常重要。流量监测技术主要有基于 SNMP 的流量监测和基于 Netflow 的流量监测。基于 SNMP 的流量信息采集是通过提取网络设备 Agent 提供的 M1B(管理对象信息库)中收集一些具体设备及流量信息有关的变量;基于 Netflow 流量信息采集是基于网络设备提供的 Netflow 机制实现的网络流量信息采集,在此基础上实现的流量信息采集效率和效果均能够满足网络流量异常监测的需求。要查找异常流量源目的地址,就必须通过流量大小变化监控,这样可以及时发现异常情况,处理异常流量必须果断切断异常流量源设备的物理连接,采用访问控制列表进行包过滤、在路由器上进行流量限定的方法也是控制异常流量的方法之一。

(四)防火墙技术

防火墙技术是在网络入口处检查网络通信,根据用户设定的安全规则,在保护内部网络安全的前提下保障内外网络通信的一种技术。它能根据给定的安全策略控制(允许、拒绝、监测)出入网络的信息流,且本身具有较强的抗攻击能力。新一代防火墙技术还可以阻止内部人员将敏感信息向外传输。按照所使用的技术划分,常见防火墙的类型主要有三种:包过滤、应用层网关、电路层网关。但是,仅仅使用防火墙还不能确保网络安全,因为入侵者可能寻找到防火墙的后门漏洞。另外,由于性能的限制,防火墙不能提供实时的入侵检测能力。

（五）入侵检测技术

作为对防火墙技术的补充,入侵检测技术能通过网络监控软件或硬件对网络上的数据流进行实时检查,帮助系统快速发现网络攻击的发生。它能在不影响网络性能的情况下对网络进行监听,无须转发任何流量,而只需要在网络上被动地、无声息地收集它所关心的报文即可。一旦发现有被攻击的迹象,立刻根据用户所定义的动作做出反应,如切断网络连接,或通知防火墙系统对访问控制策略进行调整,将入侵的数据包过滤掉等。

（六）网络数据加密技术

网络数据加密技术是网络安全最有效的技术之一,不但可以防止非授权用户的数据下载,而且也是对付恶意木马病毒的有效方法。数据加密作为一项基本技术,是所有通信安全的基石。数据加密过程是由形形色色的加密算法来具体实施的,它以很小的代价提供很大的安全保护措施。加密算法可分为常规密码算法和公钥密码算法。常规密码算法的优点是有很强的保密强度,但其密钥必须通过安全的途径传送,因此,其密钥管理成为系统安全的重要因素。公钥密码算法的优点是可以适应网络的开放性要求,且密钥管理问题也较为简单,尤其可以方便地实现数字签名和验证;但其算法复杂,加密数据的速率较低。尽管如此,随着现代密码技术的发展,公钥密码算法将是一种非常有前途的网络安全加密算法。目前在实际应用中,人们通常将常规密码和公钥密码结合在一起使用,如利用 DES 或者 IDEA 来加密信息,而采用 RSA 来传递会话密钥。

（七）其他安全管理技术

除了上述各种安全技术之外,在开发和实施基于 Internet 的远程培训系统过程中还有其他一些安全防范技术,如安全扫描技术、网络防病毒技术、虚拟专用网（VPN）技术、数据备份与灾难恢复技术等。

安全问题的解决应该是在立足采取技术措施来保障系统安全的同时,还须将各种安全技术与运行管理机制、人员思想教育与技术培训、安全规章制度建设相结合。只有通过以上技术措施和管理机制的联合实施,才能切实提高系统的安全性、降低网络安全事故的风险,保证系统长期平稳的运行。

总之,应力求在开放式的 Internet 环境中为远程培训活动建立一个完整的安全保障体系,使各种安全技术能够充分起到相互补充的作用。

拓展阅读

Sakai 教学平台

Sakai 是一个在线协作和学习环境。许多用户安装 Sakai 以支持教学和学习,支持特设工作组的合作,支持组合和研究合作。

Sakai 是由美国印第安纳大学、密西根大学、斯坦福大学和麻省理工学院于 2004 年发起的一项开放源代码的课程与教学管理系统(CMS)开发计划。目的是替代各校自己独自开发的系统或相关商业软件系统。

160多个教育机构采用Sakai,Sakai服务的用户数从200到200000。用户主要分布在美国和欧洲,在中国正式采用的案例还很少,使用规模比较大的学校有北京邮电大学。该校的网络教育学院从2008年就采用Sakai作为网络教育的教学平台,截至2013年9月,已经累计有6.7万人在平台上进行学习,最大在线用户6000多人。另外,上海交通大学密西根学院已采用该程序,上海复旦大学E-learning系统也是基于此程序开发的。

北邮网络教育学院基于Sakai已经开发了很多适用于网络教育的工具:课程空间工具基于引领式学习理念,支持标准的课程构建和内容重组并集成题库智能组卷,可以添加多种教学活动,并对学习行为进行引导以及详细记录和跟踪;集成实时授课工具;同学录工具支持师生在线沟通、短信和邮件;作业和练习工具,基于题库和智能组卷支持多种作业方式,如同一策略同一试卷、同一策略不同试卷、客观题自动给出成绩、主观题老师可以批改;课件资源管理工具;毕业设计工具;等等。对Sakai自带常用工具的汉化进行很多修正,对教务系统和单点登录系统进行了很好的集成。重视应用推广,实施了SPP(Sakai合作者计划)和SCA(Sakai商业推广计划)两项推广活动来促进自身的发展。

除了社区版本,还有商业公司定制的Sakai版本,如rSmart。

越来越多的教育机构基于成本、可定制性等方面的考虑,正从商业CMS系统转向Sakai,专门成立了平台核心系统开发小组。核心组件与外围扩展组件相分离,便于定制开发Sakai2.x版本。Sakai2.x版本还将继续开发维护,称为CLE(协作学习环境)版。全新的Sakai3.x后改为OAE(开放学术环境)版,分别用于不同模式的在线教学与学习活动。

Sakai统一了内容存储模型,加强了社会计算功能。

Sakai是一个复杂的轻量级JavaEE应用系统。Sakai具有严格的分层结构,具有门户系统的功能,支持Plugin机制,所有的工具都可以看作Sakai的一个Plugin。

Sakai基金会负责维护一个核心插件集合,其余插件作为Contribution发布。ESERC在Sakai上所做的工作:与密苏里大学合作进行CANS的开发、CANS的应用研究;开发批量用户导入插件(在没有与教务系统集成情况下的权宜之计);集成短信发送功能(通过Web Service,需通过WSDL生成代码)。

Sakai的优点:免费开源;众多一流大学参与,功能模块丰富;有基金会支持,后续开发有保障;社区活跃;支持插件结构,便于用户定制系统。

Sakai的缺点:整合了非常多的开源软件,定制开发入门门槛较高;文档还不够详细;版本之间Api变化较大,升级比较困难;对教育资源标准的支持比较弱。

(摘自百度百科,有改动)

第十二章

中小学教师远程培训的项目运作

第一节　培训需求分析

在一个远程培训项目进入正式开发阶段之前,有一些准备工作是不可忽视的。其中,培训需求分析就是一个必不可少的前提。"需要"一词被表述为事物的目前状态与所希望达到的状态之间的差距。美国学者哈里斯于 1968 年提出了前段分析技术,其内容是:在教学设计过程的开端,对存在的问题进行分析,以使设计工作有的放矢,有效地利用人力、物力。学习需要分析就属于前端分析,学习需要在教学设计中是一个特定概念,是指学习者学习方面目前的状况与所期望达到的状况之间的差距。学习分析需要的结果是提供"差距"的有效来源,以此为整个网络课程设计提供前提和基础。

培训需求分析是现代培训教育的一个首要环节,是指通过对组织及其成员的目标、技能、知识和态度等的分析,来确定个体目前状况与所期望达到状况之间的差距,以及组织与个体的未来状况。在进行网络远程培训项目之前,花大精力对培训项目的需求进行详细的分析是必需的,也是十分重要的。

教育技术发展的一个重大进展就在于教学设计的思想、理论和实践突破了原来教材设计的局限,发展为课程设计,并进而发展为教学系统设计。就是说,教育革新的方向,包括远程教育,不再是以教师和教材为中心,而要以教与学的全过程,整个教与学的系统为对象,以学习资源和学习过程为核心,进行系统的设计和开发。要将课程和教材(课程学习材料)的教学设计和开发放在整个教学系统的整体设计和开发之中。在远程教育中,学生和教师处于时空相对分离的状态,基于信息技术的媒体教学代替教师课堂连续面授成为远程教与学的主体。于是,远程教育的教学系统开发与教学设计具有不同于传统教育的许多创新和特点。远程教学系统也即远程教育系统中的运行系统,主要包括课程和学生两个子系统。远程教学系统开发是在远程教育系统整体规划设计的基础上进行的,取决于远程教育院校对教育对象和教育目标的定位,涉及远程教育的课程和学生两个运行子系统的方方面面,关系远程教与学的全过程,即从教育计划和课程设置开始,经过远程教与学的各个环节,主要是课程的设计、制作、发送以及开展各种学习支助服务,包括各类实践性教学环节和各种人际双向交互活动,直到课程考试、毕业考核以及对远程教与学成果的其他检测和评估,远程教学系统开发是各门课程开发和教学设计的基础。

无论是独立设置的远程教育院校,还是传统校园院校或双重模式院校中的函授教育(校外教育)分部、远程教育(网络教育)学院,以及企业界或社会其他机构举办的远程教育项目等,都是一个远程教育系统,远程教育系统是一种社会系统,这些远程教育系统是更大的国家教育系统的一部分,同所在国的社会、政治、经济、科技、文化和教育等环境发生相互作用。远程教育系统的内部由多个具有一定层次结构和特定功能的子系统和要素组成,这些组成部分相互关联、相互制约、相互作用,共同实现系统的总体功能和目标。

进行受教育者需求分析,我们应该考虑的是:谁参加远程教学的活动?他们要达到什么样的水平?能胜任社会中的哪门或哪些工作?这些要求既是社会对远程教学机构的要求规定,也是学员参加学习活动的根本动机。由于需求分析直接决定着目标的确定,如内容、媒体、方法和策略的选用,以及评价的设计,因此它有着十分重要的地位。国内外的教学设计专家们普遍认为,需求分析是教学设计的逻辑起点。需求分析的结果通常是用目标陈述的方式表现出来。它要解决的问题是:为何教或为何学?要达到的目标是什么?为此,有哪些人、物、财或信息资源可以利用?这必须将社会需求和学员需求相统一,客观地评价现有的实际情况等,再做出合理的需求分析,决不可主观行事,用"拍脑袋"的方式来决定受教育者的需求情况。

一、需求分析的方法

一般培训需求分析的方法主要包括:测验法、问卷法、访谈法、观察法文献法等,中小学教师远程培训的需求分析也可以借鉴以上几个方法。一般来说,测验法和问卷法比较适合于调查对象较多的情况,了解"面"上的情况,所获得的信息比较容易进行量化处理;访谈法和观察法则比较适合调查规模较小、对象较少的情况,了解"点"上的情况,所获得的信息主要进行定性分析;文献法没有时间、空间的限制,可以扩大视野,对文献调查可进行定性分析,也可进行定量分析。测验法和问卷法的效果主要取决于调查工具编制的质量;而访谈法和观察法的效果主要取决于管理者实施调查的技巧;文献法的效果则主要取决于管理者筛选、分析文献资料的水平。

(一)测验法

测验法是指用各种测量工具(教育、心理测验和其他量表)向被评价对象收集资料的方法。实施步骤是:确定测验的目的和对象;规定测验的内容和形式;编制、设计测验蓝图。其优点是效率高,便于定量处理;可获得信息的种类也较为广泛,应试动机强,结果较客观、可靠。其不足是测验的分析结果具有间接性,对测验工具的编制要求较高。

(二)问卷法

问卷法是指以精心设计的书面调查项目或问题,向被评价对象收集资料的方法。实施步骤是:选取调查对象;发放和回收问卷。其优点是可在短时间内收集到大量的反馈信息;花费较低、实施简便;问卷对象可以畅所欲言;易于总结分析。其不足是无法获得问卷之外的内容;需要大量的时间和技术能力,特别是问卷的设计能力。

(三)访谈法

访谈法是指通过与被调查对象进行交谈而获取有关信息的方法。实施步骤是:访谈设计;访谈人员的选择和培训;访谈的实施和记录。其优点是简便易行,双向交流;灵活易控,适用面广;随时捕捉,信息可靠性强。其不足是时间和精力花费大;访谈者要经过培训,其特性直接影响被访谈者的反映;被访谈者若言不符实,所获资料容易出现偏误。

（四）观察法

观察法是指对被评价对象在自然状态下的特定行为表现进行观察、考察、分析,从而获取第一手事实材料的方法。实施步骤是:观察设计;观察资料的记录;观察资料的整理。其优点是基本上不妨碍被考察对象的正常工作和集体活动;所得资料与实际培训需求之间的相关性较高;即时记录,全面、准确、生动。其不足是时间和精力花费大,较难实施;必须十分熟悉被观察对象所从事的工作程序和内容;容易干扰被观察者,也可能有故意的假象出现。

（五）文献法

文献法是指依靠收集和分析记载被评价对象情况的现成资料(文件、档案等)而获得所需信息的方法。实施步骤是:筛选和分类;复印或摘录;文献的核实和汇总。其优点是不受时间、空间限制;没有反应性问题;方便节省;可以克服评价者亲自调查的局限性。不足是文献材料具有不完全性,需要核实和甄别;不一定能满足分析的需要。

上述需求分析方法各有利弊,每种方法所能收集到的信息也不尽相同。因此,管理人员应当根据所要评价内容的特性,选择最适当的方法,以便收集到所需的信息。在培训需求分析过程中,管理者还可以同时使用多种方法,以便获得更全面、更完整的信息,使需求分析能够真实地揭示培训对象的本质特征,评价结论更具有坚实的依据,从而充分发挥需求分析的积极作用。

二、根据学习者的特征进行需求分析

网络远程教育的教学设计第一阶段是"需求分析"。在网络教育中,受教育者在空间上是分散的,同时各自的背景更加复杂(有不同的专业背景和不同的工作岗位)。首先要对学习者群体进行分析,找出它们的共性和个性,也就是鉴别共同需求和个别需求。严格来讲,要对学习者的认知结构、社会特征、个性特征和生理特征进行全面的分析。其中,认识结构特征包括:技术倾向、文化背景、视觉理解力、计算机能力、学习风格、先行知识等。从认知特征去分析中小学教师远程教育的需求,可以为课程的设计提供参照,为课程分类提供有力依据。社会特征可以分为:对协作的态度、对协作或竞争的倾向、人际关系、社会经济地位、对权威的态度、社会经济、教育水平。从社会特征的角度进行需求分析可以让远程课程内容更符合中小学教师人群的需要,每一个社会群体都有其独特的社会特征,站在群体的角度去考虑此群体的需要才更贴切。个性特征包括:计算机环境中的学习动机、对内容的态度、对学习的态度、对技术的态度、兴趣、情绪、自尊心、信仰和世界观等。从教师的个性上看,有理智型、情感型、综合型、意志型等。不同个性的教师,同样有自己的优点和不足,针对他们的不足,可以设置专门的培训项目。生理特征包括:视觉能力、听觉能力、触觉能力、疲劳度、年龄、性别。例如,在中小学教师中,女教师占多数,在课程设计上要着重考虑这一群体的特征。从年龄角度划分,可分青年教师培训、中年教师培训和老年教师培训。目前由于我们的教师队伍整体年轻化,所以社会各界对青年教师和中年教师的培训相对重视,而对45岁或50岁以上的老教师培训较为忽略。其实各年龄段教师都有一些特殊的问题,是可以在培训项目或培训内容上有所区分的。实际上,对于学习需求的分析贯穿于整个教学设计的始终,如在开发、发布、交互和评价等阶段都要不断分析学习者的各种需求。

三、需求分析的要点

"需求"意味着差异,即是由现实状况与目标状况之间的差异。因此,开展教师培训的需求分析并不是一件简单的事情,并不只是限于一般性的调查。因此,有效的需求分析应该关注以下方面:

第一,需要明确教师发展的目标定位。不同类型的教师,具有不同的内在发展目标趋向;不同的时代和不同的环境,对教师发展也有不同的外部要求。现代教师发展的目标是在这两者之间寻求一个恰当的平衡,体现以教师为本的发展理念。因此,需求的目标定位是开展需求评估的重要基础。

第二,需要采用系统而科学的研究方法。需求应该是真实和客观的,而不是主观和或者意愿的。为此,开展需求评估实践活动,首先必须注重评估人员组成的合理性,要有专业研究人员、教师培训者、教育行政人员和一线教师等多方面人士参与。其次,需要有一个系统的完整设计,符合通常的评估研究设计的规范。最后,必须注意选择多种方法,在运用大范围问卷调查的同时,要注重开展面对面的访问,要加强对教师课堂教学行为的观察。

第三,必须意识到需求的不断变化性、针对性和序列性。目标的变化导致需求的变化,目标人群的变化产生需求的差异。对不同的培训机构而言,在确立开展具体的培训活动时,可以参照国家或者国外对培训需求的界定,但更多的是要结合本身的实际、主题及其内容的特点或者参加教师的特性。而需求评估产生的需求,必然有多样化的需求内容。从培训内容的角度看,任何培训都不可能满足所有培训需求。因此,需求评估的重要任务之一,就是对不同的需求按某种维度进行重要性的排序。

拓展阅读
体育教师大型特色培训项目管理过程模型与实施策略

在 2008 年北京奥运会举办之前的背景下,北京教育学院作为奥运教育培训基地,承担了有主题、有理念地对北京市 5000 余名中小学体育教师展开的迎奥运阳光体育运动北京市中小学体育教师全员培训。这是一个大型特色体育教师培训项目。其培训工作层面多、涉面广、时间长、任务重、投入大、难度高;以普及奥运知识、传承奥运文化、学习奥运礼仪、落实阳光体育运动为载体,提高体育教师的专业知识、教学技能、工作态度和教学行为,实现体育教师专业发展与学校体育发展,起到承前启后的开拓创新作用,达到填补空白、留下遗产、影响深远的项目。

大型体育教师培训项目在实施与管理上需要精细设计。北京教育学院在实践中注意将培训环节与培训管理有机联系在一起,形成一个管理思路明晰、实际操作简单、能够确保教学和教学管理质量、环节完整、结构清晰的大型特色体育教师培训管理模式框架。体育教师培训项目管理的各个过程之间是紧密联系的,一个过程的结果或输出就是另一个过程的输入。管理过程贯穿于培训项目的各个阶段,每个阶段都包含一个或几个"启动—计划—实施—控制—收尾"的循环,按一定的顺序发生,工作强度有所变化,并相互有重叠的活动。2008 年启动的迎奥运阳光体育运动北京市中小学体育教师全员培训,为北京市中小学体育教师搭建了一个学习、参与、创新、服务的平台。

其项目启动部分的设计如下:

体育教师培训项目的启动过程主要包括对培训项目的需求分析和项目启动开班。培训需求分析作为体育教师培训项目的首要环节,通过问卷法、访谈法、观察法、测验法等方法,对培训学员的知识、技能、态度等情况进行分析,确定学员现有状况与应有目标之间的差距,以及需要培训的内容。体育教师培训需求分析见下图。

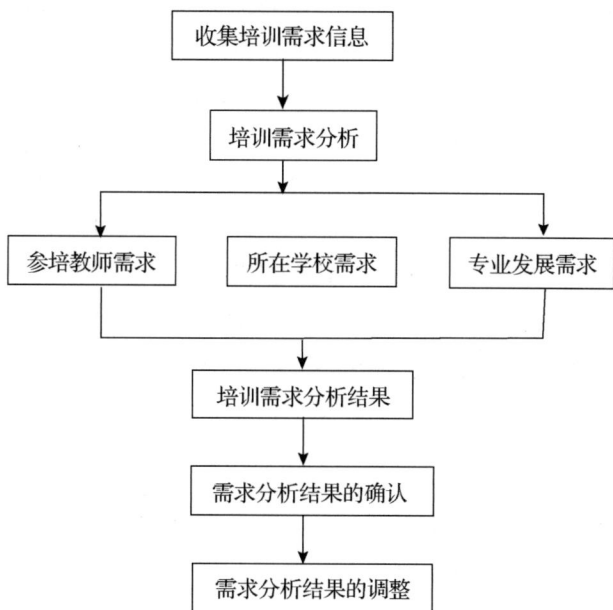

```
收集培训需求信息
        ↓
  培训需求分析
   ↓     ↓     ↓
参培教师需求 所在学校需求 专业发展需求
        ↓
  培训需求分析结果
        ↓
  需求分析结果的确认
        ↓
  需求分析结果的调整
```

项目的启动从项目的确立开始。项目启动环节的工作包括需求分析、项目方案的研制等。培训项目开班典礼即表示项目的正式启动,如 2007 年 12 月 22 日在国家奥体中心举行的"育体、育心、育人"传承体育文化迎奥运培训成果展示,暨启动了 2008 迎奥运阳光体育运动北京市中小学体育教师全员培训开班典礼。

[李方,《教师培训研究与评论》(第 1 辑),2010-12-01,有改动]

第二节 培训计划制订

培训计划是实施培训的行动指南,它是从组织的战略出发,在全面、客观的培训需求分析基础上做出的对培训时间、培训地点、培训者、培训对象、培训方式和培训内容等的预先系统设定。培训计划必须满足组织及员工两方面的需求,兼顾组织资源条件及员工素质基础,并充分考虑人才培养的超前性及培训结果的不确定性。培训计划工作是项目管理过程的基本组成部分,它是团队成员在预算的范围内为完成项目的预定目标而进行科学预测并确定未来行动方案的过程。以上是对企事业单位员工培训计划的描述。而教师远程培训计划与之略有不同。教师远程培训项目的培训计划工作是为了完成培训的预定目标而进行的系统安排任务的一系列过程。

教学设计和教学系统开发是教育技术中最成熟、对教与学实际贡献最大的领域。在开放与远程教育中，情形完全一样。开放与远程教育对教育理论和实践的最大贡献也正是对远程教育课程资源的教学设计和对远程教学和远程学习全过程的教学系统开发。在这里，对远程教育课程资源的教学设计开发包括对远程教育课程设置，多种媒体课程材料的设计、开发和发送，以及教学和学习环境的创设；而对远程教学和远程学习全过程的教学系统开发包括对远程教育的教与学的过程和模式，特别是对远程学生的学习支助服务体系及其实施策略和方法，以及相应的教与学双向通信机制的综合的设计和开发。

为深入贯彻落实党的十七大关于"加强教师队伍建设，重点提高农村教师素质"和"发展远程教育和继续教育，建设全民学习、终身学习的学习型社会"精神，进一步落实教育部"充分利用现代远程教育手段"和"大力发展远程教师培训"要求，推进教师教育改革创新，以信息化带动教师教育现代化，逐步构建开放高效的教师终身学习体系，全面提高教师教育质量，大幅度提升中小学教师（含幼儿园教师、特殊教育教师）的师德水平和业务素质，我们需要对中小学教师远程教育进行深入探索。其中，对教师远程培训计划制订的研究是必要前提。如何利用网络教育的技术优势实现教学目标，如何实现传统课堂教学的同步性和网络教学的交互性、异步性的有机结合，很大程度上取决于计划是否完善。项目计划工作过程所要解决的问题如下：

什么：培训项目团队必须完成哪些工作；

谁：确定项目中的每项工作由谁来完成；

何时：确定完成各项工作的开始时间；

耗时：确定完成各项工作需要多长时间；

花费：确定完成每项工作需要多少成本。

项目的独特性和一次性使得培训项目计划的正确编制尤为重要。它就是项目实施的蓝图，是对培训项目各方面整体化设计的文本表达。缺少项目计划或没有一个有效和可行的计划，项目经理可能会无从下手，也可能无法实现项目的目标。具体来讲，项目计划的主要作用是：可以明确地确定完成项目目标的努力范围；可以使项目团队成员明白自己的目标以及实现其目标的方法，从而可以使项目更加有效地完成，提高效率；可以使项目各项活动协调一致，同时还能确定出关键的活动；可以为项目实施和控制提供基准计划，该基准计划可以使整个项目始终处于可控状态，从而减少项目的不确定性，提高项目成功的可能性。

项目计划分依赖性过程和保证性过程两部分，分别从范围定义、活动定义、时间与资源估算等项目所必需的依赖性模块，到绩效、组织、沟通、风险等对项目起保证作用的过程。这些子过程往往要反复多次进行才能完成项目计划的制订。

另外，项目计划不能像数学那样精确，同一项目不同的人做会有不同的计划。项目计划的某些子过程，彼此之间相互依赖，前一过程没有完成，后一过程就无法开始。例如，在安排项目活动的时间、估算其资源配置之前必须首先明确其内容、性质和范围。这类子过程即依赖性过程，主要有：范围计划、范围定义、活动定义、确立活动顺序、活动持续时间估计、编制进度计划、资源计划、费用计划和项目计划。

项目计划过程还有些子过程之间的关系要视教师远程培训项目的具体性质而定,可称为保证性过程,主要有:绩效计划、组织计划、沟通计划、风险计划和应对措施等。

一、培训计划的类型

在培训计划编制过程中,需要输入的相关性文件很多,主要有:项目的整体设计,如项目背景、培训目标、教学策略;历史资料,如估算数据库、过去项目绩效的记录;组织政策,即与项目相关的正式的和非正式的组织政策;制约因素,即影响项目绩效的那些限制因素;假设条件,即因项目存在着未知因素而建立的假设。

在计划编制过程中,所提供的输出文件也很多,它们都是项目执行工作的依据。其中,常用的计划文件有以下十几种:

（一）范围计划

它确定了培训项目所有必要的工作和活动的范围,在明确项目的制约因素和假设条件的基础上,进一步明确项目目标和主要可交付成果。项目的范围计划是将来项目执行的重要文件基础。

（二）工作计划

它说明了应如何组织实施项目,研究怎样用尽可能少的资源获得最佳的效益。具体包括工作细则、工作检查及相应的措施。工作计划中最主要的工作就是项目工作的分解和排序,制作出项目工作分解结构图,同时分析各工作单元之间的相互依赖关系。

（三）人员管理计划

它说明了项目团队成员应该承担的各项工作任务以及各项工作之间的关系,同时制定出项目成员工作绩效的考核指标和方法及人员激励机制。人员管理计划通常是由上自下地进行编制,然后再自下而上地进行修改,由项目经理与项目团队成员商讨并确定。

（四）资源供应计划

它明确了项目实施所需要的各种机器设备、能源燃料、原材料的供应及采购安排。此计划要确定所需物资的名称、质量技术标准和数量;确定物资的投入时间和设计、制造、验收时间;确定项目组织需要从外部采购的设备和物资的信息,包括所需设备和物资的名称和数量的清单,获得时间,设备的设计、制造和验收时间,设备的进货来源等。

（五）进度报告计划

它主要包括进度计划和状态报告计划。进度计划是表明项目中各项工作的开展顺序、开始及完成时间以及相互关系的计划,此计划需要在明确项目工作分解结构图中各项工作和活动的依赖关系后,再对每项工作和活动的延时做出合理估计,并安排项目执行日程,确定项目执行进度的衡量标准和调整措施。状态报告计划规定了描述项目当前进展情况的状态报告的内容、形式以及报告时间等。

（六）成本计划

它确定了完成项目所需要的成本和费用,并结合进度安排,获得描述成本—时间关系的项目费用基准,并以费用基准作为衡量和监控项目执行过程费用支出的主要依据和标准,从而以最低的成本达到项目目标。

（七）质量计划

它是为了达到客户的期望而确定的项目质量目标、质量标准和质量方针，以及实现该目标的实施和管理过程。

（八）变更控制计划

它规定了当项目发生偏差时，处理项目变更的步骤、程序，确定了实施变更的具体准则。但是项目发生的偏差性质未必完全相同，在一定的程度和范围内，是可以接受的，这时只需要采取一定的纠偏措施；当超出了一定的范围之后，就可能是计划不当造成的，这时便需要按照变更控制计划规定的标准、步骤、准则对计划进行变更。

（九）文件控制计划

它指对项目文件进行管理和维护的计划，它保证了项目成员能够及时、准确地获得所需文件。

（十）风险应对计划

它主要是对项目中可能发生的各种不确定因素进行充分的估计，并为某些意外情况制订应急的行动方案。

（十一）支持计划

它指对项目管理的一些支持手段，包括软件支持计划、培训支持计划和行政支持计划。软件支持计划是指使用自动化工具处理项目资料的计划；培训支持计划是对项目团队成员进行培训的计划；行政支持计划是为项目主管和职能经理配备支持单位的计划。

上面虽然列举了11种不同计划文件，但在教师远程培训项目的计划编制过程中可以根据实际需要选择进行。

二、培训计划的编制步骤

教师远程项目计划的编制程序如下：

第一，定义项目的目标并进行目标分解。

第二，进行任务分解和排序。

第三，完成各项任务所需时间的估算。

第四，以网络图的形式来描绘活动之间的次序和相互依赖关系。

第五，进行项目各项活动的成本估算。

第六，编制项目的进度计划和成本基准计划。

第七，确定完成各项任务所需的人员、资金、设备、技术等资源计划。

第八，汇总以上成果并编制成计划文档。

尽管不同的项目会面临不同的环境，会有一些不同的要求，但是所有项目都是在一定的时间、一定的资源限制下执行的，制订计划就要建立一个有效的监督和控制系统，尤其要注意如下问题的处理：

其一，项目计划要从整体上考虑问题。项目计划具有系统性，各子项目的承接、时间和资源的有机协调在计划中都应有所体现，以便使项目的每一阶段都能在计划中找到依据。

其二，项目计划要具有动态性。项目在计划过程中，还要留出适合情况变化和项目部门的各种具体要求的调整空间。每一个具体的部门在执行项目时，也会做出自己的计划。

其三,让具体实施工作的人员参与项目计划的制订。具体实施工作的人员最了解各项具体活动,而且通过项目计划的制订,他们会更加严格地按计划执行项目和更有效地完成工作。

其四,项目计划要具有可操作性。如果任务在执行之前就有了较好的理解,那么许多工作就能提前进行准备;如果任务是不可理解的,那么在实际执行中就比较难于操作。

拓展阅读
农村中小学现代远程教育 2010 年培训计划

为了充分利用远教资源,提高我校的教育教学质量,真正做到远程教育服务于教学,走进课堂。切实加强远程教育设备的管理,做到"专人管理,全员使用",发挥好现代农村远程教育为学校教学工作、农村党员干部的服务功能。根据上级主管部门的有关文件精神,结合我校的实际情况,特制订本学期远程教育工作计划:

一、总体目标

突出远教设备规范化管理、远教资源有效化应用;紧紧抓住"整合"这个核心,努力调动教师应用远程教育资源的积极性,加强教师业务培训,切实落实"优质资源共享,远教设备辅助"的应用目标,积极探索"为农服务"途径,认真抓好示范的作用,不断提高教育教学质量,促进全镇教育事业和谐健康发展。

二、工作任务

1. 利用远程教育资源开展教学活动,通过远教资源来陶冶学生的情操,提高学生的学习积极性,提高课堂教学效果。

2. 进行远教培训,提高教师的教学水平。

3. 开展农技培训,使农民朋友真正地学到更先进的生产技术知识,切实提高生产水平和效益。充分利用远程教育设备、资源为农村党员干部、农民服务。

三、工作措施

1. 各校要认真布置好远程教室,确保远程教室美观大方,随时保证远程教室的卫生清洁和远教设备正常运行。开学初,各校要认真检查设备的完好情况,对接收系统有问题的主机要及时修好。

2. 结合本校实际制订详尽的《远教资源应用工作计划》、《农村党员干部和农民实用技术培训方案》和《教师培训计划》,并认真组织实施。每周利用远教设备和资源上课不少于20节,上课节次要与远教课程表、记录表、教学设计、课件相符,相关资源应用记录要齐全。要抓好各项活动开展过程中的监督检查工作,防止有课表但不上课、有计划但不开展的情况发生。

3. 认真做好远程教育资源接收、资源下载、资源整理与公示、资源开发与应用等常规工作。各校远教管理员要及时接收、整理、保存好各年级各学科的教育资源,并建立远教资源管理库,以便于科任教师的利用。

4. 各校远程管理员要在每月第一周星期三对本校教师进行培训,(如:光盘播放教学的培训;利用远教资源教学的培训;远程教育资源下载、整理、存档的培训等)培训时,培训教师要有教案,参加学习的教师要做记录。中心小学将适时组织全镇远教管理员进行一次远教工作管理培训。

5. 充分利用远教资源开展远教优质课评比活动。各校要以此活动为契机,要把此项活动作为学校推进农村中小学现代远程教育应用工作的抓手,树立榜样,营造良好的"两种模式"应用氛围,提高教师利用现代农村远程教育设备辅助教学的能力。

6. 做好党员培训和为农服务工作。每月对当地党员或农民培训一次有关党员知识或农业生产知识、法律知识等,每次培训要有党员或农民培训的签到名单和教案及相应材料。

7. 各校远教管理员要对远教设备进行定期检查与清洁保养,并填写好远程教育设备维护维修记录。同时认真地做好防雷电、防火、防盗、防潮工作。各校负责人每周要对远程教育室排查一次,并作好相应记录,便于整改排患。

总之,我校要认真落实远程教育资源"面向学生、走进课堂、用于教学"的要求,加强组织领导,明确责任,规范管理,定期总结经验,不断完善远程教育工作,使我镇远程教育工作更上一个新台阶。

(摘自百度文库,有改动)

第三节 培训内容实施

远程教育是以多种媒体课程材料为核心,其课程资源的开发全过程大致由创作(设计创作和试用评估)、制作(生产制作)、发送(传输发送)和更新(课程评估和更新)四阶段组成。远程教育的教育资源传输与发送不仅与远程学习的组织模式密切相关,而且直接影响教育的教学设计。因为教育资源的传输发送和接收试用模式不同,其教学功能特征就不同。比如表现力、控制性能、参与性能和交互性能都可能很不相同。对不同的学习者、不同的学科内容、不同的认知目标等,教育资源的发送与接收模式不同,其教学设计要求也就不尽相同。此外,开发成本和发送成本也可能很不相同。

在传统院校中,一门课程的开发与教学通常是由主讲教师依据自己的经验来组织实施的。在远程教育中,情况就要复杂得多。首先,各门课程的多种媒体教学方案涉及整个系统教育资源的配置,要由学校而不是教师个人来规划和决策。随后,课程的主持教师要与学科专家、教育技术专家,印刷教材编辑、视听技术和计算机技术人员一起合作,进行多种媒体课程材料的创作和设计。最后,还要经过各类课程材料的生产制作和发送,其他实践教学环节、人际交流活动、检查和考试,以及各种类型的学习支助服务的组织实施来完成教与学的全过程。

通常,各地开展的教师培训大致包括以下几方面内容:教育理念培训、学科理论培训、现代教学手段的应用培训、教育科研培训、职业资格培训。教师培训的主要目的是提高教师的素质,促进教师的专业化发展。概括而言,专业化背景下的教师素质结构主要包括三个方面:专业知识、专业技能和专业态度。教师培训内容的确定也应该围绕这三大方面展开。吕叔湘先生提出,教师应该掌握三类知识:一是专业学科知识,这是立业之本;二是专业背景知识,这是深化专业知识的前提;三是作为现代人必备的知识。一个好的教师应该从这三个方面不断提高自己的知识素养,一个好的培训机构应该为教师提高知识素养提供合适的培训,不断地更新、丰富教师的专业知识是教师培训中的重要内容。

教师专业技能是指教师在教学过程中运用一定的专业知识和经验顺利完成某种教学任务的活动方式。归纳而言,教师的专业技能包括教学技巧和教育教学能力两个方面。教学技巧在于引导学生的学习活动,控制课堂气氛与学生注意力,使教学活动顺利进行,包括导入的技巧、强化的技巧、变化刺激的技巧、提问的技巧、沟通与表达的技巧、补救教学的技巧等。教学能力包括教学设计、教学实施、学业检查评价等能力。

教师的专业态度主要包括:专业理想、专业情操、专业性向和专业自我。专业理想指对教学工作强烈的认同感。专业情操指构成教师价值观的基础,包括理智和道德。专业性向指从事教学工作所应具有的人格特性、个性倾向。专业自我指教师个体对自我从事教学工作的感受、接纳和肯定的心理倾向。

一、教师培训层次

教师培训的层次主要根据教师的成长阶段划分。教师成长阶段主要包括:适应期、成长期和创造期。

（一）适应期

适应期指走上教师岗位1～3年的教师,通常称为新教师。这一阶段的教师刚刚从学生时代走过,有一定的教育理论知识,但比较肤浅,缺乏对教育教学活动的各种各样具体情况和特殊情况的了解,需要在教育教学实践中锻炼。教育教学能力的形成是这一阶段的主要任务。

（二）成长期

成长期是教师在初步适应教育教学工作后,继续在教育教学实践中锻炼自己的教育教学能力和素质,使之达到熟练程度的时期。教师这一时期的素质特点是:教学工作日趋熟练;素质发展日趋全面;教育工作重心由"自己做好"转向"关心学生"。教师成长期的长短因教师个体而异,成长速度快的需要3～7年,成长速度慢的需要5到10年,有些教师则一生都在这个阶段度过。

（三）创造期

创造期是教师开始由常规的教学工作进入到探索和创新的时期,是形成自己独到见解和教学风格的时期。这一时期的素质特点是:具有强烈的创新意识;科研能力明显提高;理论水平大幅度提高。创造期的长短没有一个固定的时间,有的教师能够保持持续和旺盛的进取精神,不断创新,达到对教育规律比较全面的把握,对教育问题有比较系统的见解,成为教育专家。有的教师的创新意识可能昙花一现。

根据对教师的成长规律,相同阶段的教师群体教育的需求基本一致。这样可将教师培训划分为三个层次,分别称为:新教师培训,合格教师培训和骨干教师培训。

二、教师培训模式

针对培训的不同目标、不同内容、不同群体选择不同的培训模式,是建立有效培训的关键因素之一。

（一）"参与式"的培训模式

该培训模式是使用"参与式的方法"进行的一种培训模式。它强调培训者与学员、学员与学员之间的多向交流与互动,运用多种手段调动学员参与各项培训活动,发挥学员的主体性,使学员在参与中掌握知识,发展技能,并形成正确的态度和价值观。

（二）"以问题为中心"的培训模式

该培训模式主张"先问题,后学习",即在培训者指导下,学员从教育实践中选择教育问题,并以"解决问题"为中心展开主动探究式的综合学习。

（三）"菜单式"的培训模式

该培训模式融理论的强化培训和需求的选题培训为一体。以教师为本,以教师的发展为宗旨来实现培训的价值目标,注重现代化教学手段的运用,实施网上、网下培训相结合,实行全方位开放式培训。

（四）"校本式"的培训模式

该培训模式在师训机构集中式培训的基础上,把工作重点放在各学校,由各学校结合实际情况,开展多层次、多渠道、全员性的培训活动。

这几种模式是研究者根据教师培训实际总结出的典型类型,它们各有适用范围。没有任何一种培训模式是万能的,因地制宜,根据各自具体情况选择和综合适宜的培训模式才是确保培训质量的关键。

培训的实施按网络支持下的集中培训和网络环境中的自主学习及小组学习相结合方式进行。在网络支持下的集中培训模式下,培训者在集中培训的实施过程中可以根据需要选择具体的形式开展培训活动。下面提供了一些常用的形式,培训者可以选择其中的一种或几种进行培训。

其一,知识讲解:知识讲解可以是资源教师现场讲解,也可以是组织学员观看专家讲座视频,使参训教师达到初步感知、了解、理解知识的目的。

其二,观摩案例:在学习完相关的知识点之后,培训者组织参训教师观看相应的案例,并组织教师对案例进行分析和评价。

其三,小组讨论:资源教师按照培训需要采用不同的方法对学员进行分组,针对网络课程主题讨论中的预设问题,学员自由地交换观点和意见,资源教师引导学员进行思考和争辩。

其四,汇报展示:小组讨论完毕之后,小组代表汇报该小组达成一致的见解,小组其他成员补充,并将小组讨论结果以发帖的形式发表在主题论坛中,为后续的组间交流提高资源。

其五,动手实践:对于实践性较强的学习任务,采用任务驱动的方式,促使小组成员进行合作探究,共同完成学习任务,如结合一定的情景进行教学片段的设计。

网络环境下的自主学习主要是参训教师基于网络的探究学习,在学习方式上比较随意,

教师可根据自身的需要和兴趣进行学习,自主学习可采用的形式有:

其一,浏览资源:学员浏览网络课程中的学习资源和扩展资源,加深对培训内容的理解和掌握。

其二,论坛讨论:学员可以和专家或其他教师共同探讨在主题论坛中预设的讨论话题,或在班级论坛中参与讨论,也可以参与其他教师发起的比较受关注或自己感兴趣的话题。

其三,作品展示:结合培训知识学员单独设计作品或与同伴在网络中协作探究,共同完成作品的设计,并上传学习成果如教学设计、案例等作品,与他人分享。

其四,培训反思:学员在微博中撰写培训反思,总结经验与不足,与他人相互共享思想成果。

其五,在线测验:自测题用来检测学员对知识的掌握情况,引导学员对知识进行查漏补缺。

拓展阅读
新课程教师远程培训项目实施方案

普通高中新课程教师远程培训工作从 2010 年 6 月启动,分阶段、分学科逐步推进。具体实施步骤为:

第一,6 月 10 日前,各市(州)应负责将参加本次培训的不同学科的教师人数(含高中学科教研员、各高中学校中层以上管理人员),学校多媒体教室、计算机网络教室等设施设备的数量及技术状况以电子文本的形式上报"甘肃省普通高中新课程教师远程培训项目执行办公室"邮箱。另外,各市(州)对各县(市区)学校上报的上述信息数据进行认真审核,按照参训学员的数量和分布状况,设立和确定"学习中心"(注:"学习中心"在冠名时可以其所在学校为基础,冠以"××高级中学学习中心""××学校学习中心"等),确定学习中心负责人与技术保障人员。指定"学习中心"所在学校的一名校长和两名副校长担任"学习中心"的主任和副主任,负责培训期间该"学习中心"培训的具体组织、领导和协调工作。

第二,6 月 11 日,省教育厅将通过视频会议方式,对管理者进行培训,一是部署我省"国培计划——2010 年普通高中课改实验省教师远程培训项目"工作;二是对各市(州)教育局相关负责人、"学习中心"负责人、技术保障人员进行培训,主要内容包括培训流程、各级培训管理者的职责任务和工作要求。

第三,6 月 20 日前,各市(州)按附件 2 的信息上报要求,完成统计参加培训相关信息:

将各县(市区)应接受培训的教师按学科进行编班,原则上每个学科为一个班,并确定每个培训班级培训期间所在的"学习中心"。对于学员人数超出 50 人以上的较大班级,可再将其划分为若干个学习组,便于组织网下的交流、研讨。

为每个培训班级配备一名班主任和培训辅导教师,对人数较少的小学科,可两个班级配备一名班主任。

各市(州)指定一名同志作为联络员,负责与"甘肃省普通高中新课程教师远程培训项目执行办公室"和各网络平台服务单位的沟通、联系、接洽工作。

第四,7月1日前,各网络平台服务单位将账号分配到我省;7月10日前,完成辅导教师、班主任的注册报名工作;7月20日前,完成学员注册报名工作,以便学员及早体验网络平台操作。7月22日,班主任在各学校校长的配合下完成审核确认工作;7月24日前,"甘肃省普通高中新课程教师远程培训项目执行办公室"将确认信息(线下)上报给平台;7月25日完成用户调整工作。

第五,7月15日前,省教育厅将组织全省培训者培训,届时邀请国家学科课程专家及网络平台教学管理和技术人员对我省班主任与指导教师进行培训。培训者培训的内容主要包括:介绍培训组织流程、培训辅导者工作职责、课程主要内容、讲解课程特点、组织交流研讨与辅导答疑的方法和技巧、教学教务管理与技术操作办法与流程、学习简报内容与编制、与课程专家组交流沟通及信息反馈形式与办法。其间,组织学员做好学习前准备。在此期间网络服务平台应完成的主要工作有:

相关网络平台服务单位将向市(州)教育局送达各学科网络视频课程的 DVD 光盘,各市(州)教育局根据县区上报的"学习中心(学校)"数量向各县区教育行政主管部门发送,最终逐级配送给辖区内各"学习中心"的培训点。

完成计算机网络检测、DVD 光盘播放测试、学员网上注册、分班、预览相关课程资源等工作。

第六,7月28日至8月6日,培训工作正式实施。在此期间,各"学习中心"负责人(校长、副校长)、班主任应认真组织本中心的教师按照网络远程培训课程表的安排到指定的培训点集中进行培训;班主任负责对参训学员集中培训的考勤和日常管理;辅导教师在业务上具体指导参训学员的网上学习和组织网下集体研讨、交流等活动。

第七,网上远程培训工作结束10天内,辅导教师应根据有关规定,综合评定出学员的培训成绩并交给班主任;班主任经审核无疑义后应将学员培训课程、课时、成绩等信息呈交县(市、区)教育行政主管部门归档保存,作为学员进行继续教育登记和颁发结业合格证书的凭据。

各级教育行政主管部门、各"学习中心"对培训工作做出认真的总结,对培训工作中涌现出的先进典型要纳入本年度"教师培训年"评选表彰活动中。

(摘自甘肃省教科所网站,2010-06-10,有改动)

第四节 效果培训评估

教学评价是教学组织实施中的主要内容,它是指以教学目标为依据,设定科学的标准,运用一切有效的技术手段,对教学活动的过程及其结果进行测定、衡量,并给以价值判断的过程。随着多媒体计算机和信息网络技术的迅猛发展和在教育教学领域的广泛应用,网络教育作为一种全新的教育方式获得了前所未有的快速发展。由于媒体技术的介入,"教学"这种"师生双方教和学的共同活动",在基于网络的环境中,其内容和形式上都发生了重大变革。从内容上看,在网络教学中,"教"的行为主要体现为远程教育机构及教师为学习者开发、编制以课程材料为主体的教学资源;学的行为则体现为学生通过可获得的各种资源和可得到的各类帮助进行的自主学习。从形式上看,教师的"教"与学生的"学"出现了时空上的分离状态,学生的学习显示出自组织和自控制的特点。毫无疑问,这些变革也给网络教学评价带来了新的要求。

根据网络教育的特点,我们一般把对网络教学的评价归纳为四个方面内容:一是对学生学习的评价,包括学生的网络学习活动和学习结果的把握、判断和评定;二是对网络教学资源的评价,包括网络课程、课件及其他教学材料的设计、编制和选用的教育性、科学性、技术性、适用性以及效果等的评价;三是对网络教学系统的评价,包括网络教学系统的技术、实现功能、使用效果及成本等的评价;四是对网络学习支持服务系统的评价,包括管理、咨询、培训等的到位程度与效果等的评价。

目前,我国对教师远程培训逐渐重视起来,各种关于远程教育的"评估体系"和"实绩指标"被设计出来并应用到评估实践中。在许多场合,这些评估方案和指标都指向教育的质量和效益。对教育质量的定义取决于教育的目标。教育的目标可以是多元的,但主要有三种:国家和社会的,组织和机构的,学生个人的。这三类目标是相互关联的,但在许多场合又表现得不尽相同。远程教育院校都有其各自的教育(办学的和教学的)目标。无论在发达国家还是发展中国家,远程教育院校多数是国家建立的,用以满足社会和个人的教育需求。

一、国外远程培训评价研究

(一)古勒的评估准则

古勒在 1979 年提出过评估远程教育项目的若干准则:

- 增加入学机会,特别是为各类新的对象扩大教育机会。
- 满足国家、地区和个人需要的程度。
- 提供的教育项目的质量。
- 学习者达到院校和学生个人确定的教育目标的程度,以及未预期的教育成果。
- 成本效益。
- 教育项目在目标、政策、方法和行为等方面对社会、其他项目、院校和个人产生的影响。
- 知识的创新,如成人学习者的特性、新教育技术的应用等。

(二)鲁姆勃尔的基于"四项测试"的评估方案

鲁姆勃尔在 1981 年设计了一种基于"四项测试"的远程教育系统的评估方案:

- 反应时间测试(或培养毕业生所需的时间)。
- 产出与投入比测试(或合格毕业生占入学学生数的比例)。
- 产出适应性测试(依据院校的目标、社会对受教育人才的需要、社会对教育的需求、社会中处境不利人群的需要考查毕业生的数量和质量)。
- 成本效率和成本效益测试。

(三)基更和鲁姆勃尔的"四维评估体系"

在鲁姆勃尔和哈里主编的《远程教学大学》专著中,基更和鲁姆勃尔(1982)撰写了《远程教学大学:一种评估体系》一文。论文指出:教育评估可以分为基于标准的评估和基于常模的评估两种。基于标准的评估要求依据"理想"的实绩标准对评估对象进行定性和定量的价值判断。但是,制订这种"理想"的实绩标准常常很困难。基于常模的评估提供了一种替代方案。评估远程教育系统的常模可以通过以下三种方式取得:(1)所有高等院校的正常的(标准的、平均的)实绩。(2)传统高等院校的正常的(标准的、平均的)实绩。(3)非传统高等院校的正常的(标准的、平均的)实绩。由于远程教育系统所在国家的文化、社会、政治、和经济的环境差异很大,将各国远程教育系统直接比较困难较大。通常的做法是比较同一个国家中的传统教育系统和非传统教育(远程教育)系统。即使这样,也可能会掩盖这两类系统在教育目的、目标和条件方面的差异。

基更和鲁姆勃尔在上述鲁姆勃尔基于"四项测试"的评估方案基础上,提出了一个扩展的远程教育系统的"四维评估体系":

- 远程学习实现的数量。
- 远程学习实现的质量。
- 远程学习实现的声誉。
- 远程学习实现的相对成本。

对于每个评估维度,都设计了相关的评估指标或变量。

(四)史密斯的七项评估标准史

史密斯在 1987 年的论文《远程学习的发展和现状》中提出了远程教育评估的七项标准:

- 系统的产出。
- 毕业生的认可。
- 远程教育院校的地位。
- 课程材料和教学服务的质量。
- 为国家和社会培养的人才。
- 学生对所采用的远程教学方法的评价。
- 远程教育研究。

二、学习评价的类型

(一)按价值标准分

按照价值标准分,有相对评价、绝对评价和自我评价。

1. 相对评价

相对评价是根据评价对象的整体状况确定评价标准,以某一评价对象为基准,通过对照,判定评价对象所处的相对位置。相对评价的目的在于区分评价对象的相对优劣程度,优点是便于横向比较,确定评价对象之间的差距。但它不能给评价对象以绝对的水平评估。相对评价可以帮助成人网络学习者判断自己在学习群体中所处的位置,从而明确需要做出的调整与努力。

2. 绝对评价

绝对评价是在评价对象的整体之外确定一个客观标准,通过评价对象与之的比较,判定其达到标准的程度。绝对评价的特点是评价标准与规定的教育目标有关,只考虑评价对象应该达到的水平;优点是能使评价对象较为清楚地了解自己的发展状况,明确目标,主动学习。但制订客观、公正、科学的客观标准在实际操作中有较大的难度。

3. 自我评价

自我评价是评价对象自身的过去与现在的比较。它充分尊重个体的差异,体现了尊重个性、发展个性的原则和因材施教的原则,在评价中也不会给对象造成较大压力。在网络教学中,学习者可以通过自我评价判断自己成绩的提高、能力的发展,通过评价找出自己的优势,从而进一步增强学习信心。由于缺乏客观标准和与他人的对照,自我评价主观性较强,信用度较差。不过,网络教学中学习者的主体地位,以及成人学习者较高的社会化程度,决定了在成人网络学习评价中,自我评价会受到更多的关注和重视,更广泛地被应用。

(二)按评价目的分

按照评价目的分,有诊断性评价、形成性评价和总结性评价。

1. 诊断性评价

诊断性评价是指在活动开始之前,为使其计划更加有效地实施而进行的评价。在网络教学中,诊断性评价主要发生于学习活动开始之前(或初期),旨在对成人网络学习者的知识、能力等现状做出合理的评价,为科学制订计划、有效实施计划提供可靠信息。由于成人学习者的多样性特点,诊断性评价在网络学习中就比在传统高等教育中更为重要和必要,在我国网络教育实践中已广泛使用。

2. 形成性评价

形成性评价是指在活动运行过程中,为取得更好的活动效果而修正其原有轨迹所进行的评价。第一次将形成性评价用于教学活动的布卢姆认为,形成性评价的任务有四个方面:调整学习、强化学习、发现问题、提供改进策略,所以,形成性评价既是改进教学工作、提高学习效果、形成适合于学生的教学的重要手段,又是促进学生智能发展、充分挖掘学生学习潜力的重要手段。在网络教学中,形成性评价发生于学习活动进行过程之中,旨在及时了解学习者学习的进展情况、存在的问题,获得改进的信息,并及时反馈,使学习者尽快调整和改进。在我国网络教育实践中,已越来越重视形成性评价,采取多种形式加强对学生自主学习的过程管理和控制,以切实保证远程教育的质量。

3. 总结性评价

总结性评价是指在活动后为判断其效果而进行的评价。在网络教学中,总结性评价发生于学习活动后,是对学生学习全过程及其效果所进行的检验和评价。总结性评价检验学习结果,评定学业成绩,区分等级,能鼓励学习中的竞争,让学习者获得更大的进步。

(三)按评价方法分

按照评价方法分,有量化评价和质性评价。

1. 量化评价

量化评价也称定量评价,是对评价对象的情况的数量化的描述,即采用数学的方法,通过打分或一些数学模型获得评价对象的相关数据,对评价对象做出定量结论的价值判断。量化评价中的数量具有可测性、可比性,能以现代统计工具加以处理。但对于复杂的教育现象,量化评价不能准确、全面地评判其本质和最根本的内容。

2. 质性评价

质性评价也称定性评价,是对评价对象的基本情况的定性化描述、分析,不是采用数学的方法,而是根据对评价对象平时的表现、现时的状况等的观察分析,对评价对象做出定性结论的价值判断。质性评价能更加逼真地反映复杂的教育现象,判断其基本性质,把握其基本趋势,但缺少量化,难以准确判断。在成人网络学习评价中,质性评价方法的使用越来越多。

(四)按评价内容分

按照评价内容分,有学习环境评价、学习支持服务评价、学习方法评价、学习成绩评价和学习能力评价。

1. 学习环境评价

学习环境评价指评价学习者的学习环境,包括他们的教育背景、家庭情况、经济条件以及学校的教学资源、教学水平、网络设备、技术支持条件等,了解可能影响学生学习的外部因素,以制订科学、合理的计划。从目的来看,属于诊断性评价。

2. 学习支持服务评价

学习支持服务评价主要是评价远程教育机构提供的教和学,特别是对学习的多种支持服务的媒体资源、途径和手段、服务质量等做出评价。在有组织的远程教育机构的网络学习中,这种评价显得尤为重要。这是区别完全自学以及自学考试形式的显著特征。

3. 学习方法评价

学习方法评价通过分析学习者的特征、知识的掌握情况与学习方法之间的适应性,评价学习者的学习方法是否合理,促使他们及时调整,提高学习效果。从目的来看,属于形成性评价。

4. 学习成绩评价

学习成绩评价通过学习者学习结果、学习成绩的分析,评价其是否达到了学习目标,决定给予不同的奖罚。从目的来看,属于总结性评价。

5. 学习能力评价。

学习能力评价通过学习过程的评价、成绩评价等手段,分析学习者的能力是否得到了提高,或提高到了何种水平。学习能力的含义是广泛的,包括自学能力、发现问题和解决问题的能力、分析能力、动手能力。而网络教学中的学习能力,则还包括运用各类技术开展学习的能力、资源获取和利用能力、网上交互交流能力以及协作学习能力等。

三、网络课程评价标准

如何评价网络课程的优劣,这是远程教育界的研究与实践的重点之一。我国教育部于2000年2月发布了《现代远程教育工程教育资源开发标准(征求意见稿)》,这一标准没有专门提出网络课程的评价标准,只对网络学习资源、网络课件和网络课程提出了一些比较基本的要求,从而无法形成系统的测试指标用于对网络课程的质量进行评价。2000年10月,中国电化教育协会与清华永新信息工程有限公司联合组织30多位专家对全国范围内的一批网络课程及网络课件进行了评审。由于没有现存的标准可供借鉴,专家们在一般多媒体课件评审标准的基础上,提出网络课程的一般原则:开放性,适合更多的人在网络上学习;共享性,尽可能有更多的资源让更多的人共享;交互性,强调网络上人与人的沟通,而不只是简单的人机对话;个性化,适合个性化学习;时效性,更新的频率要快等。但那时的标准对于网络教学的内在规律与评价的可操作性方面还欠缺足够的关注。

随着远程教育的发展,网络课程评价的标准建设也正在逐渐成熟。2002 年 11 月 9 日,教育部教育信息化技术标准委员会发布了《网络课程评价规范》(CELTS-22.1)的标准草案征求意见稿,该规范针对高等教育、职业培训以及基础教育领域中的网络课程,提出了网络课程评价的一般性规范,包括框架结构和指标体系,成为我国具有权威性的网络课程指导规范。继而推出了《教育信息化技术标准——网络课程评价指南》(CEILTS-22.2 WD1.0),该评价指南从课程内容、教学设计、界面设计和技术支持四个基本维度来评价网络课程的质量特性,为网络课程的评价提供了基本的、通用意义上的参考标准。此外,各级各类网络课程开发与评比,都有专属的、有特定要求的课程评价标准出台,如"教育部现代远程教育资源建设中小学教师继续教育项目"网络课程认定标准、每年一度的教育部国家级精品课程评价的课程标准等。

从近年来的网络课程评价标准来看,除了一些教学通用要求外,如清晰的教学目标、完整的知识体系、有效的作业和练习、合理的评价方式等,还特别关注了与网络教育特色相关的内容:

·突出了交互的重要性:在评价标准中普遍关注了交互的重要性,并设置一定的分值,将其视为远程教育的必要要素。

·重视内容与教法的整合:将资源、活动、练习、作业的设计,以及个性化学习的调整、协同作业的任务设计等均考虑到评价标准中,使得网络课程不再只是书面教材的电子化。

·关注成人的学习特点:强调课程在主题选择、内容结构、内容呈现、活动设计、评价设计等方面面综合考虑成人的学习特点。特别避免将普通高等院校中的学术性课程简单移植到成人继续教育领域。

在网络课程评价标准渐趋成熟的同时,也存在着一些误区值得关注。这些误区主要表现在以下几个方面。

(一)将网络课程等同于网络学习

由于我国一些网络课程的评价标准是参考国外在线学习的评价标准设计制订的,结果很自然地引入了网络学习的要素,造成"网络课程"评价与"网络学习"评价的混淆。只要理性地思考,就会发现这两者之间有很大的区别。在网络学习中,网络课程的质量只是其中的一部分,助学教师的水准、学习支持服务的力度、学习平台的方便性、教务管理与技术支持的规范性等方方面面都会影响到学习效果。一门优秀的网络课程,很可能由于在学习过程中,其他服务要素的不到位而无法取得令人满意的学习成效。网络课程的评价,其目的在于选拔优质的课程,正因为如此,在其中混入"网络学习"所特有的评价指标是不合适的。如果确实要评价网络课程在"学习阶段"的情况,则需要在评价标准中对网络课程的内涵进行清晰的界定,以免给参评者造成困惑。

(二)对不同类型的网络课程采用整齐划一的评价标准

正如我们在前面篇章中讨论的那样,针对不同教学目标的网络课程,课程的评价设计、内容设计与活动设计都有较大的不同。当前的某些网络课程评价标准有"一刀切"的倾向,对课程建设和呈现形式有过多的预设。表现最明显的是评价标准普遍对交互频繁、指向高级思维能力与综合素质提高的课程青睐有加,而忽视了那些指向知识目标、完成技能培训课程的现实意义。因而,后面一类课程很难在优质课程评选中脱颖而出。

(三)引用信度较低的指标

在某些网络课程的评价中,引入了"学员对于课程使用的反馈""学员学习的及格率""网络课程报送单位的重视程度"等评价项目。虽然这些项目对于提高课程质量有重要的作用,但由于评价时的数据多半依靠报送单位的文字描述,没有真实的、客观的数据收集,使得这些指标的信度较低。例如,"学员学习的及格率"一项,首先是混淆了"网络课程"与"网络学习"这两个概念;其次,如果报送单位在报送材料中写明"经过两个学期的学习,该课程的及格率均保持在90%以上",参与课程评价的专家们也只能据此评分,结果,看似有意义的评价指标实则降低了评价的效度与信度,甚至助长了报送单位的"虚假包装"。

针对以上误区,在设计网络课程评价标准时,可以对成熟的、通用性的评价标准进行适应性调整,开展面向具体行业、具体建设项目的标准"本地化"工作。

拓展阅读
对改进中小学教师远程培训模式的建议

一、组建高水平专家团队,开发优质课程资源

课程资源一直被认为是远程培训质量保证的核心因素,课程资源的质量是决定远程培训效果的关键。中小学教师远程培训要聘请基础教育课程改革权威专家担任课程资源开发的首席专家,并选聘学科教育专家和中小学一线优秀教师组成课程资源开发团队。开发课程资源要以教师的实际需要为出发点,注重对教学中的热点、难点和焦点问题的分析与解答。远程培训的课程设置应该从提升教师的综合素质出发,在坚持课程实用性的基础上,突出鲜明的时代特色,要融汇专业领域最新的、前沿性的成果。

二、遴选高水平培训机构,提供优质培训服务

为保证培训的有效实施,可以通过公开招标或邀标的方式遴选高水平的高等学校、教师培训机构和中小学承担每个学科的培训任务。承担培训任务的院校(机构)要根据项目实施需要,制订培训实施方案,开发网络学习平台和课程资源,组建高水平的培训专家团队和技术服务团队,为中小学教师提供优质的培训服务。

三、严格选拔辅导教师,抓好对学员的辅导和管理

辅导教师是重要的课程资源,对培训质量起着至关重要的作用。应该对辅导教师的资质和能力提出明确的要求,并按照要求严格选聘辅导教师。在远程培训中,辅导教师的日常工作可分为教学与管理两部分。辅导教师的主要职责应该包括:系统学习、研究所承担课程的内容;跟踪并记录学员的学习情况,督促、引领学员按时完成学习任务;定期发布班级公告;及时批阅学员提交的作业;组织学员进行在线研讨,发表主题帖,并及时回复学员在论坛研讨交流中提出的问题;为学员提供优质的学习资源;及时归纳、提炼学员的典型问题和疑

难问题并向专家反馈;编辑并提交班级学习简报;撰写班级总结报告。

四、积极探索学员学习成绩的科学评价体系

一套完善的评价体系是远程培训质量的保障。2011年,河北省中小学教师远程培训对学员没有最终的考试环节,而是将学习成绩的100分分配到各项学习活动中,重点对学员的学习过程和任务完成情况进行考察,学员在学习过程中,根据任务的完成情况,成绩逐渐累加。实践证明,这种评价方法不能有效地考查学员的学习质量,因为这种评价方法不能有效严防抄袭作业、空挂时间、突击学习、请人登录代学等情况的发生。为此,为确保培训的质量,我们建议每次远程培训项目完成后,增加一次闭卷考试环节,考试内容为本次培训的内容,可以设计一些客观性试题和主观性试题对学员进行考核。客观性试题考核学员对所学课程知识的掌握程度,运用网络平台计算机自动阅卷,学员在考试时间内独立在网上完成测试,主观性试题考核学员分析问题、解决问题的能力。考试结束后为成绩合格学员进行教师继续教育学时学分登记。对于考试不合格的学员,应通过让其补学、补考直到合格。

（摘自中国论文网,2012-12-22,有改动）

第十三章

中小学教师远程培训的组织与管理

第一节　组织形式

中小学教育由于地域性差别导致各地教育水平不同,我们应将各省教育局作为各个地区的管理监督带头单位,省、市、县、校层层递进,达到资源共享。省设远程培训项目执行机构,全面负责全省远程培训项目的管理协调工作;各市(州、地)成立项目领导小组,设市级管理员全面负责所属区域远程培训项目的组织管理;各县(市、区)成立项目领导小组,设县级管理员全面负责所属区域远程培训项目的监管;校级管理员由校长(分管副校长)担任,是参训教师的直接管理者,也是培训效果的直接检验者。

在培训过程中将教师按县(市、区)分班管理,合理安排课程,每班由班主任(管理员)进行监督和资料处理等工作。无论远程还是现实中,班主任都要发挥自己的职责权利,使培训圆满完成。

一、对网络远程教育的重视

2000 年,英国"产业大学"的运作,已经使英国的终身学习化社会构建迈进了一个崭新的阶段。"产业大学"是政府借助信息技术,通过现代化的网络和通信技术,把学习者的需求和各类教育资源的供给及时而有效地连接起来。它是一个面向所有人,帮助个人和组织了解自己的学习需要并向学习者提供最适当学习资源的新型组织。韩国政府通过多种渠道开发教育资源,仅 2001 年,由公共机关开发普及的资料达 6454 种,企业开发普及的资料达 3724 种。2002 年 5 月,法国教育部开始构建"知识数字空间",以教育为目的,免费与自由地使用资源。美国建立了教育资源门户网站(http://thegateway.org),该网站中没有放置任何教育资源本体,主要是一个教育资源元数据描述的记录数据库加一个搜索引擎,把各类教育资源联系在一起,为美国乃至全世界的教师、家长、学生提供大量的教育资源信息。

教师教育资源建设也不例外。我国教育部在 2002 年发布的《教育部关于推进教师教育信息化建设的意见》中明确指出,"十五"期间教师教育信息化建设的原则是以教育信息基础设施建设为基础,以信息资源开发为核心,以推进现代化信息技术和教育技术的广泛应用为重点,以提高教师教育质量为根本;加快以各级各类师范院校为主体的教师教育机构信息基础设施和资源建设,逐步构建全国教师教育信息化网络教育体系;加强卫星电视和计算机网络等远程教师教育优质资源的研究和开发,建立教师教育信息资源库,开展教师教育远程教育试点,大力发展远程教师教育;鼓励和支持通过多种途径和方式加强教师教育信息资源的开发;积极整合各类教师教育信息资源,加强区域性联合,优势互补,实现教师教育各类信息资源的共享。这说明国家已经意识到教师教育信息化建设的重要性,这对实现教师教育的共享提供了政策性导向。国家和各级地方政府在今后的相当长期内继续重视教师教育,提供多方位、多渠道的支持,为教师教育的信息化建设提供政策保障。

二、网络远程教育的准备工作

教师远程培训是一个由各级教育行政部门、培训机构和学校三方构成的有机整体,是包含三个要素的管理系统。系统的功能是设计培训方案、开发培训课程、遴选参训教师、组织教学活动、管理培训过程和评价教学效果。远程培训是开放的培训模式,参训人数多且相对分散是其显著特点。在参训教师学习自觉性不高的现实情况下,过程管理是重点,也是难点。培训过程的有效管理是确保培训取得成效的关键。"管理就是控制,管理活动实际是过程控制和信息管理的两位一体"。在我们的培训过程中往往会遇到各种难题,这便需要我们发挥主观能动性去克服、去超越。在远程培训过程中,由于地域性差别,硬件设施不达标导致培训效果不佳的问题尤为严重,为了更好地达成我们中小学教师的培训任务,应成立相应的设备研发维护部门,做出相应的规定,为我们远程培训保驾护航。

首先,要根据项目需求和培训的具体情况,梳理好混合式培训的流程。这个流程的确定需要深入分析混合式培训的特点,采用相应的培训策略、模式与组织管理方式等。根据流程就可以确定培训的阶段划分与管理分工。科学的管理流程为制订培训实施方案奠定了良好的基础。其次,要组织教学与教务等相关部门,研究制订一个科学、全面、切实可行的混合式培训的实施方案,从培训的目标任务、培训内容和课程设置、培训团队、培训对象、组织管理、培训形式、培训时间、质量监控与保障措施等方面,进行总体设计和详细部署,做到目标科学明确、措施具体可行。

对培训者和技术人员要提出明确职责要求。培训者,包括主讲教师、辅导教师和班主任,要熟练掌握远程培训平台的应用技能,以及与学员交流互动的方法;根据网络课程主要内容与教学辅导方式,制订混合式培训实施方案;发布课程教学公告;在远程培训平台上部署教学任务与评价方式;对学员的问题及时进行辅导和答疑等,为学员顺利进行网络课程学习提供优质服务。条件允许的情况下,尽可能提供电话、手机、短信、邮件、在线服务等多种方式的技术支持。

三、网络远程教育院校的内部机构设置

通常,网络远程教育院校的内部机构设置有:招生部、教学管理部、资源开发部、研究中心、技术部、财务部和办公室。例如,华南师范大学网络教育学院的内部机构设置及相关职责如下:

·学院办公室:负责落实、督办学校下达的各项任务及学院行政会议决定,协助院领导处理、督办学院行政工作,协调各部门之间的工作;做好学院有关文秘、后勤及内部财务管理工作,负责对外交流、合作及洽商等。

·招生考试部：主要负责新专业开设的提出与论证；招生方案的拟订；招生宣传、咨询、报名；学生入学资格的审定及准考证发放；入学考试的各项考务工作；课程考试考务管理；录取通知书的发放；招生平台管理；校外学习中心的年报年检等工作。

·教学管理部：负责教学策划、教学管理、教师管理、教务管理、教学咨询、选课管理、预约考试管理、作业管理、毕业论文（毕业实习）组织与管理等。

·技术部：采用天网、地网相结合的技术路线开展网络远程教育，负责学院计算机网络的规划、运行及管理；网络设备和系统的维护、管理；负责卫星传输教学系统的运行维护及技术支持；多媒体课室设备的管理及维护；学院工作用机及学生机房计算机的技术支持及维护。

·资源开发部：负责门户网站（华师在线）的策划、建设、维护、远程教育网络课件的开发与制作，相关程序的开发，远程教学平台及各平台运作的技术支持与维护（包括其他部门和学习中心管理人员的相关技术支持），学生网络学习的技术支援等。

·学生指导服务中心：负责学生学籍管理、教材管理、学生日常管理、思想教育及学习服务指导等；为学生提供人文关怀、学习疑难解答、心理咨询等。

·继续教育培训部：负责各类非学历教育培训的组织、策划、宣传、推广等工作。

·网络教育研究中心：网络教育研究中心是华南师范大学网络教育学院的学术研究机构，本着理论与实践相结合的原则，积极探讨网络教育的热点与重点问题，并对存在的问题进行研究和提出解决方案；同时负责组织制订和实施本科、专科教学计划。

拓展阅读

清华大学继续教育管理体制改革

为增强远程教育和继续教育的活力，学校对原有的继续教育管理体制进行了改革。

学校成立继续教育工作领导小组，由主管校长、教务处、研究生院、教育培训管理处、继续教育学院、财务处等相关部门领导组成，作为校务委员会派出机构，负责讨论和审定全校继续教育工作的重大决策及在继续教育方面跨院系和部门的协调工作，审定全校继续教育、远程教育、成人学历教育的软硬件整合问题，统一形象、提高质量、创建品牌，审批有关重要文件和政策。

成立教育培训管理处，作为校机关行政部门，统一负责全校远程教育、成人教育、继续教育的行政管理工作，并作为继续教育领导小组的办事机构，监督领导小组各项决定的实施；负责制定全校教育培训工作的各项管理政策和制度；统一管理和发放全校各类培训证书、成人教育学历和学位证书；监督和管理全校各院系教育培训的教学质量；对教育培训经费收入进行统计和监管；代表学校协调组织全校力量共同开拓各类教育培训项目；维护学校的知识产权。

将原继续教育学院改制为清华大学直属的二级学院，实行"学院制办学，企业化运作"的管理模式，在教育培训管理处的行政监督管理下，作为大学的一个专职学院举办和实施各种非学历继续教育、远程教育、成人学历教育以及对外开展各类合作办学。学校给予继续教育学院一定的办学权、财务自主权、人事权和相对独立的办学基地,支持继续教育学院创建清华大学教育培训品牌。

清华大学针对继续教育管理体制进行了改革尝试,理顺管理机制,实现"政企分开",增强了继续教育活力,同时将全校远程教育、成人教育、继续教育统筹在一个实施单位。这些改革尝试的目的在于大力发展清华大学教育培训事业,为促进国家的经济发展和社会进步尽一分力量。

（刁庆军,严继昌,黄春梅,《中国远程教育》2003 年第 7 期,有改动）

第二节　教务管理

教师远程培训教育系统是将教学信息通过技术媒体进行传递的,学员以自学为主,各教学管理要素的组合应该以有利于学员独立自主学习和发挥对学习活动的支持服务为基本目标。为此,合理的教学管理系统结构应该以"计划指导"、"学习资源和质量保障"、"学习支持服务"三个机构为核心,其他机构配置则以保证这三个机构协调运行为前提,从而形成一个以学习者为中心,按照对学习服务的层次组建的系统结构。

计划指导机构是咨询性质的机构,它的功能是帮助学习者了解远程学习的特点、规律、规则,指导学习者根据自身条件制订学习计划和实施学习计划。

教学资源和质量保障部门则是负责根据教学设计和学习过程的需要,组织编写、制作、印刷、出版、发行、播放、出租、出借、回收、检查、维修、更新各种教学文件、印刷媒体、视听媒体、学习指导材料、刊物、实践活动材料等教学资源和制订教学质量标准,定期进行教学质量评价,以保证学习活动顺利进行。

学习支持服务机构是直接影响学习效果的职能部门,它的功能是根据学习者的需求,安排集体辅导、个体辅导、答疑、讨论、批改讲评作业及自测卷等学习支持服务活动,使每一位学习者都能在远程学习中及时、恰当地获得帮助。

一、网络远程教育管理模式

目前,在我国远程教育中实际采用的管理模式大致有以下三种:

（一）"高校—学习点"管理模式

这是我国远程教育试点开始时普遍采用的管理模式,现在还有相当数量的试点高校采用这种模式。在这种模式下,远程教育学院负责试点高校在远程教育的办学和教学组织管理工作。根据教育部要求,远程教育学院由试点高校主要领导直接负责,但各试点高校的远程教育学院在校内仍然是与其他学院或系并行的二层机构,人员配置较少,一般在 2030 人,少至 10 人左右。机构设置也比较简单,一般设办公室、招生培训部、教学管理部、学生管理部、课程开发部、系统平台管理部和财务部等部门。招生培训部负责全国各地招生和入学考试的组织工作;教学管理部负责教学科研、教学和教学辅导、教师管理等工作;学生管理部负责学生的学籍管理、班级管理、学生思想教育和咨询服务工作;课件开发部负责网络课程的开发和制作。远程教育学院在各地设立的校外学习点作为开展现代远程教育支持服务的机构，承担着主要的学生支持服务任务，学生选课、领取教材、缴纳学费、参加辅导和参加考试等均在当地教点完成；但学习中心点本身不是办学主体，不能自行录取学生，也不能从事以独立办学为目的的各类教学活动和发放各类毕业证书或培训资格证书。这种管理模式，试点高校直接管理校外学习点，校点之间关系比较密切，在校外学习点数量不多、距离试点高校较近时，这种管理模式比较有效。

（二）"高校—管理中心—学习点"管理模式

这种管理模式实际上是从广播电视大学的管理模式演变而来的。电大是我国最早开展以广播电视为主要传播媒体的远程教育学校。通过多年的办学实践，形成了"中央电大—省级电大—地市级电大分校（行业系统分校）—县级工作站"的四级管理模式。这种管理模式目前在世界上也是最大的远程教育管理模式。在电大的管理模式中，中央电大、省级电大、地市级电大分校均属独立设置的学校，在业务上有直接的从属关系。这种管理模式促成了一个从中央到地方、从省到地市县统筹规划、分级办学、分级管理、分工合作的教学和教学管理体系，具有鲜明的中国特色。

（三）"高校—公共服务体系—学习点"管理模式

公共服务体系介入远程教育后，试点高校、公共服务体系、校外学习点三者之间成为具有经济利益关系的共同体，改变"高校—管理中心—学习点"管理模式当中松散的相互关系，形成一种有效的企业运营管理模式。教育部（教高 E200038 号）文件规定了远程教育公共服务体系的主要任务是"为试点高校开展网络教育提供上机环境、技术指导、资源建设、学生管理、考务管理等教学支持服务。远程教育公共服务体系不同于学校，也不同于企业，是以学习支持服务为主旨，严格按照教育规律和市场规则对远程教育资源进行有机整合，为试点高校和学习者提供有效服务的社会化经营实体"。这使得远程教育学院从烦琐的事务性管理工作中解脱出来，把工作的重点放到课程开发、资源建设、教学科研、教学评价、教师管理等提高教学质量的各个环节上，为学生提供更系统、更优秀、更完备的学习资源。

教育部办公厅关于《建设中央广播电视大学现代远程教育公共服务体系》的通知，已批准中央广播电视大学依托全国广播电视大学系统建设中央广播电视大学现代远程教育公共服务体系（教高厅 E200532 号）。中央电大公共服务体系的任务是为高等学校现代远程教育提供校外教学支持服务，同时也可为教育行政部门、办学机构提供专项的现代远程教育教学支持服务。2004 年，中央电大现代远程教育公共服务体系已与 15 所学校开展合作，合作开设专业 60 个，在校生累计 1.5 万人。

二、教师远程教育机关管理的功能

教师远程教育机关管理的功能是指其自身应具备的能力，即教师远程教育行政机关在运作过程中所产生的工效和所发挥的作用。一般来说，远程教育机关管理的功能包括以下几个方面：

（一）计划功能

计划是机关管理工作必不可少的重要环节，它将领导机构的决策具体化，形成实施纲领，并为管理的控制职能提供一个硬性标准。机关管理的计划功能一般包括以下几个相互关联的要素:第一是确定目标。目标是管理工作要达到的目的,是整个管理工作的核心。第二是预测趋势。即预测在实现管理目标的过程中可能出现的问题和将会产生的后果,以便制订出相应的对策。第三是编制预算。预算就是对管理目标的量化,即实现这一管理目标要投入的人力、物力和财力。第四是制定政策。政策是保证工作正常开展的依据,其核心是决策。要从所有备选方案中做出恰切的选择,再进行综合平衡,以设计出行动的整体蓝图。

（二）组织功能

为了实现预期的管理目标,就必须建立一个科学的组织体系,并明确各自的职责范围,确立相互之间的协作关系,使各部门之间在领导机构的统一指挥下协调一致,正常运作。健全机构、职责分明是发挥远程教育组织职能的必要条件,科学地设置远程教育的行政管理机构,明确各职能部门的职责范围和在工作中应发挥的作用,才能保证管理机器的正常运转。管理的规范化,人员的合理配置,也是实现远程教育管理机关组织职能的重要一环。管理要制度化,决不能以个人的意志为转移。利用制度的约束力和权威性是规范化管理的标志。管理人员的素质和能力也是保证教师远程教育管理发挥其组织职能的关键。要选择责任心强、顾全大局、精通业务,既有理论水平,又有实践经验的同志组成一个精干的管理集体,而且要使机构内每一个成员都有自己恰当的位置,保证其才能得到充分发挥。

（三）控制功能

机关管理的控制职能在现代科学管理中具有突出的地位,并且与现代科学技术联合,使其作用更加明显。远程教育机关管理的控制职能是教师远程教育行政管理对远程教育活动的一种约束机制。控制的目的就是要在管理过程中及时协调各种关系,反馈各种信息,应付各种变化,使远程教育的一切活动紧紧围绕管理目标展开。远程教育机关的控制职能应体现在教师远程教育活动的各个环节,使其尽量避免出现偏差。一般来说,教师远程教育机关管理的控制功能可分为准备控制、运作控制和反馈控制三个步骤。准备控制是管理者在实施管理计划前首先确立一个明确的目标,制订出周密的计划,收集大量的信息,为顺利达到管理目标所进行的一系列准备工作。运作控制是指在实施管理的过程中对计划的逐步落实所进行的全方位控制。它的主要任务除了监督计划实施情况外,还要及时衡量成效,找出存在的问题并予以指导和纠正。反馈控制是指在计划完成之后所进行的总结评估工作,其目的是为今后的工作提供借鉴,避免重复弯路。

（四）调节功能

调节功能是指教师远程教育行政机关在管理过程中协调和改善各有关机构和人员之间的关系,尽量减少不和谐因素,以达到步调一致。在教师远程教育行政管理过程中,由于事务比较繁杂,常常会遇到一些矛盾和冲突,或者各自忙于具体事务,彼此之间缺乏沟通,致使工作受到不同程度的影响,这就需要机关管理工作者出面协调。比如职能部门之间,工作人员之间,上下级之间,干群之间,远程教育与经济、政治体制的变革之间等,均为需要调节的主要内容。在协调各种关系时,要特别注意各个主要环节与要素之间的相互关联,当出现矛盾时,要及时沟通,以便达成共识,使每个相关人员的言行都能与管理目标统一起来。只有如此,才能顺利完成管理目标所规定的任务。

（五）指导功能

指导功能是一种领导活动,是教师远程教育机关管理部门向本系统发布指令并进行有效的引导,使各级人员最大限度地发挥作用,以顺利实现管理目标。远程教育机关管理指导功能一般具有强制性和导向性。这就需要管理人员具有较高的政策水平、理论水平、业务素质和领导艺术。作为行政管理部门,既要不折不扣地执行国家的政策和法规,又要向上级部门提出建设性的意见,还要根据教师远程教育的具体情况制订出相应的管理制度和工作方略。这就要求机关管理人员不仅要学法、懂法,还要能够很好地用法,然后利用自己较高的理论水平、业务能力和娴熟的领导艺术使工作顺利开展。

三、教师远程教育机关管理的重要性

在远程教育组织机构中,机关管理工作起着中心枢纽的作用。整个远程教育机构的运作,都需要机关来发动。在机构内各个部门之间,也需要机关来协调,才能正常运行。教师远程教育管理目标的实现,也需要依靠机关工作来有效地规划和控制。

随着教师远程培训的兴起,不仅内部管理工作头绪繁杂,而且对外交往也越来越广泛。因此,处理方方面面的关系,为自身的发展创造一个良好的内外部环境,是成人教育机关管理工作的重要一环。就管理机构内部而言,有上下级关系、干群关系、同事之间的关系等。作为一般工作人员,他们不仅希望自己能做好本职工作,而且把机关当成自己利益的代表。作为行政机关,也要通过自己的努力,不仅做出能够反映全体职工要求的科学决策,而且要随时听取他们的意见和建议,接受批评与监督。就外部关系而言,对校际交流、学校与政府部门之间的交流等,均应应对自如。只有如此,才能为远程培训创造出一个良好的外部环境。

远程培训机关的运行是否正常、准确、有序,直接影响着工作效率和社会效益。目前,就我国成人教育机关管理的现状而言,管理水平相对还是比较低,需要挖掘的潜力还是很大,许多地方有待于充实、完善和提高。如果机关管理水平跟不上,仅凭印象、经验实施管理,或者工作秩序混乱、拖拖拉拉、官僚主义等,都会直接或间接对培训单位的工作效率产生影响。这就对机关管理人员的整体素质提出了更高的要求。目前,远程教育管理机构的人员大致有两种情况:一种是长期从事成人教育机关管理工作,工作经验丰富,但缺乏理论指导的员工;另一种是新提拔上来的年轻人,他们有着较为丰富的理论知识,但缺乏的也正好是实际工作经验。只有两者互补长短,才能使机关管理水平上台阶。

决策不能依靠个人的意志,而是集体智慧的结晶。科学的行政决策需要建立在大量信息资料的基础之上。这就要发挥机关的优势。因此,人们认为机关是领导决策和控制的参谋和助手,是很有道理的。助手的素质越高,参谋工作做得越好,就越有利于领导做出科学的决策。因此,机关管理的好坏,直接影响着领导的决策水平和办学质量。

拓展阅读
英国开放大学的行政管理机制

英国开放大学于1969年经英国皇家特许令批准,1971年正式成立,是一个以广播、电视、函授与暑期学校相结合的、实行远距离教学的独立、自治的国家高等教育机构,有权授予

各种学位。其管理机制是：开放大学的执行主管是副校长，并有一个由五人组成的高级管理小组协助他，负责战略规划、资源管理、项目开发、教学与学生服务、公共关系和科研等。主要执行部门有学生管理部、学术管理部、财务部、管理服务部和房产部。其行政机构是：开发大学由理事会和评议会共同管理。理事会主要负责财政和人事决策，其成员代表多方利益，由英国枢密院、校长委员会、地方教育主管、BBC、大学评议会和学生会委派。评议会主要负责学术事物，学校所有专职学术人员都是评议会的成员，也有辅导教师、行政人员和学生的代表。理事会和评议会之下包括几个主要的委员会，学术委员会是评议会的执行机构，战略规划与资源委员会、运作规划与预算委员会则既向理事会负责、又向评议会负责。开发大学在全英国地区设有中心，每个中心有一个主任、一些教师和管理人员。地区中心的主要职能是负责学生入学、教学与咨询；聘请课程辅导教师；指导和监控辅导教师的工作；做好与其他机构的沟通联系，保持中心正常运作；降低学生的辍学率等。

英国开放大学的资金主要来自政府拨款、学生学费、研究拨款与合同及其他 4 个渠道，如出版物的销售收入等。在资金来源和筹资方式改变的同时，开放大学的非政府收入多年来稳步增长。为保持这一增长，开发大学采纳了更为企业化的做法来拓展自筹资金的渠道，如开放商业学院、增加教材销售、寻求与其他机构和主要雇主的合作，确保其独特的远程教育专门知识和研究设施在教育和培训市场中占据优势地位。

开放大学各学习中心的辅导教师都是经过严格的公开招聘选拔的，要求这些教师在专业知识、教学经验和教育心理学方面都有一定的水平，还须具有一定的教学组织能力和极强的责任心与奉献精神。所选聘的教师都要经过培训，保持每年有一定时间到学习中心接受指导。

英国开放大学对辅导教师的工作任务、职责都有明确的规定和考评制度。课程辅导教师的主要职责是为学生提供课程学习辅导和咨询服务。每一名新入学的本科学生都被指定一名本地的课程辅导教师，负责该学生第一学年基础课程的教学辅导，并承担学生攻读学位整个时期的咨询服务，如提供选课建议、指导学习方法等。基础阶段之后，学生将被指定一名课程专业导师，负责学生与学校之间的联系，就学生的学习问题和长期教育计划提出建议。学习中心负责对辅导教师的工作进行监督，能胜任工作的教师保持稳定，不称职的及时辞退。

在教师选聘与考核、学生作业批改与考试的组织和评卷等各个方面，开放大学均有严格的质量保障体系。校方认为，只有这样，才能保证学校的毕业生不被社会歧视，保证开放大学的声誉不断提高。

（摘自新浪教育网，2012-09-25，有改动）

第三节　教学管理

教师远程教学管理是根据教学活动的规律和管理活动的一般原则，通过计划、组织、协调、控制、监督等手段，对教学工作实施管理的过程。教学管理的目的是保持稳定的教学秩序、营造良好的教学环境、提高教学质量,从而实现学校的培养目标。为此,教师远程教学管理工作应围绕教学活动的构成要素——教师、学生、教学内容、教学手段这四个方面展开。具体的管理内容为:建立、健全教学管理系统,制订、执行教学管理规程;根据专业发展需要,调整课程设置,制订、修改、实施教学计划,安排教学活动;建立教学质量保证体系,实施对教学质量的常规检查、评价、反馈,从而实现对教学质量的有效控制;从教学思想、教学态度、教学条件等方面,营建良好的教学环境;实施教学行政管理。

一、远程教育教学计划

远程教育系统教学管理的基本任务,是依照教学目的和教学原则,设计适当的教学程序,对教学大纲、教学媒体、教学内容、教学方式、教学手段、教学评估等进行科学的计划、组织、指挥、监督、控制和协调,从而保证教学任务的顺利完成。

(一)远程教育教学计划的形式

教学计划是根据教育方针、培养目标、专业方向、学习年限、教学对象特点及课程间合理结构等因素,由教育主管部门制定的政策性文件。中央广播电视大学教学计划大体上分三大类:

1. 国家教育主管部门下发的指令性教学计划。

2. 经国家教育主管部门批准,由国家级远程教育机构制订的参考性教学计划。这类教学计划可供各省级远程教育机构选用,或在此基础上适当调整,成为省级远程教育机构的自设专业教学计划。

3. 省级远程教育机构自行制订的自设专业教学计划。

(二)远程教育教学计划的灵活性

1. 根据不同学习群体、不同学习特征,执行不同的教学计划。

2. 根据学习者的不同职业结构、年龄结构、知识结构和学习需要,确定教学计划中课程设置比例。

3. 执行计划的灵活性与教学管理的严密性相结合。

(三)远程教育教学计划的制订步骤

1. 确定专业培养目标

专业培养目标规定了培养人才的方向和标准。远程教育的总的培养目标是德、智、体诸方面全面发展和个体特征充分发展的专门人才。在教学计划中要明确规定在德育、智育、体育诸方面的具体要求和对知识结构与应用能力方面应到的水平。同时,应使学生获得较强的适应能力和继续学习能力,专业培养目标具体体现在课程设置和教学活动安排上。

2. 合理设置课程

课程设置是教学计划的主要内容,课程设置的一般原则为:依据计划目标的要求,兼顾学科的性质和专业门类的特点,有利于形成合理的知识结构和能力结构;注意课程的衔接与配合;注意为不同专业学科类的学生打下继续深造的基础和形成较宽的专业适应范围;合理安排进度,使每学期的学习量适当。目前,在我国远程教育系统的专业教学计划中,课程设置主要从专业深化层次上分为公共基础课、专业(和技术)基础课、专业课及实践课四大类。同时,为了增加教学计划实施的灵活性,在教学计划中设置了一定数量的选修课,这类课程能够提高学生在组配知识结构中的自主性,有利于提高学生掌握知识的深度和广度,有利于学生个人特长的发挥。

3. 合理安排各教学环节的比例

教学计划中要合理安排每门课的学时、学分;理论课与实践课的学时、学分比例;视听课与面授课的学时比例;视听课与辅导课的学时比例、视听课、面授课与学生自学时间等比例关系。视听课、面授课、辅导课要少而精,给学生安排充分的自学时间,促使学生积极参与认识规律、获得知识,形成能力的过程。

二、远程教育教学环节管理

教学计划执行过程的管理,主要体现在对教学工作诸环节的管理。远程教育工作主要环节有制订教学大纲,编写出版文字教材和教学指导书,制作其他教学媒体并组织发行、播出,组织学生自主学习和教学辅导,组织实施教学实践活动,组织考试和教学评价等。

(一)教学大纲的编制

教学大纲是根据教学计划对各门课程在完成培养目标中的地位和作用的规定,以纲要形式对各门课的教学目的、教材纲目、知识和技能的范围结构以及学科体系进行规定的指导性文件。教学大纲是实施教学计划的基本保证,也是媒体建设和组织教学活动的主要依据,还是评论教学成果和学生学习水平的重要标准。

教学大纲一般由说明和本文两部分组成。说明部分扼要介绍本学科的教学目的、任务、教学内容的确定原则、教学方法、教学手段的建议等。本文部分根据学科的逻辑系统、教学内容确定原则和学生的认识规律,列出具体本学科教材的篇章节目、内容要点、教学要求,规定自学、辅导、练习、实践等教学环节的学时和内容。

教学大纲的制定程序一般分为三个阶段。

1. 制订教学大纲初稿

大纲初稿由相关教研室在广泛征求意见和总结教学经验的基础上形成。初稿供讨论用。

2. 召开大纲讨论会,形成修改稿

大纲讨论会的任务是对初稿进行修订。在对大纲充分讨论、广泛征求意见的基础上,对大纲初稿进行修订,形成修改稿。参加大纲讨论会的人选要求学术水平较高,教学经验丰富,熟悉远程教育规律。

3. 召开大纲审定会

修改稿形成后,交由各方面专家组成的大纲审定会审查、定稿。大纲审定会要形成对大纲的审定意见书。内容包括:审定的依据、大纲的特点、对大纲的态度和建议等。大纲制订人或单位要根据审定意见书对大纲进行最后修订,形成定稿,由有关领导机关批准后颁布执行。

(二)进行课程教学设计

教学设计是以课程教学大纲规定的教学目的、任务、内容为依据,对课程的组织结构和呈现方式进行编排的过程。

1. 课程组织结构设计

根据学科的知识体系、学生的认知特点和远程教育规律，对教学内容进行重组，将教师的教学意图和对学生的指导，预置在课程组织结构的适当位置，以便学生独立自主学习。

2. 教学信息呈现方式设计

在远程教育教学过程中，教学信息以教学文本方式呈现。教学文本是视觉教材、听觉教材、视听教材和多媒体教材等教学内容表现形式的统称。

进行教学文本设计，既要考虑教学内容特点，又要考虑各种教学媒体的特性，使两者的优势都能充分发挥，实现优化组合，达到最佳效果。

（三）教学组织形式设计

教学组织形式是对学生学习过程进行控制的一种方式。由于远程教育系统的学生其学习基础、学习能力、学习时间等存在较大差异，现行的教学组织形式主要有三种：以教学班为基本组织单元的集体同步学习模式；完全独立自主学习的个别化学习模式；部分参与集体学习的自学与助学相结合模式。

当前，中国广播电视大学系统主要采用以教学班为基本组织单元的集体同步学习模式。这种教学组织形式的教学管理，主要通过班主任对班集体实施组织、控制，从而使各项教学管理制度得以贯彻，教学程序稳定有序，各项教学活动得以顺利展开。这种教学组织形式对教学过程的控制效果明显，但容易使学生产生依赖心理，不利于发挥学生在学习过程中的自主性，因此要逐步创造条件，设计更有利于发挥学生学习自主性的教学组织形式。

对完全独立自主学习的学生，从教学管理的角度，要提供多方面的学习支持服务，使他们不至于陷于孤立无援的境地。学习支持服务有多种形式，如提供相关的学习计划和教学信息传播通道，指导学生制订个人学习计划；通过多种渠道提供学习指导；建立教师、管理人员与学生的联系通道；组织学生间学习互助网络等。

三、远程教育教学管理内容

远程教育教学管理的内容概括为以下五个方面：

（一）教师及其教学行为的管理

主要包括教学思想的管理；教师的组织管理；以课程教学方式改革为核心的教学活动实施的管理；教师培训的管理等。

（二）学员及其学习行为的管理

主要包括学员学习管理模式的改革；个别化自主学习和小组学习管理等。

（三）教学资源与教学技术手段应用的管理

主要包括人才培养方案的制订；课程教学资源的管理；现代教学技术手段应用的管理等。

（四）教学过程主要环节的管理

主要包括入学测试和入学教育管理；选修课和课程补修管理；多种媒体教学管理；实践性教学管理；学习测评管理等。

（五）教学点的管理

主要规定教学点必须具备的办学条件；严格教学点准入机制；建立教学点三级共管制度；严肃对教学点违纪违规情况的处理等。

远程开放教育教学管理的内容，既表现了对传统面授教育教学管理内容的继承性，更突出表现了教学管理内容的拓展和创新，主要体现在：教师及其教学行为与学生及其学习行为的管理内容创新，实现了远程开放教育条件下教与学行为的重新整合；人才培养方案的改革和课程教学资源管理，为远程教学活动的实施提供了可靠保证；远程开放教育条件下教学过程的环节管理和质量监控，能够有效解决远程教学质量保证中的难题；现代教学技术手段的应用和信息管理，突出了远程教学管理的鲜明特色；加强教学点管理，解除人们对开放教育面广量大向基层延伸后如何保证教育质量的疑虑。

远程培训的不足之处在于，由于层级较多，容易造成信息流失、衰减，影响信息的准确性。由于各省教育系统分布范围广阔，各地情况千差万别，教学条件差异明显，如何为不同条件、不同地区的教师培训院校提供在管理方面有效的支持服务，还存在着许多亟待解决的问题。

四、远程教育教学环节的监管

教学管理制度是指学校管理过程中制订的教学行为规范和准则，具有一定的法治效应和约束力。这是教学管理系统的重要组成部分，也是学校强化教学管理、稳定教学秩序、加强教学质量控制的重要保障，更是其实现教学管理科学化和教务工作规范化的基础，是开放教育试点健康有序发展的重要依据和保障，也是将现代远程教育理论应用于实践并从实践中验证、发展和丰富相关理论的有效途径。为实现教育目标，保证教学质量，必须对以下主要环节进行监控与管理。

（一）教学文档处理

主要包括教师远程课程设置需求的调查与论证；系列课程设置规划；教学计划的制订；专业教学（包括集中实践环节）系列实施方案的制订；制订教学大纲、评估体系说明和课程教学实施方案的制订；专业教学方案与课程教学方案的落实。

（二）课程建设管理

课程建设的基本流程包括：根据教学计划编制课程建设规划；组建课程组；制订教学大纲；编制和审定一体化方案；向主讲主编颁发聘书、签订协议；制作多种媒体教材；筛选、审定多种媒体教材；试卷（题）库的审查与验收；课程试用与总结性评估；课程管理与选优评估，另外还有课程资源的传输与维护。

（三）教学点设置与管理

教学点管理工作主要包括：规定教学点的条件与职责；教学点的申报；教学点自身的教学管理；对教学点的质量控制。

（四）师资管理

开放教育试点的师资队伍包括：教材主编、课程主讲教师、专业主持教师、课程主持教师、专业责任教师、课程责任教师，以及辅导教师、导学教师等。可以以教育行业专职教师为骨干，专兼职教师相结合。师资管理的具体工作有教师的配置、教师的聘任、教师的培训、教师的教学和科研活动管理,以及教师的考核等。

（五）学籍管理

主要包括:入学注册和学籍取得;建立学习者学籍档案;成绩审核;课程免修免考和学分替代;学籍异动;纪律与奖惩;毕业(单位)审核与颁证等。

（六）教学评价

由于网络教学环境的复杂性,就决定了评价的多方面性。大体包括三个方面:对学习活动的评价(学习者)、对教学活动的评价(教师)和对系统功能和管理的评价(技术管理人员)。评价方式可采用自评、他评、小组评价等。评价分为过程评价和总结性评价,过程性评价也就是形成性评价,在网络教学环境的评价中显得更为重要,因为可以利用及时的反馈信息来调控教学与学习活动,实现对教学的动态评价和动态调控。

（七）学习过程管理

主要有八个环节:入学测试和入学教育;组织开展自主学习;组织教师的面授辅导等集中教学活动;提供给接受培训的学员多种媒体和网络资源的学习;检查教师对学员形成性考核及作业的评价;检查集中实践教学的落实情况;对终结性考试的组织。

（八）信息管理

信息管理体现在人机结合的系统管理。注重综合运用计算机及网络通信技术、采用现代化处理和控制技术,进行数据管理、信息发布,实现办公自动化,为教师、学员和管理者提供完整统一、高效稳定、安全可靠的教学和管理信息,为各级管理部门和领导提供教学反馈信息和服务决策。系统有开放电子公务、办公自动化系统;网络教务管理系统;教学评估监控系统;电大在线网络教学平台;网络考试系统;各级电大校园网、财务管理系统、教材管理系统和图书资源管理系统等。

拓展阅读

地区网上学习共同体研修

西城教育研修网向阿荣旗免费开通后,建立了跨区域的教师网上学习共同体研修模式。几年来,阿荣旗教育一直把依托研修网,促进教师专业发展的研究和实践作为重点工作,采取边实践、边研究、边总结的方式,以解决实际教育教学问题为切入点,推进课题研究向纵深发展。

一、强化管理,形成了阿荣旗网络研修的推进机制

为推动全旗范围内研修网的有效使用,阿荣旗教育局科学决策,充分发挥行政管理职能,责成教师培训中心建立了课题领导和研究小组。一是以点带面,确定13所课题实验校,负责承担6个子课题,围绕使用中的问题开展研究,以研究推进使用,通过使用带动研究。二是选贤任能,选任教研能力强的业务人员担任各校课题研究组长;选用教学骨干引领全旗教师进行混合教研实践,针对重点学科开展网络研修。三是加强过程监控,出台了《阿荣旗教育系统依托西城教育研修网开展校本教研管理考核办法》《教师参与协作组活动制度》等相关文件予以制度保障;定期深入学校实地调研,及时对问题进行梳理和整改,定期评价研修网的应用效果,逐步形成了阿荣旗利用西城教育研修网开展网络研修的推进机制。

二、互动交流,构建了跨区域网络研修的支教平台

四年来,双方合力促进阿荣旗教师有效应用研修网,共建西城——阿荣旗教师学习共同体。一是人员互访,致力增强培训效果。西城教育研修学院的领导、专家、中小学各科研修员四年来 20 多次深入阿荣旗现场指导,讲学示范。通过实地指导,分层培训,骨干先行,逐级培养教师信息技术应用和网络研修水平;阿荣旗教育局、教师培训中心也多次组织本旗学科骨干教师、课题研究骨干到北京挂职学习或参加课题研讨。频繁的学习和交流,提升了阿荣旗中小学教师的网络研修意识和运用能力。二是借助载体,实现资源共建共享。借助西城教育研修网的个人工作室和协作组,鼓励阿荣旗的教师建立自己的工作室并积极参加协作组的活动,研修网开通后,全旗有 3045 名教师注册成为研修网会员,培训中心各部门及教研员共建立 16 个协作组,各学校业务骨干在研修网上申请创建了 30 多个学科协作组,60%的教师在个人工作室的创建中获得专业发展。教师在参与资源共享共建的过程中,专业层次发生了质的变化。三是深入实践,通过本旗内校际联合教研扩展网络研修的学科成果。教师培训中心在组织开展校际联合教研的同时,要求农村中小学校积极运用并扩充网络研修的成果,相互借鉴。以我旗孤山镇中心校为例,该校是阿荣旗的一所乡镇中心小学,管辖 7 个村校教学点,教职工 66 名,教师平均年龄 48 岁,学校可供上网的机器仅有 5 台,办学条件落后,教学设备匮乏。一直以来,该校用研修网开展校本培训、校本教研闻名全旗,曾被喻为"孤山模式",在全旗具有普适性。中国教师研修网培训总监周卫教授评价阿荣旗孤山小学说:"孤山不孤,条件最差,质量最优。"学校将西城网上大量优质的课程资源和学科组研讨话题资源,下载整理打印成文稿输送到村点校,帮助村点校教师把握课标理念和教材内容,拓展教材知识;在研修网上创建教研协作组,借助研修网网络平台,组织教师实施网络研修。通过网络研修,建立了西城阿荣旗及旗域内的教师学习共同体,远程支教平台成为教师相互激励、共同成长的舞台。

三、注重激励,建立了评比表彰评价体系

我旗以赛促研,注重激励,促进了研修网的应用和课题研究成果的转化。教师培训中心先后开展了"我与研修网征文、论文评选",教学设计、课件、录像课评比,"优秀个人工作室与研修网应用先进集体评比"等,并将具有代表性的管理文本加以汇编,如课题研究报告汇编、论文汇编、制度汇编等共 10 余册,为我旗乃至呼伦贝尔市开展同类工作提供了借鉴。

四、浏览下载资源,分类整合,二度开发

便捷地获取教育教学资源是教师上研修网的第一需求,但对资源的利用有很大差异。简单模仿照搬与借鉴、整合、二度开发效果必然不同。在使用西城教育研修网资源的过程中,阿荣旗的骨干教师发挥着重要作用。他们不是简单下载使用西城教育研修网的资源,而是通过培训中心带学校、联片教研、送教下乡等形式,将西城教育研修网的好资源源源不断地经过二次开发后,传递给全体老师。

孤山小学的聂晓兰老师、太平庄中学物理教研组长徐兆义老师,就是这样一个"二传手"的典型代表。一位阿荣旗的老师在谈到使用西城教育研修网的体会时说,"网络研修让我以更广阔的视野去思考人生,以更近的距离去走近专家,以更快捷的方式探讨课堂,以更简单的途径收获快乐。"

(摘自阿荣旗教育网,有改动)

第四节 课程资源管理

教学材料的开发和利用实际上是对人类教育传播方式变革的一种回应,是教育传播媒体变革的一种体现。在面授教学中,教学材料以课本等书面材料为主要的表现形式;在函授教学中,教学材料多是印刷材料和录音带等形式。而在以网络为载体的远程教学中,教学材料则主要是多媒体或交互式媒体形式。一般意义上的多媒体材料,包括文本、声音、图片、动画、视频等媒体形式。教师远程培训的课程资源管理包含教学材料的开发、利用,课程资源的整理、共享等。

一、教学材料的质量保证

(一)学术性方面

参与教材编写的专家必须具备参与科研与教学的经验,这样才能从理论与实践的结合中确保对学科有准确的认识;校外顾问对每门教材的编写提出意见;授课组授课要有教学中期检查。

(二)教学法方面

课程组制作课程教材;教育技术研究所给予教师培训和支持;校外顾问参与课程的评议;教材或新课程进行试用;听取教师与学生的教学反馈。

(三)媒体制作方面

在课程组中聘请教学问题解决专家,帮助选择合适的媒体;聘请高级媒体专家帮助选择有效的媒体;参照外部基准制作媒体资源;外购资源;征求学员与教师的反馈意见;对全体人员进行媒体培训。

(四)服务质量方面

收集学生和辅导教师的反馈;通过教学问题处理中心进行监控。

(五)学习服务方面

课程组审查和监控图书馆为学生提供的资源;授课组决定是否需要每年改变教材内容;对课程组的学习服务进行监督;校外顾问对学习服务提出建议;学习服务系统的试用和测试;调查学生的反馈意见;媒体制作维度的质量保证措施;教育技术研究所调查反馈信息;呼叫中心收集反馈信息;收集帮助平台的反馈信息;对帮助平台进行监控;对教学问题处理中心、学术与管理计算机服务中心进行监控;对图书馆服务质量进行评估;了解学生对学习服务的反馈。

（六）学生支持方面

地区中心责任教师选拔指定辅导教师，即助教；责任教师负责对辅导教师的工作进行监督和检查；责任教师追踪辅导教师的反馈信息；责任教师监控辅导教师的工作状况；收集在线学生的反馈；对所有辅导教师进行培训提高；评估教学问题处理中心、学术与管理计算机服务中心的工作状况；收集学生的反馈；开展科研和试点项目；收集学生对责任教师的反馈意见。

二、远程教育中的媒体

在教育技术的新定义当中，资源包括了材料和环境，即除了各种各样用于教与学的实物设施、设备和材料之外，有利于教与学的社会活动、环境和情境也是教育资源或学习资源的组成部分。媒体主要表示应用于教与学过程中的实物资源，主要包括设施、设备和材料；环境代表所用有利于教与学的环境资源，即各类社会实践活动、人际交流、环境和情境；资源则表示所有可被教与学利用的实物媒体和活动环境。

在远程教育中，人们还经常提及技术和媒体，比如视听技术和视听媒体、电子技术和电子媒体等。在此，技术是相对于科学而言的，是在科学的基础上发明和创造的人类知识和技能的体系，其宗旨是为人们生活的某个领域提供产品和服务。所以，成熟的技术构成人类社会的一种专业活动，由特定的专业知识和技能组成。这些专业知识和技能体系有时也称为工程、工艺、技巧、技艺等。信息技术中的印刷技术、视听技术、电子通信技术、计算机技术都是如此，计算机技术中的多媒体技术和网络技术也是如此，即技术的领域是分层次的。

随着信息技术和教育技术的发展，教学媒体在 20 世纪中期有了巨大的进步，媒体教学的实践也是富有成效的。但是，关于教学媒体的本质即教学媒体的功能和教学媒体的效果的争论一直在进行和延续。传统面授教学与远程媒体教学的教学效果哪一个更占优势？这个问题在理论和实践上分歧很大，争论很激烈，对发展远程教育意义重大。纵观二次大战后各国教育的历史，我们得出这样一个结论：教育技术、媒体教学在各国的发展速度比那些政治家、技术专家和教育技术专家的期望要慢，一个根本的因素来自传统教育系统教师的惰性和阻力。正如香港中文大学传播学教授余也鲁在《传播、教育和现代化》一书中指出的，传统学校的大多数教师依然相信"学习成功与否，主要靠教师，而不是靠教材和手段"。美国的哈拉斯和哈里斯也指出："几个世纪以来，人们都确信，在交流中文字比目视图像优越，并且，文字包含有较高的智慧和思想。现在发达国家的教育仍牢牢地立足于这种信念。"这种信念同近代学校教育几百年来实行的教师、教科书和教室二中心制的传统有千丝万缕的联系，上述传统信念在高等教育领域尤其强大。

此外，各类教学媒体在教学功能和效果上究竟有没有本质差异？施拉姆在其 1977 年的经典著作《大媒体和小媒体》中就否认某种媒体比另一种更优越。美国学者克拉克是"无差异论"的强硬代表人物。他在《媒体学习的重新考察研究》中收集和分析了大量实验室控制下对不同媒体的教学效果进行的比较试验，指出："所有的证据是一致的，可以概括成这样一条原理：使用任何一种专门的媒体来传播教学都不能因此产生特别的学习效果。""各种媒体仅仅是传递教学的媒介物而已，就如同不同的车辆都能运载食品，但并不能改变食品的营养结构,不同的媒体也不能对学生的学习成果产生更大的影响。"依据克拉克的观点,关键不在于媒体本身,而在于教学方法。持"有差异论"的主要代表人物是国际教育技术和远程教育的著名学者贝茨。他在1993年为基更的《远程教育原理》专著撰写了题为"技术应用的能力和实践"的论文,对他的观点做了以下论证:媒体对各类知识的表现力是不同的,因为它们使用不同的符号系统来对信息进行编码;媒体在建构知识时也各不相同;媒体在帮助发展各种不同的技能方面功能也各不相同;媒体和技术需要进行选择,以便所要求的呈现模式和学科内容的主要结构实现最佳配合;媒体在帮助师生之间,以及同学之间的通信交流方面也是各不相同的。

拓展阅读
上海浦东研修活动

一、备课研讨

网上的备课研讨,即网上集体备课。一般是由主讲教师提供备课资料,全组教师参与讨论,改进教学设计。集体备课为青年教师和单兵作战的教师提供了学习、交流的机会,在集体备课的过程中,老师们可以相互借鉴、取长补短。和网下的集体备课相比,网上的集体备课节省了老师们路途往返的时间,这就有可能提高集体备课的效率和频率,开辟集体备课的新途径。

每次网上备课前,需先将骨干教师编写的教学设计放到活动资源栏目里,供全区老师参考,然后请老师们将自己备课过程中产生的困惑和课后的反思、体会发表到讨论区域,达到交流研讨的目的。在此讨论过程中,教研员、骨干教师和其他教师共同参与、积极讨论,达到了同伴互助、专业引领的作用。例如,教研员一般在开学前要制订本学期的学科教学进度、教研活动安排、教研工作计划,还要给老师提出如何上第一课的建议。2009年上海浦东新区的地理教研员李功爱和王亚东在研修网上贴出了"新学期地理第一课——小专题"的教学建议,并且组织了部分农村地区教师进行了网上讨论。参加线上讨论的老师有20多位,共发帖和跟帖91条,最少的老师发两三条,最多的老师发10多条。有的老师和教研员当场在网上讨论了学校的学生情况和教学打算。特别是谈到浦东新区中学出现的大量外来务工人员子女入学的情况,老师们提出了不少有意思的"第一课教学建议",有的让学生谈家乡观感以引入新课,有的以老师自己的旅行观感引入新课。在讨论了"备课"以后,有的老师在开学以后把自己"第一课"的真实教学状况贴到研修社区,以进行反思和讨论。

对老师们课堂教学中面临的疑难和困惑,通过研究课进行专题研究,促进老师们互助、沟通与分享。例如,2009年上半年的初三化学"实验探究专题复习"研究课由四个教育署各推选一位老师来"同备同上一节研究课",在周二的网上教研活动中,黄华等四位上课老师先上传备课教学设计,其他骨干教师在统一规定的时间内,针对教学设计提出自己的想法和建议,对教学中可能出现的问题和困惑进行了热烈的讨论。就如何给学生留出时间和空间自主整理知识、练习设计、教学方法的选择、学生学习方式的选择等方面进行全方位探讨。这次网上的备课研讨分别在 2009 年 5 月 5 日下午、晚上及 5 月 7 日晚上进行过三次研讨。这样的集体备课活动,使老师们置身于一个浓厚的教学研究氛围之中,所有参与活动的老师在活动中都有收获。

二、网上观课评课

课堂教学是教研工作的主阵地,观课评课是教研活动的一种重要形式。网上观课评课的第一种形式是由教研员上传课例录像,各校教师观看录像,围绕讨论主题发表评课意见。教研员手中一般都有各种类型的评比课、示范课的录像,老师们可以在研修网上在线观看这些录像,也可以在自己的办公室戴着耳机观看,比起集中到一个会场观看,节省了路上来回奔波的时间。

网上观课评课的第二种形式是先集体现场听课,听完课后教研员和授课教师向听课老师介绍本课的设计思路及创新点,然后现场进行评课。但由于时间有限,只有少数教师有发言的机会,因此,教研员会和大家约定,现场评课结束后继续在网上进行交流讨论。下面是历史学科一次晚上的网上评课片段。

陶蓓蓓,于 2009-05-14 16:56:23 发表:最近我区历史教研活动好戏连台,不久前学德老师执教新教材初二的"20 世纪的文化",大家公认该节教材编写有相当的局限,而"文化"题材又很难把握。但是,谢老师仍选择挑战,把这节课上得大气磅礴、振聋发聩。今天有幸通过这节成功的课,认识了这位相见恨晚的史学才俊李老师。

杨红波,于 2009-05-14 19:29:37 发表:今天课后的评课是真评课,实实在在的评课。李老师和吴老师一起,卓有成效地把老师们发言的积极性都调动了起来。众多老师都参加了发言,做出了中肯的评价,也提出了许多解决问题的诀窍,如如何激发学生提问,如何组织学生提问……这种立体化的评课活动,的确很好。

henandhen999,于 2009-05-14 21:34:47 发表:李老师,我要向您好好学习,您深厚的学养以及潇洒自如的教态,都给我留下了深刻的印象。我不是"高人",还差得很远。您今天辛苦了,睡个好觉吧。

网上评课不受人数和时间的限制,所有教师都可以发表自己的观点,改变了常规教研中的评课活动只能是少数几位骨干教师上台发言,大部分老师没有机会发表自己意见的评课现状。我们发现,在网上评课活动中,可能因为青年教师熟悉网络、打字的速度比较快,青年教师发言的速度和发言的量都远远超过骨干教师,这和平时的常规教研中骨干教师说得多的情况形成了鲜明的对比。所以网上评课为青年教师提供了表达想法的机会。下面是一位青年化学教师的评课发言:

薛春燕,于 2009-02-17 22:40:41 发表:这节课给我的感觉是,这位老师的板书条理很清楚,给学生进行探究实验时的引导也恰如其分。不过,这位老师的语速也挺快,这使我联想到了自己上课时的语速。一直以来有很多老师向我提出要求我上课速度放慢点,可我就是不能纠正,今天听了这位老师的课,我感觉上我真的应该放慢点,不然学困生肯定会反应不过来,让其他听者也觉得挺快的。

她在表扬开课教师优点的同时，指出开课教师语速偏快，而这也是她自身的一个缺点，公开课引起了青年教师对自己教学行为的反思。

（黄娟，《浦东新区教师网络研修平台的设计与应用研究》，《教育传播与技术》，2012 年 3 期，有改动）

参考文献

[1]丁兴复,吴庚生.网络远程教育研究[M].北京:清华大学出版社,2005.

[2]钟启泉.课程的逻辑[M].上海:华东师范大学出版社,2008.

[3]刘捷.专业化:挑战21世纪的教师[M].北京:教育科学出版社,2002.

[4]关世雄.成人教育辞典[M].北京:职工教育出版社,1990.

[5]顾明远,等.世界教育大系——教师教育[M].长春:吉林教育出版社,1998.

[6]时伟.当代教师继续教育论[M].合肥:安徽教育出版社,2004.

[7]顾明远.教育大辞典(第3卷)[M].上海:上海教育出版社,1990.

[8]陈永明.教师继续教育改革比较研究[M].北京:人民教育出版社,1999.

[9]李济英.世界教育发展趋势[M].北京:北京大学出版社,1999.

[10]联合国教科文组织.学会生存——教育世界的今天和明天[M].北京:教育科学出版社,1997.

[11]高志敏,等.终身教育、终身学习与学习化社会[M].上海:华东师范大学出版社,2005.

[12]张丽,伍正翔.引领式在线教师培训模式理论创新与实践机制——以全国中小学教师网络培训平台为例[J].中国电化教育,2010(01).

[13]陈丽.术语"教学交互"的本质及其相关概念的辨析[J].中国远程教育,2004(02).

[14]曹良亮,陈丽.异步交互中远程学习者教学交互水平的研究[J].中国远程教育,2006(02).

[15]孔维宏.中小学教师远程培训的问题分析与对策研究[J].中国电化教育,2011(05).

[16]郭明红,杨廷茂.西部农村中小学教师继续教育中存在的问题和对策研究[J].伊犁师范学院学报(社会科学版),2010(12).

[17]范国睿,王雪雁.现代成人教育与培训:新理念与新模式[J].长白学刊,2000,(05).

[18]杨国顺.对上海中小学校长专业化问题的思考[J].中小学管理,2004(02).

[19]赵清福.关于网络环境下教师培训的思考[J].成人教育,2006(06).

[20]丁兴富.面向21世纪信息和学习社会的开放与远程教育——亚洲开放大学协会第13届年会论文特辑评述[J].中国远程教育,1999(Z1).

[21]刘慧琼,陈丽.远程教育专业化和专业人才的培养[J].中国远程教育,2002(12).

[22]米久奇.网络时代教师培训的变革与创新[J].中国远程教育,2004(15).

[23]李海霞.国外远程职业培训的现状与特点浅析[J].中国远程教育,2007(11).

[24]张少刚.现代远程教育对教师的支持服务[J].电化教育研究,2002(03).

[25]陈庆贵.农村中小学现代远程教育环境下的教学应用模式研究[J].电化教育研究,2006(12).

[26]徐莉.对我国教师在职培训现存问题的思考[J].教师教育研究,2004(04).

[27]陈小兰,高娟.国内外远程教师培训现状及启示[J].广州广播电视大学学报,2010(06).

[28]李银玲.教师远程培训中在线干预设计[D].华东师范大学博士学位论文,2008.

[29]贾青青.农村中小学教师的网络教育现状与发展策略研究[D].南昌大学硕士学位论文,2012.

[30]李连峰.河北省农村中小学教师远程培训模式研究[D].河北大学硕士学位论文,2011.

[31]孙莹.基于网络的中小学教师远程培训体系研究[D].华东师范大学硕士学位论文,2003.

[32]黎琼锋.贫困地区中小学教师培训体系研究[D].广西师范大学硕士学位论文,2002.

[33]马光仲.农村远程教育中教师培训体系的研究[D].西北师范大学硕士学位论文,2005.

[34]李延安.基于网络环境的教师培训模式研究[D].山东师范大学硕士学位论文,2005.

[35]钟晓燕.西部农村中小学面向信息化的教师培训模式研究[D].西南大学硕士学位论文,2007.

[36]马骐.陕西省农村中小学现代远程教育工程教师培训的实践与研究[D].陕西师范大学硕士学位论文,2007.

[37]贾璐.基于绩效技术的农远教师培训研究[D].安徽师范大学硕士学位论文,2007.

[38]周莉亚.网络环境下的教师校本培训探索[D].华东师范大学硕士学位论文,2007.

[39]相广新.基于网络的中小学教师远程培训行动研究[D].辽宁师范大学硕士学位论文,2008.

[40]庞革平.广西农村中小学教师严重断层[N].人民日报,2010-05-25.

[41]教育部.国家中长期教育改革和发展规划纲要(2010—2020年).http://www.china.com.cn/policy/txt/2010—03/01/.